總策畫 林慶彰 劉楚華
主編 翟志成

景印香港新亞研究所

新亞學報

第一至三十卷

第十冊・第五卷・第二期

景印香港新亞研究所《新亞學報》（第一至三十卷）

總策畫　林慶彰　劉楚華

主　編　翟志成

編輯委員　卜永堅　李金強　李學銘
吳　明　何冠環　何廣棪
張宏生　張　健　黃敏浩
劉楚華　鄭宗義　譚景輝

編輯顧問　王汎森　白先勇　杜維明
李明輝　何漢威　柯嘉豪（John H. Kieschnick）
科大衛（David Faure）
信廣來　洪長泰　梁元生
張玉法　張洪年　陳永發
陳　來　陳祖武　黃一農

景印本・編輯小組

景印香港新亞研究所《新亞學報》（第一至三十卷）

黃進興　廖伯源　羅志田

饒宗頤

執行編輯　李啟文　張晏瑞

（以上依姓名筆劃排序）

景印香港新亞研究所《新亞學報》第十冊

第五卷・第二期　目　次

第五卷第二期

新亞學報

新亞研究所

本學報由美國哈佛燕京學社贈資印行特此誌謝

新亞研究所

新亞學報　第五卷　第二期

目錄

新亞學報編輯畧例

（一）本刊宗旨專重研究中國學術，以登載有關中國歷史、文學、哲學、教育、社會、民族、藝術、宗教、禮俗等各項研究性的論文爲限。

（二）本刊由新亞研究所主持編纂。外稿亦所歡迎。

（三）本刊年出兩期，以每年七月十二月爲發行期。

（四）本刊文稿每篇以五萬字爲限；其篇幅過長者，當另出專刊。

（五）本刊所載各稿，其版權及繙譯權，均歸本研究所。

荀子正名與先秦名學三宗

——荀子「以名亂名」「以實亂名」「以名亂實」解義

唐君毅

目次

景印本・第五卷・第二期

一、導論

荀子正名篇論名實，而又關涉及當時名墨諸家之論者，要在下列一段文。

「見侮不辱，聖人不愛己，殺盜非殺人。此惑于用名以亂名也。驗之所以爲有名，而觀其孰行，則能禁之矣。山淵平，情欲寡，芻豢不加甘，大鍾不加樂，此惑于用實以亂名者也。驗之所緣無以同異，而觀其孰調，則能禁之矣。非而謁楹有牛馬非馬也。此惑于用名以亂實者也。驗之名約，以其所受，悖其所辭，則能禁之矣。凡邪說辟言之離正道而擅作者，無不類于三惑者矣。」

荀子此段文論邪說辟言之三惑，皆關涉于當時名墨諸家所標之論題，而今存諸家之言，則殘缺難得其確解。昔楊倞注荀子，于此乃多存疑不注。王先謙集盧文弨、王念孫、王引之等之說，爲荀子集解，于正名篇頗有文句上之校刊疏證之功。顧又未能與以條貫之解釋。近數十年來，以西方之哲學及邏輯，傳入中國，學者知名學問題所以爲名學問題之性質，乃知將荀子此段之言，與當時名墨諸家之斷簡殘篇，參伍比觀，以求一條貫之解釋。然張皇幽渺，又異釋孔多，迄無定論。而數十年來時賢之釋此段文者，復多忽此段文與荀子正名篇之前數段文義之照應處，此尤爲定論難期之主因。吾今茲所陳，或亦不能于此段文中有舉之當時之諸論題，一一皆得其確解，然反復求之，亦有年矣。竊以爲吾人若能將此段文，與前數段之文義相照應發明之處，一一加以指出，則荀子于此段文，指陳三惑以正名之義趣，及其與當時之名墨諸家言之不同，則皆可昭然若見，而荀子論名實之宗趣，亦于焉可覩。因草此文，以就教賢哲。

二、荀子論所爲有名所緣以同異及制名樞要

荀子此段文以用名以亂名，用實以亂名，用名以亂實爲三惑，此乃承前三段之文而說。王先謙集解所引郭嵩燾語已指出之。其言曰：「此三惑乃承上言之。用名以亂名，則驗其所以爲名，而觀其行；用實以亂名，則驗其所緣以爲同異，而調使平……用名以亂實，則驗其制名之原，而觀其所以受。」吾人今如循此段文之承前文而說處看，則「見侮不辱」至「能禁之矣」一段，理應配合前文之「異形離心交喻」至「所爲有名也」一段而了解。「山淵平」至「能禁之矣」一段，理應配合前文由「然則何緣以同異」至「此所緣而以同異也」一段而了解。至「非而謁楹」至「能禁之矣」一段，則理應配合「然後隨而命之」至「此制名之樞要也」一段而了解。荀子于正名篇將「所爲有名」「所緣以同異」「制名之樞要」三者並舉之後，卽進而以三段文，分釋此三者，再進而論此三惑，其文理結構，實首尾相涵。則吾人于此論三惑之一段文，若有不得其解之處，亦理當先求之于其前之文，而此正所以使吾人于此論三惑之一段文，得一逐漸了解之線索也。

荀子前三段文，其內容乃分別論所爲有名，所緣以同異，及制名之樞要。實卽不外討論人之所以有名之目標，及人之能有名之根據，在天官辨所經驗事物之同異之狀，與名言之制立之基本原則。此三者原可相連而論。而在第三段之制名之樞要最後數語中，荀子特提出名與實之關係而論之。此數語尤爲其上結前文，下陳三惑之樞紐。今先引此數語，並釋其涵義於下。

「名無固宜，約之以命，約定俗成謂之宜。名無固實，約之以名實，約定俗成謂之實名。名有固善，徑易而不

拂，謂之善名。物有同狀而異所者，有異狀而同所者，可別也。狀同而爲異所者，雖可合，謂之二實。狀變而實無別，而爲異者，謂之化。有化而無別，謂之一實。此事之所以稽實定數也。」

此段文中，關于名有固善一語，當釋之于本文結論中。吾人于此首當注意者，則爲「名無固宜」「名無固實」之語。名之所以初無固宜固實，則當溯其原于荀子之分開事物之「實」與事物之「狀」。荀子以「同所」定「實之一」，以「異所」定「實之多」，卽以居同一空間者爲一實，居不同空間者爲多實。狀則附于實著，異實者可同狀，一實之狀又可多而可變，而有異狀。此乃荀子之言事物之「實」與其「狀」之關係。荀子言「所爲有名」——卽言人之所以有名之目標——乃在喻志而成事；言名之制立之原則，則在順所經驗之事物之狀之同異，而分別次第制立諸表同異之名。故荀子所言之名，乃用以直接表吾人意中之事物之同異之「狀」，而非直接用以指事物之「實」者。此乃與墨辯之直接言「以名指實」（墨辯小取篇）之說，及公孫龍之直接謂「正其所實者，正其名也」（公孫龍名實論）之說，初不相同者。如依荀子之說，以言名之指實，當是透過名之表吾人意中之「實之狀」，而間接指「實」。然依荀子言事物之「實」與之意中「狀」之關係，則又同狀者不必同實，異狀者不必異實。此卽名之所以無固定之「所」，爲其所宜，亦無固定之「實」，爲其所指，遂不可言「固宜」與「固實」，唯由約定俗成，以一名共表某意，足以相喻相期，而有其所宜與所指之實耳。此中名實關係，初非固定，以人意之不同而多歧，亦下文所言之三惑所自生之故。今試先引荀子此三段之文，略加以疏解，再次第釋之于下。

荀子言人所以爲有名，卽人之所以爲有名之目標曰：「異形離心交喻，異物名實玄紐，貴賤不明，同異不別，則志必有不喻之患，而事必有困廢之禍。故知者爲之分別制名以指實，上以明貴賤，下以辨同異……」

又言人之所緣以同異——卽天官之所以能辨所經驗之事物之同異曰：

「然則何緣而以同異？曰緣天官。凡同類同情者，其天官之意物也同，故比方之，疑似而通，是所以共其約名以相期也。形體色理，以目異；聲音清濁調竽奇聲，以耳異；甘苦鹹淡辛酸奇味，以口異；香臭芬鬱腥臊洒酸奇臭，以鼻異；疾養滄熱滑鈹輕重，以形體異；說故喜怒哀樂愛惡欲，以心異。心有徵知。徵知，則緣耳而知聲可也，緣目而知形可也。然而徵知，必將待天官之當簿其類而後可也。五官簿之而不知，心徵之而無說，則人莫不然謂之不知，此所緣而以同異也。」

荀子再論制名之樞要——卽制名之基本原則，爲順吾人意中，所經驗之事物之同異之狀，而分別次第制立表之之同異之名曰：

「然後隨而命之，同則同之，異則異之。單足以喻則單，單不足以喻則兼。單與兼無所相避則共，雖共不爲害矣。知異實者之異名也。故使異實者莫不異名也，不可亂也；猶使異實者莫不同名也。故萬物雖衆，有時而欲徧舉之，故謂之物。物也者，大共名也。推而共之，共則有共，至于無共，然後止。有時而欲徧（兪樾言應作偏）舉之，故謂之鳥獸。鳥獸者，大別名也。推而別之，別則有別，至于無別然後止。……（下接上文所以引之「名無固宜」一段，今從略）。

由此數段所言，卽見荀子正名篇之名，初不包涵吾人今所謂指個體事物之固有名辭，而唯包涵據所經驗事物之性質狀態（簡名之卽前文之「狀」）之同異，所造成之共名與別名，卽——今所謂類名與種名。至吾人之所以爲有名，則唯在使志無不喩之患，事無困廢之禍。由吾人之旣本于所經驗事物之狀之同處，造爲共名，以徧舉物，又兼本于所經驗事物之狀之異處，造爲別名，以偏舉物；則物之實雖一，而以其狀與他物之或同或異，其名遂不一，而可多。如一「實」可名爲「鳥」或「獸」（別名），又可名之爲「物」（共名）是也。而一表物之某狀之名，又可用以指同狀之他物，則見名一而所指之實可多。由此「名」與「實」之數目，非「一與一相對應」（One To One Correspondence）之關係；故吾于用一名以指某實後，亦可不再用此名以指之，而更以他名；而吾于用一名以表吾于某實所知之某狀時，他人亦恆可誤以吾用此名，乃所以表其于某實所知之另一狀；吾用一名以指具某狀之某一實時，人亦可以此名爲指具同狀之他一實。此種種誤解之事，荀子謂之「異形離心交喻，異物名實玄紐」。形卽狀也。異形離心交喻，蓋卽言我與他人之心相離，而我與他人由一名之所喻者相交錯，而可由異途，以達于異狀也。異物名實玄紐，蓋卽言一名之可兼指異物，而又不必足表異物之異狀，而吾以此名指此物此實者，人乃可以爲指他物他實；名之指實，乃玄混而如相紐結也。而捄病之道，則在使吾人所備有之名，足以別物之實之狀之同異；同異別，則吾之意在此狀者，人可不至以爲他狀，意在指此實者，人不至以爲指他實。物之實之狀之同異旣別，而其價值之高下貴賤，亦隨之以明。同異別而貴賤明，志無不喻，事得以成，此卽荀子之言所以爲有名，亦卽荀子之言吾人之所以爲有名之目標也。

人之所以求備有諸名之目標，在別物之同異；而人之能別物之同異，則在于吾人之天官之能意物，而于物之形色聲香之狀，皆能分別由徵驗以知之。是卽上文之「緣天官」而「心有徵知」以辨所經驗之事物之狀之事也。以人與我之同類同情，故其天官之意物也同，而人與我乃可于其所同知之形色聲香之狀，由比方進以知其類，由疑似而進以知其通，乃共其約名，同以某名表物之某狀，而指某實，而人聞一名卽能期實之狀之何若，而共喻成。是則人之所以能備有名而用之，足以成共喻，其根據唯在人緣天官而意物，能辨所經驗之事物之同異之狀，而人與我之所經驗者，又以人與我之同類同情，亦復相類相通之故也。

至于荀子論制名之樞要——卽制立名言之基本原則，則不外順經驗之事物之同異之狀，而就其狀之同者，與以同一之名，就其狀之異者，與以異名；就其狀其實之表以一單名而人卽喻者，與以單名；就其狀其實之須以兼名表之而後人可喻者，與以兼名，以使異物之同狀者或異狀之同實者，皆有同名以表之；異物之異狀者或同實之異狀者，皆有異名以表之；而用名之或單或兼，或共或別，或少或多，皆足以成共喻。此則人之制立名言之基本原則，而亦人之制立名言之理想標準所在也。

三、荀子正名之目標及三惑之所以產生

如吾人以上解釋荀子之言爲不謬，則荀子之正名篇之根本義趣，實唯在使人之志意相喻以成事。唯欲使人之志意相喻，故不得不備足名言，以表人意物後所知之物之狀之同異，而分別以之指實；如名言不備足，則不足以別物之狀，亦不足以別物之實，而我用一名，人可異喻，相喻亦不得成。吾人觀荀子之作正名篇，見其不重命題之構造與相涵關係之討論，不重推理之原則規律之提出；而重論名言與其所表之意及事物之狀，及所指之實之關係之討論，及如何成就人與人之相喻；則其名學思想，與其說爲屬于西方所謂邏輯的，實不如說爲更近于今所謂語意學的；而其求人與人之名言之相喻或語意之相喻，其目標又在成就治道，則又超乎今所謂語意學之目標之上。其言曰：「王者之制名，名定而實辨，道行而志通」。制名以使名定實辨，歸于「道行志通」；而「志無不喻」，卽「志通」

，「事無困廢」，卽「道行」；乃所以合而成就治道者也。故荀子之言正名，亦可謂在「諸個人之主觀精神求相喻相結，以樹立一社會之客觀精神」處，以言人當備有足以指實之名，及名之當定，實之當辨；而非直接就名實之關係上，言名各有其所指之一定之實，而能自然相應。此卽荀子之所以言名無固實，名無固宜也。而吾人今若離此由使人志意相喻以成就治道之目標，而直接就名與實之關係上言，謂一名自有其所指之一定之實，或直往求其相應之處，則此正爲人對名之懷疑思想，及荀子之所謂三惑所由生。而荀子之所以破三惑，亦非本于荀子之直往求名實之相應之處；而正本于荀子之能返至此「人之所以有名之目標，及本所經驗事物之同異，以言制立名言之基本原則」以立論。是則吾人于下文所當深察而明辨者也。

所謂「離此使人志意相實，直接就名與實關係上，謂一名自有其所指之一定之實，而直往求其相應之處，正爲三惑之所由生」者；吾人可先凌空的或純理論的指出一義，卽：吾人如直接自名與實之關係上看，人之用名以指實，乃恆與一「廢名而忘喻」之自然傾向相俱，而使名實之關係，轉而不得相應者。此自然傾向，亦一切直往「以名指實」之人，所同難免之病，而此正爲荀子之所謂三惑所由生之根原所在也。玆再分甲乙二者說明之如下。

甲、如吾人直接就名與實之關係上看，則當吾人用一名直往以表實之某狀，並以指實時，吾人恆不免將此名定置于此實，而使之固着于此實；由此固着，而名與實則膠結成一全體；而吾人卽可止于此全體；亦卽止于以此名表此實之某狀，而不另以他名表此實之他狀，乃將其他之名，廢置而不用。由此轉進一步，人卽可謂他名于此根本不能用；謂他名無指此實之義。此卽廢他名而忘其亦指實之事。吾人下文第四節將再詳說明此正爲荀子所謂「以名亂名」之惑之所由生。

乙、又吾人直接就名與實之關係上看，吾人如不用二名直往以指實，而使此名固定膠結于此實，而將名與名之關係平觀；則吾人皆可發現「多名表一實之異狀」之情形，及「一名表同狀之多實」之情形。由此名與實之一與多之不相應，而人之用名直往以指實時，便可（一）由注目于「實之爲一」，而忽此「多名之分別」；亦可（二）由注目于「多名之分別」，而忽其所指之「實之爲一」。又（三）可由「名之爲一」，而忽其「實之所以多」。再（四）可由「實之爲多」而忽其「名之所以一」，由此忽名或忽實之事，人更可有種種廢名忘實之事，亦更不求備有衆名，以兼別實之同異，而其他種種用名之病，卽由之而生。吾人下文將說明此上之第一項，正荀子所謂「以實亂名」者之病之所自生。第二項，則屬于荀子所謂「以名亂實」之病之自生。至于第三項，則爲西方若干拍拉圖式之實在論者恆犯之病。其說以名所表之共相（卽荀子所謂狀）爲一，而忽個體之實之多與其所以多。第四項爲西方之唯名論者恆犯之病，其說以表多物之共相之一共名，唯所以指個體之名之和，另無所表之同一之共相，更無眞表同一之共相之一共名，而忽此一共名之所以一。然此中之三四兩項，在荀子，則因其先立有一「以同所異所，規定實之爲一或多」之原則。人卽不易由名之一而忽實之所以多，又立有「共名唯依實之同狀而建立」之原則，故人亦不易由實之多，而忽此名之所以一。而荀子之三惑中，亦未包括此二者。然依理而論，則此亦各爲人之用名，而必不免于滋生之惑之一種，則共爲五惑，唯今文論荀子，只及于三惑而已。

吾人以上所說：以名亂名，以實亂名，以名亂實之三惑，乃依于人之有廢名忘實之自然傾向而生之用名之病。人之用名有此諸病，此不特在吾人日常之談話辯論中，隨處可證，而思想家哲學家亦未能免者；或竟爲之造作理論，加以維護者。在中國先秦名墨諸家，卽嘗分別爲之造作理論，而有荀子所舉之種種論題，爲其時諸家學者之所持。而此諸家之言，亦未嘗不持之有故，言之成理。然衡之以荀子所謂人之所以求備有名之目標，名之建立之經驗根據，及制名之原則，則又皆似是而非，徒足欺惑愚衆。此荀子之所以必破三惑也。今試再分別對其時諸家爲三惑所造作之理論，就其與荀子之言相關涉處，略加說明，並就荀子之所以破三惑之文句，加以解釋，以明荀子正名之義趣。

四、墨者言名與以名亂名

一、荀子當時論名者所造作之一種理論，吾人可名之爲「使共名與別名相掩，而用其一名遂廢他名以亂名」之理論。此卽如墨辯中所謂「盜，人也，惡盜非惡人，殺盜非殺人」；「其弟，美人也，愛弟，非愛美人也」；及「愛人不外己，己在所愛之中」之類。荀子于其以名亂名項下所舉者，乃「殺盜非殺人」，「聖人不愛己」，及宋鈃之「見侮不辱」之三例。荀子非十二子篇嘗以墨翟宋鈃爲一派，二人之說固相近也。此中如吾人探索殺盜非殺人者所持之理由，要不外盜雖爲人，然殺盜乃殺其爲盜，而非殺其爲人。此卽謂于殺盜之時，吾人可只用殺盜之一名，以表此殺盜之實事，便廢置「殺人」之一名不用。盜爲種名，人爲類名，殺盜之事亦原爲殺人之事之一種；今用「殺盜」之種名而不用「殺人」之類名，是使類名爲種名所掩而被廢棄也。吾人如再探索持「聖人不愛己」之說者所持之理由，依墨辯之言是因「己在所愛之中」。其意蓋謂己亦是人之一，亦可視爲人之一種，而包括于人類中，故只言聖人愛人卽包括愛己；而不須再言愛己。是亦用類名而不用種名，使種名爲類名所掩而被廢棄也。至于持見侮不辱之說之宋鈃，其理由當類似持殺盜非殺人之說者，蓋侮雖可說是辱之一種，卽荀子正論篇所謂「勢辱」；然荀子于此亦謂「勢辱」非「義辱」，宋子蓋不以勢辱爲辱，則見侮而可不必爲辱，不名之爲辱，意在證成其「見侮而不鬬」之論。是宋子于侮，乃只存侮之種名，而廢辱之類名。卽亦以種名掩類名，而用一名遂廢他名之事也。

人之用名而以種名掩類名，或以類名掩種名之事，並非毫無理由。依于名之可用可不用，人固可于一事，只名之爲殺盜，而不名之爲殺人；只名之爲見侮，不名之爲見辱也。然吾人于一名雖可不用，然不可謂其可廢而不可用，吾人固可名殺盜之事爲一種之殺人，見侮之事爲一種之見辱；愛己之事亦不只當名之爲愛人，而復當名之爲愛己也。不能言殺盜非殺人，見侮非辱，聖人不愛己也。然此中所謂名雖不用而不可廢，亦不能言其不可用，其理由又安在乎？吾人豈不可于殺盜之事永只以「殺盜」名之而不以「殺人」名之乎？吾人又豈不可說聖人之視己也，只視如衆人中之一，心中根本無己之觀念，遂于此撤消己之一名，而謂聖人不愛己乎？又吾人見侮之際，吾人又豈不可永只名之爲侮，而不以之爲辱，而亦于此撤消辱之一名，而謂見侮非辱乎？

吾人之問題，追究至此，便知荀子之所以破見侮不辱等之言，非連貫于前文之所說，不能得其正解。荀子謂「見侮不辱」等之爲以名亂名，關鍵全在其前文之「驗之所以爲有名而觀其孰行」之語。而將此一語之涵義，連貫于前文而觀，則「以名掩名，用一名而廢他名」爲「以名亂名」之故，卽可得而明矣。

蓋據荀子前文所言，吾人之所以爲有名之目標，乃在別同異而明貴賤，以免于「志有不喻之患，事有困廢之禍」。原人之所以兼有類名與種名，卽所以別同異。類名所以表一類事物之同，卽兼所以表一事物與他事物之相同之處。種名所以表一類事物中有各種之異，卽兼所以表一事物與他事物之相異之處。一類事物之各種既相異，遂連帶有價值上之高下貴賤可說矣。夫然，故吾人于一實事實物，必須兼有種類之名以表之，乃能別同異而明貴賤。故以

「殺盜」名之之事，亦兼可以「殺人」名之。「殺人」乃所以名此殺盜之事，與其他殺人之事之同處；「殺盜」乃所以名此殺盜之事，異于其他殺人之事之處。而「見侮」名之之事，亦當以「見辱」名之，以見其同于其他之「見辱」。而聖人之「愛己」，既可名爲「愛一人」之事，亦同時可名之爲「愛己」之事，方能兼見此見侮及愛己與他事之同與異。而吾人既能于事物之同異，兼有所知而能辨之，亦必當兼有此表同表異之名，乃能喻吾人全幅之志意。此卽吾人之所以不當以種名掩類名，以類名掩種名，而用此名以廢彼名之故。如用此名而廢彼名，是用一名而亂他名之位也。而此以名亂名之所以不可，及荀子之所以必說其爲「惑」者，則不外驗之于吾人之所以爲有名之目標，而觀此「以一名廢他名而亂名」與「兼有分別表同異貴賤之名而不使之相亂」之二者，孰爲合乎此目標而堪行者而已矣。

五、惠施及道家言名，與以實亂名

二、荀子當時論名者所造作之又一理論，吾人可名爲「由觀實之一而欲泯除名之多」之理論，此理論乃由有見于名之有別者，皆可兼用而相代乃若無別，遂恆歸于合同異之名，或泯除一切之名之分別之說，此卽當時惠施一派之所持。莊子天下篇所言惠施之十事，其中有「『大同』而與『小同』異，謂之小同異；萬物畢同畢異，謂之大同異。」「至大無外，謂之大一，至小無內，謂之小一」之言。其說蓋在言一般之「大同」「小同」皆有異，乃小同異，非畢同畢異之大同異；一般之大小皆有外有內非至大至小。而至大至小畢同畢異，亦超乎一般之別同異明大小之名言概念之外。而觀惠施之所重者，則似又在自萬物之變化，及其同在于大一中，同屬于天地一體，見其畢同處，以謂一般諸別同異之名皆無異，而趨于混一諸同異之名。故十事以「泛愛萬物，天地一體也」作結。其十事中有

「日方中方睨」，「物方生方死」，蓋卽是就日之運行，物之變化，之人方說爲「中」者旋說爲睨；方說爲「生」者旋說爲「死」；而謂睨與中，生與死，乃異而無異之說也。莊子天下篇所言辯者之論，其主卵有毛，丁子（蝦蟆）有尾之類者，亦蓋皆同此惠施之論，而自物之變化以觀無毛者旋有毛，無尾者旋有尾而生之論。至于莊子天下篇所言惠施十事中之「今日適越而昔來」，言今昔無異；「南方無窮而有窮」，言有窮無窮無異；「我知天下之中央，燕之北越之南是也」，言南北與中央無異；「連環可解也」，言連與不連無異；「無厚不可積也，其大千里」，言無厚與大千里無異。其理由何在，今不能詳考。蓋皆不外謂于同一之「實」，可以「今」說之者，換一觀點，亦可以「昔」說之；以「無窮」「南北」等說之者，換一觀點，亦可以「有窮」「中央」等說之；而諸名之相對反相分別者，亦可視同無別。緣此以觀一切萬物之差異，卽亦皆屬于天地之一體，同在大一中，而自此天地之一體或大一上立說，則一切差異亦成無差異之說。而莊子所言十事中之「天與地卑」，「山與澤平」，則正與荀子所謂以實亂名之說中，所謂「山淵平」相類。此則人之觀「天地」「山澤」之同在大一中，而自其屬于天地之一體處看者，固可不見此天地山澤之高下之分別；而人自變化之流，以觀「窪者盈」（老子）丘夷而淵塞（莊子胠篋），以見高者之可低，高者之可低，及地之升于天，天之降于地者；或自天地山淵之相連處，觀「高」「下」之名之于此可不用而「平」「與……卑」之名可用者；亦同可說此「天與地卑」「山與澤平」。然要之皆是謂一切同異之名，一用于觀天地之一體及變化之流之實際，或依不同觀點而觀之同一之實際，則其名之分別者皆可兼用而相代，亦卽皆可視同無別，而名之分別者亦可廢而不存之說也。

此種以同異之名之應用于觀天地之一體，及變化之流之實際或同一之實際，則諸同異之名原相分別者皆可歸于無別之說，亦非無理。惠子與道家之老莊，皆同有此義。荀子言「物有狀變而實無別，而爲異者，謂之化，有化而無別，謂之一實」，是亦未嘗否認物之狀之變而有化，及物之狀之變而有化者，其狀之屬于一「實」。則吾人以表異狀之名，用以指一實，而附着之于此一實之後，卽未嘗不可由觀此實之爲一，而謂諸分別異狀之多名，義皆無別，而謂此名所指之「實」，同于彼名。如吾人觀蠶由蛹之狀變爲蛾之狀，而觀此二狀皆屬于蠶之一「實」，卽可謂此蠶之「實」，卽蛹而卽蛾，而蛹蛾之二名所指之「實」無別。然此却非荀子之所許，而正爲荀子所謂以實亂名。而荀子之所以破此以實亂名之說者，則又在其論名之所以建立之根據：乃在「人之所經驗之事物之狀之同異，而不在此狀所附之「實」，及此名所指之「實」」之說也。

吾人于此須知，如離經驗所得事物之狀之同異，以言同異之名之所由建立，而唯直接由吾人之用名指實，使名附着于一實上，看吾人所用之名之分別；則當一名所指之「實」未變化，而與他名所指之其他之「實」，異所而並在于天地間時，此分別容亦暫可以其所指者之不同，而亦得保存。然一旦當吾人將此中所指之「實」，納之于天地之一體或太一，或變化之流中以觀，則此諸名所指之實之分別，便畢竟不能保存，而諸名之所指，亦終歸于無別。如吾人以蛹之一名指蠶，而使蛹之名附着于蠶之實，則蠶之實既化爲蛾，則蛹之名卽失其所附，而爲無所指，成失義之空名。既爲失義之空名，則蛹之名卽無以自異蛾之名。而對此一實，名之爲蛾與蛹，卽無分別之可言，而蛾卽蛹矣。推之于高山之夷入于淵，則山之高亦成無所指，而爲空名，而無以自異于淵之低，而山與淵平矣。再推之于百川之入海，則百川之水卽海水，而百川之百，亦成空名，而無以自異于一海，而百川卽一海，百川之百名亦畢竟無別矣。故自一切萬物皆屬于一大一或天地之一體，而視萬物若百川，視太一或天地之一體若大海，則表萬物之萬名，亦同歸于畢竟無別矣。此乃東西之一切融萬物之差別，入唯一之實際之玄學思想，所同有之一義。在此玄學思想中，則一切名之差別，未有不歸于掃蕩者。而人欲使此名之差別，不被掃蕩而得保存，唯有賴于吾人之不只用名以直往指客觀之實，使名附于客觀之實；而兼能回頭反省，名所以建立之主觀經驗上之根據，以知名之有同異，初唯在吾人主觀所經驗事物之同異之狀，而不在其所附着之實。故蛾之名非蛹之名，不在蛾之狀所附之「實」，非蛹之狀所附之「實」，而在吾人所經驗之「蛾之狀」，非「蛹之狀」；百川之非海，萬物之非卽天地之一體或太一，亦不在百川之「實」非卽大海之「實」，萬物之「實」非卽天地之「實」或太一之「實」；唯在吾人所經驗之「百川之狀」非「大海之狀」，「萬物之狀」非「天地之一體或太一之狀」。如離此所經驗之種種或同或異之狀，以爲同異之名所建立之根據，而徒以名直往指實，附名于實，則天地萬物在目前雖森然羅列，各居其所，而表萬物之名，若各有其所指之實，以爲依恃，而分別宛然；然當洪鈞轉運，大化流行，物無不變，則無一而可依恃，亦卽無名之分別，得以保存。此中，卽假定一物之實不變，而人自變其觀點，見其可具異狀可以異名說之者（如一事物之可由人之自變其觀點，而以「高低」或「平」、「今」或「昔」、「中央」或「南北」說之），吾人如轉而只就其所附之「實」之自身之同一處看，則此異狀之分別，卽歸于相忘而相泯，而此表異狀之名之分別，亦可相忘而相泯。至于渾天地萬物以爲一體或太一以觀，則更當不見有森然羅列各居其所之萬物，因而一切名之分別，自亦更必頓失所據。此卽見直接求名之分別之根據，于其所指之實，終不免歸于以實之無定「狀」，而泯亂此名之分別。吾人眞欲建立同異之名之分別者，便唯有自諸同異之名，各表吾人所經驗事物之狀之同異處看，以見其各有所表，而各有其義，乃見其無一之可廢。此卽荀子之所以言人之惑于用實以亂名者，唯有驗之于「所緣以同異」，而由天官意物所得之經驗，而「觀其孰調（猶適也）」也。

吾人以上會通惠施及道家之天地一體及觀變化之流與事物之實際之說，以釋荀子所舉山淵平之例，何以爲以實亂名之義，而未及于荀子所舉「人之情欲寡」，及「芻豢不加甘、大鍾不加樂」之二例。此二例之何以亦爲以實亂名之例，則古籍散佚，殊難有的解。然如吾人上文于山淵平之所釋者爲不誤，則依理而推，如山淵平之說，意在泯「高」與「下」之別；當時持情欲寡之說者，當是意在泯情欲之「多」與「寡」之分；而持「芻豢不加甘大鍾不加樂」之說者，則當意在泯「甘」與「不甘」「樂」與「不樂」之分。荀子正論篇曰：「子宋子曰人之情欲寡，而皆以己之情欲多，是過也。」則宋子固意在以寡代多，而使寡無別于多。老子言：「少則得，多則惑」。又曰「知足常足」。則亦涵寡同于多之意。今觀人之同此一實得之財者，人多欲，則視爲寡而不足，人少欲，則視爲多而有餘，是一實而有二名，而二名同指此一實；自「實」之同而言，則可言「多」與「寡」同，「欲多」與「欲寡」同，人亦可不欲多而欲寡，以使「人我之養畢足而止」矣。此是否爲宋子意，固無明文可證；然以理推之，其意蓋當如此，荀子方得謂其爲以實亂名之例，與山淵平之說之泯高低之別者並舉也。再案荀子正名篇又載荀子論欲之言曰：「欲過之而動不及，心止之也。」其意謂：人固欲多，唯以心止之而後欲寡，則此欲多與欲寡，乃人之不同時之不同經驗；其分別乃不可泯，是卽「欲多」與「欲寡」之二名之分別之根據。故荀子仍以宋子之言，爲以實亂名也。

至于「大鍾不加樂，芻豢不加甘」，或謂其指墨子之說，用以證其非樂之論者。此乃想像之辭。按墨子非樂篇，其立論皆不否認樂之爲樂，唯以浪費財力，不利于民，故非之。此皆不關于名理。依荀子此段之文之文義與理而斷，此二語蓋當如上所說，乃意在泯甘不甘與樂不樂之分者。芻豢者味，大鍾者聲。老子言「五味令人口爽」，則甘者可不甘；又言「五音令人耳聾」，則樂者可不樂。同此一味之實，而或甘或不甘；同此一聲之實，而或樂或不樂。則此味此聲，自實而言，亦甘亦非甘，亦樂亦非樂。而甘與不甘，樂與不樂之名之別，在其所指之實上看，亦皆泯而無別之可言。此正是屬于荀子所謂以實亂名之類。蓋依荀子之論，名之建立之根據，乃在吾人之經驗。人食芻豢而加甘，則非不甘，聞大鍾而加樂，則非不樂，亦不得言甘與不甘，樂與不樂無別。至口爽而芻豢不甘，耳聾而大鍾不樂，則是另一經驗，而此經驗中則不甘非甘，不樂非樂。亦不得言甘與不甘，樂與不樂，其義無別。而甘與不甘，樂與不樂之名之別，亦因之而不得泯；泯之者，遂亦為以實亂名矣。

六、公孫龍派之言名，與以名亂實

荀子當時論名者所造作之又一理論，吾人可名之為「由名之相異而多，而意其所指之實，亦相異而非一」之理論。此蓋卽公孫龍子一派之理論。此理論之要點，不在用分別之名以直往指實，而使之如附著于實，而在直接就名之分別，而意其所指之實之亦必分別。于是凡名之可相分別者，皆可謂其應指不同之實。如公孫龍謂白馬非馬，其根據卽在白馬與馬，為二分別之名，而各有所表。馬之名命馬之形，亦所以表馬之形；而白馬之白，則命馬之色，而表馬之色。命形非命色，故「白馬」與「馬」所指之實，各不同。白馬所指之實，為一羣白馬，馬所指之實，則為黃驪白黃諸色之一切馬。因此二名所指之實不同，而白馬非馬。公孫龍又主離堅白。其言謂「堅、白、石、三可乎曰不可。二可乎，曰可。」「視不得其所堅而得其所白，無堅也；拊不得其所白而得其所堅，無白也」。其主堅白相離，此亦唯由堅之名，乃所以表手所得之堅，白之名只所以表目所得之白之故。蓋以堅白二名原相異而為多，故彼實際之石，于以手觸之之時，可謂其爲堅，而不當謂其白，于以目視之之時，可謂其有白，而不當謂其爲堅，乃有堅石與白石，而無堅白之一石。用「堅」與「石」二名，可，用「白」與「石」二名亦可，用「堅」「白」「石」三名，以結爲「堅白之石」則不可。此亦由名之異而爲多，以論所指之實不同而非一之論。此外莊子天下篇所言之辯者之說，其主「狗非犬」「火不熱」，「孤駒未嘗有母」等之說者，當亦皆是由名之異，以意其實應異之說，而與公孫龍之言同類。而此正皆爲荀子所非之「以名亂實」之說也。

荀子所非之以名亂實之說一段之原文，首爲「非而謁楹，有牛馬非馬也」。前四字無確解。梁啟雄荀子柬釋引墨辯經說下：「堅（孫詒讓說下脫白字）異處不相盈相非，是相外也。」遂謂「謁」爲「謂」之誤，「楹」爲「盈」之誤應作「非而謂盈」云。按墨辯實主堅白相盈不相離，不相外，故以「相外」斥「相非」之說。墨辯之言與世俗常見同。若梁說是，則主堅白相「非」相外，以「論謂」世俗常見之主堅白相「盈」之說而易之者，應是指公孫龍派之說。唯梁說是否，未可定耳。至有牛之牛字或謂卽白字，若然則此正爲公孫龍子白馬非馬之說。其義上已略解之。或謂「有牛馬非馬也」原文不誤，其解當如墨辯經說下所言「牛不二馬不二，而牛馬二，故牛不非牛，馬不非馬，牛馬非馬非牛」。此卽謂「牛馬」之一名中，涵有「二」義，「牛」之一名，「馬」之一名，却皆不涵有「二」之義。涵有「二」之義之名，與不涵「二」之義之名不同，故「牛馬」之名，非「馬」之名，亦非「牛」之名；而「牛馬」所指之實，與「牛」所指之實，「馬」所指之實，亦不同而相異。此亦爲就名之異，而謂其所表之實必亦異之說，與白馬非馬之說同。而墨辯此言與公孫龍子通變論附及之「羊不二，牛而二，而牛羊二」之言實近似。依公孫龍亦可言牛羊之非牛非羊，如墨辯之言牛馬之非牛非馬也。而墨辯此言，就其前後文以觀，亦不代表其對此問題之主張之全。若單提出而觀之，則可納于公孫龍派之說中；而皆同爲荀子之所斥爲「以名亂實」之說者也。此說謂「白馬」與「馬」，或「牛馬」。與「馬」，其名別而其所指之實亦不同，亦非全無理。因二名所指之實之範圍，確是不同也。此說之不當，唯在其不僅意涵：二名之範圍之不同，且意涵：二名不能同時交會于一「實」，而同指一「實」之所有；亦意涵：一「實」不能同時納諸二名之所指之範圍中之意。即此說意涵：吾人于一「實」，名爲白馬者，不得就其爲馬，而以「馬」名之；而于一「實」，名爲牛馬者，亦不得就其中之有馬，而以「馬」名之。此即以名之有多，而謂此多名必不能有其共指之一「實」。是即成常識所共知之大妄，而爲以名亂實矣。

然此說之所意涵者之爲大妄，雖常識所共知；然常識之知其妄，唯本于直覺。吾人眞欲自理論上駁斥此說，則亦非易事。蓋人之只分別就此二名，而只分別直往觀其所指之實者，亦儘可不見此二名之可交會于一實。因此二名既分別，吾人循之而分別觀其所指之實，亦即儘可只觀此所指之實之分別處，而不見其同處或交會處也。必待人對此二名之分別，更作一反省，以合而觀其所指之實，乃知其所指者之共交會于某實，並知吾人于某實，曾以此名表之者，亦嘗以他名表之而謂之；方見二名之同對一實有所指，及一實之可同時納諸二名所指之範圍中。如吾人必于既知「白馬」與「馬」，「牛馬」與「牛」或「馬」，其名所指之實，其範圍之相異後，由反省乃知吾人名之爲「白馬」者，亦嘗單就其形，而名之爲「馬」，及吾人合名之爲「牛馬」者，亦嘗分別觀之，名之爲「牛」或「馬」；然後吾人乃知言「白馬非馬」或「牛馬非馬」之「不可」。此中吾人由反省所見得之此「不可」之理由，亦唯在吾人之先于白馬所指之實，確曾就其形，名之爲馬；于牛馬所指之實，亦確曾就其中之一部，而名之爲馬。故今逕謂白馬非馬，牛馬非馬，即陷于自相矛盾。依荀子言之，即此爲「以其所受，悖其所辭」。蓋吾人既先承受此馬之名，與牛之名，今又謂其非馬非牛，是欲辭去此馬之名，牛之名，而與吾人所先承受者相悖，而自相矛盾也。觀此「所辭」與「所受」之相悖，而自矛盾，即足以破白馬非馬，牛馬非牛之說，而禁之；而白馬非馬，牛馬非牛之爲以名亂實，亦明矣。

人之爲白馬非馬，牛馬非馬等，以名亂實之說者，其所以爲妄之根原，在其所受與所辭之相悖，亦在于見于名之多，遂忽略其所指之實之一。而人之有此忽略之根原，則正在其分別用多名以直往指實時，即透過此名之多以觀實，乃直往意其所指之實，亦應相別而爲多，而未嘗反溯此多名之「所以次第制立，而約定以成」之基本原則。此基本原則非他，即前文所謂順所經驗之事物之同異之狀，而隨之以制立約定諸表同異之名是也。此中，吾人所先有者，爲經驗事物之同異之狀。一事物爲一實，而一事物與其他事物之或同或異之狀，則爲多，而表此或同或異之名，亦因之而爲多。如吾人可自一物與其他一切物之相同之狀，而皆名之爲「物」；又可自其與其他動物之相異之狀，而名之爲「鳥」或「獸」以別之，是即對一實而次第建立之二名也。再如對一物，吾人自其形與他馬同，故名之爲馬，復自其色與黃驪諸色之馬異，故名之爲白馬，是亦對一實而次第建立二名也。再如對一全體之物，吾觀其中之一部份，見其與牛同，遂單名之爲牛；觀其另一部份，見其與馬同，遂單名之爲馬。又合而觀其全，而兼名之曰牛馬。于此全體中，吾人于馬，見其異于牛，可說馬非牛；吾人于牛，見其異于馬，可說牛非馬。然此牛馬之名所指之此一全體中之牛，不異于牛，此一全體中之馬，亦不異于馬。故吾人不能直言「牛馬非牛」，亦不能直言「牛馬非馬」；而當言牛馬之名與馬之名牛之名，乃對一全體之物，加以分觀及合觀，而次第建立，而其所指又共交會于某一實之諸名。然吾人今若忘此諸名原爲依吾人所經驗之事物之同異之狀，而次第建立者，則吾人將不免于直往透過此名之多，以意其所指之實之相別而亦爲多，則以名亂實之事，遂由之而生矣。此卽吾人于荀子之破以名亂實之言，必須連于前一段論制名之樞要，或名之如何次第制立約定之言，相配合以了解，而觀其立義之相照應之故也。

七、名之固善及本文結論

吾人以上既詳釋荀子之所以破三惑之理論，則荀子論「名有固善」之言，亦可得而解。荀子之言名之固善，亦非直接由名之指實處看。直接就名之指實處看，不能定名之善不善，亦不能定名之當不當。世之論者，謂名與實相應，則謂之當，不相應，則謂之不當。然何謂相應？則殊無確解。如自名多而所指之實一，或名一而所指之實多，此中自一與多相違處看，名與實固不相應也。名依事物之狀而立，實依同所異所而定；狀無定所，所無定狀。自有定無定之相違處看，名與實亦不必相應也。名所表之狀或義，乃恆常，而實之狀可變化；自常變之相違處看，名與實又不必相應也。故名之當與不當，不能純由其對實之是否相應上核定。相應之義，亦不易定也。謂名實須有一意義上之相應，此相應，亦非直接之相應；亦不由人之用名之求直接對所指之實負責而來；而是間接由對「吾人之所以有名之目標」，「吾人所經驗于實或事物之同異之狀」及「制名之原則」，視之爲吾人用名之標準，而對之負責而來。用名之當者，亦卽用名之能合此諸標準，而又能指實者。而用名之必兼以合此諸標準爲條件，則其指實而與實相應，便非直接之相應，而係間接之相應。夫然，故吾人之論名之當不當，卽不應直自其指實及與實相應處說。而應先看在吾人之用名以指實時，是否能兼合于「吾人所爲有名之目標」，「吾人所經驗之事物之狀」，及「制名之原則」等內在的諸標準；唯合之者，其名乃當，而名亦有固善。反之，如吾人之用名之時，只求對所指之實負責，只就名之是否指實處，說名之當與不當，則必將不免于用此名廢彼名，而以名亂名；或不免由觀實之爲一，其狀多而無定，乃疑名之多及其義之常，而以實亂名；再或不免由觀名之多，而意其所指之實亦多，而以名亂實。而人之用名必不能皆當而皆善，此亦理有固然。好學者可重視前文以自得之。荀子曰「徑易而不拂，謂之善名」，如將此言配合其正名篇之前文以觀，此所謂不拂，首當卽爲不拂于該段制名樞要或基本原則之意。然此基本原則，卽順所經驗事物之狀之同異而次第制名，以達吾人所以爲有名之目標。故不拂于制名之樞要，卽不拂于吾人所緣之同異，亦不拂于吾人所以爲有名之目標。名能不拂此三者，是爲名之固善。而以名亂名者，用一名而廢他名，是拂于吾人所以兼有同異之名，以兼表同異也。以實亂名者，以實之一而狀多無定，遂謂名之多者亦無別，是拂于多名之建立所根據之經驗上的同異之狀也。以名亂實者，以名之分別而多，遂意其無共指之實，是拂于吾人之根據所經驗之事物之同異，而次第分別制立多名以指實之原則也。今吾人之用名，能去此三惑，則所用之名，皆徑易而不拂，名定實辨，道行志通，「名之定」乃成爲「諸個人之主觀精神之求相喩相結，以成爲一社會之客觀精神」之不可少之資，所以使「志無不喩之患，事無困廢之禍」者，是爲名有固善之大用，亦荀子正名之論，其最後宗趣之所在。荀子未嘗離名之固善以言名，其破三惑，皆所以成就此名之固善。而其破三惑之言，亦實不能孤立而了解。不特當旁採當時名墨諸家之言，以觀其義，亦當由其通于前文所論之「所以爲有名」，「所緣以同異」，「制名之樞要」，以成就「名之固善」等處去了解。然却不能由名而直往求其所指之實，直接求名實之相應，及名義之求自己一致等處，以觀荀子論名實之義之精微；而今人之徒視其正名之論，爲一種邏輯之理論，或知識之討論者，皆尙不足以盡荀子之意，此卽區區此文之所以爲作也。

五一年六月廿日

畧論魏晉南北朝學術文化與當時門第之關係

錢穆

(一)

魏晉南北朝政治腐壞，篡亂相乘，兵戎迭起，中國版圖，半淪胡統。前後四百年，太平統一之期，殆不足十分之一。然學術尚有傳統，人物尚有規儀，在文化大體系上，亦多創闢。專就隋書經籍志所載，約略計之，古今書籍，共二千一百二十七部，三萬六千七百零八卷。若通計亡佚，達三千八百二十三部，四萬三千六百七十五卷。除少數古籍外，大部分係此時期人所作。以四百年計，平均每年當得新書十部，亦可謂按月當產生新書一部。而佛道典籍尚不在內。

據開元釋教錄，三國下至隋前，共計譯人一百一十八，譯經一千六百二十一部，四千一百八十六卷，此當據唐開元時尚存者言。若據隋志，乃有二千三百二十九部，七千四百一十四卷。即就一千六百部計，在此四百年中，亦平均每年當出四部十卷以上。以一卷萬字計，四千餘卷當得四千萬言之多，數量鉅大驚人。當時繙譯佛經，工作至艱巨，一則佛經傳入不易，再則華梵語文隔閡，既須外來高僧合作；又須口譯筆潤分工，始克臻事。則此一時期，單論佛教傳入方面之成就與貢獻，已可大書特書，永為後人仰歎。

此後佛教成為中國文化之一支，並推衍及於高麗日本，就今而言，欲追究印度大乘佛學，非仰賴中國譯經不可。此一大事因緣，主要由於此時代人之努力。僅言佛教傳入，疑若其事甚易，語嫌不切，將使人忽略了此時期人完成此一業績之努力。

常言佛法僧三寶，佛創始說法，須有傳統說法之人，而當時中國僧人之宣揚佛法，事更不易。梁釋慧皎著高僧傳，東漢迄梁四百五十餘年，共二百五十七人，又傍出互見者二百餘人，開其德業，分隸十科，此下姑舉三人爲例。

首當提及釋道安。道安乃中國佛教史上第一高僧，由彼引起中國人注重佛法，並造成此下佛教在中國文化體系中之地位。習鑿齒致謝安書有云：

> 來此見釋道安，故是遠勝非常道士。師徒數百，齋講不倦。無變化技術可以惑常人之耳目；無重大威勢可以整羣小之參差，而師徒肅肅，自相尊敬，洋洋濟濟，乃是我由來所未見。其人理懷簡衷，多所博涉，內外羣書，略皆遍覩，陰陽算數之學，亦皆能通。佛經妙義，故所游刃。

觀於上引，可想見道安之人格與學養，及其在當時之受人仰敬。

又金樓子載習鑿齒與道安在襄陽相見，謂鑿齒詣道安，值持鉢趨堂，鑿齒乃翔往衆僧之齋。衆僧皆捨鉢斂衽，惟道安食不輟，不之禮。習甚恚之，厲聲曰：四海習鑿齒，故故來看爾。道安應曰：彌天釋道安，無暇得相看。習愈忿云云，道安復云云，習無以對。據此則習鑿齒所折服於道安之人格與學養者，更見不尋常。

當知佛陀乃千年前一外夷，當時流行老莊觀念，佛教經典，亦彼外夷之糟粕，苟非有至德高僧，親身實地闡揚作證，如何得人崇信。此所謂人能宏道，非道宏人。苟非至德，至道不凝。道安誠當時佛門中一至德，佛法卽凝聚其身，而由之宏揚。如習鑿齒與謝安書所云，道安與中國社會傳統重視之大儒，可謂並無二致。由此推想，庶可得佛法在當時中國社會宏布流傳之一番主要契機所在。

其次當及慧遠。世說注引張野遠法師銘，稱其世爲冠族，游學許洛，二十一，欲南渡就范宣子學，道阻不通，遇釋道安，遂以爲師。抽簪落髮，研求法藏。高僧傳稱其精思諷持，以夜續晝，貧旅無資，緼纊常缺。知遠公本修儒業，自非道安高德，何緣使其同心折服如此。

慧遠從道安逾十餘年，後南渡東止廬山東林寺三十餘年，時謂其影不出山，迹不入俗。然四方仰景其人者紛至沓來。慧遠送客，常以寺前虎溪爲界。其學兼綜玄釋，並擅儒學。周續之閑居讀老易，入山師事；宗炳雷次宗事遠講喪服經，後次宗別著義疏，首稱雷氏學，宗炳寄書嘲之，曰：昔與足下共於釋和尚間面受此義，今便題卷首稱雷氏乎？慧遠於佛法創淨土宗，當時有淨土會，劉遺民爲文，稱同志息心貞信之士凡一百二十三人，中有名士七人。周續之、宗炳、雷次宗皆與焉。又雷氏與周續之嘗同受遠公詩經之學，世說有殷荊州問遠公易以何爲體。由遠公而推道安，知道安之博通內外羣書，亦斷非虛語。而遠公之以喪服教授，其事更値注意。蓋當時大門第制度盛行，喪服之與門第，關係至深。遠公不厭講授，亦情存濟世。與其宣揚佛法，可謂貌異心同。又遠公並擅繪事，卽其藝術之精，亦得世人重視。故知當時佛法所以宏宣，正賴有高僧如遠公等，大心博學，宏應世需。故使世俗聞風，歙然信服也。

最後當提及竺道生。道生依竺法汰改俗，而法汰亦隨道安，則生公乃道安之徒孫。據高僧傳，當時先出中譯本泥洹經六卷，所謂小品泥洹，大本三十餘卷尚未全譯，六卷本先至京都，生公剖析經理，洞入幽微，乃說：「一闡提人皆得成佛。」此語與先譯六卷泥洹經相反。生公孤明先發，獨忤衆見。一時僧徒羣目爲邪說異端，譏憤滋甚，大會逐之。然生公不爲屈，於大衆前正言誓曰：若我所言違背經意，願於現身甘受癘疾之災；不然，則願捨壽之時據獅子座。遂去至虎丘；旋至廬山。不久全部涅槃經譯出，乃證生公所說實乃懸契佛旨。此一故事，在中國佛教史上具有甚大影響。其前鳩摩羅什已稱遠公未讀佛經而通佛理，正與生公先後遙符。可證我上述佛門僧寶價值之所在。蓋佛法人人具有，亦人人可悟，生公此義，實與儒家傳統孟子人皆可以爲堯舜說相扶會。生公特深契悟，亦不得不謂其先於中國文化傳統儒家精義遠有根柢。而生公之頓悟義，下至唐代禪宗六祖出世，更有所發揚光大。此後禪宗遂爲中國人自創佛學中一最要骨幹。又後淨土宗盛行，乃有禪淨合一之新途徑，成爲中國社會最普遍之佛法。此事不得不追溯及於遠生兩公，此時代人在中國佛學史、中國文化史上之貢獻，卽此一項，已屬無可比量。

（二）

此下當再縻述有關此一時代經史子集四部學之大概。先論經學。十三經注疏乃中國經學一大結集，除唐玄宗孝經御注外，易魏王弼注，論語魏何晏集解，左傳晉杜預集解，穀梁晉范甯注，爾雅晉郭璞注，尙書孔安國傳，乃魏晉人僞託。尙書僞古文，亦出魏晉人編撰。當時又特創義疏新體，與同時僧人所爲佛經義疏有關。惜皆遺失，獨梁皇侃論語義疏僅存。而唐初孔穎達等編五經正義，疏之部分，十九采自南北朝，此見當時人對經學貢獻，不爲不大。

其次，隋志載此時代人有關經學之著述，計六百二十七部，五千三百七十一卷。通計亡佚，有九百五十部，七千二百九十卷。張鵬一隋志補又增出九十二部。就隋志分類統計如下表：

經籍名稱	部數	卷數	通計亡佚之部數	通計亡佚之卷數
易	六九	五五一	九四	八二九
尙書	三二	二四七	四一	二九六
詩	三九	四四二	七六	六八三
禮	一三六	一六二二	二一一	二一八六
樂	四二	一四二	四六	二六三
春秋	九七	九八三	一三〇	一一九〇

表中所云亡佚，乃在作志時言，今則可謂亡佚已盡。然觀上表，知此時期之經學，並未中絕。

若以著作數量作爲當時對經學中某一部份重視與否之衡量標準，則此時代之經學最重禮，次春秋，易居第三位。劉宋時以易與老莊同列爲三玄，然固非當時人重視惟易也。唐杜佑通典引晉宋以下人禮議，多達二百餘篇，朱子云：六朝人多精禮，當時專門名家有此學，朝廷有禮事，用此等人議之，唐時猶有此意。又云：五經疏，周禮最好，詩、禮記次之，書、易爲下，淸儒沈垚落颿樓集亦謂：六朝人禮學極精，唐以前士大夫重門閥，雖異於古之宗法，然與古不相遠。史傳中所載，多禮家精粹之言。近儒章炳麟檢論五朝學謂據南史何承天傳，先是禮論有八百卷，承天刪減，幷各以類相從，凡爲三百卷。又徐勉傳，受詔知撰五禮，大凡一百二十帙，一千一百七十六卷，八千三十九條，然則通典所載，二十分之一耳。此皆於六朝人精禮學，有所指明，而沈氏謂六朝以有門第而精禮，其言尤有特識。

南北朝時，經學亦分南北，所重各不同。就禮學言，南方重喪服，如上述高僧遠公，亦精此學，雷次宗以此負盛名，時與鄭玄並稱。喪服本屬儀禮中一篇，所以別出成爲一時顯學者，正因當時門第制度鼎盛，家族間之親疏關係，端賴喪服資識別，故喪服乃維繫門第制度一要項。下至唐代，門第尚存，故通典尚多載此時代人所講關於喪服之篇章。宋後無門第，故自程朱理學下迄清代經學考據，於此皆疏，不復注意也。

南方禮學，除喪服外，並重朝廷一切禮樂輿服儀注，此由當時南方武力不競，民族自尊心之激發，所謂衣冠文物，亦是民族文化所寄與其象徵所在，抑又為當時北方胡人急切所學不到。高歡曾云：江南蕭衍老人專事衣冠禮樂，中原士大夫望之以為正朔所在。故當時南方學者重視此方面，在心理影響上，對於南北對峙局面，實有甚大作用。宋書王淮之傳，稱王彪之練悉朝儀，家世相傳，並諳江左舊事，緘之青箱，世人謂之王氏青箱學。梁書載江蒨好學，尤悉朝儀故事，撰江左遺典三十卷未就。此為南方門第重禮學之又一面。

北方學者亦重禮。且當時南北學術多聲息相通。北人治喪服者亦多，如後魏敦煌索敞，見本傳。河東柳玄達，見裴叔業傳。范陽盧道虔，見盧玄傳。後周趙郡李公緒，見李渾傳。皆是。然北人所重，更在周官。此因北方胡漢雜糅，欲實際改進當時政制，乃轉趨於古制度之鑽研。蘇綽為宇文泰定制，即根據周官。下迄隋唐，遂重開中國歷史之光昌盛運。蘇氏之功不為小。北齊熊安生，為周官學大師，史稱其通五經，專以三禮教授，弟子自遠方至者千餘人，其受業擅名於後者，劉焯劉炫尤著。孔穎達五經正義，多采二劉之說。北周滅北齊，熊氏知周君必來訪，命童僕灑掃門庭以待，翌晨周君果至。此見周官學在當時北方之見重。亦可知北方經學，亦重通經致用，與南方可謂異途同歸。

近人陳君寅恪著隋唐制度淵源論略稿，詳舉唐代開國，其禮樂輿服儀注，大體承襲南朝。然禮樂制度，秦漢以下，早有分別。史書中如職官田賦兵制等屬制度，封禪郊祀輿服等屬禮樂。宋歐陽修新唐書禮樂志，辨此甚明。隋唐制度，自是沿襲北朝。陳君混而不分，僅述南朝禮樂，忽於北方制度，此亦不可不辨。

（三）

其次爲史學，較之經學發展更爲重要。隋志史部有八百一十七部一萬三千二百六十四卷，通計亡佚，有八百七十四部一萬六千五百五十八卷。張鵬一隋志補，又增出六十部。論其數量，較經部多出一倍。且經部多漢前舊書，史部則多魏晉以下人新著。

漢志無史部，司馬遷史記附六藝略春秋門，是時史學尚未獨立。東漢自班固漢書外，史學著作亦不多。中國史學發達，應始東漢晚期，至魏晉南北朝而大盛。不僅上駕兩漢，抑且下凌隋唐。惟宋代差堪相擬，明清亦瞠乎其後。舉其要者，晉陳壽之三國志，宋范曄之後漢書，與馬班並稱四史。其他列正史者，宋書南齊書梁書魏書等，皆此時代人作。東漢末荀悅撰漢紀，劉知幾史通推以爲左傳家之首，又稱班荀二體，角力爭先。唐代試士，以悅紀與史漢爲一科。晉袁宏撰後漢紀，史通謂世以袁書配蔚宗，要非溢美。宋儒王銍作兩漢紀後序，亦稱荀袁二紀於朝廷紀綱，禮樂刑政，治亂成敗，忠邪是非之際，指陳論著，每致意焉。反復辨達，明白條暢，啟告當代，而垂訓無窮，蓋自司馬光資治通鑑以前，編年之史，更無堪與此兩書媲美者。故即舉現所留存之史籍言，此時代人之成就與貢獻，已至偉碩。

再論其亡佚者，裴松之注三國志所引書，明記書名者達一百四十餘種。宋劉義慶世說新語，梁劉孝標注，據高似孫緯略，所引漢魏吳諸史及子傳地理之書俱不論，僅晉代一朝史書，及晉諸家列傳譜錄文章已及一百六十六家，裴劉之注，固是瞻博，而陳劉原著之精卓，亦因而益顯。范蔚宗作後漢書時，松之所注各書當俱在，故范書可以取精用宏，乃有補陳志所不載者。而袁宏作後漢紀，尙在范書未布之前，其所采旣博，而竟亦少有出范書之外者，又可見范書采摭之功力。又如晉書在當時有十八家之多，其他史籍繁夥，一檢隋志而可知。此蓋史學在當時爲羣力所萃，故能醞釀出好成績也。

今再論魏晉南北朝人史學著作之內容。隋志乙部共分十三類：一、正史，二、古史，三、雜史，四、霸史，五、起居注，六、舊事，七、職官，八、儀注，九、刑法，十、雜傳，十一、地志，十二、譜系，十三、簿錄。可見當時史學規模之完備。正史屬紀傳體；古史爲編年體；雜史則在此兩體以外，或係鈔撮舊史；霸史則爲分國史，如十六國春秋之類；起居注乃由當時史官紀載人君言行；舊事有制度法令，有雜事記載；職官、儀注、刑法則屬禮儀制度。而雜傳一類，尤爲當時人所特感興趣，故其撰述共有二百一十七部，一千二百八十六卷。主要爲人物傳記，有分類作傳，如聖賢高士傳，逸士傳，逸民傳，至人高士傳，高隱傳，高僧傳，止足傳，孝子傳，忠臣傳，良吏傳，文士傳，童子傳，列女傳，神仙傳等。分地作傳，如兗州，徐州，交州、魯國、楚國、汝南先賢傳，益部、陳留耆舊傳，豫章烈士傳等。分時代作傳，如正始名士傳，江左名士傳等。分家族作傳，如王肅王朗家傳、太原王氏家傳，王氏江左世家傳等。並有一人專傳，如管輅傳，法顯傳等。又淸章宗源隋書經籍志考證，據裴松之三國志注，劉孝標世說注，下及藝文類聚、北堂書鈔、太平御覽等諸類書所引，自荀彧別傳以下共得別傳一百八十四家，隋唐志皆不著錄，無從考其卷數，然當時所爲一人專傳之數量，已幾與雜傳一門全部卷帙之總數相埒，此事尤堪注意。凡此皆見此時代人重視人物，實爲此一時代之特殊精神所在。惟其人物之傳記旣詳，故薈萃成史，其事自易。其次則爲地理記。其部數與卷帙，僅次於人物傳記，凡得一百三十九部一千四百三十二卷。蓋人物與地理有關，二者之受重視，則為當時門第郡望觀念之影響。世說有王濟孫楚爭辨各自地望人物之美一則，又有王坦之令伏玄度習鑿齒論青楚人物一則，皆是當時人各誇其鄉土先賢之證。又次則為譜系，此亦與前兩類相引而起。蓋矜尚門第，必誇舉其門第之人物，乃亦讚耀其門第之郡望，又必有譜牒世系，以見其家世之傳綿悠久。直迄近代，方志家譜，代有新編，成為中國史書中重要兩大部門，而人物傳記一項，則終不能與魏晉南北朝時代競秀爭勝。故知人物傳記之突出獨盛，正亦為此時代一種特殊精神所寄也。

簿錄一項，亦見當時人另一種之興趣。簿錄乃一種圖書分類目錄，隋志所收共三十部，除七略別錄及七略外，其他二十八部全出此時代人之著述，可見此時代人重視書籍，好尚搜索，因重目錄分類，而四部之分，永為後人承襲，亦可謂是此一時代之貢獻。

今再綜合言之，則此一時代重人物，又好尚書籍，並好著述，而人物傳記尤為當時人興趣所在，成為此時代史學驟盛之一因。劉知幾史通有云：

> 降及東京，作者彌衆，至如名邦大都，地富才良，高門甲族，世多髦俊，邑老鄉賢，競為別錄。家譜宗譜，各成私傳。於是筆削所採，聞見益多。此中興之史所以又廣於前漢也。

劉氏此處所講，實已在東漢之晚年，更適用於魏晉南北朝。風氣遞傳，當溯自東漢耳。

今再簡括上述，魏晉南北朝人於經學極重禮，史學則重人物，此二者，與其崇尚老莊虛無風尚有乖，此事大可注意，留待下論。

繼此當提及當時經學與史學之相通。史學本自經學中分出，而當時人亦每將經史相提並論。如吳華覈上表，謂司馬遷班固命世大才，所撰精妙，與六經俱傳。北魏李彪亦云：臣竊謂史官之達者，大則與日月齊明，小則與四時並茂。其大者，孔子左丘是也。小者，史遷班固是也。三國尹默傳，默遠遊荊州，從司馬德操仲子等受古學，皆通諸經史。晉虞預傳：雅好經史，憎疾玄虛。庾峻傳有重老莊而輕經史之語。此皆當時人認經史爲同類，以與老莊玄虛相對立之證。同時史家亦多兼經學著作，如張璠著後漢紀，亦有周易集解；孔衍著漢魏春秋，亦有公羊集解；干寶著晉紀，亦有周易、周官注、春秋左氏傳義等；劉昭著後漢書注，亦有鈔集議祭六宗論，有難晉劉世明論久喪不葬議等；謝承著後漢書漢晉春秋，亦有尚書，毛詩注等；徐廣著史記音義及晉紀，亦有禮論答問，禮答問等；裴子野著宋略，亦有喪服傳等。劉知幾史通，謂大抵作者，自魏以前，多效二史，從晉已降，喜學五經。可見當時人對經史之通觀並重。而論其本源，則皆自崇尚儒學來。史學家中，如徐廣裴子野等，制行茂美，尤是粹然儒者之渠矱。宋書史臣曰：臧燾、徐廣、傅隆、裴松之、何承天、雷次宗，並服膺聖哲，不爲雅俗推移。此皆著作雖分經史，學術同歸儒門之證。

（四）

上述經史之學竟，次當及子部。此時代人在此方面之成就與貢獻，似較經史集三部爲弱。然隋志子部儒家，自荀悅申鑒以下，亦有二十二部一百六十九卷。通計亡佚，則有四十五部三百六十八卷。數量仍不爲少。荀悅申鑒，清四庫提要稱其原本儒術，所言不詭於正。牟融理惑論，清儒洪頤煊稱是書雖崇信佛道，而不背於聖賢之旨。徐幹中論，提要稱其闡發義理，原本經訓，而歸之於聖賢之道。杜恕體論，清儒嚴可均稱其所論皆剴切通明，能持大體，粹然儒者之言。王基新書，史稱其人學行堅白，國之良臣，時之彥士。舉此爲例，知儒術在三國魏時，尚是確有傳統，渠矱未失也。

又如晉傳玄撰傅子，隋志入雜家，王沈遺書稱美之，謂省足下所著書，言富理濟，經論政體，存重儒敎，足以塞楊墨之流遁，齊孫孟於往代。提要稱之，謂所論皆關切治道，闡啓儒風，精意名言，往往而在。又北齊劉晝著劉子，亦入雜家，嚴可均稱其言治國修身之道，有大醇，無小疵。魏任嘏有道論，隋志入道家，然其人實儒士。又晉杜夷有幽求新書，隋志亦入道家，然晉書杜夷入儒林傳，劉勰文心雕龍稱之，謂典語新書，法言說苑，潛夫正論，昌言幽求，咸叙經典，或明政術。推此意求之，知此時代人著書，隋志列入子部而不在儒家者，尋其內容，亦多與儒術相關。

又如隋志名家，有魏文帝士品一卷，劉邵人物志三卷，盧毓九州人士論一卷，吳姚信士緯新書十卷，姚氏新書二卷，通古人論一卷，此在當時稱爲名理之學。王符潛夫論謂名理必效於實，則官無廢職，位無非人。意林引楊泉物理論亦謂，國典之墜，由位喪也。位之不建，名理廢也。劉勰文心雕龍亦曰：魏之初霸，傅嘏王粲校練名理。可見當時人品評人物，精究名理，其志本在治平。而劉邵人物志一書，尤値研讀。提要謂其書主於論辨人才，以外見之符，驗內藏之器，分別流品，研析疑似。所言究悉物情，精覈近理。其學雖近乎名家，其理弗乖於儒者。今以劉氏此書，推想姚盧所作，可知品題人物，爲此一時代之精神所寄，風會所重，與上述史部人物傳記一門會合參之，亦見此一時代特著精采之一面。而原本儒術，亦居可知。

至論道家，則如王弼之注老，郭象之注莊，固已永傳不朽。然王郭兩家，亦欲兼滙儒道，以創一代之新說者。又如僞古文尚書人心唯危，道心唯微，惟精唯一，允執厥中，乃改荀子引道經語，而宋儒奉爲講學準則十六字訣。又如孔叢子心之精神是爲聖，南宋楊簡敬仲終身誦之，明儒尤樂稱引，其語殆亦出此時代人所造。又如劉宋戴顒有中庸傳兩卷，梁武帝有中庸講疏一卷，亦爲宋儒尊尙中庸之先聲。其他名言絡繹，爲宋明儒心學導先路者尙亦不少。由此言之，則此時期人在子部方面亦未嘗無貢獻。

（五）

今當一談集部。漢志辭賦略所收，只楚辭漢賦。集部大興自東漢，至魏晉南北朝而極盛。據隋志，共五百五十四部，六千六百二十二卷，通計亡佚，有一千一百四十六部，一萬三千三百九十卷。張鵬一隋志補，又增出專集七十二家。卷帙之多，堪與史部相埒。以四百年計，每年平均當出一部至三部集，亦可謂每年可出一位乃至三位專集作家。此即長治久安之世，前如漢，後如唐，亦難有此盛。

論其內容，總集中有昭明文選，此書在中國文學史上，有其不可磨滅之價值。書中所收，雖不全屬此時期人之作品，要以此時期作品爲主。此書在唐代最受重視，有文選熟，秀才足，文選爛，秀才半之說。舊唐書並列文選學於儒林傳，幾乎視之與經籍並重。宋以下，文選地位似有減損，然直至今日，治文學者，文選仍是一部必讀書。可見此一時代，在中國文學史上之貢獻。

嚴格言之，在此以前，中國並無純文學觀念。詩三百，都於政治場合中使用。屈原作離騷，乃激於忠君愛國之忱之有所不得已，而非有意作爲一文學家。漢賦大體供宮廷消遣娛樂，淵源於戰國策士縱横游說之餘波，仍不失其在政治場合使用之背景。正式有純文學觀念之覺醒，則必俟建安始。故以前頗少以作者本人放進其作品中。換言之，即很少以表現作者自身之日常生活及其內心情感作爲文學題材者。故作品中不見作者之人格。如司馬相如、揚子雲、班固、張衡所爲賦，巨幅長篇，均與作者私人無關。建安以後，始以文學作品爲表現作者人生之用，以文學爲作者私人不朽所寄。魏文帝所謂惟立德揚名，可以不朽，其次莫如著篇籍。又曰：文章經國之大業，不朽之盛事，是也。於是人求以文章期不朽，遂求融作者於作品中，務使作家之與作品相會合一而成爲一種新文學，唐宋韓柳古文，實亦襲此意境而惟略變其體貌。故在中國文學史上開始有純文學之抒寫，亦是此一時代一大貢獻也。

惟其如此，故此一時代之人生，乃多表現在此一時代之文學中。換言之，此一時代之文學，乃成爲此一時代一種主要之史料。若欲認識此一時代之整個時代精神，亦當於此一時代之文學中覓取。在此時代，幾乎人人喜有一部集，自求表現，求不朽。下迄唐宋，直至近代，論文學觀念，似不能越出此一時代人之所想像與標榜。

除文選外，劉勰文心雕龍亦至今受人推重。勰與昭明太子同時，依沙門僧祐，博通經論，並校定定林寺經藏，後曾一度出仕，晚年燔髮爲僧，改名慧地。書分上下編，上編剖析文體，下編商榷文術。上編首三篇原道、徵聖、宗經，足徵彥和論文一本儒術；下編首三篇神思、體性、風骨，足徵彥和論文，貴能以作者與作品融爲一體，繼承建安以來之新認識，而更加以發揮。劉氏所提出之道與聖，正猶佛家三寶中之佛與法。聖人雖亡，其道猶存。聖道存在經籍，文章所以明道，彥和謂道沿聖以垂文，聖因文而明道是也。故有志於斯文之作者，首貴徵聖與宗經，此則理想中之文人，正亦應如佛家三寶中之僧侶。此一理想，較之建安以來專注重文學觀點，僅求於作品中表現作家自身之觀念遠爲超越。自唐代韓昌黎以下，凡論文所舉最高境界，亦無能逾此。下編論文章作法，首神思。彥和云：形在江海之上，心存魏闕之下，神思之謂也。神思卽指作者之內心。文章之神思，卽作者之神思，內外並非二物。次論體性，文章之性格，亦卽是作家之性格。性附於體而見。彥和之意，謂文章體性之背後，卽是作者個人之體性，由於作者之體性而表出其作品之體性也。再次爲風骨，骨猶言體，風猶言性。彥和曰：怊悵述情，必始乎風，沈吟舖辭，莫先於骨。故辭之立骨，如體之樹骸；情之含風，猶形之包氣。文辭屬於外形，外形則必成體。文情乃其內心，內心則必有風。風者，乃以此心感染他心之謂。可知彥和言文章之體性風骨，其背後卽是作家之體性風骨爲之主，猶其言神思也。可見文章背後則必有作者其人，正如道與經之背後，則必有一聖。如此，不僅是人與文合一，作家與作品合一，乃進而爲文與道合一，其作品能與天人大道相合一。此一理論，雖出彥和一家之言，然亦由於此一時代之共同風氣，共同精神，遞進益深，而始達此境界者。故根據彥和一人之意見，仍可借以闡述此一時代人之意見也。

彥和文心雕龍有序志篇，謂齒在踰立，嘗夜夢執丹漆之禮器，隨仲尼而南行。又謂敷讚聖旨，莫若注經，而馬鄭諸儒宏之已精。就有深解，未足立家。惟文章之用，實經典枝條，於是乃始論文。足見劉氏之文學思想，應俱三源頭。一是建安以來以文學作品表達作者個人之新潮流；一是魏晉南北朝人重視經學、尊尚儒術之舊傳統；又一則在彥和自身又加進了當時佛門子弟一種宗教的新信仰；滙通合一以成其一家之言。此劉氏之一家言，乃在此時代中孕育而出，此一時代之學術風氣，人生理想，以及此時代人之共同精神，劉氏之書，至少亦可代表其一部份或一方面。

除劉書外，又有鍾嶸詩品，亦爲一部文學批評之佳作。此時代人因喜品評人物，遂連帶及於品評詩文。故讀此一時代之文學，卽可窺測此一時代之人物，而讀此一時代之文學批評，亦可窺測此一時代之人物標準與人生理想，而所謂時代精神，亦可於此乎見。故劉鍾兩書，就史學言，亦殊值重視也。

鍾嶸詩品序有云：永嘉時，貴黃老，尙虛談，於是篇什理過其辭，淡乎寡味。爰及江左，微波尙傳。孫綽、許詢、桓、庾諸公，皆平典似道德論，建安之風盡矣。此一說可注意。昭明文選已將文學從經史百家中抽離獨出，鍾嶸又將詩與清談分疆劃界，此皆證明當時人對文學確有一種獨立觀點，而同時亦可說老莊清談在當時學術界，亦僅占一部分，一面既別有所謂經史之學，另一面則文學亦自有園地，抑且論此一時代之學術與風氣，若僅注意正始與永嘉，而忽略了建安，則終爲未是。

又按此一時代人由品評人物而連帶注重品評詩文，遂亦連帶而注重品評字畫。隋志齊謝赫有古畫品錄一卷，梁庾肩吾有畫品一卷，陳姚最有續畫品一卷，其書今皆存。而謝赫之論六法，更爲後代畫人永宗弗替。蓋當時之崇尚文學藝術，皆由其崇尚人生來。此一時代之人生，亦可謂是一種文學藝術的人生，雖不免多有類病，然其理想風尚實如此，亦不當一概抹殺也。

（六）

以上略述魏晉南北朝人對四部學方面之成就與貢獻，其間尤值重視者，則應推史與詩二者。蓋此二者，尤爲當時之新創也。當時史學重心在傳述人物，詩則重在人物自身之表現。綜合言之，可知此一時代之注重人生，惟其所重，乃在個人，而非羣體。故論當時之政治，分崩禍亂，絕無足道，然不得謂當時便無人物，亦不得謂當時人物更無理想，更無學術成就。政治雖頹敗不振，在民間則仍保有文化與學術之傳統，並能自有創闢。在此四百年之大亂世，而著作之多，超前軼後。唐代雖富强，又見稱文盛，然據歐陽修唐書藝文志序，唐之學者所自爲之著作，僅得二萬八千四百六十九卷，擬之此一時期，尙有遜色。今當進而探究其所以然之故，則不得不謂實與當時之門第有甚深之關係。此一時代之學術思想，何以既尙黃老，又重經史，又兼重文學，更復崇信釋氏，此種在學術上之複雜情態，亦須就當時門第背景提供一綜合之說明。此下當就此點，略加闡釋。

此時期門第之盛，盡人皆知。唐李延壽作南北史，評者謂其乃以家爲限斷，不以朝代爲限斷，體近家乘，而非國史。又謂宋齊梁陳四代卿相，多王謝兩家，李書以此兩家貫四代，四代似變爲一代。又謂：北史列傳與南史重複，雖曰二書，實通爲一家之著述。凡此所評，實亦深切說明了當時歷史之特性。朝代雖易，門第則遞嬗相承，政府雖分南北，門第則仍南北相通。故在此時代中，政治上雖禍亂迭起，而大門第則依然安靜，彼輩雖不關心政事，而政府亦無奈之何，此乃當時歷史大病痛所在。然中國文化命脈之所以得延續不中斷，而下開隋唐之盛者，亦頗有賴於當時門第之力。

此下當先叙此時期門第之何由產生？再及當時門第之如何維持？

自東漢有察舉，而門第始興起。遠溯西漢，士人參政之制已確立，而儒家素重敬宗恤族，於是各自在其鄉里形成盛大之士族。由於經學傳家而得仕宦傳家，積厚流光，遂成爲各地之大門第。下至三國，大門第已普遍出現。試考當時有名人物，其先已多是家世二千石與世代公卿。陳羣爲曹魏定九品中正制，亦變通東漢之察舉制訂之，而陳羣亦是世家名門之後，可見門第起源，與儒家傳統有深密不可分之關聯，非屬因有九品中正制而纔有此下之門第。門第卽來自士族，血緣本於儒家，苟儒家精神一旦消失，則門第亦將不復存在。上所闡述，正可說明魏晉南北朝時代所以儒業不替，經學猶盛之一面。

（七）

東漢察舉，主要項目爲孝廉，此亦顯本於儒義。但自朝綱濁亂，黨錮禍起，儒士備受摧殘，影響及於門第前途之展望者，甚深甚大。姑舉范滂事說之。滂亦孝廉出身，黨獄起，汝南督郵吳導受詔捕滂，閉傳舍，伏牀而泣，一縣不知所爲，滂聞之，曰：必爲我也。卽自詣獄。縣令郭揖大驚，欲與俱亡，滂不可。其母就與訣，滂曰：滂歸黃泉，惟母割不可忍之恩。其母曰：汝今得與李杜齊名，死何恨。既有令名，復求壽考，可兼得乎？滂跪拜辭，顧謂其子曰：吾欲使汝爲惡，惡不可爲，使汝爲善，則我不爲惡。行路莫不流涕。於此可見其時士人內心之苦悶與徬徨。此下政治黑暗有加無已，試問在如此政局下，人生究否尚有價值？抑因天下之亂，而從來儒家所定全部人生價值，將被取消？此一問題，應必在當時士人心中鬱結盤旋，而渴求得一解答者。

試續舉一例：鄭玄遭黨禍，被錮十四年，靈帝時，黨禁解，玄復膺徵，堅拒不出，袁紹子譚强加羅致，玄不敢拒，勉赴召。文苑英華引玄自叙云：遭黨錮之事，逃難注禮。黨錮事解，注古文尚書毛詩論語。爲袁譚所逼，未至元城，乃注周易。玄之與滂，所遇不同，因逃世難而完成其傳經之大業。其注周易，乃在踰七十高齡臨死前數月之事。然處亂世得幸生者，亦豈能人人埋首腐心於著書？試問苟不其然，人生又將於何寄託？所謂人生之意義與價值，又將何在？

今試再舉一例，聊爲此問題之又一解答作推測。世說首卷德行篇載：

陳太丘詣荀朗陵，貧賤無僕役，乃使元方駕車，季方持杖後從，長文尚小，載著車中。既至，荀使叔慈應門，慈明行酒，餘六龍下食，文若亦小，坐著膝前。於是太史奏眞人東行。

此事亦見劉孝標世說注引檀道鸞續陽秋云：陳仲弓從諸子侄造荀父子，於時德星聚，太史奏五百里賢人聚。可知此故事甚爲當時及後世所樂道。所云德星聚，太史奏眞人東行，與五百里賢人聚云云，其非信史可不論。然正可由此推想此一故事受當時及後世之重視，故爲之渲染誇大，造此飾說。此事下距劉義慶作世說，已越兩百年，而世說又重加以紀載。今試問此一故事，究含何等意義，值得當時如此張大傳述？就實論之，陳寔在當時，僅官太丘長，在政治上無所表現，荀淑亦非顯達人物，而兩人一時相會，兩家子弟隨侍，喫一頓家常飯，而如此驚動流傳，大書特書，傳誦不輟，此中必有一內在意義可尋。今問當時人所重視於此者究何在？後代人所懷念於此者又何在？當知此中正有魏晉南北朝人內心深處一向蘊蓄之一番精神嚮往與人生理想，所以異於范滂鄭玄，而為當時亂世人生求出路者。請試稍為之闡發。

世說同卷另一條云：

客有問陳季方，足下家君太丘，有何功德，而荷天下重名？季方曰：吾家君譬如桂樹生泰山之阿，上有萬仞之高，下有不測之深，上為甘露所霑，下為淵泉所潤，當斯之時，桂樹焉知泰山之高，淵泉之深，不知有功德與無也。

陳寔在當時無實際功德可言，而獲享大名。其得名所由，與范滂鄭玄又不同。其子季方謂其父太丘君，正如桂樹生於泰山之阿，桂樹則有一種內在堅久之生命力，並有清芳遠播，此即天生桂樹之德，而又植根泰山之阿，高出氛穢，超然世外。上霑甘露，下潤淵泉，得天地自然之護養。人生如此，縱無實際功德，而自有其本身內在之價值。季方此番答辭，正是當時人生理想由儒家轉入道家一重要消息所在。此下門第中人所共同抱持之觀念正在此。世亂相乘，河清難俟，但不能謂一切人生價值因此全不存在。彼輩之對人生，實另有一番新看法，與一番新評價。今人論此一時代之門第，大都只看其在政治上之特種優勢，在經濟上之特種憑藉，而未能注意及於當時門第中人之生活實況，及其內心想像。因此所見淺薄，無以抉發此一時代之共同精神所在。今所謂門第中人者，亦只是上有父兄，下有子弟，爲此門第之所賴以維繫而久在者，則必在上有賢父兄，在下有賢子弟，若此二者俱無，政治上之權勢，經濟上之豐盈，豈可支持此門第幾百年而不弊不敗？陳荀相會此一事，所以引起後人嚮往重視而傳述不輟者，正爲此兩家各有賢父兄賢子弟，而使此兩家門第能繼續存在不弊不敗之故。

繼此請再進一步討論當時所共認爲其人之賢德者，主要內容又何若？今試再舉世說同卷另一條說之。世說云：

李元禮嘗歎荀淑、鍾皓，曰：荀君清識難尙，鍾君至德可師。

李陳同爲當時負衆望之大賢，李之贊鍾皓，謂其至德可師，至德無名可指，換言之，卽是其人無實際功德可言也。然卽此正是其人內在價值所寄。東漢末期人爭崇顏淵，正因顏淵簞食瓢飲，在陋巷，更無塵世外在之表現，卽此便是至德，正猶如桂樹之生泰山之阿也。李之贊荀淑，謂其清識難尙，苟能除卻人世間外在種種功德建樹，而認識得人生仍有其內在獨立之價值，此卽所謂清識也。李膺此之所舉，實可謂是此下魏晉南北朝人所共同抱有之一種人生標準與人生價值之理想所在。

由於東漢之有察舉，而引起當時社會好對人物作品題。大體此項品題，自李膺陳寔以下，卽多陷於玄虛不實，卽不重其人實際外在之事功德業，而專重其人所表顯在其自身之某種標度與風格，以作爲其品題之準則。此種標度與風格，自可超越治亂，擺脫人事，而仍得有所完成者。今試再舉世說中卷賞譽篇所載爲例，如：

世目李元禮，謖謖如勁松下風。劉孝標注引李氏家傳，謂膺嶽峙淵清，峻貌貴重，華夏稱曰：潁川李府君，頵頵如玉山。汝南陳仲舉，軒軒如千里馬。南陽朱公叔，飂飂如行松柏之下。

公叔度評邴原，所謂雲中白鶴，非燕雀之網所能羅。裴令公目夏侯太初，肅肅如入廊廟中，不脩敬而人自敬。一曰：如入宗廟，琅琅但見禮樂器。見鍾士季，如觀武庫，但覩矛戟。見傅蘭碩，汪廧靡所不有。見山巨源，如登山臨下，幽然深遠。

王戎目山巨源，如璞玉渾金，人皆欽其寶，莫知名其器。

庾子嵩目和嶠，森森如千丈松，雖磊砢有節目，施之大廈，有棟梁之用。

王戎云：太尉神姿高徹，如瑤林瓊樹，自然是風塵外物。

王公目太尉，巖巖清峙，壁立千仞。

世目周侯，嶷如斷山。

王右軍道劉眞長，標雲柯而不扶疎。

觀於上引，見當時人品評人物之風，實遠自東漢一貫而來，又見當時人非不重視一人之品德，惟其品德之衡量，則別有標準。又見當時人喜把外面一切人事全擺開，專從其人所表現在其本身者作品目，因之事功德業有非所重，而其人之儀容舉止，言辭音吐，反多爲人注意。當時人觀念，似乎認爲一人之德性，可在其人之日常生活與其聲音儀容中表出，而一切外面之遭遇與作爲，則可存而不論。此種德性之表出，而成爲一固定之格調，時人謂是其人之標致，亦稱標格，或風標，或風格，或標度。猶之此後宋儒之愛言氣象，要之總是就其人之表現在自身者言。此種氣象與標致之表現在其人之自身者，亦卽是其人之品格與德性。而此種品格與德性，則實具一種動的潛力，使他人與之相接而引起一種仰欽欣羨之心，受其感染，羣相慕效，此乃其人人格一種內在影響力，此種潛力之發爲影響，在魏晉人則稱之爲風流。論語有云：君子之德風，小人之德草，草尙之風必偃。孟子云：其故家遺俗，流風善政，猶有存者。風流二字，大意本此。故知當時人之所謂人物風流，卽指其人之品格德性之修養可以形成爲一時風氣，爲人慕效。故風流卽是至德，至德始成風流。今人愛稱魏晉門第中人爲當時之新貴族，此語亦非不是，然當知此種標致風流，則卽是當時人所自標其高貴風格之異於世俗常流所在者。請再舉例說之。

晉書衞玠傳，稱其風流名士，海內所瞻，此因其爲海內所瞻，所以遂成爲風流名士也。又晉書王獻之傳：子敬少有盛名，高邁不羈，雖閑居終日，容止不怠，風流爲一時之冠。子敬之風流，則正在其能高邁不羈，自異於流俗，而同時又能容止不怠，以自成一高貴之風格。必如此乃始夠得上當時作爲一門第中人之標準。又史稱齊王儉，少好禮學及春秋，言論造次，必於儒者。由是衣冠翕然，更尚儒術。儉作解散髻、斜插簪，朝野多慕效。儉嘗謂人曰：江左風流宰相，惟有謝安，意以自比。當知王儉風流，不專在解散髻與斜插簪，此如郭林宗折巾一角，人盡折巾一角，然人自慕效林宗其人，非慕效其折角巾。王儉之言論造次必於儒者，此正其風流所在。然王儉與褚淵，皆失節事齊。何點嘗戲謂人曰：我作齊書已竟，其贊曰：淵既世族，儉亦國華，不賴舅氏，遑恤國家。以二人母皆宋公主，而二人皆仕齊貴顯。則王儉所尚之儒術，亦居可知。然王儉終是當時門第中一風流人物，彼所謂言論造次必於儒者，亦就其在當時門第中所見爲當重之儒術，至於出處進退，從政大節，當時門第中人已久不措意，亦不必專責之於王儉與褚淵。

從此再看上引世說賞譽篇諸條，當更可想像出魏晉以下人對於人生理想所追求之境界，以及當時之風尙，所謂時代精神之所在。而此等則盡與當時門第有關。若忽略了當時之門第實況，而專從老莊道家言求之，或專於放誕簡傲處求之，則終無可得當時人所謂至德與風流之眞相。

上舉所以證見東漢末期下迄魏晉，當時人所抱之人生理想乃及人物標準，雖與漢儒有大轉變，雖已羼進了不少老莊消極氣氛，而仍不失爲有一種甚深厚之儒家傳統，最多只能說其是儒道合流，而非純走上老莊行徑，則顯然可見。而上舉賞譽篇諸品目，完全將人物德性、標格，以自然界川嶽動植相譬，亦可見當時人之情調興趣，轉嚮於文學與藝術之一種趨勢。

（八）

蓋當時人所采於道家言者，旨在求處世，而循守儒術，則重在全家保門第。政府治亂，朝代更迭，已羣感其非力所及，亦遂置之不問。而所資以退守自保者，則爲各自之門第。欲保門第，不得不期有好子弟。上述陳荀聚會，所以深受後人仰欽想慕，正爲此兩家各有好子弟可以持守家門，永傳弗替之故。世說又云：

謝太傅問諸子侄，子弟亦何預人事，而正欲使其佳？諸人莫有言者，車騎答曰：譬如芝蘭玉樹，欲使其生於庭階耳。

謝安此問，正見欲有佳子弟，乃當時門第中人之一般心情。所謂子弟亦何預人事，則因時尙老莊而故作此放達語。若眞效老莊，眞能放達，更何希有佳子弟？然試問苟無佳子弟，此門第又如何得傳襲永昌？卽在眼前當時，苟無佳子弟，此門第又如何裝點出一種氣派而表示其特出與可貴？正如崇階廣庭，苟無芝蘭玉樹裝點，眼前便感空濶寂寥，又何況儘長些穢草惡木？車騎之答，所以爲雅有深致。而欲求家庭有好子弟，則儒家所傳禮法敎訓，便放棄不得。因此魏晉南北朝人，心胸力求豁達，行徑力求超脫，然在此相尙以門第家世之環境與心理之下，至少希望有好子弟一節，終是情所難免。又如上引世說賞譽諸條，當知此等人物標致，最先受其影響者，亦自在其家門內之子弟。若使其人之流風餘韻，在家門之內，不能有所感被，則更何望於濁亂之外界？故知當時人此一種風流自賞之精神，其意興所屬，最先卽在家門之內，子弟卽其最直接之對象。此種心情，若難具體求證，然宜可想像而得。因此大體言之，在當時，實可謂政亂於上，而家治於下。苟非家治，則何來有門第傳襲，儘在禍亂中而傳襲下三四百年，並有直傳至隋唐者。當時之門第生命，綿延七八百年以上而繼續不衰不敗，此一史實，不宜忽略。亦不當專以外在條件作解釋也。

上所揭舉，實可指出魏晉南北朝人之人生理想與人生情趣以及其精神嚮往之一面，爲考論當時歷史文化者所當着眼，而尤貴能深切體會，不能專尙事證。茲當再引世說德行篇所載別一條加以疏說。世說云：

華歆遇子弟甚整，雖閒室之內，嚴若朝典，陳元方兄弟恣柔愛之道，而二門之裏，兩不失雍熙之軌焉。

此條述華陳兩家門風家規不同，一主嚴肅，一尙柔愛，而各有雍熙之致。當知治家之道，從來不外此兩軌。陳家固是一門賢德，至如華歆，其從政操守，殊卑污無足取。然據世說劉孝標注引，謂華歆嘗與北海邴原管甯俱遊學相善，時號三人爲一龍，謂歆爲龍頭，甯爲龍腹，原爲龍尾。以言出處進退之大節，歆豈得與邴管同流，乃時人竟譽之爲龍頭，似乎重視更在邴根矩管幼安之上，此處所透露出之時代消息，大值深細領略。世說又一條云：

王朗每以識度推華歆，歆蜡月，嘗集子姪燕飲，王亦學之。有人向張華說此事，張曰：王之學華，皆是形骸之外，去之所以更遠。

此條可爲上釋風流二字作證。王朗慕效歆之治家，歆在當時卽是一風流人物。又如何曾，食前方丈，無下箸處，其生活奢靡，見譏當代，然治家嚴整，亦爲史籍所稱。此等人，全是一丘之貉，在政治上絕無建樹，不僅無救於世局之濁亂，抑且世局濁亂，皆由此輩助成之，但在家庭間，亦尚知互相倣效，總還有軌轍可循，所以猶能保持門第，雍睦相傳。苟能保持門第，自卽爲時人所重，故華歆得有龍頭之譽也。

（九）

繼此再當分項叙說：先及當時人之重視教子。就現存此時代人教誨子弟子姪之篇章，論其數量之多，殆已超前絕後。其著者，如鄭玄有誡子書，此下諸葛亮亦有誡子書。魏氏春秋云：諸葛亮作八務七識六怒五懼，皆有條章，誡勵諸子。涼武昭王李嵩寫諸葛訓誡以勗諸子，曰：尋其終始，周孔之教盡在中矣。爲國足以致安，立身足以成名。羊祜亦有誡子書，王祥有訓子孫遺令，嵇康有誡子書，夏侯湛有昆弟誥，陶潛有命子十章，有責子詩，有戒子書，有與子儼等疏，雷次宗有與子姪書，顏延之有庭誥文，王僧虔、張融、徐勉皆有誡子書，孫謙有誡外孫荀匠，魏收有枕中篇戒子姪，楊椿有誡子孫文，梁元帝金樓子有戒子篇，顏之推家訓首序致篇，次卽教子篇，又後魏張烈有家誡千餘言，甄琛有家誨二十篇，刁雍有教戒二十餘篇以訓導子孫。凡此之類，就其傳者，亦可見當時人守身治家之理想及其規矩準繩之所重矣。

重教子則重孝道，自晉書有孝友傳，此下各史均有。晉書孝友傳序謂：

晉代始自中朝，逮於江左，雖百六之災遄及，而君子之道未消，孝悌名流，猶爲繼踵。

又謂：

孝用之於國，動天地而降休徵。行之於家，感鬼神而昭景福。

孝之於國且不論，試問豈有子弟不孝不悌，而能門第鼎盛，福祿永昌之理？司馬氏號爲以孝治天下，而王祥山濤等，皆以事母至孝稱，此因司馬氏得國，依賴於門第之護持也。世說有一則云：

王戎和嶠同時遭大喪，俱以孝稱。王雞骨支牀，和哭泣備禮。武帝謂劉仲雄曰：卿數省王和不？聞和哀過禮，使人憂之。仲雄曰：和嶠雖備禮，神氣不損。王戎雖不備禮，而哀毀骨立。臣以和嶠生孝，而王戎死孝。陛下不應憂嶠而應憂戎。

王戎與阮籍皆竹林中人，史書載籍母卒，籍與人圍棊不輟，又飲酒二斗，舉聲一號，吐血數升，毀瘠骨立。劉知幾史通辨之云：

彼阮生者，不修名教，居喪過失，而說者遂言其無禮如彼。人以其志操尤異，才識甚高，而談者遂言其至性如此。惟毀及譽，皆無取焉。

阮氏事是否失實如知幾所疑，茲不詳論。要之在當時，崇尚莊老，而同時又重至性，最見至性者惟孝，故阮籍王戎，仍各以孝稱，此乃時代風尚時代精神所在也。又御覽四百四十五引王隱晉書，郭象評嵇紹，父死非罪，而紹貪位死闇主，義不足多。郭象注莊，爲當時清談巨擘。彼頗不主巢父許由之隱，則以當時門第不能不以仕宦爲掩護也。然如嵇紹之出仕而郭象非之，乃知孝道尤爲當時所重，縱尚老莊，固不能毀此大防。今再舉顏氏家訓一則說之：其事云：

齊孝昭帝侍婁太后疾，容色顦顇，服膳減損。徐之才爲灸兩穴，帝握拳代痛，爪入掌心，血流滿手。后既痊癒，帝尋疾崩。遺詔恨不見太后山陵之事。其天性至孝如彼，不識忌諱如此，良由無學所爲。

以此合之阮籍王戎，阮王以名士慕通達，梁孝昭以帝王兼無學，而均以至性孝行自見，若非由門第自幼之薰陶，世風名敎之鼓盪，試問人之至性，何以此時獨多，是必無說可以解答矣。

又有一事可附及者，世說巧藝篇有一則云：

鍾會是荀濟北從舅，二人情好不協，荀有寶劍可直百萬，常在母鍾夫人許。會善書，學荀手迹，作書與母取劍，仍竊去不還。荀勗知是鍾，而無由得也，思所以報之。後鍾兄弟以千萬起一宅，始成，甚精麗，未得移住。荀極善畫，乃潛往畫鍾門堂，作太傅形象，衣冠狀貌如平生。二鍾入門，便大感慟，宅遂空廢。

此事固見當時門第中人之精於藝事。鍾會爲人無足取，然此亦見至性，或出僞裝，然其爲時尙則無疑矣。

又金樓子載梁武帝遭太后憂，哭踊大至，居喪之哀，高柴不能過。每讀孝子傳，未嘗終軸，輒輟書悲慟。梁武帝又親爲淨業賦，謂：

朕布衣之時，惟知禮義，不知信向。烹宰衆生以接賓客，隨物肉食，不知菜味。及至南面，富有天下，遠方珍羞，貢獻相繼，海內異食，莫不畢至，方丈滿前，百味盈俎，乃方食輟筋，對案流泣，恨不得以及温凊，朝夕供養，何心獨甘此膳，因爾蔬食，不噉魚肉，雖自內行，不使外知。

梁武以帝王之尊，爲思親而奉佛蔬食，就帝王身分言，可謂不知政要。然梁武亦門第中人，不忘其素，就門第風敎言，仍爲一種賢德。同時何佟之，父母亡後，常設一屋，晦朔拜伏流涕，如此者二十餘年，豈不爲名賢之至德，風敎之楷模乎？若今人讀魏晉南北朝史，一如當時人觀念，不問其政治事跡，專一討論其私人生活，及其家門風規，實亦未嘗無値得人傾倒佩服之處。卽此可見其時代之特徵，而孝德則尤爲顯著之一例。

惟其崇尚孝行，故當時於孝經一書亦特重視。隋志載有關孝經之著述，凡十八部六十三卷，若通計亡佚，則有五十九部一百一十四卷。張鵬一隋志補，又得十一部。隋志又云：魏氏遷洛，未達華語，孝文帝命侯伏侯可悉陵以夷言譯孝經之旨，敎於國人，謂之國語孝經。又釋慧琳有孝經注一卷，釋慧始亦有注孝經一卷，此兩人之注孝經，正猶慧遠之講喪服，可見孝經爲時所共重。而皇侃性至孝，嘗日限誦孝經二十編，以擬觀世音經。張融遺令，則欲左手執孝經，右手執小品法華經。此見齊梁以後之儒釋雙行，正猶魏晉時代之儒道齊重。總之門第社會不能缺儒家之禮敎，而孝道之遭重視，自可想知。

其他如陶潛有孝德贊，梁元帝有孝德傳，合衆家孝子傳而成，隋志著錄各家孝子傳，除梁元帝一家以外，尚有八部六十七卷，此亦足爲當時崇尚孝行之證。

言孝則必及弟。此一時代人之弟道，亦有足述。今姑舉數事說之。史載：

王徽之與弟獻之俱病篤，時有術人云：人命應終而有生人樂代者，則死者可生。徽之謂曰：吾才位不如弟，請以餘年代之。術者曰：代死者以己年有餘，得以足亡者耳。今君與弟俱盡，何代也？未幾，獻之卒，徽之奔喪不哭，直上靈牀坐，取獻之琴彈之，久而不調，歎曰：嗚呼子敬，人琴俱亡！因頓絕。先有背疾，遂潰裂月餘而卒。

此事大似阮嗣宗之臨母喪，皆是於不守禮法中而至性發露，故更見其眞摯。至其願以餘年代死，復見周公金縢遺風。又謝安性好音樂，自弟萬喪，十年不復聽。此可見王謝風流，而孝友敦篤，斷然異於莊生之鼓盆。

又梁書載：

到溉與弟洽，嘗共居一齋。洽卒後，便捨爲寺，因斷腥羶，終身蔬食。別營小室，朝夕從僧徒禮頌。時以溉洽兄弟比之二陸。故世祖贈詩曰：魏世重雙丁，晉朝稱二陸。何如今兩到，復似凌寒竹。

此事合之梁武帝思母事佛，亦可說明當時人信奉釋氏之一種動機，固不僅見兩到兄弟之友好而已。

又顏氏家訓有一則云：

江陵王玄紹弟孝英子敏兄弟三人，特相愛友，得甘旨新異，非共聚食，必不先嘗。孜孜色貌，相見如不足。及西臺陷沒，玄紹以形體魁梧，爲兵所圍，二弟爭共抱持，各求代死，遂以幷命。

又一則云：

沛國劉璡與兄瓛連棟隔壁，瓛呼之數聲，不應，良久方答。瓛怪問之，乃云：向來未著衣帽故也。

此等皆可見當時門第中人友弟情態之一斑。

因尚孝友，而連帶及於重女教。當時教育，主要在家門之內，兄弟姊妹宜無異視，故女子教育亦同等見重。當時人矜尚門第，愼重婚姻，如沈休文奏彈王源，所謂固宜本其門素，不相奪倫，王滿連姻，實駭物聽云云，此事極滋後人詬病。然平心論之，女子教育不同，則家風門規頗難維持。此正當時門第所重，則愼重婚配，亦理所宜。而一時才女賢母，亦復史不絕書。世說有賢媛篇，載王汝南自求郝普女，既婚，果有令姿淑德，遂爲王氏母儀云云。當時郝門至孤陋，非王氏偶，此一婚事遂成佳話。可見當時論婚，亦非全論門第地位。世說又一則云：

王司徒婦鍾氏女，太傅曾孫，亦有俊才女德。鍾郝爲娣姒，雅相親重。鍾不以貴陵郝，郝亦不以賤下鍾。東海家內則郝夫人之法，京陵家內範鍾夫人之禮。

門第禮法之與母教關係，於此更可見。

顏氏家訓教子篇有云：

五大司馬母魏夫人，性甚嚴正，王在湓城時，為三千人將，年踰四十，少不如意，猶捶撻之，故能成其勳業。

梁書王僧辯傳亦云：母魏氏，性安和，善綏接。家門內外，莫不懷之。及僧辯剋復舊京，功蓋天下，夫人恒自謙損，不以富貴驕物，朝野咸共稱之，謂為明哲婦人。合此以觀，其教子之嚴正，與其接物之謙和，不僅見魏母之賢，而治家大要，亦不出此兩途。然苟無女教，試問何以成此家風？

隋志子部儒家類，著錄有女篇一卷，女鑒一卷，婦人訓誡集十一卷，婦姒訓一卷，曹大家女誡一卷，貞順志一卷，諸書多不載作者姓名，然可見當時之重視女教，亦見提倡女子教育則仍必遵儒家之傳統。

又隋志總集之部，有婦人集二十卷，注云：梁有婦人集三十卷，殷淳撰。又有婦人集十一卷亡。別著婦人集鈔二卷，又雜文十六卷，注為婦人作。此則全是婦女作品。蓋當時門第既重禮法，又重文藝，卽婦人亦然也。

重教子，尚孝友，又有連帶而來之一風氣，則為稱頌祖德。蓋在當時人意念中，一家門第之所以可貴，正在此一家門第中人物之可貴，此實與現代人專意在權位財富上衡量當時門第之想法大相徑庭。凡如上述，又可於當時人之文學作品中隨處得證。茲再約略舉例，如曹植有懷親賦，王粲有思親詩，阮瑀有駕出北郭門行，嵇康有思親詩，陸機有祖德賦，述先賦，思親賦，陸雲有祖考頌，機雲又有兄弟酬贈詩，束皙有補南陔白華詩，夏侯湛有周詩，周詩者，南陔白華華黍由庚崇丘由儀六篇，亡其辭，湛續之。其詩曰：

既殷斯虔，仰說洪恩。夕定晨省，奉朝侔昏。宵中告退，雞鳴在門。孳孳恭誨，夙夜是敦。

湛詩成，示潘岳，潘曰：此非徒温雅，乃別見孝悌之性。潘乃自作家風詠。潘岳又有閑居賦，其序曰：

太夫人在堂，有贏老之疾，尙何能違膝養而屑屑從斗宵之役乎？於是覽止足之分，庶浮雲之志。築室種樹，逍遙自得。池沼足以漁釣，春稅足以代耕。灌園鬻蔬，以供朝夕之膳。牧羊酤酪，以俟伏臘之費。孝乎惟孝，友于兄弟，此亦拙者之爲政也。乃作閒居之賦，以歌事遂情焉。

潘岳乃一文人，行誼無足稱，然在文人筆下，往往可以寫出時代共同心情之嚮往，潘之此序，亦足代表當時門第中人之一般意想。所謂覽止足之分，庶浮雲之志，亦卽當時儒道合流，阮瞻將毋同之意。雖說池沼春稅，生事不爲不優，然必歸之於朝夕之供奉，伏臘之祠祭，而閒居之計，又必以何能違太夫人贏老之膝養爲辭，曲終奏雅，仍是孔子孝乎惟孝，友于兄弟，是亦爲政，奚其爲爲政之訓也。岳又有陽城劉氏妹哀辭，有悼亡賦、哀永逝文、寡婦賦，寡婦者，乃任安妻潘岳之姨。

此下有孫綽喻道論申孝道，有王羲之稱病去會稽郡自誓父母墓文，有賢姊帖、亡嫂帖，有陶潛祭從弟敬遠文，悲從弟仲德詩，祭程氏妹文，有謝靈運述祖德詩，酬從弟惠連，惠連獻康樂，有顏延之祭弟文，除弟服詩，有鮑昭與妹書，有梁武帝孝思賦，謂慈如河海，孝若涓塵，今日爲天下主而不及供養，永慕長號，何解悲思。梁武帝又作聯珠五十首明孝道，見金樓子。沈麟士有沈氏述祖德碑。庾信亦有傷心賦，傷其家室之喪亡。凡此之類，皆是祖德親恩，家人父子，死生存歿，悲苦歡愉，情見乎辭，同樣有其極深厚之門第背景。

由於東漢之累世經學，累世公卿，而有此下士族門第之興起，因此門第與儒學傳統有其不解緣，而門第同時必有書籍聚藏。梁元帝金樓子有教子篇，繼之爲聚書篇，此兩篇實爲當時門第同所重視之兩事。張湛列子注序，謂吾先君與劉正輿傅頴根，皆王氏之甥，並少遊外家舅始周，始周從兄正宗輔嗣，皆好集文籍，先幷得仲宣家書，幾將萬卷。輔嗣爲正始清談之祖，然亦賴藏書，以成其業，於此可見。宋略序，稱裴子野家有藏書，聞見又接，是以不用浮淺，因宋之新史爲宋略二十卷。治史學者必待有書，其事更不待論。梁元帝金樓子自謂，吾今年四十六歲，自聚書來四十年，得書八萬卷，河間之侔漢室，頗謂過之。又如梁宗室吳平侯景之子勵聚書至三萬卷，史稱王僧孺好墳籍，聚書至萬餘卷，率多異本，與沈約任昉家書埒。其他私家藏書見載史籍者不具舉。

當時藏書不易，因其必待鈔寫。金樓子記竟陵蕭子良，居雞籠山西邸，集學士，鈔五經百家，依皇覽，列爲四部要略千卷，招致名僧，講論佛法，道俗之盛，江左未有，此尤其著例。王筠自序謂：

余少好鈔書，老而彌篤，習與性成，不覺筆倦。自年十三四，齊建武二年乙亥，至梁大同六年，四十載矣。幼年讀五經，皆七八十徧。愛左氏春秋，吟諷常爲口實。廣略去取，凡三過五鈔。餘經及周官儀禮國語爾雅山海經本草，並再鈔。子史諸集皆一徧，未嘗借人假手。並躬自鈔錄，大小百餘卷，不足傳之好事，蓋以備遺忘而已。

此種勤力刻苦之致，後人批評當時門第者殆未易想像也。

又南史載齊衡陽嗣王鈞，高帝第十一子，常手自細書，寫五經部爲一卷，置於巾箱中。侍讀賀玠問之，答曰：巾箱中有五經，於檢閱既易，且一更手寫，則永不能忘。諸王聞而爭效，爲巾箱五經。金樓子聚書篇亦云：使孔昂寫得前漢後漢史記三國志晉陽秋莊子老子肘後方離騷等，合六百三十四卷，悉在一巾箱中，書極精細。隋志集部有巾箱集七卷，注，梁有文章志錄雜文八卷，謝沈撰，此亦殆是細字精鈔之本，故亦取名巾箱。蓋既成一時風氣，屢手鈔之不足而親自手鈔，親自手鈔之不足而又故爲細書精鈔，其風上被帝王之尊，卿相之貴，則更爲難得。此亦當時門第風流之一端。若僅以帝王卿相地位觀念來看此等人物，則似難瞭解。然若改換看法，把此等人物歸入當時門第傳統中視之，則必可獲得一新體會，而當時門第傳統風尙與其內在精神，亦可於此見其一面也。

（十）

今再滙納上面各項叙述而重加以一番綜合的說明，則可謂當時門第傳統共同理想，所希望於門第中人，上自賢父兄，下至佳子弟，不外兩大要目：一則希望其能具孝友之內行，一則希望其能有經籍文史學業之修養。此兩種希望，幷合成爲當時共同之家敎。其前一項之表現，則成爲家風，後一項之表現，則成爲家學。今再就此分別述說之。

先言家風，自漢末黨錮之禍，繼以魏晉之際，朝代更迭，篡弒頻仍，門第既不能與政治絕緣，退求自保，乃逼得於儒家傳統外再加進道家老莊一套陰柔因應之術，史稱魏河東太守任嘏，爲人淳粹愷悌，虛己若不足，恭敬如有畏，其修身履義，皆沉默潛行，不顯其美，故時人少得稱之。任嘏有道論，隋志入道家，其實彼乃體儒而用道，最可代表當時人生之新趨向。又如魏司空王昶爲其兄子及子作名字，兄子默字處靜，沈字處道，子渾字玄冲，深字道冲，書戒之曰：欲使汝曹顧名思義，不敢違越。是爲太原王氏，與琅琊王氏在魏晉六朝家門之盛，天下莫與比倫。昶之用心，亦如任嘏，不過欲其子姪輩能謙默玄靜，務求免禍而止。卽如阮嗣宗出言玄遠，從不臧否人物，其心何嘗不如此？晉書言籍少有濟世志，屬魏晉之際，天下多故，名士少有全者，籍由是不與世事。顏延年稱其身事亂朝，常恐罹謗遇禍，因茲發詠，雖志在譏刺，而文多隱避。鍾嶸詩品則謂其詩源出小雅。此皆可闡發嗣宗之內情。嵇叔夜與山巨源絕交書，自言無萬石之慎，又謂每讀尙子平臺孝威傳，慨然慕之。又有幽憤詩，謂古人有言，善莫近名，奉時恭默，咎悔不生。萬石周慎，安親保榮。字裏行間，一種憂時畏禍顧家全族之意，隨處流露，揭然如見。其慕尙子平臺孝威，亦仍望男婚女嫁，門祚蟬綿，然後己身可以脫然而去，此與莊老玄思相去實遠。又叔夜有自責詩，謂欲寡其過，謗議沸騰，性不傷物，頻致怨憎。昔慚柳下，今愧孫登。內負宿心，外赧良朋。此其意態，實與阮嗣宗無二致，託言老莊，皆有激而逃，非內情實然也。

嵇康詩又云：

夷路値枳棘，安步得焉如。權智相侵奪，名位不可居。鸞鳳避罻羅，遠託崐崘墟。

此尤辭旨顯豁，爲此下避世遊仙詩之創始。是亦感激於時局情勢之所不得已，與奉時恭默之心，可謂一致而百慮，異途而同歸。故雖曠達放誕如嵇阮，若非瞭解當時門第背景，卽難得其情思眞際也。

此下有王羲之與謝萬書，亦謂：

頃東遊還，修植桑果，今盛敷榮，率諸子，抱弱孫，遊觀其間，有一味之甘，剖而分之，以娛目前。雖植德無殊邈，猶欲教養子孫以敦厚退讓，戒以輕薄，庶令舉策數馬，彷彿萬石之風。

此雖右軍一人之言，然敦厚退讓，萬石家風，實是當時門第共同所想望。南史王志傳，志家世居建業禁中里馬糞巷，父僧虔以來，門風多寬恕，志尤惇厚，兄弟子姪，皆篤實謙和，時人號爲馬糞諸王爲長者。此處所謂寬恕惇厚，篤實謙和，依然是萬石家風。蓋惟此乃是保家持祿之要道。不僅此一代人奉此爲家教，卽唐代門第，下至宋明清諸代，凡有家訓家敎，幾無不采此一路。則所謂魏晉風流，其所感被，實決不即止於魏晉可知已。

又如梁昭明太子答晉安王書，謂：

況觀六籍，襍玩文史，見孝友忠貞之迹，覩治亂驕奢之事，足以自慰，足以自警。

昭明位為皇儲，忠貞治亂，宜所注意，又言孝友驕奢，孝友所當勉，驕奢所當戒，此亦濡染於當時門第傳統風敎，故乃特別注意及此，固不當僅作門面語看也。

以上說此時代之門第家風，戒輕薄，戒驕奢，重謙退，重敦厚，固非當時門第盡能如此，然一時賢父兄之敎誡，賢子弟之順行，則大要不離於此。又有另一面當特別提出者，為當時門第在家庭中所奉行率守之禮法，此則純是儒家傳統。可謂禮法實與門第相終始，惟有禮法乃始有門第，若禮法破敗，則門第亦終難保。關於此方面者，姑舉顏氏家訓風操篇說之。家訓風操篇開始有云：

吾觀禮經，聖人之敎，箕帚匕箸，咳唾唯諾，執燭沃盥，皆有節度，亦為至矣。但既殘缺，非復全書，其有所不載，及世事變改者，學達君子，自為節度，相承行之，故世號士大夫風操。而家門頗有不同，所見互稱長短，然其阡陌，亦自可知。昔在江南，目能視而見之，耳能聽而聞之，蓬生麻中，不勞翰墨。汝曹生於戎馬之間，視聽之所不曉，故聊記錄，以傳示子孫。

據上所引，知當時門第禮法，乃一承古代儒家傳統而來。又知當時門第間，雖家規祖尙，亦各有出入，要之大體畛域，則不相違遠。又知此種禮法，既成一時風習，亦遂視若固然，故不用有翰墨記錄。此下顏氏所記，其事雖若甚碎，然亦未必能盡，惟即此可想像其大致。顏氏所謂世號士大夫風操者，此即當時門第中人所以自表異於庶族寒門之處。自今言之，亦可謂是當時此輩門第貴人之一項身分標幟，卽所以表示其成爲士大夫流品者一種特有之學養，由其爲同時及後世人之效慕而言，則謂之風流。由於爲此一流品中人所共同操守言，則謂之風操。此種士大夫風操，除家訓本篇所記錄外，仍可在當時史籍及其他書中鉤稽其一部分。而卽觀顏氏此篇，亦可使我們更瞭解當時人所以重視喪服之一端。蓋不論對生人，對死者，同樣有一套禮法，爲當時門第中人所重視，認爲不可輕忽，此亦一種敦厚篤實之風，子女自幼卽從此種環境中培育長大，故能時有一種至性呈露，此則決非無端而致。我們自今討論當時門第，此一方面，實決不當不注意。

又如史稱，陸機服膺儒術，非禮不動，又稱庾亮善談論，性好老莊，風格峻整，動由禮節。此兩人，陸屬文人，庾則名士，一稱非禮不動，一稱動由禮節，世說亦稱賀循言行以禮。其他類此者尚多。而南史王弘傳，謂弘既爲人望所宗，造次必於禮法，凡動止施爲，及書翰儀禮，後人皆依倣之，謂爲王太保家法。此又證明一人之風操，卽成爲一門之家法。而上之所述，所謂門第家法者，其背後莫非有人焉以爲之主宰楷則，而此等爲之主宰楷則之人，所謂非禮不動，動由禮節，言行以禮，造次必於禮法之士大夫風操，亦決非依樣葫蘆，默守舊儀，卽盡其能事。在彼輩必對人生嚮往與當時現實環境有所斟酌，此皆顏之推所謂學達君子，彼輩心中，對人生理想之觀點，及其現實處境之考慮，遠在今日，固已難可細論，然要之當時門第之所得維持於不弊，則必有一番人之心力智慧之所灌注，而始克有此，則斷可想見。顏延之庭誥文有云：

儻知恩意相生，情理相出，可使家有參柴，人皆由損。

此雖亦一人之言，然可知當時門第中人於尊重禮法之背後，更重恩情之培養，惟其有恩情，始能有禮法，卽觀顏之推家訓風操篇所舉種種細節，自必一一推本之於家人父子間之恩情而始見其意義所在。至於所謂家有參柴，人皆由損，此亦可謂雖不能至，心向往之。當時人一種人生想望與信念寄託者實在此。樂廣所謂名敎中自有樂地，亦當在此等處參究也。

至於當時門第佳話，載於史籍，亦復不少。舉其著者，如氾毓奕世儒素，家居青州，逮毓七世，時人號其兒無常父，衣無常主，居父墓三十餘載。又如博陵李几，七世同居同財，家有二十二房，一百九十八口。又如張公藝，九世同居，北齊隋唐，皆旌表其門。又如楊播楊椿兄弟，一家之內，男女百口，緦服同爨，楊椿誡子，謂家仕皇魏以來，高祖以下，乃有七郡太守，三十二州刺史，內外顯職，時流少比。此之所舉，多在北方，然當時門第本屬同源，惟南方風流文采較盛，而其歷世禪綿不衰之況，則南北一致，推此可以見彼。要之門第傳襲，必有人，必有敎，决非無故而致。而當時一切禮法風規，亦必有其不可及處。若專一著眼在其權位與財富上，謂門第卽由此支持，揆之古今人情物理，殆不其然。

（一一）

此下再說當時之門第家學。自東漢以來，因有累世經學，而有累世公卿，於是而有門第之產生。自有門第，於是而又有累世之學業，此事當略舉一二家尤富代表性者說之。首當提及琅琊王氏。其一門累世文采風流，最爲當時之冠冕。王僧虔有條疏古來能書人名啟，王氏一家居其大半，王廙謹傳鍾法，其從兄導，導子恬與洽，皆善書，其從兄羲之云：弟書遂不減我，是爲僧虔之曾祖。洽少子珉，論者謂其筆力過獻之子敬。廙兄羲之，獻之外甥羊欣稱之謂古今莫二。李充母衛夫人善鍾法，爲羲之師。羲之第七子獻之，評者謂其骨勢不若父而媚趣過之。又或謂父之靈和，子之神俊，皆古今之獨絕。世之聞二王者，莫不心醉，是知德不可僞立，名不可虛成。獻之兄玄之徽之，兄子湝之，俱善書。相傳子敬七八歲學書，羲之從後掣其筆不脫，歎曰：此兒書後當有大名。卽此一例，可見當時人學問藝術，與其家世之關係。卽在北方，崔盧亦以書法傳代。家訓雜藝篇謂江南諺云：尺牘書疏，千里面目，門第中人正貴以面目標異，則其重視書法，蓋無足怪。

又僧虔孫筠，有與諸兒書論家世集，謂：

史傳稱安平崔氏，及汝南應氏，並累世有文才。所以范蔚宗世擅雕龍，然不過父子兩三世耳。非有七葉之中，名德重光，爵位相繼，人人有集，如吾門世者也。沈少傅約語人云：吾少好百家之言，身爲四代之史，自開闢以來，未有爵位蟬聯，文才相繼，如王氏之盛者。汝等仰觀堂構，思各努力。

可見當時門第，於爵位蟬聯之外，又貴有文才相繼，世擅雕龍，而王氏七葉相傳，人人有集，其風流文采，自足照映數百年間，而高出其他門第之上。其爲父兄者，自必以此常鼓勵鞭策其後人，務使克繩祖武，堂構勿替，而筠之此文，實亦可以透露當時一般門第中人之所想望與其所欣羨之一境，亦無疑義。

其次當述及梁武帝蕭衍一家。梁書南史並載，齊竟陵王子良，開西邸，招文學，梁高祖與沈約謝脁王融蕭琛范雲任昉陸倕等並游焉，號曰八友。史又稱梁武少而篤學，洞達儒玄，雖萬機多務，猶卷不釋手，燃燭側光，常至戊夜。其自爲淨業賦，則謂少愛山水，有懷丘壑，身羈俗羅，不獲遂志。又謂自念有天下，本非宿志，惟當行人所不能行者，令天下有以知我心。斷房室，不與嬪侍同居而處，四十餘年。蓋梁武爲人，其感染於當時門第風尚者至深，厥後雖踐帝阼，而夙習難忘，若就門第目光作衡量，彼實不失爲一風流人物，然登上政治舞台，則終不免演了一齣悲劇收場。梁武一人之生平，正可作爲此一整個時代之縮影。言其著作，近二十種，踰八百卷，如通史四百八十卷，固是勅羣臣所撰，其他殆亦非全出親筆，要之其劬學問，耽著述，求之歷代史籍中諸帝王，實亦少可匹儔。

昭明太子，武帝之長子，梁書載其三歲受孝經論語，五歲徧讀五經，母丁嬪薨，步從喪還宮，至殯，水漿不入口。高祖遣中書舍人顧協宣旨，乃進數合。自是至葬，日進麥粥一升。體素壯，腰帶十圍，至是減削過半。南史載其開東宮，雖內殿燕居，坐起恆向西南面臺宿，彼召當入，危坐達旦。此種內行敦篤，顯由當時門第風敎，絕難於尋常帝王家庭中求之。其與何胤書，謂：

> 方今泰階端平，天下無事，修日養夕，差得從容。每鑽研六經，汎濫百氏。

而尤好陶淵明，謂余素愛其文，不能釋手，尚想其德，恨不同時。又謂：

> 有能觀淵明之文者，馳競之情遣，鄙吝之意祛。貪夫可以廉，懦夫可以立。豈止仁義可蹈，抑乃爵祿可辭。不必旁遊泰華，遠求柱史，此亦有助於風敎也。

其於淵明，欽慕之情若此，亦可見其學養與爲人矣。史又稱其引納文學之士，討論墳籍，商榷古今，劉孝綽撰太子集序，謂其：

> 日升松茂，與天地而偕長，壯思英詞，隨歲月而增廣。

其所著述有四種八十卷，而文選三十卷尤爲卓然不朽。

梁簡文帝，武帝第三子，詩序自謂，七歲有詩癖，長而不倦，答張纘謝示集書自謂：綱少好文章，於今二十五載，史稱其引納文學之士，賞接無倦，恆討論篇籍，繼以文章。所著述有七種，近三百卷。

又梁元帝，武帝第七子，史稱其有高名，與裴子野劉顯蕭子雲張纘及當時才秀，爲布衣之交。著金樓子，自序謂年在志學，躬自搜纂，以為一家之言。顏之推家訓勉學篇載：

梁元帝嘗為吾說，昔在會稽，年始十二，便以好學，時又患疥，手不得拳，膝不得屈，閉齋，張葛幃，避蠅獨坐，銀甌貯山陰甜酒，時復進之以自寬痛。率意自讀史書，一日二十卷，既未師受，或不識一字，或不解一語，要自重之，不知厭倦。

金樓子自序亦謂：

吾年十三，誦百家譜，雖略上口，遂感心氣疾。

又云：

吾小時夏夕中，下絳紗蚊幮，中有銀甌一枚，貯山陰甜酒，臥讀有時至曉，率以為常。又經病瘡，肘膝盡爛，比來三十餘載，泛玩衆書。

家訓勉學篇又云：元帝召置學生，親為教授，廢寢忘食，以夜繼朝，至乃倦劇愁憤，輒以講自釋。南史亦載魏師既起，帝猶於龍光殿述老子義。又有與學生書。謂：

可久可大，莫過乎學，求之於己，道在則尊。

此則儼然醕儒之格言，碩師之懿訓。其所著述，有十七種，近四百卷。

史稱江陵陷，元帝焚古今圖書十四萬卷，或問之，答曰：讀書萬卷，猶有今日，故焚之。就當時門第傳統言，蕭氏父子，實不失為風流人物，可資模楷。就政治立場言，讀書著書，都成落空。蕭氏一門之悲劇，正是此一時代悲劇之縮影。今捨政治而專言門第，專注重當時門第中人之私人生活及其內心想望，則蕭氏一家，終是可資模楷，堪成風流也。

劉知幾史通有云：

自晉咸洛不守，龜鼎南遷，江左爲禮樂之鄉，金陵實圖書之府，故其俗猶能語存規檢，言喜風流。顚沛造次，不忘經籍。若梁史載高祖在圍中，見蕭正德而謂之曰：啜其泣矣，何嗟及矣。湘東王聞世子方等見殺，謂其次子諸曰：不有其廢，君何以興。皆其類。

世說載：

鄭玄家奴婢皆讀書，嘗使一婢，不稱旨，將撻之，方自陳說，玄怒，使人曳著泥中。須臾復有一婢來，問曰：胡爲乎泥中。答曰：薄言往愬，逢彼之怒。

此事不知確否，然自鄭玄下迄劉義慶著書，年距兩百載以上，瑣瑣故事，仍自流傳，可見當時人極看重此等事。從世說載陳寔荀淑兩家父子相會，可以推見當時人之重有佳子弟，從世說載鄭玄家婢，可以推見當時人之賞愛文采，而尤尚經籍。此可與上引劉知幾史通一節相證。此等皆當時門第中風流韻事。梁武帝元帝父子，處此危迫哀痛，猶能出言不忘經典，則尤足爲風流模楷。故我特舉蕭氏一家來作當時門第風尚之一例。又如武帝弟蕭欣，元帝子蕭方等，皆有著述，卽上溯宋齊兩代，亦復多有，如劉義慶著世說，卽其例也。清儒趙甌北二十二史箚記有齊梁之君多才學條敘述頗詳，玆不再引，趙氏謂蕭梁父子間，尤爲獨擅千古，決不得謂是過譽也。

其他如劉殷，在劉聰朝，亦一孝子，有子七人，五子各授一經，一子授太史公，一子授漢書，史稱一門之內，七業俱興。北朝之學，殷門爲盛。又梁劉孝綽兄弟及羣從諸子姪，當時有七十人，並能屬文。其三妹亦並有才學，史稱近古未有。又如北齊楊遵彥，一門四世同居，昆季就學者三十餘人。又如北周盧辯，累世儒學，兄景裕爲當世碩儒，辯少好學，博通經籍，北史言盧辯撰六官，而隋志不載。辯蓋與蘇綽同治周官，對北周之創制立法有大影響。凡此皆以門第之盛與學業之盛並舉。惟因其門第盛，故能有此學業之盛，亦因其學業盛，纔始見其門第之盛。卽如王通河汾講學，著文中子中說，亦自以其學術所自推本於家門之傳統，下迄唐代，其子孫輩亦尚以此相誇耀。究竟中說由何人所撰，遂滋後代疑問。要之卽就中說一書，亦可說出在魏晉南北朝時，誇揚門第傳統必兼誇其一家之學業傳統，此種風氣，遠承東漢累世經學而有累世公卿而始有門第成立之淵源，故此後門第中人，亦多能在此方面承續不替。縱使爲帝王之家，亦浸染在此風習中，愛好文采，劬勤學業。若論其政治，固無可取，然若專一論其門第，則此一長處，亦不當一筆抹摋。否則此一時代之整個歷史情實，亦將爲之變色，再不能使我們瞭解到此一時代之眞相。凡此所述，固非存心爲此ㄧ時代之門第作辨護，只是爲此一時代之歷史情實作另一方面之洗發而已。

（一二）

茲再綜合上述，重加例證。宋臨川王劉義慶有薦庾實等表，其文曰：

伏見前臨沮令新野庾實，秉眞履約，愛敬淳深。昔在母憂，毀瘠過禮。今罹父疚，泣血有聞。行成閨庭，孝著鄰黨。足以彰化率民，齊教軌俗。前徵奉朝請武陵龔祈，恬和平簡，貞潔純素，潛居研志，耽情墳籍，亦足鎭息頹競，獎勗浮動。處士南郡師覺授，才學明敏，操介淸修，業均井渫，志固冰霜。

據此表文，可見當時人看重內行，以孝爲主。而另一面則重看學業，而以息頹競，勗浮動爲言。

又陳天嘉元年詔：

梁前征西從事中郎蕭策，梁前尚書中兵郎王暹，並世胄清華，羽儀著族，或文史足用，或孝德可稱。並宜登之朝序，擢以不次。

可見當時人所目以為世胄清華羽儀著族之門第中人，其標格所在，非文史足用，卽孝德可稱，一屬學業，一屬內行。惟此二者，乃為當時門第所尚，此風至陳代而猶然。

至論學業，文學尤為時尚，其風蓋自曹魏父子開之。金樓子興王篇載魏武帝御事三十餘年，手不捨書。晝則講軍策，夜則思經傳，登高必賦，被之管弦，皆成樂章。魏志文帝紀，帝初好學，以著述為務，使諸儒撰集經傳隨類相從，凡千餘篇。號曰皇覽。是為後世類書之濫觴。由是而風會所趨，六朝之帝室皇枝，名卿碩彥，靡不延攬文學，抄撰衆書，齊梁尤盛。蓋建安文體創新，固已歆動衆好，而曹氏父子以帝王之尊垂情篇什，更易形成後世之風尚。然此種文學風尚，既與經史實學異趣，亦復與安親保榮為當時所重之傳家風教有違。劉勰文心雕龍論之云：

魏之三祖，氣爽才麗，宰割辭調，音靡節平。觀其北上衆引，秋風列篇，或述酣宴，或傷羈戍，志不出於淫蕩，辭不離於哀思，雖三調之正聲，實韶夏之鄭曲。

蓋建安新詠，原本樂府，其關於音節方面者姑不問，論其內容，述酣宴，傷羈戍，志陷淫蕩，辭歸哀思，此雖文學之新域，要非修齊之正軌。而風氣既開，人競追逐。如祖瑩以文章見重，常語人云：

文章須自出機杼，成一家風骨，何能共人同生活也。

梁簡文帝誡當陽公大心書乃謂：

立身之道與文章異，立身先須謹重，文章且須放蕩。

此等放蕩不與人同生活之情態意境，豈能與立身謹厚之萬石家風兩美雙全？姚察引阮孝緒言，亦謂有行者多尙質樸，有文者少蹈規矩。劉勰文心雕龍尤慨乎言之，謂勵德樹聲，莫不師聖，而建言修辭，鮮克宗經。然此等文風，終是流漫不止，鍾嶸詩品序有云：

今之仕俗，斯風熾矣。裁能勝衣，甫就小學，必甘心而馳騖焉。於是庸音雜體，各爲家法。至於膏腴子弟，恥文不逮，終朝點綴，分夜呻吟。次有輕蕩之徒，笑曹劉爲古拙，謂鮑昭羲皇上人，謝朓今古獨步。

顏之推家訓，更於此痛切縷述，謂：

吾家風敎，素爲整密。昔在齠齔，便蒙誘誨。每從兩兄，曉夕溫凊，規行矩步，安辭定色。鏘鏘翼翼，若朝嚴君焉。年始九歲，便丁荼毒，慈兄鞠養，有仁無威，導示不切。雖讀禮傳，微愛屬文，頗爲凡人之所陶染。肆欲輕言，不修邊幅。年十八九，少知砥礪，習若自然，卒難洗盪。三十以後，大過稀焉。每常心共口敵，性與情競，夜覺曉非，今悔昨失，自憐無敎，以至於此。

可見當時愛好文辭之習尙，實與門第敎養，禮法修傳，有背道而馳之裂痕存在。一本兩漢儒家傳統，一出曹魏軼蕩新軌，後人兼采並存，而未能陶冶合一。顏黃門親以過來人敎戒子弟，其言可謂懇切諄到。家訓中又列舉此一時代人染被新風，違失舊習，所謂文人無行，身敗名裂之具體例證，言之確鑿，數之覼縷，往事俱在，文詳不引。要之此一裂縫，亦爲考論當時門第病害者所當深切注意也。

直至隋李諤上書正文體猶云：

魏之三祖，更尙文詞，忽君子之大道，好雕蟲之小技。下之從上，有同影響。競騁文華，遂成風俗。江左齊梁，其弊彌甚。貴賤賢愚，唯務吟詠。遂復遺理存異，尋虛逐微，競一韻之高，爭一字之巧，連篇累牘，不出月露之形。積案盈箱，惟是風雲之狀。世俗以此相高，朝廷以此擢士。利祿之途既開，好尙之情彌篤。

可知當時尙文之風，溯源實始曹魏，而門第來歷，則遠在其前。門第必重儒術，謹禮法，尙文則競虛華，開輕薄。惟魏晉以下之門第，既不能在政治上有建樹，乃轉趨於在文辭上作表現。蓋矜尙門第，自當重門第中之人物，人物則必有所表現。在始僅認文學爲人生表現之一種工具，在後則認人生卽在文學表現上。如此一變，遂至於大謬而不然。又曹氏父子，對當時門第傳統，本抱一種敵視之意態，魏武嘗有不惜援用不忠不孝之人之詔書，曹魏當時之新文體，本不與門第相顧。而魏晉以下之門第，一面謹守儒家舊傳統，一面又競慕文學新風流。在此二者間，未能融會調劑，故使利弊互見，得失交乘。此一種複雜之情形，極難剖析盡致，惟貴讀史者隨時隨處，分別善觀，片面單辭，則殊難刻畫，使分寸恰符，稱衡使銖兩不失也。

（一三）

其次當及魏晉以下之崇尙老莊與淸談。先有王弼何晏談虛無，次有阮籍嵇康務放達。然此惟三國魏晉之際爲尤。南渡以後，其風卽漸變質。抑且王何立論，天地萬物以無爲本，實對兩漢以來陰陽家言五德終始，以及一切讖緯妄誕，爲魏晉篡弒所藉口者，有摧陷廓淸之功。而阮嵇之放達，則戴逵放達爲非道論已爲之解釋。戴之言曰：

竹林之爲放，有疾而爲顰者也。元康之爲放，無德而折巾者也。

沈約有七賢論，大意亦爲阮嵇闡解。要而言之，則曹魏之好文辭，與晉人之祖玄虛，二者同爲魏晉以下門第家風之大病害。趙甌北二十二史劄記有淸談之習一條，備記當時人之斥淸談者。可見崇尙老莊，乃一時激於世變而姑逃以寄，本未嘗專主老莊以代周孔，故裴徽問王弼，無者誠萬物之所資，聖人莫肯致言，而老莊申之無已，何邪？弼答：聖人體無，無又不可以訓，故言必及有。老莊未免於有，恆訓其所不足。就此一問一答之間，見當時雖言虛無，尙亦無揚莊老而抑周孔之意。故阮瞻以將毋同三語得辟爲掾。其後郭象注莊，亦多騁曲解，迴護孔子，顯違莊書之原義，而一時因以享盛名。是知逃言虛無，實具苦衷，非本情好。我所謂南渡以後逐漸變質者，蓋當時門第中人乃漸以清談爲社交應酬之用。蓋惟清談可以出言玄遠，不及時事，並見思理，徵才情，正與詩文辭采，同爲當時門第中人求自表現之工具。若周孔禮法，家門孝謹，雖敦篤奉行，却不宜在社交場合，宴會羣聚中作爲談論之資。門第中人則總喜有表現。既不能在世間實際功業事爲有貢獻，乃在文辭言談自樹異。若眞尙老莊，心知其意，卽不必刻意求文辭之精美，眞重文辭，跌宕歌呼，亦不復是老莊之虛無。在此二者間，殊無必然相連之內質。抑且此二者，在當時乃能與儒家傳統禮敎及所重之孝謹家風相配合，沆瀣一氣，滙爲同流，若不見有衝突。此中情況，則惟以歷史因緣始可爲之說明，此非當時人在周孔老莊以上，另有一種更高之綜合而使其得此，此卽證之於當時人之言談與著述而可知。我無以名之，姑名之曰崇尙老莊之變質。

如世說載：

> 諸名士共至洛水戲，還。樂令問王夷甫曰：今日戲，樂乎？王曰：裴僕射善談名理，混混有雅致。張茂先論史漢，靡靡可聽。我與王安豐說延陵子房，亦超超玄著。

此事尙在渡江前，已見時人以談作戲，無論所談是名理，是歷史，抑是古今人物，要之是出言玄遠，要之是逃避現實，而仍求有所表現。各標風致，互騁才鋒，實非思想上研覈眞理探索精微之態度，而僅爲日常人生中一種遊戲而已。

世說又一則云：

謝胡兒語庾道季，諸人莫當就卿談，可堅城壘。庾曰：若文度來，我以偏師待之。康伯來，濟河焚舟。

此故事在渡江後。益見時人以談作戲，成爲社交場合中之消遣與娛樂。謝道蘊爲小郎解圍，一時傳爲佳話，亦只是騁才情見機敏而已。故知當時名士淸談，特如鬥智。其時又好圍棋，稱之曰坐隱，又稱曰手談。正因圍棋亦屬鬥智，故取以擬淸談也。然則淸談亦可稱口奕，或舌棋，見其亦僅屬一種憑口舌之對奕。亦可稱爲談隱，以時人直是以談話作山林，出言玄遠，卽是隱於談，却不必脫身遠去，眞隱於山林也。

又按齊書柳世隆傳，世隆少立功名，晚專以談義自業，常自云，馬猾第一，淸談第二，彈琴第三。在朝不干世務，垂簾鼓琴，風韻淸遠，甚獲世譽。此以淸談與馬猾彈琴相提並論，亦如以淸談與奕棋相類視，要之淸談乃是一種生活，若專以老莊哲理求之，豈不甚違當時之情實乎？

又按晉書陶侃傳，諸參佐或以談戲廢事，乃命取其酒器蒱博之具悉投於江。曰：樗蒱者，牧豕奴戲耳。老莊浮華，非先王之法言。此處亦以談戲並言，談卽老莊淸談，而與樗蒱並舉，則淸談之成爲當時日常人生中一種消遣游戲之事，又得一證矣。

又按世說云：

殷中軍爲庾公長史，下都王丞相爲之集。桓公王長史王藍田謝鎭並在。丞相自起解帳，帶麈尾，語殷曰：身今日當與君共談析理。既共淸言，遂達三更。丞相與殷共相往反，其餘諸賢略無所關。既彼我相盡。丞相乃歎曰：向來語，乃竟未知理源所歸。至於辭喻不相負。正始之音，正當爾耳。明旦，桓宣武語人曰：昨夜聽殷王清言，甚佳。仁祖亦不寂寞，我亦時復造心，顧看兩王掾，輒翣如生母狗馨。

此是殷浩新出，將有遠行，王導作集，爲之邀約諸賢，共作一夕之懽也。此如法國十八世紀有沙龍，亦略如近人有雞尾酒會，自是當時名士一種風流韻事，既不作灌夫之使酒，亦不效謝安之携妓，僅是清談玄理，豈不風雅之絕。英雄如桓宣武，席中尙不獲儳言插論，退席語人，猶以時復造心自喜自負。可見卽是清談，亦猶有儒家禮法密意行乎其間，此乃是當時人一種生活情調，卽今想像，猶在目前。若認眞作是一種哲理鑽研，則誠如隔靴搔癢，終搔不到當時人癢處所在矣。

世說又一則載：

裴散騎娶王太尉女，婚後三日，諸壻大會。當時名士王裴子弟悉集。郭子玄在坐，挑與裴談，子玄才甚豐贍，始數交未快，郭陳張甚盛，裴徐理前語，理致甚微，四座咨嗟稱快。王亦以爲高，謂諸人曰：君輩勿爲爾，將受困寡人女壻。

今試設想，如當時裴王門第之盛，安富尊榮已臻極度，又値新女壻上門，嘉賓萃止，若如今日西俗，則正好來一盛大舞會，而當時諸賢，則借此場合作一番清談，所說又盡是莊老玄虛，豈不誠是風流雅致乎？

世說又一則云：

羊孚弟娶王永言女，及王家見壻，孚送弟俱往，時永言父東陽尙在，殷仲堪是東陽女壻，亦在坐。孚雅善理義，乃與仲堪道齊物，殷難之。羊云：君四番後當得見同。殷笑曰：乃可得盡，何必相同。乃至四番後一通，殷咨嗟曰：僕更無以相異。歎爲新拔者久之。

此一故事與上則絕相似，皆是新壻登門，於盛大宴會中作清談也。

晉書忠義傳載：弘農王粹以貴公子尚主，館宇甚盛，圖莊周於室，廣集朝士，使嵇含爲之讚。含援筆爲祭文。曰：

帝壻王弘遠，華池豐屋，廣延賢彥，圖莊周垂綸之象，記先達却聘之事。畫眞人於刻桷之室，載退士於進趣之堂，可謂託非其所，可弔不可讚也。

堂上畫莊周像，此亦當時門第一種風雅裝飾，正如在宴會中辨齊物論，亦是當時一種時髦應酬。嵇含乃康之兄孫，不失其叔祖遺風。於此獨致譏笑，此可見風流感染，愈遠而愈失其眞，故我謂南渡清談已漸變質也。

明於此，請繼論王僧虔之誡子書。書云：

談何容易。見諸元，志爲之逸，腸爲之抽。專一書，轉誦數十家注，自少至老，手不釋卷，尚未敢輕言。汝開老子卷頭五尺許，未知輔嗣何所道，平叔何所說，馬鄭何所異，指例何所明，而便盛於麈尾，自呼談士，此最險事。設令袁令命汝言易，謝中書挑汝言莊，張吳興叩汝言老，端可復言未嘗看邪？談故如射，前人得破，後人應解，不解，卽輸賭矣。且論注荊州八袠，又才性四本，聲無哀樂，皆言家口實，如客至之有設也。汝皆未經拂耳瞥目，豈有庖廚不修，而欲延大賓者哉？

細玩僧虔此書，可見當時清談，正成爲門第中人一種品格標記，若在交際場中不擅此項才藝，便成失體，是一種丢面子事。故云如客至之有設。若家有賓客來至，坐對之際，茗果既設，亦須言談。惟既不宜談政治隆污，又不屑談桑麻豐凶，若要夠得上雅人深致，則所談應不出上述之數項，此所謂言家口實。當時年長者應接通家子弟，多憑此等話題，考驗此子弟之天姿與學養。故當時門第中賢家長必教戒其子弟注意此等言談材料，此乃當時門第裝點場面周旋酬酢中一項重要節目，故既云談何容易，又說端可復言未嘗看邪。風氣所趨，不得不在此方面用心。其實在魏晉之際，時人所以好言莊老虛無，又所以致辨於才性四本及聲無哀樂等問題者，此皆在時代苦悶中所逼迫而出之一套套思想上之新哲理與新出路，當時人確曾在此等問題上認眞用心思，至後則僅賸下這幾個問題，用來考驗人知也不知，答應得敏速利落與否，僅成爲門第中人高自標置之一項憑據。既爲門第中人，不能於此等話題都談不上口。故梁元帝金樓子於著書一篇之後接有捷對篇，篇中所擧，雖不能如世說之深雅，然可見著書與捷對同爲當時門第所尙，而捷對則僅是清談之降而益下者。任彥昇爲蕭揚州作薦士表有云：

勢門上品，猶當格以清談，英俊下僚，不可限以位貌。

此見當時人實以清談爲門第中人考驗夠格與否之一種標準也。則當時門第有清談，豈非如此後考場中之經義與八股，惟一出政府功令，一屬社會習尙，不同在此而已。

要之重文辭與尙清談，則不得不同目爲當時門第中兩大病。重文辭之病，已述在前，清談之病，顏氏家訓歷數極深切。其言曰：

老莊之書，蓋全眞養性，不肯以物累己也。故藏名柱史，終蹈流沙。匿跡漆園，卒辭楚相。此任縱之徒爾。何晏王弼，祖述玄宗，遞相誇尙，景附草靡。皆以農黃之化，在乎己身，周孔之業，棄之度外。而平叔以黨曹爽見誅，觸死權之網也。輔嗣以多笑人被疾，陷好勝之穽也。山巨源以蓄積取譏，背多藏厚亡之文也。夏侯玄以才望被戮，無支離擁腫之鑒也。荀奉倩喪妻神傷而卒，非鼓缶之情也。王夷甫悼子悲不自勝，異東門之達也。嵇叔夜排俗取禍，豈和光同塵之流也。郭子玄以傾動專勢，寧後身外己之風也。阮嗣宗沈酒荒迷，乖畏途相誡之譬也。謝幼輿贓賄黜削，違棄其餘魚之旨也。彼諸人者，並其領袖，玄宗所歸，桎梏塵滓之中，顛仆名利之下者，豈可備言乎？直取其清談雅論，剖玄析微，賓主往復，娛心悅耳，非濟世成俗之要也。

顏氏之所指摘，僅謂當時人未能眞學老莊，而猶好言之，最先因於時代所激，旣好言之而仍不能眞學，則乃爲門第背景所困。蓋門第先在，激於世變而言老莊，而老莊終非門第傳統中安親持榮之正道，於是有許多人因此作犧牲，此亦一種時代悲劇。而老莊清談其後乃漸變爲一種娛心悅耳之資，換言之，則是社交場合中一種遊戲而已。

梁元帝金樓子又有云：

世有習干戈者賤乎俎豆，修儒行者忽乎武功。范甯以王弼比桀紂，謝混以簡文方赧獻。李長有顯武之論，文莊有廢莊之說。余以爲不然。余以孫吳爲營壘，以周孔爲冠帶，以老莊爲歡宴，以權實爲稻粱，以卜筮爲神明，以政治爲手足，一圍之木持千鈞，五寸之楗制開闔，總之者明也。

此處以老莊爲歡宴五字，卽我上之所分析，如舉世說各條，上自洛水清游，下至裴羊兩家新壻歡讌，豈非其明證乎？

金樓子又云：

天下一致而百慮，同歸而殊途，儒者列君臣父子之禮，序長幼之別，墨者堂高三尺，土堦三等，茅茨不翦，采椽不斲，冬日以鹿裘爲禮，盛暑以葛衣爲貴，法家不殊貴賤，不別親疏，嚴而少恩，所謂法也。名家苛察繳繞，檢而失眞，是謂名也。道家虛無爲本，因循爲務，中原喪亂，實爲此風。何鄧誅於前，裴王滅於後，蓋爲此也。

此處以中原喪亂歸咎於道家虛無，似較顏黃門家訓遠爲嚴刻。然元帝又不許范寧之罪王何。蓋當時門第中人一般，都主兼采並畜。老莊非無可取，善用之，殊途亦可同歸，惟一意於此，始見病害。元帝之意，亦非與顏黃門有甚深之違歧也。

世說又云：

王夷甫容貌整麗，妙於談玄。恆捉白玉柄麈尾，與手都無分別。

手與玉柄同白，是其貌之麗，然想王夷甫捉麈清談之頃，必有一番閒情雅致，始以見其容之整。麗固可羨，整則可矜。從此清談捉麈，亦成爲門第中一種風流。陳顯達自以門寒位重，每遷官，常以愧懼之色戒其子，勿以富貴陵人。曰：麈尾蠅拂，是王謝家物，汝不須捉此。取而燒之。此亦見清談與當時門第背景之關係矣。

以上逐一分說當時門第中人所以高自標置以示異於寒門庶姓之幾項重要節目，內之如日常居家之風儀禮法，如對子女德性與學問方面之敎養。外之如著作與文藝上之表現，如交際應酬場中之談吐與情趣。當時門第中人憑其悠久之傳統與豐厚之處境，在此諸方面，確亦有使人驟難企及處。於是門第遂確然自成一流品，門第中人之生活，亦確然自成一風流。此種風流，則確乎非藉於權位與財富所能襲取而得。中書舍人王宏爲宋太祖所愛遇，謂曰：卿欲作士人，得就王球坐，若往詣球，可稱旨就席。及至，球舉扇，曰：若不得爾，宏還啓聞，帝曰：我便無如此何。

紀僧眞幸於宋孝武帝，曰：臣小人，出自本州武吏，願就陛下乞作士大夫。帝曰：此事由江斅謝瀹，我不得措意。紀承旨詣斅，登榻坐定，斅命左右移吾牀讓客。紀喪氣而還。帝曰：士大夫固非天子所命。此等事，驟看似不近情理，然若就上述逐一思之，便知在當時亦自有來歷背景，不易憑吾儕此刻意見輕下判語也。

南方門第此種文采風流，卽在北方胡族中，亦生愛慕，當時北方鮮卑之漢化，此種心理，亦一重要契機。史稱魏孝文甚重齊人，親與談論，顧謂羣臣曰：江南多好臣。侍臣李元凱對曰：江南多好人，歲一易主。江北無好臣，百年一易主。魏主甚慚。就實論之，不僅南方政府無奈門第何，卽北方政府終亦無奈門第何，而後遂開此下隋唐之新局面。此亦尙論史實者所當知也。

（一四）

此下再略一提及當時門第信奉佛教之事。佛教主張出家離俗，似與當時大門第風尙不相容，其實亦不然。顏氏家訓云：內教多途，出家自是其一法。若能誠孝在心，仁惠爲本，不必剃落鬚髮。可見除却剃鬚落髮，出家離俗以外，在佛門中亦尙有許多堪資當時門第取用者。舉其著明之事，佛家有種種禮法修持，教導信向，實較老莊虛無更適於門第之利用。故在魏晉之際，一時雖老莊盛行，而宋齊以下，卽多轉奉釋氏。固緣當時大德高僧，善爲方便，能隨俗宏法，如宏明集載慧遠沙門不敬王者論，謂悅釋迦之風者，輒先奉親而敬君，又何尙之答宋文帝讚揚佛教事，謂慧遠法師嘗云：釋氏之化，無所不可。適道固自教源，濟俗亦爲要務。故慧遠雖入山門，仍講授喪服。又如續高僧傳，釋曇濟在虎丘講禮易春秋各七通，釋僧旻從僧迴受五經，釋智琳禮易老莊，悉窮幽致。宋釋慧琳梁釋慧始皆注孝經。劉勰著文心雕龍，後爲僧名慧地。凡此皆當時釋氏兼通儒業之例。弘明集又載梁武帝勅答臣下神滅論謂：

祭義云：惟孝子爲能饗親。禮運云：三日齋，必見所祭。若謂饗非所饗，見非所見，違經背親，言語可息。

神滅之論，朕所未詳。

此以儒家孝親祭祖之禮難范縝神滅之說，轉以迴護佛教，更可見當時大門第與佛教教義之多相通借。故顏之推家訓乃特著歸心篇告其子，謂家世歸心，勿輕慢也。後周王褒著幼訓誡諸子，其一章云：吾始乎幼學，及于知命，既崇周孔之教，兼循老釋之談。江左以來，斯業不墜。汝能修之，吾之志也。可知直到南朝末期，老釋之談，仍爲門第中人所同奉，然莊老道家終不能與釋氏爭重，其間亦有必然之勢。蓋值政治濁亂，世途多棘，道家言可以教人逃避。值心情苦悶，神思拂鬱，道家言可以教人解脫。故魏晉之際，莊老玄遠遂爲一時門第所重。然有逃避，有解脫，無趨向，無歸宿。時過情遷，則仍由有許多不能解答之問題，使人心不能不另求出路。如謂人生價值可於世事糾紛中抽離，卽就其人之本身表見而存在，則人必有死，死後豈不仍是落空，世說載戴逵見支道林墓。曰：

德音未遠，而墓木已積，冀神理綿綿，不與氣運俱盡耳。

此一慨想，實俱深意。道家能事，只能因應氣運，氣運盡，則無不俱盡者。於是人生之深一層要求，遂不得不轉歸於釋教。又如安親保榮，顧念門第而期望子孫，然子孫究何預己事，沉浸於道家言者，終必發此問，如上引謝安已然，而此所問終不見有好解答。顏氏家訓歸心篇亦云：

有子孫，自是天地間一蒼生耳，何預身事，而乃愛護，遺其基址，况於己之神爽，頓欲棄之哉！

可見縱使門第福蔭，可以禪綿不輟，子孫永保，胤祚勿替，亦仍不能滿足人心內在更深一層之要求。當時門第中人所以終自轉向於佛教信仰之一種內在心情，於戴顏二人之說，正可透露其深處也。

此下迄於唐代，門第猶盛，而佛教亦同時稱盛。宋以下門第衰而佛教亦衰，儒家思想之復興，固是一理由，然門第與佛教自有一種相互緊密之關聯，門第為佛教作護法，佛教賴門第為檀越。唐代禪宗崛起，實開佛教擺脫門第之一種新趨勢，而宋代理學則為代替禪宗之一種新儒學。然魏晉南北朝門第之羽翼佛教而助其發旺成長，亦不可不謂其在中國文化史上有此一貢獻。

（一五）

今再綜合言之，魏晉南北朝時代一切學術文化，其相互間種種複雜錯綜之關係，實當就當時門第背景為中心而貫串說之，始可獲得其實情與眞相，此則就上舉諸端，已自可見。

繼此尙有一事當附述者，乃為當時門第中人之看重藝術。顏氏家訓雜藝篇所載分九類，一書法，二畫繪，三弓矢射藝，四卜筮，五算術，六醫方，七音樂琴瑟，八博戲與圍棋，九投壺與彈棋。其中有在中國文化傳統中占極重要地位者，厥為書法與畫繪。當時門第中人重視此二藝，正猶其重視詩文，皆為貴族身分之一種應有修養與應有表現。梁元帝金樓子謂以卜筮為神明，蓋門第中人於禍福觀念特所敏感，故多不免陷於迷信。如王氏一家之信奉天師道，卽其一例。而佛法之深得門第擁護，其因果報應避禍邀福之談，更是主要因素。醫方為門第所重，與其重卜筮，乃一事之兩面。避禍求福，尤要者必祈望免疾病，長得健康。道家之學轉而為長生，為修煉，此事自秦漢以來已然，而如陶宏景諸人之受當時之崇重，此亦與門第中人之意態有關。如彈琴與圍棋，亦是貴族清閒生活中一種高貴娛樂。既陶性情，亦練心智。凡當時門第中人之生活情趣，及其日常愛好，皆可於上列諸項中見之。而關涉於此諸方面之著述亦極多，具載於隋志，此不詳。而其時僧人亦多擅術藝，隋志所載，音樂、小學、地理、天文、曆數、五行、醫方、楚辭諸門，皆有沙門撰著，此又見當時教徒與門第之相通也。

以上洪纖俱舉，鉅細備陳，要以見魏晉南北朝時代一切學術文化，必以當時門第背境作中心而始有其解答。當時一切學術文化，可謂莫不寄存於門第中，由於門第之護持而得傳習不中斷，亦因門第之培育，而得生長有發展。門第在當時歷史進程中，可謂已盡其一分之功績。卽就政治言，當時門第亦非絕無貢獻。南史王弘傳論有云：

語云：不有君子，其能國乎？晉自中原沸騰，介居江左，以一隅之地抗衡上國，年移三百，蓋有憑焉。其初諺云：王與馬，共天下。蓋王氏人倫之盛，實始是矣。及夫休元兄弟，並擧棟梁之任，下逮世嗣，不虧文雅之風，其所以簪纓不替，豈徒然也。

此雖專指王氏一家，然晉室南渡，所以得有偏安之局，實憑當時許多門第支撑。而北方門第之功則更大。正因有門第，故使社會在極度凶亂中而猶可保守傳統，終以形成一種力量，而逼出胡漢合作之局面。迨於北朝，中原文物復興，政治先上軌道，制度成一體統，下開隋唐之盛運。此皆當時北方門第艱苦支撑，慘澹營造之所致，其所貢獻於此一時期之歷史者，决不比南方門第爲遜色。

再推擴言之，欲研究中國社會與中國文化，必當注意研究中國之家庭，此意盡人皆知。而魏晉南北朝時代之門第，當爲研究中國社會史與文化史以及中國家庭制度者所必須注意，亦自可不待言而知。本篇所論，頗似對當時門第偏有袒護，然亦歷史實況如此，至於當時門第之有種種短缺，亦多載在史籍，卽當時人亦多明白指摘，下逮後世，迄於近代，能言之者更復不少，本篇轉略而不論，此亦立言各有體要，惟讀者其諒之。

宋代古文運動之發展研究

金中樞

景印本・第五卷・第二期

引述

所謂古文運動，卽是反對駢文，而代之以「自然實質」之散文。其事始於唐，而完成於宋。唐代古文運動，錢師賓四已有論列。（註一）惟古文自韓柳提倡以後，至晚唐其勢又衰。於是韓柳提倡之散文，復變爲李義山輩之駢文；李杜所創之史詩，復變爲李長吉、温飛卿輩之艷體詩。此一種風氣，經過五代花間詞人之放蕩，其體例遂日趨卑弱。（註二）

一、柳仲塗等於宋初承五季駢文取士時期之古文運動

宋興，雖則晚唐五代之混亂局面已臻平定；然科舉文，一仍其舊。宋陳同父本集卷十一論變文法云：

夫文弊之極，自古豈有踰於五代之際哉？卑陋萎弱，其可厭甚矣。藝祖一興，而恢廓磊落，不事文墨，以振起天下之士氣；而科舉之文，一切聽其所自爲，有司以一時尺度律而取之，未嘗變其格也。（頁一一八）

所謂卑陋萎弱，蓋卽指駢四儷六而言。趙景安雲麓漫鈔卷八云：

本朝之文，循五代之舊，多駢儷之詞。（頁二二二）

陸務觀老學庵筆記卷八云：

國初尙文選，當時文人專意此書，故草必稱王孫，梅必稱驛使，月必稱望舒，山水必稱淸暉。……方其盛

時，士子至爲之語曰：「文選爛，秀才半。」（頁一）

則宋初承五季駢文取士，是無疑矣。

宋初既以五季之駢文取士，從事古文者，非有待於特賜，卽難登進士之門。葉少蘊石林燕語卷八云：

國朝取士，猶用唐故事，禮部放牓，柳開少學古文，有盛名，而不工爲詞賦，累舉不第。開寶六年，李文正昉知舉，被黜下第，徐士廉擊鼓自列，詔盧多遜卽講武殿覆試，於是再取宋準而下二十六人，……然時開復不預。多遜爲言，「開，英雄之士，不工篆刻，故考較不及。」太祖卽召開，大悅，遂特賜及第。（頁七十二）

抑當時之環境，尤有過於此者。柳氏本集卷一應責篇云：

或責曰：「子處今之世，好古文與古人之道，其不思乎？苟思之，則子胡能食乎粟，衣乎帛，安于衆哉？衆人所鄙賤之，子獨貴善之，孰從子之化也？忽焉將見子窮餓而死矣。」柳子應之曰：「……天生德于人，聖賢異代而同出。其出之也，豈以汲汲于富貴，私豐於己之身也！將以區區於仁義，公行于古之道也。」（頁九—十）

其守死善道如此，誠可謂英雄之士矣。

柳氏卽本此種英雄氣概，上承韓公，而開有宋之新文運。本集卷三東郊野夫傳云：

……野夫家苦貧，無繼夕之糧，無順時之服，年始十五六歲爲章句。越明年，趙先生指以韓文，野夫遂家得而誦讀之。當是時，天下無言古者，……莫有與同其好者，但朝暮不釋於手，日漸自解。……先大夫見其酷嗜此書，任其所爲。……迨年幾冠，……深得……韓文之要妙，……諸父有于故里浮屠復浴室者，令……爲記以試之，……文無點竄而成。家人以爲異事，遂騰聞于外之好事者，咸曰不可當矣。復有怒而笑之者，……諸父兄聞之，懼……不譽于時，……誠以從俗爲急務。野夫略不動意，益堅古心，惟談孔、孟、荀、揚、王、韓以爲企跡，咸以爲得狂疾矣。……凡所與往還，……捧書請益者，咸云：「韓之下二百年，今有子矣。」……以而所著文章，與韓漸異，取六經以爲式。……時年始二十有四。（頁十一—十三）

此言有三問題，頗值探討：（一）言其得韓文之由來，而未及其篇數；（二）言其學古文之年齡，而未及其時代；（三）言其學古文之經過，而未及其方法。

就第一點言，據其自傳僅謂趙先生指以韓文，然據張景柳公行狀則頗詳審。狀云：

天水趙生老儒也，持韓文數十篇授公曰：「質而不麗，意若難曉，子詳之何如？」公一覽不能捨，歎曰：「唐有斯文哉！其餘不足觀也。」因爲文章，直以韓爲宗尙。（註三）

王季平東都事略（以下簡稱事略）卷三十八本傳所言略同，傳曰：

自五代以來，學者少尙義理，有趙生者，得韓文數十篇，未達，乃携以示開。開一見，遂知爲文之趣。自是屬辭必法韓愈。（頁五—六）

然此又與洪氏續筆徵引行狀所謂「趙生……持韓愈文僅百篇授公」之說不符。（註四）考張景作行狀，係咸平三年，（註五）王氏事略亦早於洪氏，似續筆誤。然「數十篇」與「僅百篇」，相距非遠，實亦不必深究。

就第二點言，自傳在十六七歲開始讀韓文，及冠，卽熟其作法。年二十有四，方取式於六經。其昌黎集后序亦云：

余讀先生之文，自年十七至于今，凡七年。（註六）

行狀云：「周顯德末，公年十三。」（同注三）越四年，甫十七，則其初學韓文，乃宋太祖乾德二年事也。又七年，正二十四歲，適開寶四年，是柳氏法六經爲文，蓋自此以後事。

就第三點言，原傳云：

……或曰：「子何始尙（韓）而今棄之？」對曰：「孟、荀、揚、韓，聖人之徒也。將升先師之堂，入乎室，必由之。未能者，或取一家以往，可及矣；吾以是耳。汝輩有能如吾，可至矣。」（註七）

此明言學古文有二法，一由韓、揚、荀、孟循序而上，一自韓文直達六經，均可升堂入室。實則古文—短篇散文—一體，固緣韓公憎於六朝駢體之薄弱，欲追復三代之舊，「而適以成其開新」。（註八）故凡學古文者，理當以韓文爲本。而柳氏既學韓文，又法六經，非爲短篇散文而已，乃矢志於古人之著書，而立一家之言。此其志固在上儕孟、荀，以承儒家之文統。然以今存柳集觀之，言既無當於六經，文亦遠遜於韓氏。四庫提要謂其「明而未融」，（註九）是也。

柳氏論文，一本其所學，自韓公而上推孔子。東郊野夫傳云：

乾德戊辰中，……著東郊書百篇，大以機譎爲尙，功將餘半，一旦悉出焚之，曰：「先師所不許者也，吾本習經耳，反雜家流乎？」……或問退之、子厚優劣，野夫曰：「文近而道不同」。或人不諭，野夫曰：「吾祖多釋氏，……不逮韓也。」（同註七）

此卽韓公所謂「懼其雜」而「迎而距之」也。（註十）是則柳氏直自認爲儒家道統之繼承人矣。揆諸上述其以儒家文統自任之說，宜其曰：「吾之道，孔子、孟軻、揚雄、韓愈之道；吾之文，孔子、孟軻、揚雄、韓愈之文也。」（註十一）柳氏所以如此强調儒家之文統與道統，蓋其時必有「誤解古文」之說。此觀其創意爲古文之說而可知。應責篇曰：

古文者，非在辭澀言苦，使人難讀誦之，在于古其理，高其意，隨言短長，應變作制，同古人之行事，是謂古文也。（同上）

此謂「古文非在辭澀言苦，使人難讀，」卽針對誤解古文之流而發。其後王元之亦有類似之闡釋。（註十二）可見天聖以後所謂「好奇譎怪」之文，此已開其先河矣。至所謂「隨言短長」，卽韓公所謂「氣盛，則言之長短與聲之高下者皆宜」之說。（同註十）「應變作制」，卽孔子「制禮作樂，因時制宜」之意。前者言文之體，後者言文之道，此乃柳氏「文以明道」之說。

柳氏倡「文以明道」外，又進言「文以得道。」其上王學士第三書曰：

文章爲道之筌也，筌可妄作乎？筌之不良，獲斯失矣。女惡容之厚於德，不惡德之厚於容也。文惡辭之華於理，不惡理之華於辭也。（註十三）

近人郭紹虞曰：「此竟以道爲本，以文爲末，以道爲目的，以文爲手段；儼然是後來道學家文以載道的口吻。」（註十四）實則柳氏所重，則專在文之道。故曰：「夫生而知其道，天之性也；學而得其道，師之功也。」（註十五）又曰：「文哉！文哉！不可苟也已。如可苟也已，則詩書不删去其僞者也。大達必小遺，小達必大忘，似有在乎天之性與師之功者焉。」（註十六）此與中說所謂「文者苟作云乎哉！必也濟乎義；」（註十七）韓公所謂「學所以爲道，文所以爲理，（註十八）同一義。

此一義，柳氏上王學士第四書論之最詳切。書曰：

……文不可遽爲也，由乎心智而出於口；君子之言也度，小人之言也翫；……心正則正矣，心亂則亂矣。發於內而主於外，其心之謂也；形於外而體於內，其文之謂也；心與文一者也。……始于心而爲君（若）虛，終于文而成乃實，習乎古者也。始于心而爲若寔，終于文而成乃虛，習乎今者也。習古所以行今，求虛所以用實。能者知之矣；不能者反是，猶乎假彼之物，執爲己有，可乎？重之以華飾爲僞者，于德何良哉！（註十九）

柳氏欲使天下共喻此義而實踐之，乃更倡之曰：

文籍之生于今久也矣。天下有道則用而爲常法，無道則存而爲具物，與時偕者也。夫所以觀其德也，亦所以觀其政也。隨其代而有焉，非止於古而絕于今矣。（同註十九）

是卽所謂「致用之功」耳。質言之，卽韓公所謂「君子……處心有道，行己有方，用則施諸人，舍則傳諸其徒，垂諸文而爲後世法。」（同註十）淸儒顧寧人所謂「文須有益於天下」，（註二十）郭氏所謂「政治家之文論」，（註二十一）均着重此旨。而當時范員外謂其「未盡得其古，而務於教，」（註二十二）則仍就文而言。

準是以觀，宜乎宋人論古文，自昌黎、子厚而後，皆首推柳氏。范文正公序尹師魯河南集曰：「……唐正和元和之間，韓退之主盟於文，而古道最盛。懿僖以降，寢（寖）及五代，其體薄弱，皇朝柳仲塗起而麾之。」（註二十三）韓魏公表尹師魯墓曰：「文章自唐末歷五代，日淪淺俗，寖以大敝，本朝柳公仲塗，始以古道發明之。」（

註二十四）尹師魯本傳曰：「文章自唐末歷五代，氣格卑弱，至本朝柳開始爲古學。」（註二十五）又穆伯長本傳曰：「自五代文敝，國初柳開始爲古文。」（註二十六）吳虎臣能改齋漫錄曰：「本朝承五季之陋，文尙儷偶，自柳開首變其風。」（註二十七）可概見矣。至魏泰云：「本朝穆脩首倡古道」；（註二十八）劉淸之謂：「我朝乃……穆參軍伯長……始爲古文」；（註二十九）沈晦云：「國初文章，承唐末五代之弊，卑弱不振，至天聖間，穆脩、鄭條之徒唱之；」（註三十）均誤。而章文潛謂：「仁宗……朝，……歐陽公始爲古文，」（註三十一）則更誤。

與柳氏同時者，則有上述范公。柳公行狀云：

范公杲方好古學，少有大名，特愛公文，常口誦於朝野間，……世因稱爲柳范。（同註三）

事略卷三十八本傳略易其說，謂：

時范杲好古學，開與齊名，謂之柳范。

宋史本傳本行狀。（註三十二）

其師事柳氏者，亦有多人。范公序尹師魯河南集云：「仲塗門人，能師經探道有文於天下者，多矣；」（註三十三）是也。

此外，又有王禹偁及其門人孫何、丁謂。宋史卷二九三王氏本傳云：

王禹偁字元之，濟州鉅野人，……其爲文著書，多涉規諷，以是頗爲流俗所不容，故屢見擯斥。所與游必儒雅後進，有詞藝者，極意稱揚之，如孫何、丁謂輩多游其門。（頁三六三一）

此事亦見孫丁二氏各本傳。事略孫氏本傳云：

孫何字漢公，蔡州汝陽人，……幼耆學，與丁謂齊名，王禹偁尤所題奬，以爲自唐韓柳三百年有孫丁也，時人謂之孫丁。（註三十四）

宋史丁氏本傳云：

丁謂字謂之，後更字公言，蘇州長州人，少與孫何友善，同袖文謁王禹偁，禹偁大驚，重之，以爲自唐韓愈、柳宗元後二百年始有此作，世謂之孫丁。（註三十五）

孫傳謂自唐韓柳三百年有孫丁，丁傳作二百年，而下引温公紀聞又作三百年，實計當以二百年爲是。蓋王等學古文，正太宗至眞廟之際也。司馬温公涑水紀聞卷二云：

孫何、丁謂舉進士第，未有名，翰林學士王禹偁見其文大賞之，贈詩云：「三百年來文不振，直從韓柳到孫丁，如今便好合修史，二子文章似六經。」（頁十四）

按孫漢公係太祖建隆初年生，（註三十六）與丁謂之同於太宗淳化三年舉進士高第。（註三十七）王元之乃周顯德元年甲寅生，（註三十八）早漢公七年；於太平興國八年擢進士，（同上）先孫丁二氏十年。越三年，至道元年，王氏始召入翰林爲學士。（同上）而孫丁齊名，王氏題奬，正在其時。是孫丁二氏學古文稍後於王氏，而王氏又稍後於柳氏也。然則柳氏從事古文運動，王氏不應不知。此謂直從韓柳到孫丁，豈以孫丁二氏有志於古文而嘉許之耶？

最堪詫異者，厥爲其時方外之士，如釋智圓、种放之流，亦皆從事古文；且各推尊儒統。（註三十九）方外如此，王氏師門自無待論。所當考者，乃彼等從事古文之先後問題。宋史本傳謂种名逸卒於大中祥符八年乙卯，（註四十）事略卷一百十八本傳又謂其「卒年六十」，（頁三）知名逸乃周顯德三年丙辰生。然宋史本傳又稱：「父嘗令舉進士，放辭以業未成，不可妄動。……未幾，父卒，……與母俱隱終南豹林谷之東明峯，……以講習爲業。」眞宗咸平四年，尙書張齊賢上言：「終南山處士种放，守道遺榮，孝行純至，棲遲衡泌歷二十年。」（註四十一）自咸平四年上溯二十年，正太宗興國七年王元之應舉之時。則名逸雖晚生元之兩年，而學古文或先於元之也。而釋智圓太祖開寶九年丙子生，（註四十二）下展十七年，亦正淳化三年孫丁中舉之際。則智圓雖晚生漢公十五年，而學古文又早於孫丁也。唯孫氏力推王通，一若名逸與智圓；（註四十三）丁氏因受後來西崑影響，則又稍尙時文。（見下述）此又孫丁二氏之大不同者。

時清池張知白亦重古文，眞宗咸平五年任洛陽節度判官，乃上疏請以古文取士。其疏曰：

臣聞聖人之居守文之運者，將欲清化源，在乎正儒術。古之學者，簡而有限，其道粹而有益。今之學者，其書無涯，其道非一，是故學彌多，性彌亂。其業……進士之學者，經史子集也。有司之所取者，詩賦策論也。五常六藝之意，不遑探討。其所習泛濫而無著，非徒不得專一，又使害生其中。……若使明行制令，大立程式，每至命題考試，不必使出於典籍之外，參以正史；至於諸子之書，必須輔於經、合於道者取之，過此並斥而不用。然後先策論，後詩賦，責治道之大體，舍聲病之小疵。如此，則……進士……所習之書簡，所學之文正。而有司不施禁防，而非聖之書，自委棄於世矣。不加賞典，而化成之文，自興盛於世矣。（註四十四）

眞宗「覽而嘉之」，（同上）然未飭令施行。古文既不能爲利祿之圖，而柳氏等又勢單力薄，此韓魏公所以謂其「卒不能振」，（同註二十四）陳同父所以謂其「卒不能麾天下以從己」也。（註四十五）

職是之由，西崑體之時文，遂代之而起。

二、穆伯長等於景德以後西崑時文取士時期之古文運動

西崑體之領袖，就現存西崑酬唱集序所云，乃楊億、劉筠與錢惟演三氏。其屬而和者，就存集二卷作品人數計，尙有陳越、李維、劉隲、李宗諤、丁謂、刁衎、任隨、張詠、錢惟濟、舒雅、晁迥、崔遵度、薛映、劉秉等十四人。卷首編者楊大年序曰：

余景德中，忝佐修書之任，得接羣公之遊。時今紫微錢君希聖，祕閣劉君子儀，並負懿文，尤精雅道。雕章麗句，膾炙人口。予得久遊其牆藩，而資其槪模。二君成人之美，不我遐棄。博約誘掖，寘之同聲。因以歷覽遺編，研味前作。挹其芳潤，發於希慕。更迭唱和，互相切劘。而予以固陋之姿，參酬繼之末。入蘭遊霧，雖獲益以居多。觀海學山，歎知量而中止。……取玉山策府之名，命之曰西崑酬唱集云爾。

陳同父謂：「……及楊大年、劉子儀因其格而加以瑰奇精巧，……謂之崑體。」（同註四十五）蓋本此說。所謂「因其格」者，揆之上引陳氏之說，乃因宋初承五代之格也。是知楊劉諸氏之爲崑體，殆即憎其時文體卑弱，而欲稍復「雅道」耳。故當時田況作儒林公議謂：「楊億在兩禁，變文章之體。」（註四十六）然其「必僅四字六字律令」，（註四十七）雕章麗句，徒取姸華，則仍沿五代而上溯於晚唐。故四庫提要云：「西崑酬唱集，……宗法唐

李商隱。」（註四十八）「乃進士賦體爾」。（註四十九）而其時應舉之徒，遂一以此體爲法。彼唱此和，「膾炙人口」，稱西崑爲時文。此歐公所謂「風雅一變」也。（註五十）歐公又曰：「楊劉之作，號爲時文，能者取科第，擅名聲，以誇榮當世。」（註五十一）此不僅中士如此，卽文忠公本人亦難例外。文忠公與荆南樂秀才書曰：「僕少從進士，……貪祿仕以養親，……姑隨世俗作所謂時文。」（註五十二）於是「楊劉風采，聳動天下」矣。（註五十三）

然而「效之者漸失本眞」，（註五十四）「文有餘而質不足」，（註五十五）「則反傷正氣」，（註五十六）致「善不能勸，惡不能戒，」（註五十七）此所謂「文章之德散，科場之弊生」也。（註五十八）好古博雅之士，遂復倡古文。淸王士禎居易錄卷二十一云：

宋古文始於柳開、穆脩、鄭條三人。（頁四）

宋沈存中夢溪筆談卷十四文藝篇云：

往歲士人多尙對偶爲文，穆修、張景輩始爲平文，當時謂之古文。（註五十九）

歐陽永叔集居士外集卷二三論尹師魯墓誌云：

若作古文，……則前有穆脩、鄭條輩，及有宋先達甚多。（頁十四）

何屺瞻注云：「如王元之文，亦自有古意，所謂先達甚多也。」（註六十）

柳王諸氏已見前述，鄭張諸氏史言不詳，玆專就穆氏言。宋忠獻韓魏王安陽集卷四十七尹公墓表云：

……天聖初，公獨與穆參軍伯長矯時所尙，力以古文爲主。（頁四；其尹公師魯，卽於下述。）

矯時所尙，卽指西崑時文而言也。趙景安雲麓漫鈔卷八云：

楊文公始爲西崑體，穆伯長、六一先生以古文倡，學者宗之。（頁二二二）

此謂學者宗之，擇其要者，則尹洙師魯兄弟居其首。范文正公本集卷六尹師魯河南集序云：

……洎楊大年以應用之才，獨步當世，學者刻辭鏤意，有希髣髴，未暇及古也。其間甚者，專事藻飾，破碎大雅，反謂古道不適於用，廢而弗學者久之。洛陽尹師魯，少有高識，不逐時輩，從穆伯長游，力爲古文。而師魯深於春秋，故其文謹嚴，辭約而理精，章奏疏議，大見風采，士林方從慕焉。（頁九－十）

范公爲當時人，其論至當，可爲西崑繼柳氏而起，名謂「復古」，實乃「入時」之鐵證。此宋史尹洙本傳所以謂：「宋古文，洙與穆脩復振起之」也。（同註二十五）邵子文易學辨惑亦云：

時學者，方從事聲律，未知爲古文，伯長首爲之倡。其後尹源子漸、洙師魯兄弟始從之學古文，又傳其春秋學云。（註六十一）

王季平事略卷一一三本傳所言同。（見頁五）王伯厚困學紀聞注云：「陳振孫亦云：『尹洙兄弟從脩學古文，』」（註六十二）穆參軍遺事引言行錄之言曰：「師魯古文學於穆伯長」，（註六十三）亦均同。而邵氏聞見前錄卷十五云：「本朝古文，柳開仲塗、穆伯長首爲之倡，尹洙師魯兄弟繼其後，」（頁一一二）蓋自宋初以來而言之也。

尹洙師魯兄弟以外，又有蘇舜欽子美兄弟。宋史卷四四二穆伯長本傳云：

楊億、劉筠尙爲聲偶之辭，天下學者靡然從之，脩於是時獨以古文稱，蘇舜欽兄弟從之游。（頁五一九九－五二〇〇）

同卷蘇氏本傳則謂：

蘇舜欽字子美，……當天聖中，學者爲文多病偶對，獨舜欽與河南穆脩好爲古文歌詩，一時豪俊多從之游。……兄舜元字才翁，……爲歌詩亦豪健。（頁五二〇一－五二〇五）

是謂彼此觀摩，與前說從伯長游不同。考之歐公序蘇氏文集，蓋後說是。其序云：

天聖間，予舉進士於有司，見時學者務以言語聲偶擿裂，號爲時文，以相誇尚。而子美獨與其兄才翁及穆參軍伯長作爲古歌詩雜文，時人頗共非笑之，而子美不顧也。（註六十四）

然子美兄弟乃伯長晚輩，（註六十五）且伯長於當時古文運動，實起領導作用，似前說亦未可厚非。

厥後祖擇之亦從其游。邵氏聞見前錄卷十六云：

祖無擇字擇之，蔡州人，少從穆伯長爲古文。（頁一一七）

觀以上諸條，可見穆氏雖逆時好古，而從之者仍所在多有。故四庫提要云：「宋之古文，實柳開與修爲倡；然開之學及身而止，修則一傳爲尹洙，再傳爲歐陽修；而宋之文章於斯極盛，則其功亦不尠矣。」（註六十六）

穆之爲古文，亦原自韓柳。穆氏本集卷二唐柳先生集後序云：

予少嗜觀二家之文，常病柳不全見於世，出人間者，殘落纔百餘篇。韓則雖其全，至所缺墜、忘字、失句，獨於集家爲甚。志欲補其正而傳之，多從好事訪善本，前後累數十，得所長輒加注竄。遇行四方遠道，或他書不暇持，獨齎韓以自隨。幸會人所寶有，就假取正。凡用力於斯已蹈二紀外，文始幾定。久惟柳之道，疑其未克光明于時，何故伏眞文而不大耀也！求索之莫獲，則既已矣于懷，不圖晚節遂見其書，聯爲八九大編，夔州前序其首，以卷別者凡四十有五，眞配韓之鉅文與?書字甚朴，不類今迹，蓋往昔之藏書也。從考覽之，或卒卷莫迎其脫誤。有一二廢字，由其陳故劘滅，讀無甚害，更資研證就眞耳。因按其舊錄爲別本，與隴西李之才參讀累月，詳而後止。（頁十—十一）

按事略卷一一三本傳謂：「修卒年五十四」，（頁五）蘇子美哀穆先生文謂：「伯長以明道元年夏客死于淮北道中」，（註六十七）是穆氏生於太宗興國四年己卯。此謂少嗜觀二家之文，其用力於韓已蹈二紀外，至晚節又全得柳書；知其從事古文，當在至道明道之間。錢師讀智圓閒居編謂「穆氏治韓文，或當在咸平以後，」實乃就其從遊种放而言。（見註三十九）矧穆氏治古文，亦實至咸平、景德以後，始有所影響。上述張用晦請以古文取士，蓋卽與之有關。（註六十八）其他，則有待於下述。又序中所謂「多從好事訪善本，前後累數十；」知其時，除其弟子外，亦大有人在。而「李之才參讀累月」，亦其徒也。史稱：「之才……挺之……倜儻不事師，事伯長……如事父兄，累無倦怠。」（註六十九）此亦見穆氏從事古文運動，爲人所樂從。乃歎之曰：「天厚予者多矣！始而饜我以韓，既而飫我以柳。」（註七十）

又曰：

世之學者，如不志于古則已；苟志于古，則踐立言之域，舍二先生而不由，雖曰能之，非余所敢知也。（同註七十）

此說，與柳仲塗所謂「吾祖多釋氏，不迨韓也」之立場不同。柳氏專於儒，而穆氏則認釋可以補儒之不足。此觀其記蔡州開元寺佛塔（註七十一）及亳州法相禪院鐘（註七十二）二文可知。溯其淵源，陳摶圖南授易，（註七十三）或有闕焉。而「亳州魏武帝帳廟記」，（註七十四）「其奬篡助逆，可謂大乖於名教。」（註七十五）此皆其不醇者也。

然其提倡韓柳古文，則有足多者焉。穆氏本集卷二答喬適書曰：

夫學乎古者所以爲道，學乎今者所以爲名。道者仁義之謂也，名者爵祿之謂也。然則……行道者有以兼乎名，守名者無以兼乎道。有其道而无其名，則窮不失爲君子。有其名而無其道，則達不失爲小人。與其爲名達之小人，孰若爲道窮之君子。……學之正僞有分，則文之指用自得。（頁一—三）

此與柳氏之守死善道，同出一轍。而當時之環境，則正如其後說。同書曰：

古道息絕不行，于時已久。今世士子，習尙淺近，非章句聲偶之辭，不置耳目，浮軌濫轍，相迹而奔，靡有異途焉。其間獨敢以古文語者，則與語怪者同也。衆又排詬之，罪毀之，不目以爲迂，則指以爲惑，謂之背時遠名，濶于富貴。先進則莫有譽之者，同儕則莫有附之者，其人苟無自知之明，守之不以固，持之不以堅，則莫不懼而疑，悔而思，忽焉且復去此而卽彼矣。噫！仁義忠正之士，豈獨多出于古，而鮮出于今哉！

亦由時風衆勢驅遷溺染之，使不得從乎古也。（頁一）

以如此之環境，求如彼之理想，誠不啻持方枘欲內圜鑿，其鉏鋙而難入宜矣。然而如穆氏者，抱「士志於道」之心，不惟闡之於文詞，（如上述）抑又見之於行事，所謂「恥以文干有位」，與夫「寧區區餬口爲旅人，終不爲匪人辱吾文也。」（見註六十八）又其答喬適書，亦嘗以此示人，曰：「足下有志乎道，……在固守而弗離，堅持而弗奪，力行而弗止，則必立乎名之大者。」惜乎世人能如此者，究不多得，要皆徒循時好。而韓柳之文，卽因此而不能暢行於世。邵子文易學辨惑云：

穆參軍老益家貧，家有唐本韓柳集，乃丐於所親厚者，得金募工，鏤板印數百集，攜入京師相國寺，設肆鬻之。伯長坐其旁，有儒生數輩至其肆，輒取閱，伯長奪取，怒視謂曰：「先輩能讀一篇，不失一句，當以一部為贈。」自是經年不售。（註七十六）

則韓柳古文之未能大行於世，亦即此可見矣。至歐公所謂「是時天下，……未嘗有道韓文者，」（同注五十一）則非也。而言行錄謂：「穆伯長……有文十餘篇行於世，韓柳之文因伯長而後行；」（註七十七）與夫陳同父所謂「穆修、張景以古文相高，而不為駢儷之語，則亦不過與蘇子美兄弟唱和於寂寞之濱；」（同註四十五）是又失之。

吾人姑不深究此一時期古文運動之形勢如何，然其影響於當時以西崑時文取士之政策，則屬事實。續通鑑長編卷一百六云：

仁宗天聖六年，秋，九月，丙午，太常少卿、直昭文館陳從易為左司郎中，兵部郎中、集賢院修撰楊大雅並知制誥。自景德後，文以雕靡相尚，一時學者鄉之，而從易獨自守不變，與大雅特相厚，皆好古篤行，無所阿附。……朝廷欲矯文弊，故並進從易及大雅，以風天下。（頁十八－十九）

此云並進陳楊二氏以風天下，而未提及穆伯長，顧其倡導古文之意則一。抑伯長學古為道，固不屑名利耳。故史稱：「脩雖窮死，然一時士大夫稱能文者，必曰穆參軍。」（註七十八）

明年（天聖七年）正月又下詔。詔曰：

國家……設科取士，務求時雋，以助化源。而褒博之流，習尚為弊。觀其著撰，多涉浮華，或磔裂陳言，或會粹小說。好奇者，遂成於譎怪。矜巧者，專事於雕鐫。流宕若玆，雅正何在？屬方開於貢部，宜申儆於詞場。當念文章所宗，必以理實爲要。探經典之旨趣，究作者之楷模。用復温純，無陷媮薄。庶有裨於國教，期增闡於儒風。咨爾多士，咸體朕意。（註七十九）

此與穆氏贊韓元和聖德平淮西柳雅章所謂「辭嚴義密，製述如經」之旨相若。（註八十）要亦認爲文在於明道，明道又貴能行。所謂「探典經之旨趣」，卽指「明道」言。「究作者之楷模」，卽指「行道」言。欲達斯旨，則首在排除「好奇譎怪」之古文與「矜巧雕鐫」之時文。惟時文之用事，特又於同年五月詔禮部貢舉前，再詔重申其告誡之意。詔曰：

朕試天下之士，以言觀其趣向。而比來流俗之敝，至於會萃小說，磔裂前言，競爲浮誇靡曼之文，無益治道，非所以望於諸生也。禮部其申飭學者，務明先聖之道，以稱朕意焉。（註八十一）

歐陽文忠公曰：「天子患時文之弊，下詔書諷勉學者以近古。」（同註六十八）而「行爲放蕩，喜作艷詞」之柳耆卿，蓋卽於此時累舉不第。宋吳虎臣漫錄卷十六云：

仁宗留意儒雅，務本理道，深斥浮艷之文。初進士柳三變好爲淫冶謳歌之曲，傳播四方，嘗有鶴冲天詞云：「忍把浮名換了淺斟低唱。」及臨軒放榜，特落之，曰：「且去淺斟低唱，何要浮名？」（頁十）

按此說，鶴冲天詞係舊作，而仁宗嘗親目之。原詞上闋亦首云：「黃金榜上，偶失龍頭望。」（註八十二）知其此次被黜，乃第二度落第。而同書又謂永於「景祐元年方及第」。（註八十三）顧天聖元年、三年、四年、六年、七年、九年及明道元年、二年均停貢舉。（註八十四）則耆卿之兩度被黜，當在天聖二年、五年、八年三舉（同上）

之間。而此謂仁宗黜柳氏嘗不悅曰：「且去淺斟低唱，何要浮名？」按宋史本紀卷九云：「仁宗，……大中祥符三年四月十四日生」，至天聖二年，方十四歲；天聖五年，方十七歲；其時仁宗年尙少，恐不能道此老當語。意耆卿之再度被黜，或在天聖八年。亦惟作如是觀，始與上引諸詔及其登第時期相適應。「由是其風漸息，而學者稍趨於古焉。」（同註六十四）時范希文「抗之以名節」，（註八十五）胡翼之「以經術教授吳中」，（註八十六）孫明復著「春秋尊王發微」，（註八十七）天下學者靡然向風，不惟好古益甚，而士且得師。然而「餘風未殄，新弊復作，」（註八十八）所謂「好奇譎怪」之文，又應運而興。

三、石守道與景祐以後之古文變體

考「好奇譎怪」之文，就其思想內容言，蓋幾於「道學」。而就其體例言，卽柳仲塗所謂「辭澀言苦，使人難讀誦之。」（見前述）此在當時斥之爲「變體」，實卽古文之逆流也。從事此逆流運動者，當溯源於孫門石介守道。歐公本集居士集卷三四徂徠石先生墓誌銘曰：

> 介……爲文……極陳古今治亂成敗，以指切當世。……其斥佛、老、時文，則有怪說、中國論，曰：去此三者，然後可以有爲。（頁八二－八三）

事略、宋史石氏本傳所言同。（註八十九）考之本集怪說篇，誠是也。怪說篇曰：

> 堯舜禹湯文……武……周孔之道，萬世常行，不可易之道也。佛老以妖妄怪誕之教壞亂之，楊億以淫巧浮僞之言破碎之。（卷下，怪說下）

慈溪黃氏曰：「楊億不過文詞浮靡，其害本不至與佛老等，而亦闢之峻如此；蓋宋興八十年，浮靡之習方開，爲所怪也。」（註九十）守道此種心理，實乃承襲韓公崇尚儒家、攘斥佛老」之道統，與夫「文起八代之衰」的古文運動之衣鉢。其於尊韓曰：

> 孔子爲聖人之至，……韓……吏部爲賢人之至。（一作卓）不知更幾千萬億年復有孔子，不知更幾千百數年復有吏部。孔子之易、春秋，自聖人（以）來未有也。吏部原道、原人、原毀、行難、禹問、佛骨表、諍臣論，自諸子以來未有也。嗚呼！至矣。（註九十一）

守道以吏部媲美孔子，以原道媲美易經，原人以下諸篇媲美春秋。「易以道化，春秋以道義，」（註九十二）則守道用意，仍在發揮柳仲塗以來所謂「文以得道」、「文以行道」，與夫「致用」之功利主義耳。此觀其上趙先生書，言之尤詳。其書曰：

> 介近得……昌黎集，觀其所作，……必本於敎化仁義，根於禮樂刑政，而後爲之辭，大者驅引帝……王之道，施於國家，敎於人民，以佐神靈，以浸蟲魚。次者正百度，敍百官，和陰陽，平四時，以舒暢元化，緝安四方。今之爲文，其主者不過句讀妍巧，對偶的當而已。極美者不過事實繁多，聲律調諧而已。雕鏤篆刻傷其本，浮文緣飾喪其眞，於敎化仁義禮樂刑政，則缺然無髣髴者。（註九十三）

其於文之功用觀念既如此，則必視純文學爲無用；而時文更當爲其所不齒。因此，其評西崑時文，亦較柳仲塗以來爲嚴刻。本集卷下怪說中曰：

> 昔楊翰林欲以文章爲宗於天下，憂天下未盡信己之道，於是盲天下人目，聾天下人耳。使天下人目盲，不見

有周公、孔子、孟軻、揚雄、文子中、吏部之道；使天下人耳聾，不聞有周公，孔子、孟軻、揚雄、文中子、吏部之道。俟周公、孔子、孟軻、揚雄、文中子、吏部之道滅，乃發其盲，聞其聾，使天上惟見己之道，惟聞己之道，莫知其他。

按文楊公嘗明言並負懿文，尤精雅道，（見上引）自不致乖張如此。況其現存文集，猶可考按。然則守道所以如此云云者，蓋欲效韓公屏佛老，所謂「不塞不流，不止不行」也。（註九十四）所以其攻擊西崑時文，亦最爲激烈。本集卷上上趙先生書曰：

今淫文害雅，世教墮壞，扶顚持危，當在有道，先生豈得不危（一作爲）乎？仲尼有云：「吾欲託之空言，不如見之行事深切著明也。」先生……果欲有爲，則請先生爲吏部，介願率……徒爲李翺、李觀。先生唱於上，介等和於下。先生擊其左，介等擊其右。先生犄之，介等角之。又豈知不能勝茲萬百千人之衆，革茲百數千年之弊，使有宋之文，赫然爲盛，與大漢相視，鉅唐同風哉！

此種積極撻伐，與柳仲塗以來之消極自守，實不可同日而語。守道所以如此提倡古文，其意乃在返斯世於三代。本集卷下怪說中曰：

周公、孔子、孟軻、揚雄、文中子、吏部之道；堯、舜、禹、湯、文、武之道也，三才、九疇、五常之道也。反厥常，則爲怪矣。夫書則有堯舜典、皐陶益稷謨、禹貢箕子之洪範；詩有大小雅、周頌、商頌、魯頌；春秋則有聖人之經；易則有文王之繇，周公之爻，夫子之十翼。今楊億容妍極態，綴風月，花弄草，淫巧侈麗，浮華纂組，刓鎪聖人之經，破碎聖人之言，離析聖人之意，蠹傷聖人之道。使天下不爲書之典謨、禹貢、洪範，詩之雅頌，春秋之經，易之繇、爻、十翼；而爲楊億之容妍極態，綴風月，弄花草，淫巧侈麗，浮華纂組，其爲怪大矣。

是卽所謂「放古以自節」也。然而「放古」過甚，昧失本眞，自必步入「變體」之一途。仁宗慶歷六年二月（二十八日己卯），權同知貢舉張方平安道所言，卽爲此而發。安道云：

> 文章之變，蓋與政通。……今官才專取辭藝，士惟性質之敏，而學問以充之，故道義積乎中，而英華發於外。以文取士，所以叩諸外，而質其中之蘊……也。言而不度，則何觀焉！伏以禮部條例，定自先朝，考校升黜，悉有程式。自景祐元年有以變體而擢高第者，後進傳效，因是以習。爾來文格，日失其舊，各出新意，相勝爲奇。至太學之建，直講石介課諸生，……因其好尙，而遂成風：以怪誕詆訕爲高，以流蕩猥煩爲贍。……故下詔書，丁寧誡勵。而學者樂於放逸，罕能自還。今貢院考試諸進士，……其賦至八百字以上，而每句有十六、十八字者，論有一千二百字以上，策有置所問、而妄肆胸臆、條陳他事者，以爲不合格，則辭理粗通，如是而取之，則上違詔……意，輕亂舊章，重虧雅俗，……豈國家取賢斂材以備治具之意耶？其舉人程試，有擅習新體，而又誕漫不合程式者，已準格考落外；切慮遠人未詳，伏乞朝廷申明前詔，更於貢院門前牓示，使天下之士，知循常道。（註九十五）

安道所謂「禮部條例，定自先朝，」蓋卽指眞宗景德四年陳彭年所更定程式而言。所謂「取士不復揀擇文行，止較一日之藝」是也。（註九十六）其程式詳情，史未明載，考仁宗慶歷四年宋祁等重定貢舉條制曰：「策每道限五百字以上，論限五百字以上，賦限三百六十字以上，詩限六十字（五言六韻）；」（註九十七）又舊制以詞賦聲病偶切之類，立爲考試，今特許倣唐人賦體，及賦（每韻）不限聯數，每聯不限字數；」（註九十八）知景德四年彭年所定必限以字數與聯數，且所限字數必在慶歷四年所限之字數以下，此講聲律之時文或駢文不得不爾也。然久則生變，所以至仁宗景祐元年初，遂詔「貢院所試進士，除詩賦依自來格式考定外；其策論，……如詞理可采，不得遺落；賦，如欲不依次押官韻者，聽。」（註九十九）此景祐初所以有以變體而擢高第者。迨「慶歷四年三月，范仲淹等意欲復古勸學，……詔近臣議。」（註一〇〇）於是翰林學士宋祁等，遂合奏「雜用今體」。（註一〇一）是卽上述「超額立限」，而乞近古道也。必如是，而後始能盡人之蘊。胡安定「以明體達用之學授諸生」，乃其意焉。（註一〇二）既而知制誥楊察言：「前所更定，不便者甚衆，……宜如故便。」（註一〇三）「上下其議於有司，而有司請今者考校宜且如舊制。」（同上）於是五年三月詔：「禮部貢院進士所試詩賦，諸科所對經義，並如舊制考校。」（註一〇四）此固楊隱甫重時文取士，而故意阻撓。而當時擬古之流，自亦不能辭其咎。安道所謂比來文格，各出新奇，及石介好尙，遂以成風云云，是也。所當辨者，卽石介好尙一說，似欠平允。蓋以守道今存本集觀之，並無若安道所謂「變體」之文。竊以守道力反「時文」，題奬「變體」必有之。亦爲其題奬，致學者樂於放逸，此安道所以有此奏也。抑安道固嘗參與宋子京等之改革運動，（註一〇五）宋史本傳又謂其「文章典雅，煥然有三代風；」（註一〇六）此亦見安道以朝廷立場，貶「變」而右「時」，而「詔從其請」，（註一〇七）實亦出於不得已耳。

至慶歷八年再貢舉，禮部遂藉此以五年所定爲張本，請復舊制。史稱：

時禮部貢院言：「四年，宋祁等定貢舉新制，會明年詔下，且聽須後舉施行。……且古今文章，務先體要，古未必悉是，今未必悉非，……俗儒是古非今，不爲通論，自二年以來，國子監生，詩賦卽以汗漫無體爲高，策論卽以激訐肆意爲工，中外相傳，愈遠愈濫，非惟漸誤後學，又恐後來省試其合格能幾何人？伏惟祖宗以來，得人不少，考較文藝，固有規程，不須變更，以長浮薄，請並如舊制。（註一〇八）

於是又詔：「科場舊條，皆先朝所定，宜一切無易。」（同上，頁三）由是觀之，知其時科舉取士之文，實成「時」、「變」二體相激相盪之勢。然則欲復古雅，非待於「命世之才」不爲功矣。

四、歐陽文忠與慶歷以後之古文運動

所謂「命世之才」者，匪特有其所以致乎古，抑又必具繼往開來之本領；能如是者，舍歐陽永叔無第二人。今請就其從事古文，及致力古文運動之事實，申論如次。本集居士外集卷二三記舊本韓文後曰：

予爲兒童時，……得唐昌黎先生文集六卷，……讀之見其深厚而雄博，然予猶少，未能悉究其義，徒見其浩然無涯若可愛。是時天下學者，楊劉之作，號爲「時文」，能取科第，擅名聲，以誇榮當世，未嘗有道韓文者。予亦方舉進士，以禮部詩賦爲事。年十有七，試於州，爲有司所黜，因取所藏韓氏之文復閱之，則喟然歎曰：「學者當至於是而止爾。」……後七年，舉進士及第，官於洛陽，而尹師魯之徒皆在，遂相與作爲古文。（頁十七）

按歐公試於州爲有司所黜，在天聖元年；進士及第在天聖八年；官於洛陽在天聖九年。（註一〇九）是歐公思慕古文在天聖初，學作古文乃天聖末年事。而究其所以爲之術，則觀摩於穆伯長弟子尹洙師魯也。宋邵子文曰：「公爲古文，則居師魯後。」（註一一〇）卽本歐公自敘云爾。宋史本傳、東都事略亦謂：「歐陽……永叔舉進士……由科，補西京……推官，始從尹洙游、爲古文，議論世事，迭相師友。」（註一一一）又歐公序蘇氏文集亦嘗自云：「子美之齒少於予，而予學古文反在其後。」（同註六十四）則劉後邨謂：「……歐……公病……五季文體卑弱，於是……爲一家之言以變之；」（註一一二）陳敬甫謂：「韓文重於今世，蓋自歐公……倡之；」（註一一三）實不若范文正公謂：「歐陽永叔從而大振之」；（同註二十三）葉少蘊謂：「慶歷後，歐陽文忠以文章擅天下；」（註一一四）與夫黃次山謂：「文忠歐陽公集其成」（註一一五）之爲的當也。

歐公學古文，既淵源於師魯，故誌師魯墓論其文曰：「簡而有法，……惟春秋可當之，」（註一一六）而於徂徠石先生墓誌銘則曰：「其所爲文章，曰某集者若干卷，曰某集者若干卷」而已。（註一一七）其與石推官第一書亦謂：「公操……好古閔世，……然有自許太高，詆時太過，其論若未深究其源（一作原）者。」（註一一八）呂氏家塾記且云：後歐公復主楊大年。（註一一九）再證以歐公自謂「偶儷之文，苟合於理，未必爲非；」（註一二〇）與夫曾子固與王介甫第一書謂：「歐公更欲足下少開廓其文，勿用造語」之說。（註一二一）可以窺其微意矣。爰「出所藏昌黎集而補綴之，求人家所有舊本而校定之。其後天下學者亦漸趨於古，而韓文遂行於世。」（註一二二）韓文行於世，「而後四方學者，始恥其舊而惟古之求」也。（同註三十一）

歐公論文，一本韓公，而並亦與理學家相近。本集居士集卷四七答吳充秀才書曰：

> 夫學者未始不爲道，而至者鮮，……非道之於人遠也，學者有所溺焉爾。蓋文之爲言，難工而可喜，易悅而自足。世之學者，往往溺之；一有工焉，則曰吾學足矣。甚者至棄百事不關於心，曰：「吾文士也，職於文而已。」此其所以至之鮮也。……聖人之文，雖不可及；然大抵道勝者，（一有於字）文不難而自至也。（頁六）

往日學者，所以溺於駢文、時文之病，率如是。歐公因嘗熟作詩詞各體，及四六駢文與時文，（註一二三）深知其病。故其送徐無黨南歸序，幾有理學家所謂「翫物喪志」之慨。（註一二四）至謂「道勝者文不難而自至」，正韓公所謂「本深而末茂」（註一二五）二程所謂「有德然後有言」（見下述）之說。惟其深明此理，故能不以能文為已足，而以「士志於道」是從。其所志，固儒家之道也。蘇子瞻敘六一居士集云：

　　自漢以來，道術不由於孔子，而亂天下者多矣！晉以老莊亡，梁以佛亡，莫或正之。五百餘年而後得韓愈，學者以愈配孟子，蓋庶幾焉。愈之後三百有餘年，而後得歐陽子，其學推韓愈、孟子以達孔氏，著禮樂仁義之實以合於大道。（註一二六）

歐公答祖擇之書亦自謂：

　　學者當師經，師經必先求其意，意得則心定，心定則道純，道純則充於中者實，中充實則發為文者煇光。（註一二七）

此正韓公所謂「自五經……百世之書，……求……其意義所歸」者也。（註一二八）師經求道為本，援道發文為末，窮其本而救其末，則「其言簡而明，信而通，引物連類，折之於至理，以服人心，」（同註一二六）而文道一貫矣。此宋子京所以謂其「措辭溫雅，有漢唐餘風。」（註一二九）陳君擧所以謂其「粹然爾雅，軼乎魏晉之上。」（同註八十五）張文潛所以謂其「近揆兩漢，遠追三代，而出於孟軻韓愈之間。」（同註三十一）曾子固所以謂其「眞六經之羽翼，道義之師祖。」（註一三〇）孫仲益所以謂其「醇深雅麗，追復古初」也。（註一三一）

　　抑又有進者，本集附錄卷一謚誥太常合議云：

公爲聖宋賢臣，一世學者之所師法。……述作數十百萬言，以傳先王之遺意。其文卓然，自成一家，於敎化治道爲最多，如太師眞可謂文矣。（頁十五）

史家亦許之曰：

斯文古今之大事也，……自孔子以來千有餘載之間，得其正傳者僅四五人而已。孔子既歿，而孟子生，孟子之後有荀卿，荀卿之後而揚雄出，雄之後而韓愈，韓愈之後而脩得其傳。其所以明道祕而息邪說，立化本而振儒風，遽然以所學入發爲朝廷之論議，志得道行，沛然有餘，則功利之及於物者，蓋天之所界也。故天下尊仰之、如泰山大河日月、所不能磨而竭矣。（註一三二）

此可見歐公於古文學之地位及其致用之功，誠韓公以來惟一人也。

然而當時擅於取士之西崑時文與古文變體，並未因此而驟然匿迹銷聲，要必有待於撻伐。其撻伐之首要條件，則在內部之形成一集體力量。曾子固本集卷十六與王介甫第一書曰：

……歐公……見足下之文，愛歎誦寫，不勝其勤。間以王回、王向文示之，亦以來書言，此人文字可驚，世所無有。蓋古之學者，有或氣力不足動人。使如此文字，不光耀於世，吾徒可恥也。其重之如此。又嘗編文林者，悉時人之文佳者。此文與足下文多編入矣。至此論人事甚衆，恨不與足下共講評之，其恨無量，雖歐公亦然也。歐公甚欲一見足下，能作一來計否？胸中事，萬萬非面不可道。……心中有與足下論者，……足下之心潛有同者矣。（頁五）

又李薦師友談記云：

東坡嘗言，文章之任，亦在名世之士相與主盟，則其道不墜。方今太平之盛，文士輩出，要使一時之文，有所宗主。昔歐陽文忠常以是任付與某，故不敢不勉。異時文章盟主，責在諸君，亦如文忠之付授也。（頁二十）

觀子固所書，方叔所記，知當時古文運動有宗主，有主盟，有講評及編文林；一如今日一學術團體之有首長，有組織，有討論會及發行學報或學術刊物然。又書中所謂「胸中事，萬萬非面不可道，」可見當時情形之激卬。其所以如此，當不外由於反對力量之大，而密商所以制之之策。此策雖不能得其翔實，然於歐公撻伐時文與古文變體取士之措施，而知其過半矣。首就其撻伐時文言，歐公薨後，太常議謚之文曰：

天下之物繁盛之極，學士大夫競夫鎪刻組繪，日益靡靡，以汩沒於倬詭魁殊之說，而不復知淳古之爲正也。於是時，天下曰是，太師曰非。天下以爲𨈏，太師以爲陋。學士大夫磨牙淬爪，爭相出力以致之危害，太師不之顧，曰：「我道、堯舜也，我言、孔子孟軻也，而天下不我從，將焉往？」（註一三三）

則歐公所處之環境，實比石守道所遇爲惡劣。至其所持之態度，視守道嚴正又過之。由於曰是曰非爲𨈏爲陋之辨，可見時古二文相爭之激烈。由出之以危害而不之顧，可見學士大夫之手段卑鄙，與夫歐公之襟懷坦蕩。此歐公不僅以文統自任，抑亦以道統自承。其爲正爲邪，已昭然若揭。況「歐公於是時實持其權，以開引天下之豪傑；而世之號能文章者，其出歐陽之門……居十九焉。」（同註三十一）是以學時文而乞科舉者，遂亦不期然而改弦易轍矣。

至其撻伐以變文取士之措施，則可於下引諸文得其證。續通鑑長編卷一百八十云：

仁宗嘉祐二年，春，正月，癸亥，翰林學士歐陽修權知貢舉。先是進士益相習于奇僻，鉤章棘句，寖失渾湆，修深疾之，遂痛加裁抑。及試牓出時，所推譽皆不在選，囂薄之士，候修晨朝，羣聚詆斥，……街司邏吏不能止；或爲祭……文投其家，卒不能求其主名置於法。然文體自是亦少變。（頁一）

宋會要選舉二十二云：

淳熙十四年，十一月，二十五日，右正言黃掄言：「本朝嘉祐中，劉幾倡爲怪僻之文，士子翕然傚之；歐陽修適知貢舉，痛加排斥，然後文體復歸於正。」（頁四五九九）

本集附錄四朝國史本傳云：

嘉祐二年貢舉，時士子尙爲險怪奇澀之文，號「太學體」，修痛排抑之。……畢事，向之囂薄者，伺修出，聚譟於馬首，街邏不能制。然場屋之習，從是遂變。（頁五三）

夢溪筆談卷九云：

嘉祐中，士人劉幾累爲國學第一人，驟爲怪嶮之語，學者翕然效之，遂成風俗。歐陽公深惡之。會公主文，決意痛懲：凡爲新文者，一切棄黜。時體爲之一變，歐陽公之功也。（頁二）

太平治迹統類、（註一三四）玉海、（註一三五）文選通考（註一三六）俱本長編。宋史歐公傳（註一三七）本四朝國史，其選舉志（註一三八）依傍通考。畢鑑（註一三九）則取通考與宋史歐公傳删修。史傳筆記，同聲褒貶，則歐公屏變體之文取士，其事大矣。此朱子所謂「變其詭怪」也。（註一四〇）而此謂「太學體」，實卽「變體」耳。揆之上引慶歷六年張安道所謂「變體」之說，正相脗合。蓋時移勢異，別成一體，乃易今名，固無足怪。然旣被黜矣，而竟出之無理取鬧，尤爲無謂。蘇子瞻以古文「擢在第二，……羣嘲而聚駡者，動滿千百。」（註一四一）

士行虧損如此，其爲文怪僻不爲無由。王伯厚評文曰：「放蕩其文，豈能謹重其行乎？」（註一四二）「放蕩」與「怪僻」，其敝不同，其爲患則一。噫嘻！若非歐公實持其權；與夫「文章、智謀、才力之雄偉挺特，」（註一四三）而又「以仁義爲己任者，疇能救而振之乎？」（註一四四）故當時蘇子瞻雖獲第二，亦始料所未及也。子瞻上梅直講書曰：

軾……聞今天下有歐陽公者，其爲人如古孟軻、韓愈之徒，而又有梅公者從之遊。……方學對偶聲律之文，求斗升之祿，自度無以進見於諸公之間。……今年春，天下之士羣至於禮部，執事與歐陽公實親試之，誠不自意獲在第二。既而聞之人，執事愛其文，以爲有孟軻之風，而歐陽公亦以其能不爲世俗之文也而取焉。（註一四五）

子瞻自承方學對偶聲律之文，而今所考取者爲古文；知子瞻學古文，蓋亦循歐公先時文、後古文之舊路。再證以上述學古文而過之者爲「變體」之說，知「變體」近於「古文」，而「古文」又稍稍近於「時文」矣。然則歐公從事古文運動，或可謂爲折衷「時」「變」二體之運動。故廬陵劉性序宛陵先生年譜云：「宋嘉祐二年，詔修取士法，務求平澹典要之文，文忠公知貢舉，而先生爲試官，於是得人之盛，若眉山蘇氏、南豐曾氏、橫渠張氏、河南程氏皆出乎其間。不惟文章復乎古作，而道學之傳上承孔孟。」（註一四六）其實梅聖俞早與李泰伯從事於古文矣。陳同父謂：「慶歷間，……胡翼之、孫復、石介以經術來居太學，而李泰伯、梅堯臣輩又以文墨議論游泳於其中。」（註一四七）是聖俞固爲歐公之同道。且史云：「聖俞……工爲詩，以深遠古淡爲意，……歐陽修與爲詩友，自以爲不及。」（註一四八）可見聖俞對于詩之復古，爲功尤大。而蘇曾諸氏又皆先後爲歐公門下士，上述所謂十九出其門者，而曾氏「實為之冠」。（註一四九）又史稱：「王安石介甫，……為文動筆如飛，」（註一五〇）「友生曾攜以示歐陽修，修為之延譽，擢進士上第。」（註一五一）此慶歷二年事也。（註一五二）故臨川王氏尤先蘇氏而為歐公之門人。此子瞻所謂「長育成就，至嘉祐末，號稱多士」者也。（同註一二六）「自是臨川以王氏為宗，南豐以曾氏為重，眉山以蘇氏為師。」（註一五三）「一代之彌文，郁郁乎不可尚已。」（註一五四）古文運動，至此告成。而此後言古文者，遂必曰唐宋八大家，卽本此也。

五、餘　論

如上所述，宋至嘉祐末，不惟文章復乎古作，而道學之傳上承孔孟。考之熙寧以後科舉取士之文，率亦如此。宋會要選舉六云：

寧宗嘉定十三年，九月，二十八日，殿中侍御史胡衞言：「皇朝……自歐陽修、尹洙專以古文相尙，天下靡為模楷，於是(文)風一變，遂跨於唐矣。熙寧以來，凡典章號令，若王安石之造意平雅，蘇軾之發語純明，體律之至，弗可及矣。……程顥、程頤又以洙泗之源流與于伊洛間，士之所趨，一歸於正。於是文風再變，遂越於漢矣。南渡之後，……大抵屬對精密，加之溫麗，而其弊至以頌上之辭為詔下之語。近在淳熙，惟文祖嘉尙正，……一時學者，皆根底乎義理，發明乎章句，文風三變，幾至於道。而權姦不學，疾視善類，明立標榜，痛禁絕之，以務學為迂，以談道為諱，仳略短淺，未之能革。……乞明詔四方，一新文體。……其有六經之背於章旨，詞賦之乏諷詠，議論之昧於趨向，答策之專於套類，芟夷蘊崇，望而屏去。……將見斯

文之盛，貫於上下，郁郁乎無愧成周之治矣。」從之。（頁四三四九－四三五〇）
此說大體頗是。至於介甫、子瞻，趙景安云：「王荆公爲新經、說文，推明義理之學。」（註一五五）晁子止云：「元祐中，蘇氏兄弟以文倡於天下。」（註一五六）此陳善所以謂「荆公以經術，東坡以理論」也。（註一五七）而陳同父謂：「當時諸公，變其體而不變其格，出入乎文史，而不本之以經術，……此王文公所以得乘間而行其說於熙寧也。……及司馬温公相元祐，盡復祖宗之故，而不能參以熙寧經術造士之意，……徒取快於一時而已。」（同註一四七）亦趙晁諸氏之意。即以子瞻自謂：作文如行雲流水，（註一五八）和「不能不爲之爲工」（註一五九）之說；較之介甫之專尙經術，亦只文道偏輕偏重之別。況王蘇二氏，俱靡以「釋老」，各雜以「申韓」與「縱横」，以文其說？（註一六〇）則此謂介甫「造意平雅」，子瞻「發語純明」，亦不盡然。惟「荆公蘇黄輩出，然後詩格及於高古。」（註一六一）時儒家周茂叔倡「文以載道」之說，亦仍視文道有同等價值。故曰：「言之無文，行之不遠。」（註一六二）二程之起，是曰「洛學」，非特有越於漢，乃陳善所謂「以性理……自立門戶」者也。（同註一五七）故云：「學本是修德，有德然後有言。」（註一六三）自是遂成新蜀洛三學鼎足之勢。紹聖、元符以後尙「新學」，「號爲紹述熙、豐，……士皆膚淺於經，而爛熟於文。」（同註一四七）此水心葉氏所謂「相矜以浮」，（註一六四）又非王氏之眞源矣。「至欽宗，又始復元祐制。」（註一六五）「中興以來，參以詩賦經術，以涵養天下之士氣；又立太學，以聳動四方之觀聽；故士之有文章、……德行、……深於經理、……明於古今者，莫不各得以自奮，蓋亦可謂盛矣。然心志既舒，則易以縱弛；議論無擇，則易以浮淺；凡其弊……，固其勢之所必至也。」（同註一四七）此謂南渡之後，大抵屬對精密而温麗；而其弊至以頌上之辭，爲諂下之語云云，其意殆相若。蓋其時「科舉之文，稍祖（程）頤說。先是陳公輔上疏詆頤學，乞行禁絕；而胡寅辨其非。」（註一六六）至紹興末年，祕書省正字葉謙亨上言：「向者朝論專尚程頤之學，士有立說稍異者，皆不在選。前日大臣則陰右王安石，稍涉程學者，……一切擯棄。程王之學，時有所長，皆有所短，取其合於孔孟者，……皆可以爲學矣。」（註一六七）上曰：「趙鼎主程頤，秦檜尚王安石，誠爲偏曲。」（同上）於是詔「有司自今毋拘一家之說，務求至當之論。」（同註一六六）「道學之禁，至是稍懈矣。」（同上）「孝宗皇帝尚伊洛之學，一時明師大儒，相繼而奮，張栻在湘，朱熹在閩，呂祖謙在浙，皆推明是學，以續孔孟正脈之傳，天下學者翕然從之。」（註一六八）故史稱：「時儒生迭興，辭章雅正，號乾淳體。」（註一六九）又謂：「乾淳之文師淳厚，時人謂之乾淳體。」（註一七〇）所謂「文風三變，幾至於道，」此也。實則其時「末學膚受」之徒，已然趨向「變體」發展。（註一七一）朱子亦嘗爲此而慮。（註一七二）而蜀學則因新學、洛學之迭爲盛衰，而保持其潛勢力。紹自建炎以來，兼用經賦或經賦分科取士，（註一七三）其辭賦一類，亦實不能屏蜀學。宋陸務觀曰：「建炎以來尚蘇氏文章，學者翕然從之，而蜀士猶盛。……語曰：蘇文熟，喫羊肉。蘇文生，喫菜羹。」（註一七四）谷城「王之望……初舉進士，考官孫道夫異其文，欲置魁等，衆議不同。他日，知貢舉朱震特以示人曰：此小東坡也。」（註一七五）趙景安曰：「淳熙中，尚蘇氏，文多宏放。」（同註一五五）皆其證。其影響如此。而朱子則峻闢之。（註一七六）蓋朱子以專儒爲醇，壹是皆以儒家道統爲本，（註一七七）故曰：「文皆是從道中流出，豈有文反能貫道之理。」（註一七八）必如是，而後可以言道學也。趙景安又謂：「紹熙尚程氏，曰洛學。」（同註一五五）其意蓋在此。時諫議大夫、同知貢舉何澹反洛學，欲使之習時文。而朱子門人彭子壽，因在太學任博士，獨以爲不可，乃罷。（註一七九）然「自韓侂胄襲秦檜故智，指道學爲僞學；臺臣附之，上章論列；詔榜朝堂。而劉德秀在省闈奏疏，至云僞學之魁，以匹夫竊人主之柄，鼓動天下，故文風未能丕變，請將語錄之類，並行除毀。」（註一八〇）既而葉翥上言：「二十年來，士子狃於僞學，……專習語錄詭誕之說，……襍以禪語……欺人。……欲望因今之弊，特詔有司風諭士子，專以孔孟爲師，……六經子史爲習。……更乞內自太學，外自州軍學，各以月試取到前三名程文申御史臺考察。……如仍前不改，則坐學官、提學司之罪。」（註一八一）「是舉也，語涉道學者，皆不預選。」（註一八二）而學庸諸書，爲世大禁矣。（註一八三）此慶元元年、二年事也。明年以「僞學逆黨得罪者，凡五十九人。」（註一八四）四年，又「詔禁僞學」。（註一八五）此謂權姦不學，痛禁絕之，以務學爲迂，以談道爲諱。嘉泰二年，「弛學禁」。（註一八六）四年，「劉爚對，乞開僞學禁。」（註一八七）然「迎合時文，必見收取。或一二字之不合，便謂道學者流，盡行黜落。」（註一八八）是名弛而實未弛也。同時所謂道學者流，其爲文亦實近於「變體」，（註一八九）與時文相激相盪，近似仁皇之世。所不同者，此則謂「時文」、「變體」，蓋以新學、洛學爲背景也。至蜀學在當時，或已不受重視，要亦目爲「時文」。（註一九〇）而胡氏乃槐堂諸儒胡崇禮（撙）之後，崇尚理學，（註一九一）遂有是奏。朝廷雖從其議，實亦未奏效。觀嘉定十五年何淡所言，（註一九二）十六年臣僚所奏，（註一九三）可概見矣。

要其爲文一味道學化，則有待於端平、淳祐以後。宋弁陽周公謹曰：

……至端平江萬里習易自成一家，文體幾於中復。淳祐甲辰，徐霖以書學魁南省，全尙性理，時競趨之，卽可以釣致科第功名，自此非四書、東西銘、太極圖、語錄不復道矣。（註一九四）

江子遠係林夔孫子武門人，同爲滄州諸儒，而子武又從朱文公遊，（註一九五）學有淵源。徐景說乃湯巾仲能門人，而仲能導源於南溪，傳宗於西山，由朱而入陸，（註一九六）其學亦有淵源。史稱：「衢守游鈞，築精舍，聘霖爲學者講道，是日聽者三千餘人。」（註一九七）「則其開講尤大有名。」（註一九八）源遠流長，開講成風，古文道學化，至此而大成。

至元明清三代專以四子書出題，八股文取士，則又沿上述以新學爲背景之時文路子，是即所謂「經義」，（註一九九）固無當於古文也。

然古文所以必期於道學化者，則仍如上述所謂「功利主義」耳。所不同者，已往重在修、齊、治、平之道，是則偏於格、致、誠、正之學。此觀上引周氏之言，與夫宋明理學家所躬行者，可知之矣。惟其如此，所以對凡非言道之文，皆一擲了之。宋羅景綸鶴林玉露卷十云：

東山先生楊伯子嘗爲余言，某昔爲宗正丞，眞西山以直院兼玉牒宮，嘗至某位中，見案上有……時人詩文一篇，西山一見擲之曰：「宗丞何用看此？」某悚然問故。西山曰：「此人大非端士。筆頭雖寫得數……行，所謂本心不正，脈理皆邪。讀之將恐染神亂志，非徒無益。」某佩服其言，再三謝之。因言近世如夏英公、丁晉公、王岐公、呂惠卿、林子中、蔡持正輩，亦非無文章，然而君子不道者，皆以是也。（頁一一〇）

綜觀上述，古文家的文學觀與理學家的文學觀，蓋本同而末異。近人不加深察，妄肆詆娸，此文學之所以日衰，而世風之所以日下也。

然則去今之薄，復古之厚，又何如？則應之以宋王質之言曰：「夫惟至誠不息之功全，而克己復禮之力厚，自

為主宰，不為氣運風俗所遷，……而常新無窮，則三代之文章居然可致也。」（註二〇〇）

附註

註一：見新亞學報第三卷，第一期，襍論唐代古文運動。

註二：請參看近人劉大杰中國文學發展史，第十七章，二，頁四四－四五。

註三：引自河東先生集卷十六，頁九九。

註四：卽容齋續筆卷九，頁八八，國初古文。

註五：見河東先生集序。

註六：河東先生集卷十一，頁七五。

註七：卽本集卷二東郊野夫傳，頁十二－十三。

註八：劉後邨跋李耘子所藏其兄公晦詩評：「昔韓……公病六朝……文體卑弱，於是……為一家之言以變之。」（後邨題跋卷二，頁八四）錢師雜論唐代古文運動：「唐人鄙薄魏晉以下，刻意復古，而適以成其開新，唐人初不自知也。」（同註一，頁一二三）乃其證。

註九：卷一五二，頁四七。

註十：韓昌黎集四，卷十七，書，頁五九。

註十一：河東先生集卷一，應責篇，頁十。

註十　二：小畜集卷十八答張扶書：吾觀吏部之文，未始句之難道也，未始義之難曉也。其間稱樊宗師之文，必出於己，不襲蹈前人一言一句。又稱薛逢文，以不同俗爲主。然樊薛之文不行於世，吏部之文與六籍共盡。此蓋吏部誨人不倦，進二子以勸學者。故吏部曰：「吾不師今，不師古，不師難，不師多，不師少，惟師是耳。」（頁十二）

註十　三：河東先生集卷五，頁三一。

註十　四：中國文學批評史上卷，六篇，一章，一節。

註十　五：河東先生集卷五，上王學士第三書，頁三十。

註十　六：同右，頁三一。

註十　七：天地篇，頁二。

註十　八：韓昌黎集卷二十，送陳秀才彤序，頁二三。

註十　九：河東先生集卷五，頁三二。

註二　十：日知錄集釋卷十九，頁一。

註二十一：中國文學批評史，上卷，六篇，一章，五節。

註二十二：河東先生集卷五，與范員外書，頁三四。

註二十三：范文正公集卷六，頁九。

註二十四：安陽集卷四七，墓誌，頁四；並見河南先生文集卷二八附錄，頁一三九；朱子五朝名臣言行錄九之六，頁六；河南穆公集穆遺，頁三。

註二十五：河南先生文集卷二八，頁一三七。並見河南穆公集穆遺，頁三。宋史卷二九五本傳本此。但事略本傳未言及，僅謂：「洙，博學有識度，通六經，尤深於春秋，爲文章簡而有法。」（卷六四，頁七－八）

註二十六：宋史卷四四二，頁五一九九。

註二十七：卷十，頁七，古文自柳開始。

註二十八：見所著東軒筆錄卷三，頁八。

註二十九：河南穆公集穆遺，頁九。

註三　十：柳河東集六，後序，頁一一五。

註三十一：柯山集拾遺卷十二，上曾子固書。

註三十二：卷四四〇柳開傳：「范杲好古學，尤重開文，世稱爲柳范。」（頁五一七九）

註三十三：同註二十三，頁十。

註三十四：卷四七，頁五。宋史所言略同，猶曰：「篤學嗜古，爲文必本經義。」（卷三〇六本傳，頁三七七二）

註三十五：卷二八三，頁三五一七。事略本傳未詳此，僅謂：「嘗以文謁王禹偁，禹偁稱其文，與孫何比之韓柳，名遂大振。」（卷四九，頁四）

註三十六：史稱：「孫何字漢公，……景德初，……冬，卒，年四十四。」（宋史卷三〇六本傳，頁三七七三－三七七四）知其生於太祖建隆初年。

註三十七：宋會要選舉七：「太宗淳化三年，三月，四日，帝御崇政殿，試禮部奏名進士，……得孫何已下三百五十三人。」（頁四三五八）事略丁謂傳：「既而何冠多士，而謂占第四。」（卷四九，頁四）是其證。

註三十八：宋史王氏本傳：「王禹偁……元之……咸平……三年……卒，年四十八。」（卷二九三，頁三六二八－三六三一）知其生於周顯德元年甲寅。

註三十九：錢師賓四讀智圓閑居編引論最詳，茲錄原文於次。文曰：

宋眞宗大中祥符九年丙辰，歐陽修方十歲，在隨州，見韓愈遺文六卷於李氏敝簏，乞得之，其後韓文大行，羣推自歐陽氏啟之。然余考是年，釋智圓自序其閑居編於錢塘之孤山。書中卷三十九有讀韓文詩，云：「文不可終否，天生韓吏部，叱僞俾歸眞，鞭今使復古。異端維既絕，儒宗缺皆補。高文七百篇，炳若日月懸，力拔姬孔道，手持文章權。來者知尊儒，孰不由茲焉。我生好古風，服讀長灑掌，何必唐一經，文道方可崇。」其推挹韓文早在前。又同卷有述韓柳詩，謂：「後生學韓文，於釋長狺狺，未知韓子道，先學韓子嗔，忘本以競末，今古空勞神。」是當時已多因韓文而斥佛者。又卷二十八師韓議云：「吾門中有爲韓文者，而反斥本教以尊儒術，乃曰：「師韓愈之爲人也，師韓愈之爲文也，則於佛不得不斥，於儒不得不尊，理固然也。」」則尊韓斥佛，其風並寖被於方外。又同卷駁嗣禹說謂：「种徵君作嗣禹說，大抵以排斥釋氏爲意。謂堯水禹治，仲尼嗣禹績，次孟軻、揚雄、王通、韓愈，以愈排斥浮圖能嗣禹功。」种放卒於大中祥符八年乙卯，穆修從之受易，疑穆氏爲古文，師韓柳，或亦由种啟之。穆修登進士第在大中祥符二年己酉，其從遊於种，當在此時前後，駁嗣禹說稱种徵君，或當在咸平四五年种初見召，其時穆修尚未與种相識，年僅二十三四，其治韓文或當在後，而智圓、种放轉以方外治韓文在穆修前矣。（新亞學術年刊第一期，頁十二—十三）

註四　十：宋史本傳：「种放字名逸，……大中祥符……八年十一月乙丑……卒。」（卷四五七，頁五三五三—五三五六）八年卽乙卯年也。

註四十一：續資治通鑑長編卷四八，頁九。

註四十二：大藏經本傳云：「杭州孤山智圓法師卒字無外，自號中庸子，或稱潛夫。……預戒門人曰：『吾歿後，毋厚葬以罪我，毋建塔以誣我，毋謁有位求銘以虛美我，宜以陶器二合而瘞之，立石志名字年月而已。』及亡，門人如所戒，斸所居岩以藏之，不屋而壇。時乾興元年二月十七也。壽四十有七。」（第九十八冊史傳部一，佛祖歷代通載卷十八，頁六六一）是知其開寶九年丙子生。

註四十三：錢師讀智圓閑居編曰：「閑居編卷四十六又有讀王通中說詩，謂：『孟軻荀況與揚雄，代異言殊道一同，夫子文章天未喪，又於隋氏產王通』。又卷二十六有讓李習之文，謂：『仲淹之書，辭淳理眞，不在法言下，習之答梁載書以與太公家教同科，品藻無當，既蔽晚賢，又誤後學。』又卷十六對友人問，以周公、孔子、孟軻、揚雄、王通、韓、柳爲儒統。又卷二十七叙傳神，謂：『仲尼得唐、虞、禹、湯、文、武、姬公之道，仲尼既沒，能嗣仲尼之道者，惟孟軻、荀卿、揚子雲、王仲淹、韓退之、柳子厚而已。』其推尊通亦近种放。」（新亞學術年刊第一期，頁十三）种放推尊王通，見註四十八，請參閱。又閑居編卷二十六讀中說篇云：「仲淹之道，中說之辭，沒然不稱，惟陸規蒙、皮日休、孫郃稍道其美，而尙未能禦其侮以闡其幽也。洎聖朝孫漢公作辨文中子一篇，使橫議者不能塞路，由是後學恥不讀仲淹之書，恥不知仲淹之道，使後世胥附於王通者，漢公之力也。」可見漢公推尊王通，較之名逸與智圓，誠有過之無不及。

註四十四：續資治通鑑長編卷五三，頁九—十三。

註四十五：龍川文集卷十一，變文法，頁一一八。

註四十六：卷上，頁二。按此書係宋田況撰，四庫提要據內府藏本辨之甚詳（見卷一四〇，頁四七）；今叢書集成據稗海本謂宋無名氏作，誤矣。

註四十七：河南邵氏聞見後錄卷十六，頁一〇三。

註四十八：卷一八六，集部，總集類一，頁八一—八二。又貢父詩話謂：「祥符、天禧中，楊大年、錢文禧、晏元獻、劉子儀以文章立朝，……皆宗尙李義山，號西崑體。」夏承燾二晏年譜謂：「牽連同叔，緣未考西崑結集年代也。」（唐宋詞人年譜，頁二〇六）故不取。

註四十九：後山詩話：「楊文公刀筆豪贍，體亦多變，而不脫唐末與五代之氣，文喜用古語，以切對爲工，乃進士賦體爾。」（頁七）

註五　十：六一居士詩話，頁三。

註五十一：歐陽永叔集九，居士外集卷二三，雜題跋，記舊本韓文後，頁十七。

註五十二：歐陽永叔集六，居士集卷四七，書，頁五。

註五十三：後村詩話前集卷二，頁一。

註五十四：四庫提要卷一八六，集部，總集類一，頁八二。

註五十五：南部新書巳，頁六。

註五十六：梁谿漫志卷六，頁六，四六用事。

註五十七：邵氏聞見後錄卷二一，頁一三四。

註五十八：西臺集卷五，頁六一，文議。

註五十九：頁五，原文又曰：『穆、張嘗同造朝，待旦於東華門外，方論文次，適見有奔馬踐死一犬，二人各記其事以較工拙。穆修曰：「馬逸，有黃犬遇蹄而斃。」張景曰：「有犬死奔馬之下。」時文體新變，二人之語皆拙澀，當時已謂之工。』（並見宋稗類鈔卷五，頁二）陳同父本集卷十一論變文法云：「穆修、張景以古文相高，」（見頁一一八）本此。

註六　十：引自困學紀聞卷十五考史篇，頁十七註。

註六十一：引自朱子五朝名臣言行錄十之一，頁四－五；並見河南穆公集穆遺，頁二。事略卷一〇三本傳當本邵氏之說。

註六十二：卷十五，考史，頁十七－十八註。

註六十三：河南穆公集穆遺三，此不見朱子名臣言行錄。

註六十四：歐陽永叔集五，居士集卷四一，序，頁五四。

註六十五：穆伯長，太宗興國四年己卯生；（見下逑正文）歐公，眞宗景德四年丁未生；（歐陽永叔集一，年譜）而歐公謂：「子美之齒少於予」；（同註六十八，蘇氏文集序）是子美兄弟乃伯長晚輩也。

註六十六：卷一五二，集部，別集類五，頁四九。

註六十七：蘇學士文集卷十六。（其文實刊入卷十五，頁十）河南穆公集遺事轉載其文，則以「淮北」作「淮西」。（見頁五）原文有云：「將還淮西，道遇病，氣結塞胸中不下，遂卒。」蓋自淮北返淮西，似蘇集是。然祖擇之序河南穆公集，又謂：「明道元年，秋，九月，終于家。」（見穆校頁一）而蘇才翁子美悲二子聯句，亦有所謂「穆子疾病初，家事鉅細缺」之說。（見穆遺頁七）似後說亦是。然無論如何，其卒於明道元年，實無疑。宋史作「明道中卒」，（見卷四四二本傳）頗嫌含胡。

註六十八：蘇子美哀穆先生文：「穆伯長……爲文……根柢于道，然恥以文干有位，以故困甚。張文節守亳，亳之士豪者作佛廟，文節使以騎召先生作記。記成，竟不竄士名，士以白金五斤遺之曰：『枉先生之文，願以此爲壽；』又使周旋者曰：『士所以遺者，乞載名于石，圖不朽耳。』既而亟召士讓之，投金庭下，遂促裝去，郡士謝之，終不受，嘗語人曰：『寧區區餬口爲旅人，終不爲匪人辱吾文也。』」穆氏如此狷急，而終應張氏之召，則張氏之深愛古文可知，而其請以古文取士所受穆氏之影響亦可知。

註六十九：河南穆公集穆參軍遺事（見頁二）引自邵子文易學辨惑。並見五朝名臣言行錄卷十之一。

註七　十：河南穆公集卷二，唐柳先生集後序，頁十一。

註七十一：見河南穆公集卷三，頁六－九。

註七十二：同右，頁十一－十二。

註七十三：邵子文易學辨惑：「陳摶好讀易，以數學授穆修伯長。」（同註六十二）河南集穆參軍遺事亦云：「穆伯長受學于陳摶希夷。」（頁五）

註七十四：河南穆公集卷三，頁一－三。

註七十五：四庫提要卷一五二，集部，別集類五，穆參軍集，頁五十。

註七十六：引自朱子五朝名臣言行錄十之一，頁四－五；並見河南穆公集穆遺，頁一－二。事略卷一一三邵傳本此。朱弁曲洧舊聞所言同。（見卷四，頁九）惟魏泰東軒筆錄言柳而不及韓，特附錄於此，以備參考。筆錄云：

本朝穆修……命窮薄，……衣食不能給，晚年得柳宗元集，募工鏤板，印數百帙，携入京相國寺，設肆鬻之，有儒生數輩至其肆，未評價直，先展揭披閱，修就手奪取，瞋目謂曰：「汝輩能讀一篇，不失句讀，吾當以一部贈汝。」其忤物如此，自是經年不售一部。（卷三，頁八）

註七十七：河南穆公集穆遺頁三引，此不見朱子名臣言行錄。

註七十八：宋史卷四四二本傳。

註七十九：宋會要選舉三，頁四二六九－四二七〇。

註八　十：河南穆公集卷二唐柳先生集後序，頁十。

註八十一：見續資治通鑑長編卷一〇八，頁一。

註八十二：宋六十名家詞，樂章集，頁三。

註八十三：卽能改齋漫錄同條。澠水燕談錄作「景祐末登進士」。（卷八，頁十三）石林燕語作「景祐中……爲睦州推官」。（卷六，頁五六）茲從漫錄。

註八十四：詳見文獻通考卷三二，頁三二。

註八十五：止齋先生文集卷三九温州淹補學田記，頁二〇一。

註八十六：宋史卷四二三本傳，頁五〇八八。

註八十七：見東都事略卷一一三，頁七，孫氏本傳。

註八十八：蘇東坡集五，續集十三，書，卷第十一，謝歐陽內翰書，頁六二。

註八十九：事略見卷一一三，頁十。宋史見卷四三二，頁五〇八七。

註九　十：宋元學案卷二，泰山學案，頁九九。

註九十一：卽石徂徠集卷下，雜著。

註九十二：史記卷一百三十，太史公自序，頁八。

註九十三：見石俎徠集卷上，書。

註九十四：詳見韓昌黎集上，卷十一，雜著，原道篇。

註九十五：樂全集卷二十，貢院請戒勵舉人文章。並見宋會要選舉三，頁四二七六—四二七七；長編卷一五八，頁四—五。

註九十六：續資治通鑑長編卷六七，頁二。

註九十七：宋會要選舉三，頁四二七四。

註九十八：同右，頁四二七七。

註九十九：同右，頁四二七〇。

註一〇〇：詳見續資治通鑑長編卷一四七，頁九。

註一〇一：同右；並見歐陽永叔集四，奏議集卷八，詳定貢舉條狀，頁七九－八十。

註一〇二：朱子五朝名臣言行錄載神宗問安定高第劉彝云：「胡瑗文章與王安石孰優？彝曰：胡瑗以道德仁義敎東南諸生時，王安石方在場屋修進士業。臣聞聖人之道，有體、有用、有文，君臣父子仁義禮樂歷世不變者，其體也；詩書史傳子集垂法後世者，（其）文也；舉而措之天下、能潤澤斯民、歸於皇極者，其用也。國家累朝取士，不以體用爲本，而尙聲律浮華之詞，是以風俗偷薄。臣師……當寶元明道之間，尤病其失；遂以明體達用之學授諸生，夙夜勤瘁，二十餘年，……始自蘇湖，終于太學，出其門者，無慮二千餘人。故今學者，明夫聖人體用，以爲政敎之本，皆臣師之功，非安石比也。」（卷十之一，頁三，引李薦書。）「非安石比」四字，據宋元學案增。見卷一安定學案，頁二六本傳。）此與古文運動之本旨，正相脗合。

註一〇三：詳見續資治通鑑長編卷一五五，頁四。

註一〇四：同右，並見宋會要選舉三，頁四二七六。

註一〇五：詳見續資治通鑑長編卷一四七，頁九。

註一〇六：卷三一八，頁三八九七。
註一〇七：宋會要選舉三，頁四二七七；續通鑑長編卷一五八，頁五。
註一〇八：續通鑑長編卷一六四，頁三－四。
註一〇九：見歐陽永叔集一，年譜，頁二－四。
註一一〇：河南邵氏聞見前錄卷十五，頁一一二。
註一一一：事略見卷七二本傳，頁一；宋史見卷三一九本傳，頁三九〇六。
註一一二：後村題跋卷二，跋李耘子所藏其兄公晦詩評，頁八四。
註一一三：捫蝨新話卷六，頁二，歐文多擬韓作。
註一一四：避暑錄話卷上，頁二一。
註一一五：王臨川集，紹興重刊臨川文集敘。
註一一六：歐陽永叔集三，居士外集卷二三，雜題跋，頁十三。
註一一七：歐陽永叔集二，居士集卷三四，墓誌，頁八三。
註一一八：本集居士外集卷十六，頁四六－四七；其詳可參看原文，及同卷與石推官第二書。
註一一九：引自朱子五朝名臣言行錄十之四，頁四；並見宋元學案卷二泰山學案，頁一〇三。其原文曰：

天聖以來，穆伯長、尹師魯、蘇子美、歐陽永叔，始則爲古文，以變西崑體，學者翕然從之。其有爲楊劉體者，守道尤嫉之，以爲孔門之大害，作怪說三篇，以排佛老及楊億。於是新進後學，不敢爲楊劉體，亦不敢談佛老。後，歐陽公、蘇公復主楊大年。

觀此，知歐公縱不主復楊大年，但其反對守道提倡變體之立場，洵不誣矣。

註一二〇：同註一二〇，論尹師魯墓誌，頁十五。

註一二一：見元豐類稿卷十六，頁五。

註一二二：歐陽永叔集三，居士外集卷二三，襍題跋，記舊本韓文後，頁十七。

註一二三：宋羅景綸云：「楊東山嘗謂余曰：文章各有體。歐陽公所以爲一代文章冠冕者，固以其溫純雅正，藹然爲仁人之言，粹然爲治世之音；然亦以其事事合體故也：如作詩，便幾至李杜；作碑銘記序，便不減韓退之；作五代史記，便與司馬子長並駕；作四六，便一洗崑體，圓活有理致；作詩本義，便能發明毛、鄭之所未到；作奏議，便庶幾陸宣公；雖遊戲作小詞，亦無愧唐人花間集；蓋得文章之全者也。」（見所著鶴林玉露卷二，頁一四－一五）是其證。

註一二四：序云：「予讀班固藝文志唐四庫書目，見其所列，自三代秦漢以來，著書之士，多者至百餘篇，少者猶三四十篇，其人不可勝數，而散亡磨滅，百不一二存焉。予竊悲其人，文章麗矣，言語工矣，無異草木榮華之飄風，鳥獸好音之過耳也。方其用心與力之勞，（一作勤）亦何異衆人之汲汲營營，而忽焉以死者！雖有遲有速，（一作其遲速雖異。）而（一作然。）卒與三者同歸於泯滅。夫言之不可恃也蓋如此！今之學者，莫不慕古聖賢之不朽，而勤一世以盡心於文字間者，皆可悲也。」（居士集卷四三，頁六六－六七）此與理學家所謂「翫物喪志」之說，相去幾希？

註一二五：韓昌黎集卷十五，頁四四－四五。
註一二六：蘇東坡集二，卷二四，叙，頁四五。
註一二七：歐陽永叔集三，居士外集卷十八，書，頁七一。
註一二八：詳見韓昌黎集上，書，答侯繼書，頁五六。
註一二九：景文集卷三十，授知制誥舉歐陽修自代狀，頁三八四。
註一三〇：元豐類稿卷十五，上歐陽學士第一書，頁三。
註一三一：鴻慶居士集卷三一，送刪定姪倅越序，頁六。
註一三二：東都事略卷七二，歐公本傳贊。
註一三三：歐陽永叔集六，附錄卷一，謚誥，頁十六。
註一三四：見卷二八選舉篇，頁二五。
註一三五：見卷一一六選舉，科舉三，宋朝禮部程式，頁二九。
註一三六：見卷三一，選舉考四，頁九。
註一三七：見卷三一九，頁三九〇七。
註一三八：見卷一一五，選舉一，頁一六七七。
註一三九：見卷五六，頁一三七五。
註一四〇：朱子語類卷一〇九：「可學問歐陽公當時變文體，亦是上之人主張？曰：渠是變其詭怪；但此等事，亦

須平日先有服人方可。」（頁八）

註一四一：蘇東坡集五，續集卷十一，謝歐陽內翰書，頁六二。

註一四二：翁注困學紀聞卷十七，頁十二。其詳請參看原文，及文中子中說卷三事君篇，頁三－四。

註一四三：元豐類稿卷十五，上歐陽學士第二書，頁三。

註一四四：同右，上歐陽學士第一書，頁一－三。

註一四五：蘇東坡集二，卷二八，書，頁八九。並見宛陵集附錄，頁五－七。

註一四六：宛陵集附錄頁七，宛陵先生年譜序。

註一四七：龍川文集卷十一，變文法，頁一一九。

註一四八：宋史卷四四三本傳，頁五二〇八。

註一四九：同注三十一。又歐陽文忠誌蘇明允墓云：「蘇君、諱洵、字明允，眉州眉山人。……年二十七，始……發憤讀書，爲文辭。歲餘，舉進士，不中。又舉茂才異等，再不中。退而歎曰：『此不足爲吾學也』。悉取所爲文……焚之。益閉戶讀書，……究六經百家之說，……由是下筆頃刻數千言。」（本集居士集卷三四，頁八四－八五）張安道表蘇氏墓曰：「仁宗皇祐中，僕領益部，……得其所著權書、衡論，……因以書先之於歐陽永叔。君……至京師，永叔一見，大稱歎，……目爲孫卿子，獻其書於朝，自是名動天下。士爭傳誦其文，時文爲之一變。」（樂全集卷三九，頁五七－五八）此亦十九之一也。

註一五〇：事略卷七九王氏本傳，頁一。

註一五一：宋史卷三二七王氏本傳，頁三九八五。

註一五二：宋會要選舉二：「仁宗慶歷二年，四月，二十三日，詔：新及第進士……第四人王安石爲校書郎。」（頁四二四八－四二四九）

註一五三：事略卷一一五文藝傳序。又孫仲益送刪定姪倅越序云：「聲律之學，盛於楊劉，號爲西崑體，一時學者師慕，駢四儷六，……以求合均度，故有言浮於其意，意有不盡於言，如夏英公牋表皆是物也。逮慶歷嘉祐間，歐陽文忠公以古文倡，而王荊公、蘇東坡、曾南豐起而和之，文章一變醇深雅麗，追復古初。……於是天下翕然以爲宗師。」（見所著鴻慶居士集卷三一，頁六）幷附此參證。

註一五四：鴻慶居士集卷三十，西山老文集序，頁八。

註一五五：雲麓漫鈔卷八，頁二二二－二二三。

註一五六：郡齋讀書志卷四下，張文潛柯山集，頁四七六。

註一五七：捫蝨新話卷五，頁十。

註一五八：子瞻答謝民師書：所示書教及詩賦雜文，觀之熟矣，大略如行雲流水，初無定質，但常行於所當行，常止於所當止，文理自然，姿態橫生。孔子曰：「……詞達而已矣。」夫言止於達意，則疑若不文，是大不然。求物之妙，如係風捕景，能使是物了然於心者，蓋千萬人而不一遇也，而況能使了然於口與手乎？是之謂詞達。詞至於能達，則文不可勝用矣。（蘇東坡三，後集卷十四，頁十二－十三）

註一五九：蘇東坡集二，卷二四，南行前集叙，頁三五。

註一六〇：呂公著舊傳：「……王安石……多以佛老證六經，至全用天竺語以相高。」（長編卷四〇八，頁十七注引）晁景迂儒言曰：「六藝之志在春秋，……紛然雜於釋老申韓而不知其弊者，……不學春秋之過也。」（晁氏儒言，頁一，春秋。「祖望謹案儒言中所述，大抵爲新經而發。」（學案卷二二，頁六九）晁氏上封事亦曰：「三經之學，……援釋老誕慢之說以爲高，挾申韓刻覈之說以爲理，使斯士浮僞慘薄。」（嵩山文集卷三，並見學案卷九八，頁四六）邵子文記錢景諶答趙度支書謂荊公則曰：「彼……教人之道，治人之術，經義文章，自名一家之學，……天下靡然向風矣。……又以荒唐誕怪、非昔是今、無所統紀者，謂之時文。傾險趨利、殘民而無恥者，謂之時官。驅天下之人，……以時文邀時官。」（聞見前錄卷十二，頁八八—九一）此所謂「孔氏之家法，儒者世守之，得其粗而遺其精，則流而爲度數刑名」也。（桯史卷十二，頁三）至於子瞻，宋釋德洪跋東坡忱池錄云：「歐陽文忠公以文章宗一世，讀其書，其病在理不通。以理不通，故心多不能平。以是後世之卓絕穎脫而出者，皆目笑之。東坡蓋五祖戒禪師之後身，以其理通，故其文渙然如水之質，漫衍浩蕩，則其波亦自然而成文。……自非從般若中來，其何以臻此！其文自孟軻、左丘明、太史公而來一人而已。」（石門題跋卷二，頁九〇—九一；亦見石門文字禪卷二十七，頁二九九。）清錢謙益讀蘇長公文云：「吾讀子瞻司馬文公行狀、富鄭公神道碑之類，平鋪直敘如萬斛水銀，隨地涌出，以爲古今未有此體，茫然莫得其涯涘也。晚讀華嚴經，稱性而談，浩如煙海，無所不有，無所不盡。乃喟然而歎曰：子瞻之文，其有得於此乎？文而有得於華嚴，則事理法界，開遮涌現，無門庭，無牆壁，無差擇，無擬議，世諦文字，因已蕩無纖塵，又何自而窺其淺深，議其工拙乎？……蘇黃門言少年習制舉，與先兄相後先；自黃州已後，乃步步趕不上。其爲子瞻行狀曰：公讀莊子，喟然歎息曰：吾昔有見於中，口未能言，今見莊子，得吾心矣。後讀釋氏書，深悟實相，參之孔老，博辯無礙。然則子瞻之文，黃州已前得之於莊，黃州已後得之於釋，吾所謂有得於華嚴者，信也。」（牧齋初學集卷八三，頁八七）宋陳長方曰：「余嘗問王子世云：『蘇氏爲縱橫之學，如何？』曰：『有之』。」（步里客談卷下，頁四）錢師於史綱論洛蜀朔三派政治意見之異同，亦謂：「蜀派……理論，……上層則爲黃老，下層則爲縱橫。」（六編，三十三章，頁四二六）皆其證。其他，可參看註一七六，及宋元學案荆公新學略與蘇氏蜀學略。

註一六一：捫蝨新話卷九，頁三，歐公變文格而不能變詩格。

註一六二：周濂溪集卷六，通書二，文辭第二十八。

註一六三：二程遺書卷十八曰：「退之晚來爲文，所得處甚多。學本是修德，有德然後有言，退之却倒學了。」（頁三七）又曰：「某素不作詩，亦非是禁之不作，但不欲如此閑言語。且如今言能詩無如杜甫，如云：『穿花蛺蝶深深見，點水蜻蜓款款飛，』如此閑言語，道出作甚？」（頁四二－四三）此正如劉敞所云：「道者文之本也；循本以求末易，循末以求本難。」（公是先生弟子記，頁一。）「欲趨道，舍儒者之學不可。」（二程全書遺書十八，頁四）且「須是以人行道始得」。（頁十八）是以又謂：「今之學者有三弊：一溺於文章，二牽於訓詁，三惑於異端。苟無此三者，……必趨於道矣。」（同上）至其論爲文害道與翫物喪志之說，則分見伊川文集五，及二程遺書卷十八，頁四二。

註一六四：水心文集卷十二，謝景思集序，頁十。

註一六五：通考卷三二引東萊呂氏說。此說不見金華叢書本呂東萊集，蓋本呂氏歷代制度詳說。

註一六六：通考卷三二，頁六－七。

註一六七：宋會要選舉四，頁四三〇五，紹興二十六年條。

註一六八：續宋編年資治通鑑卷十二，頁一四八，引呂中曰。

註一六九：通考卷三二，頁十二，淳熙十四年條。

註一七〇：癸辛雜識後集，頁十，太學文變。

註一七一：宋會要云：孝宗淳熙十四年，二月，三十日，翰林學士、知制誥洪邁言：「竊見近年舉子程文，流弊日甚，……或失之支離，或墮於怪僻。考之今式：賦限三百六十字，論限五百字。今經義策論一道有至三千言，賦散句之長者至十五六字，一篇計五六百言。……所謂怪僻者，如曰定見，曰力量，曰料想，曰分量，曰自某（集）中來，曰定嚮，曰意見，曰形見，曰氣象，曰體統，曰錮心，及心心有主，喙喙爭鳴，一蹴可到，盥手可致之類，皆異端鄙俗文辭。止緣迂儒曲學，偶以中選。故遞相蹈襲，恬不知悟。……乞以此章下國子監，幷諸州學官，揭示士人。使之自今以往，一洗前弊，專讀經書史子三場之文，各遵體格。其妄論祖宗與及支離怪僻者，嚴加黜落。庶幾士氣一新，皆務實學，文理既正，博示四方，足以為將來矜式，上副明時長育成就之意。從之。」（選舉五，頁四三一七－四三一八）揆諸上引慶歷六年張安道所言，知其為「變體」。

註一七二：朱子語類卷一百九論取士：「今人爲經義者，全不顧經文，……敢爲新奇詭異之論；……試官命題，……又……不肯依經文，……都是斷章牽合；是甚麽義理？三十年前，人猶不敢如此。只因一番省試，出「上天之載，無聲無臭，儀刑文王」三句，後遂成例。當時人甚駭之，今遂以爲常矣。遂使後生輩違背經旨，爭爲新奇，迎合主司之意，長浮競薄。終將若何？可慮可慮。（頁三）其詳請參看本集卷六十九學校貢舉私議。

註一七三：建炎以來朝野雜記甲集卷十三曰：「……建炎二年，王唐公爲禮部侍郎，建言復以詞賦取士。自紹興二年科場始復，曾侍御統請廢經義，而專用詞賦；上意向之；呂元直不可，而止。十三年，國學高司業抑崇建言：士以經術爲本，請頭場試經義，次場試詩賦，末場試子史時務策各一首。許之。十五年，詔經義詩賦，分爲兩科。于是學者競習詩賦，經學寖微。二十六年冬，上諭沈守約曰：恐數年之後，經學遂廢。明年二月，詔舉人兼習兩科。……三十一年，論者以爲老成經術之士，强習辭章，不合聲律，請復分科取士；仍詔合格人有餘材，許以詩賦不足之數通取，不得過三分，自今年太學公補試行之。迄今不改。」（頁一六九，四科）其詳則散見建炎以來繫年要錄，及宋會要選舉四與選舉五各條。

註一七四：老學庵筆記卷八，頁一。

註一七五：建炎以來繫年要錄卷一五一，頁二四三八。

註一七六：朱子語類卷百三十九：「蘇文害正道，甚於老佛。」（頁九）

本集卷三十答汪尚書：「蘇氏學不正，而言成理，又非楊墨之比。」（頁九－十一）卷三十三答呂伯恭：

示喻蘇氏於吾道不能爲楊墨，乃唐景之流耳。向見汪丈亦有此說。……竊以爲此最不察夫理者。夫文與道果同耶異耶？若道外有物，則爲文者可以肆意妄言，而無害於道。惟夫道外無物，則言而一有不合於道者，則於道爲有害。屈宋唐景之文，其言雖傷，然其實不過悲愁放曠二端而已。……今蘇氏之學，上談性命，下述政理，其所言者，非特屈宋唐景而已。學者始則以其文而悅之，以苟一時之利。及其既久，則漸涵入骨髓，不復能自解免，其壞人材、敗風俗，蓋不少矣。（頁五）

卷三十七與芮國器：蘇氏之學，以雄深敏妙之文，煽其傾危變幻之習，……被其害者，淪肌浹髓而不自知。今日正當拔本塞源，……庶……其可以障狂瀾而東之。（頁二十）

以上，乃擇其要者書之；卽此，亦足證其闢蘇氏之厲。

註一七七：朱子曰：「歐陽子云：『三代而上，治出於一，而禮樂達於天下。三代而下，治出於二，而禮樂爲虛名。』此古今不易之至論也。然彼知政事禮樂之不可不出於一，而未知道德文章之尤不可使出於二也。夫古之聖賢，其文可謂盛矣；然初豈有意學爲如是之文哉！有是實於中，則必有文於外。如天有是氣，則必有日月星辰之光耀；地有是形，則必有山川草木之行列。聖賢之心，既有是精明純粹之實，以旁薄充塞乎其內；則其著見於外者，亦必自然條理分明，光輝發越而不可揜蓋。不必託於言語，著於簡册，而後謂之文。但一身接於萬事，凡其語默動靜，人所可得而見者，無所適而非文也。姑舉其最而言，則易之卦畫，詩之詠歌，書之記言，春秋之述事，與夫禮之威儀，樂之節奏，皆已列爲六經，而垂萬世。其文之盛，後世固莫能及；然其所以盛而不可及者，豈無所自來，而世亦莫之識也。……孟軻氏沒，聖學失傳；天下之事，背本趨末；不求知道養德以充其內，而汲汲乎徒以文章爲事業。然在戰國之時，若申、商、孫、吳之術，蘇、張、范、蔡之辨，列禦寇、莊周、荀況之言，屈平之賦，以至秦漢之間，韓非、李斯、陸生、賈傅、董相、史遷、劉向、班固，下至嚴安、徐樂之流，猶皆先有其實，而後託之於言。惟其無本，而不能一出於道，是以君子猶或羞之。及至宋玉、相如、王褒、揚雄之徒，則一以浮華爲尚，而無實之可言矣。雄之太玄法言，蓋亦長楊校獵之流，而粗變其音節，初非實爲明道講學而作也。東京以降，迄於隋唐數百年間，愈下愈衰，則其去道益遠，而無實之文，亦無足論。韓愈氏出，始覺其陋，慨然號於一世，欲去陳言，以追詩書六藝之作。而其弊精神，靡歲月，又有甚於前世諸人之所爲者。然猶幸其略知不根無實之不足恃，因是頗泝其源而適有會焉，於是原道諸篇始作。而其言曰：「根之茂者其實遂，膏之沃者其光曄，仁義之人，其言藹如也。」其徒和之，亦曰：「未有不深於道而能文者」。則亦庶幾其賢矣。然今讀其書，則其出於諂諛戲豫放浪而無實者，自不爲少。若夫所原之道，則亦徒能言其大體，而未見其有探討服行之效。使其言之爲文者，皆必由是以出也。故其論古人，則又以屈原、孟軻、馬遷、相如、揚雄爲一等，而猶不及於董賈。其論當世之弊，則但以詞不己出，而遂有神狙聖伏之歎；至於其徒之論，亦但以剽掠潛竊爲文之病，大振頹風，教人自爲，爲韓之功，則其師生之間，傳授之際，蓋未免裂道與文以爲兩物，而於其輕重緩急本末賓主之分，又未免於倒懸而逆置也。

自是以來，又復衰歇數十百年，而後歐陽子出。其文之妙，蓋已不愧於韓氏。而其曰「治出於一」云者，則自荀揚以下皆不能及，而韓亦未有聞焉，是則疑若幾於道矣。然考其終身之言，與其行事之實，則恐其亦未免於韓氏之病也。抑又嘗以其徒之說考之，則誦其言者，旣曰：「吾老將休，付子斯文矣。」而又必曰：「我所謂文，必與道俱。」其推尊之也，旣曰：「今之韓愈矣」，而又必引「夫文不在茲者」以張其說。由前之說，則道之與文，吾不知其果爲一耶爲二耶？由後之說，則文王孔子之文，吾又不知其與韓歐之文果若是其班乎否也？嗚呼！學之不講矣，習俗之謬也，其可勝言也哉！』（朱文公集卷七十：雜著，讀唐志。劉史同系之語類，誤矣。章節見註四。）『且如歐陽公……到得晚年，自做六一居士傳，宜其所得如何，却只說有書一千卷，集古錄一千卷，琴一張，酒一壺，棊一局，與一老人爲六，更不成話說。分明是自納敗闕。如東坡一生讀盡天下書，說無限道理，到得晚年過海，做過（昌）化峻靈王廟碑，引唐肅宗時一尼，恍惚升天，見上帝以寶玉十三枚賜之，云中國有大災，以此鎭之。今此山如此，意其必有寶云云，更不成議論，似喪心人說話。其他人無知，如此說尚不妨。你平日自視爲如何說盡道理，却說出這般話，是可怪否？觀於海者難爲水，游於聖人之門者難爲言，分明是如此了，便看他們這般文字不入。』（朱子語類卷百三十九，頁十三—十四）觀此，可見朱子論文之旨。又語類卷百三十九論文上，卷百四十論文下，及卷百三十七戰國漢唐諸子，卷百三十八雜類，均與此有關，可參看。

註一七八：語類卷百三十九，頁九。

註一七九：樓大防忠肅彭公神道碑：『時光宗初卽位，……（二月除太學博士）有諫大夫同知貢舉，欲大變文格，下太學選經義詩賦論策各二百篇爲式，長以督課學官，公獨不可，曰：「使士明經術，熟古文，則文格自正；校文已爲下策，又使之習時文，此非所謂敎也。」雖忤諫官意，然遂不復選。』（攻媿集卷九六，頁一—一五）諫大夫同知貢舉，其人乃何澹。宋會要：「紹熙元年，正月，二十四日，以……右諫議大夫兼侍郎何澹……同知貢舉。」（選舉一，頁四二四一）何澹者，反洛學（道學）者也，稱洛學爲僞學。宋元學案：「何澹……與京鏜主僞學之禁者六年」。又曰：「京鏜……實發僞學之名」。（同見卷九七，頁二五；原本續宋編年資治通鑑卷十二，頁一四七—一五七）而彭氏乃朱子門人，（見學案卷四八，晦翁學案）「從南軒質疑」，（見同書卷七一，嶽麓諸儒學案本傳）故不惜與何氏爲敵，以維護道統文學。

註一八〇：見通考卷三二，頁十五—十六。然考續宋編年通鑑卷十二寧宗慶元元年秋七月丁酉條，知詔榜朝堂，蓋本御史中丞何澹上疏。又考同卷二年二月條，及宋會要選舉一、二年三月九日條，知奏疏似係知貢舉吏部尚書葉翥、同知貢舉吏部侍郎倪思古、諫議大夫劉德秀三人同上。

註一八一：宋會要選舉五，寧宗慶元二年三月十一日條。

註一八二：通考卷三二，頁十六。

註一八三：續宋編年通鑑慶元二年二月條謂：「知貢舉葉翥、倪思（古）、劉德秀奏論文弊，……六經語孟中庸大學之書，爲世大禁矣。」（卷十二，頁一四九）宋元學案慶元黨案謂：「葉翥……奏禁語孟學庸等書」。（卷九七，頁二六）然據宋會要選舉五慶元二年三月十一日葉翥等上言，請詔「有司風諭士子，專以孔孟爲師，……六經子史爲習」之說；（頁四三二一）及選舉六嘉定十三年九月二十七日國子司業王棐言：「權臣誤國，……以中庸大學爲諱；」（頁四三四五）證以通考所載葉翥上言，所謂「中庸大學之書，以文其非；」（卷三二，頁十六）可知彼等狂妄，禁學膚則有之；若幷禁語孟，似難置信。蓋續宋編年通鑑、宋元學案於此稍誤。

註一八四：詳見續宋孟編年通鑑卷十二，頁一五二—一五三；及宋元學案卷九七慶元黨案。

註一八五：續宋編年通鑑卷十二，頁一五四。

註一八六：同右卷十三，頁一六一。

註一八七：同右卷十四，頁一八一。

註一八八：宋會要選舉六，頁四三三九，嘉定七年正月六日監察御史倪千里言。

註一八九：宋會要：『嘉定九年，六月，三日，監察御史李楠言：「邇者，……文弊極矣。……先朝……張方平知貢舉建言，比來文格，各出新意，相勝爲奇，以怪誕詆訕爲高，以流蕩猥煩爲贍；且謂策問有置所問，妄肆胸臆，條陳他事。」今日之弊，何以異此？……』（選擧六，頁四三四二—四三四三）此雖未明指道學者流，然以當時形勢觀之，彼等亦實不能辭其咎。觀注一七一所云，胡氏所言，尤足爲證。何則？蓋註一七一已明言爲變體；胡氏已明指權姦認務學爲迂，談道爲諱；再參以劉後邨所謂迂奇脫俗之說，益信其然。劉氏題傳自得文卷云：

……夫人皆爲文，文不能皆奇，以俗學窒之、俗慮汩之耳。迂則不俗，不俗則奇。非極天下之迂，不能極天下之奇。生其懋焉。或曰：今人之文，主於適用，不主於奇，何也？曰：非惡夫奇也，惡夫迂也。迂者去富貴利達常遠，而去澹泊枯槁常近也。生其擇焉。……（後邨題跋卷一，頁二一—二二）

而道學者流，或緣此旨，而學不至，致成「變體」耳。

註一九〇：新學重於經義，蜀學長於詞賦，而假以洛學爲背景之「變體」，則兼而營之。故此刻時變二體之相激相盪，不能不謂爲三學相競之流弊。

註一九一：見宋元學案卷七七，槐堂諸儒學案表及頁十五胡撙本傳。

註一九二：何淡言：「夫經本注疏，則學有源流；文先義理，則士有器識。世之所謂時文者，亦非不知注疏之當考，義理之當精；然束於命題之短長，汨於立說之關鍵，穿鑿爲奇，牽合爲工，反以經旨爲難拘，先儒爲難從。……乞……詔……以道義淑人心，器識取人才，則士習美，而風俗厚矣。……」（宋會要選舉六，頁四三五〇）

註一九三：臣僚奏：「……乞下禮部明立取士之制：……辭章必求雅麗，經術必取醇明，毋穿鑿爲奇，毋怪僻爲異，……自此彬彬文學之士，無愧祖宗之盛時矣。」（宋會要選舉六，頁四三五四）

註一九四：癸辛雜識，後集，頁十。並見續集下四－五，及志雅堂雜鈔卷上，人事，頁三十六－三十七。且二書所云道學於取士之情勢，較此爲詳。

註一九五：見宋元學案卷六九，滄州諸儒學案表，及頁三十一子武傳，頁八十至八十一子遠傳。

註一九六：見宋元學案卷八四存齋晦靜息庵學案表，及頁一百十二祖望案語，湯氏三先生傳，頁一百十五景說本傳。

註一九七：宋史卷四二五徐霖本傳，頁五〇一三。

註一九八：宋元學案卷八四存齋晦靜息庵學案，頁一百十五徐霖傳。

註一九九：錢師國史大綱云：「直到朱熹出來，他的四書集注，成爲元明清三代七百年的取士標準。其實還是沿著王安石新經義路子。（六編，三二章，頁四一三）近人商衍鎏清代科舉考試述錄亦云：「八股文卽制義，或曰制藝、時藝、時文、八比文，又有稱之爲四書文者，以題目取之於四書也。……至其體制，……沿流溯源，不可不謂其託始於經義也。」（第七章序文，頁二二七；及第一節八股文之源流，頁二三〇）證之朱子所云，誠是矣。本集卷六九學校貢舉私議云：

今日經學之難，不在於治經，而難於作義，大抵不問題之小大長短，而必欲分爲兩段，仍作兩句對偶破題，又須借用他語，以暗貼題中之字，必極於工巧而後已，其後多者三二千言，別無他意，不過止是反復敷衍破題兩句之說而已。如此，不唯不成經學，亦復不成文字，而使學者卒歲窮年，枉費日力，以從事於其間，甚可惜也。（頁二六）

是卽當時所謂「時文」。欲知其詳，請參閱商氏原文，及其徵引諸書。

註二〇〇：雪山集卷五，于湖集序，頁五—六。

附參考書目（以引文先後爲序）

書名	著者或編者	版本	備考
雜論唐代古文運動	錢穆	新亞學報第三卷，第一期	
中國文學發展史	劉大杰	民四五台灣中華版	

龍川文集	宋 陳亮	叢書集成初編	
雲麓漫鈔	宋 趙彥衛	叢書集成初編	
老學庵筆記	宋 陸游	學津討原	
石林燕語	宋 葉夢得	叢書集成初編	
河東先生集	宋 柳開	四部叢刊縮印本	
東都事略	宋 王偁	淮南書局	
容齋隨筆五集	宋 洪邁	國學基本叢書	
後邨題跋	宋 劉克莊	叢書集成初編	
四庫全書總目提要	清 紀昀等	宣統庚戌年存古齋重印	
韓昌黎集	唐 韓愈	國學基本叢書	
周濂溪全集	宋 周敦頤	正誼堂全書	
中說	舊題隋 王通	光緒二年浙江書局據世德堂本斠刻	宋阮逸注，卽文中子
中國文學批評史	郭紹虞	商務印書館 民二四上海再版 民三七上海再版	上下兩冊
日知錄	清 顧炎武	四部備要	黃汝成集釋
范文正公集	宋 范仲淹	四部叢刊	
安陽集	宋 韓琦	同安黃邨寧遠亭氏據晝錦堂藏版重修	

河南先生文集	宋 尹洙	四部叢刊縮印本	
五朝名臣言行錄	宋 朱熹	四部叢刊	
河南穆公集	宋 穆修	四部叢刊	
宋史	元 脫脫等	商務印書館縮印百衲本	
能改齋漫錄	宋 吳曾	墨海金壺	
東軒筆錄	宋 魏泰	湖北先正遺書	
柳河東集	唐 柳宗元	國學基本叢書	
柯山集	宋 張耒	叢書集成初編	
涑水紀聞	宋 司馬光	學津討原	
宋會要輯稿	清 徐松	一九五七年上海中華版	選舉部
小畜集	宋 王禹偁	四部叢刊	
讀智圓閑居編	錢穆	新亞書院學術年刊第一期	
續資治通鑑長編	宋 李燾	浙江書局	
大藏經		中華佛教文化館大藏經委員會民四四 據日本大正一切經刊行會原編影印	史傳部
西崐酬唱集	宋 楊億	叢書集成初編	

儒林公議	宋 田 況	叢書集成初編	謂田氏作此書，本四庫提要，見註四十八
河南邵氏聞見後錄	宋 邵 博	叢書集成初編	
貢父詩話	宋 劉 攽	叢書集成初編	
唐宋詞人年譜	夏承燾	一九五六年上海古典文學出版社再版	
後山居士詩話	宋 陳師道	叢書集成初編	
六一居士詩話	宋 歐陽修	叢書集成初編	
歐陽永叔集	宋 歐陽修	國學基本叢書	
後村詩話	宋 劉克莊	適園叢書	
南部新書	宋 錢 易	學津討原	
梁谿漫志	宋 費 袞	知不足齋	
西臺集	宋 畢仲游	叢書集成初編	
居易錄	清 王士禛	王漁洋遺書	
夢溪筆談	宋 沈 括	學津討原	
宋稗類鈔	清 潘永固	舊刻本	

困學紀聞	宋　王應麟	家刻本	翁注
河南邵氏聞見前錄	宋　邵伯温	叢書集成初編	
蘇學士文集	宋　蘇舜卿	四部叢刊	
曲洧舊聞	宋　朱弁	學津討原	
宋六十名家詞樂章集	宋　柳永	四部備要	
澠水燕談錄	宋　王闢之	知不足齋	
文獻通考	宋　馬端臨	浙江書局	選舉學校部
止齋文集	宋　陳傅良	四部叢刊縮印本	
東坡七集	宋　蘇軾	國學基本叢書	
石徂徠集	宋　石介	福州正誼書院藏版	
宋元學案	清　黃宗羲	萬有文庫	
史記	漢　司馬遷	四部備要袖珍本	
捫蝨新話	宋　陳善	叢書集成初編	
避暑錄話	宋　葉少蘊	津逮祕書	
臨川集	宋　王安石	國學基本叢書	
元豐類稿	宋　曾鞏	四部叢刊影印元黑口本	

鶴林玉露 宋 羅大經 叢書集成初編
景文集 宋 宋祁 叢書集成初編
鴻慶居士集 宋 孫覿 常州先哲遺書
師友談記 宋 李廌 叢書集成初編
太平治蹟統類 宋 彭百川 適園叢書
玉海 宋 王應麟 道光二十三年，長白覺羅崇恩刊本 選舉部
續資治通鑑 清 畢沅 商務印書館鉛印
朱子語類 宋 黎靖德 榕村全書
宛陵集 宋 梅堯臣 四部叢刊
樂全集 宋 張方平 四庫全書珍本初集收
郡齋讀書志 宋 晁公武 萬有文庫
二程全書 四部備要
公是先生弟子記 宋 劉敞 叢書集成初編
水心文集 宋 葉適 四部叢刊
續宋編年資治通鑑 宋 劉時舉 叢書集成初編
癸辛雜識 宋 周密 津逮祕書

志雅堂雜鈔	宋　周　密	粵雅堂叢書
建炎以來朝野雜記	宋　李心傳	叢書集成初編
建炎以來繫年要錄	宋　李心傳	叢書集成初編
晁氏儒言	宋　晁說之	叢書集成初編
嵩山文集	宋　晁說之	四部叢刊續編
桯史	宋　岳　珂	四部叢刊續編
石門題跋	宋　釋德洪	叢書集成初編
石門文字禪	宋　釋德洪	四部叢刊縮印本
牧齋初學集	清　錢謙益	四部叢刊縮印本
步里客談	宋　陳長方	墨海金壺
朱文公文集	宋　朱　熹	四部叢刊
攻媿集	宋　樓　鑰	武英殿聚珍版
國史大綱	錢　穆	商務印書館民四二台二版
清代科舉考試述錄	商衍鎏	一九五八年生活、讀書、新知三聯書店北一版
雪山集	宋　王　質	聚珍板

两宋之際民衆抗敵史研究

尙重濂

目錄

（甲）僞齊武力的急遽擴張

（乙）羣盜南移

（丙）生民如坐水火

2 民衆隊伍的動態

（甲）隱伏期

（乙）爆發期

3 敵後忠義隊伍的暴起及其分佈

（甲）中原

（乙）山東

（丙）淮北

四 民衆抗敵的原因

（甲）愛國思想

（乙）薙髮

（丙）金齊苛政暴斂

（丁）招安補官之敎唆

五 宋室的政策

一　引言

自靖康元年十一月金兵圍汴，十二月宋降。金兵席捲汴京府庫器物官吏工匠及徽欽二帝北去，汴京只留一片瓦礫煨燼。河東、河北被災諸路，則潰兵被野，盜賊蟻聚，人民之有力而不願降金者，遂聚衆守砦以自保，中國北部頓呈混亂狀態，自此便掀起了一頁民族鬥爭史。

在宋代抗金歷史中，政府隊伍之外，便是下層的民衆；他們不甘受異族壓迫，以堅決不撓的態度反抗，例如：「路允廸以割太原詔書來，太原人不受詔。」（金史卷七十四）；「宋……遣聶昌、耿南仲、陳過庭出割兩河地，民堅守不奉詔。」（宋史卷二十三）；李綱說：「河北、河東有三十餘郡皆爲朝廷守……皆推豪傑以爲首領，多者數萬，少者亦不下萬人。」（宋史卷三五八）；張所「在靖康圍城中，以蠟書募河北兵，士民……應募者凡十七萬人。」（同上）；王彥起兵抗金，「兩河響應，忠義民兵首領傅選、孟德、劉澤、焦文通等皆附之，衆十餘萬。」（宋史卷三六八）；又靖康元年，「斡離不師還，抵中山、河間，兩鎭民兵固守不肯下；肅王張邦昌及割地使等，躬至城下說諭，即以矢石及之而退，沿邊諸郡亦然。」（長編拾補卷五十四）諸如此類不勝枚舉。金人之所以始終不能踏平中國，而南宋能有一百多年偏安之局者，實深有賴於此輩民衆隊伍。惟彼等怎樣起而組織？怎樣給予敵人以打擊？他們在民族抗戰史中價值如何？都是本文所要探討的。

（一）空間

當金夷南侵，宋民衆抗敵運動，不止在中原、華北，即大江以南也無不敵愾同仇，爭先赴義，宗澤說：「自敵人圍閉京城，天下忠義之士，憤懣痛切，感厲爭奮，故自廣之東西，湖之南北，福建江淮，梯山航海，越數千里，爭先勤王；但當時大臣，無遠識見，無大謀略，低回曲折，憑信誕妄，不能撫而用之，遂致二聖北狩，諸親骨肉皆爲劫持，牽聯道路。當時大臣，不出一語，使勤王大兵，前往救援；凡勤王人例遭斥逐，未嘗有所犒賞，未嘗有所幇助，飢餓流離，困厄道路，弱者塡滿溝壑，强者盡爲盜賊。此非勤王人之罪，皆一時措置乖謬耳……」（宗忠簡公集卷一）。本文所討論，暫以大江淮水以北及秦陝諸郡爲主，至於江南，則以舉例之便，附帶提及。依上述地區，又可分爲三部：卽金國直轄區，宋金緩衝區及宋與金之接界地帶（亦卽宋之國防線），玆分別說明如下：

第一，金國直轄區：金人併遼侵宋，他們深知不可能驟然消溶了江淮以北之廣大地區；乃先將黃河北岸納入自己統治範圍，而在黃河南岸立一非趙姓者，作爲臨時屛障，以便逐步呑噬，粘罕說：「天生華夷，自有定分，中國豈吾所據？使他日豪傑四起，中原亦非我有，但欲以大河爲界……」（會編卷七十一）。因之金人挾二帝北去以後，卽撤退河南隊伍，只分兵駐守大河以北，金史卷七十四說：

> （靖康二年）大軍北還，宗望（斡離不）乃分諸將守河北。董才降廣信軍，及旁近縣鎭，宗望乃西上涼陘。詔宗望曰：「自河之北，今旣分畫，重念其民見城邑有破殘者，遂阻命堅守，其申諭招輯安全之，儻堅執不移，自當致討；若諸軍敢利於俘掠，輒肆毀蕩者，當底於罰。」

宋論卷九也說：

> 女直之所欲者，且自三鎭而止。彼且曰：天以中原授中原之主，吾不得而力爭。

以當時情形看，金人實無力兼顧。

第二，宋金緩衝區：金人既不能兼控大河南北之地，又憚南宋反攻，遂册立張邦昌、劉豫，籍以鞏固河北，休養生息以圖再舉，岳飛嘗說：

劉豫者，金人之屏蔽，必先去之……臣竊揣敵情所以立劉豫於河南，而付之齊秦之地，蓋欲以中國攻中國，而粘罕因得休兵養馬觀釁乘隙……（鄂國金佗續編卷二十四，百氏昭忠錄卷之八，閣學劉光祖襄陽石刻事迹之三）

又，劉豫事迹：

丙辰，阜昌七年（紹興六年）……領三省事，宗磐（蒲盧虎）曰：「先帝立（劉）豫者，欲豫闢疆保境，我得按兵息民也……」

今稱此地區爲宋金緩衝區，概括河南及齊秦之地。

第三，宋金接界地帶：此地帶指宋金緩衝區的南部邊緣，亦即宋金兩國的接界處。南宋沿此邊緣，分封土豪、羣盜、潰將、攝官等爲久任鎭撫使，西起秦陝，中沿江淮，東達海濱，建立一條亙數千里的國防線，以衞川蜀荆湖和江左。宰相范宗尹說：

今救弊之道，當稍復藩鎭之法，亦不盡行之天下，且裂河南、江北數十州爲之，少與之地，而專付以權，擇人久任以屏王室……（中興聖政卷七，又要錄卷三十三、中興小紀卷八）

又通考卷六十二，職官考，鎭撫使條說：

鎭撫使舊所無有，中興假權宜以招收羣盜。初，建炎四年，范宗尹參知政事，議羣盜併力以拒官軍，莫若析地以處之，盜有所歸，則可漸制，乃請稍復藩鎭之制。是年五月，宗尹爲右僕射，於是請以淮南，京東西，湖南北諸路，並分爲鎭，除茶鹽之利仍歸朝廷置官提舉外，他監司並罷，上供財賦權免三年，餘聽帥臣移用，更不從朝廷應副，軍興聽從便宜。時，劇盜李成在舒蘄，桑仲在襄陽，郭仲威在淮揚，許慶在高郵，皆卽以爲鎭撫使。其餘或以處歸朝之人，分畫不一，許以能捍禦外寇，顯立大功，特與世襲。官屬有參議官，書寫機宜文字各一員，幹公事二員，並聽奏辟……

故高宗於建炎四年五月甲子，下詔說：

周建侯邦，四國有藩垣之助，唐分藩鎭，北邊無烽火虞，永惟涼眇之資，履此艱難之運，遠巡南國，久隔中原，蓋因豪傑之徒，各奠方隅之守，是用考古之制，權時之宜，斷自荊淮，接于畿甸，豈獨植藩籬於江表，蓋將崇屛翰於京師，欲隆鎭撫之名，爲輟按廉之使，有民有社，獨專制於境中，足食足兵，聽專征於閫外……（中興聖政卷七，又要錄卷三十三）

這條防線上的鎭撫使們，在當時確立下不可磨滅的功勞，現在猶可稽考者，有河南府、孟、汝、唐四郡鎭撫使翟興、楚、泗、漣水鎭撫使趙立、滁、濠鎭撫使劉位、光、黃鎭撫使吳翊、舒、蘄鎭撫使李成、海州、淮陽鎭撫使李彥先、無爲鎭撫使趙霖等，玆列表如下：

建炎紹興間鎮撫使表

姓名	地名	起止年月 起	起止年月 止	出身	備註
翟興	河南府、孟、汝、唐四郡	建炎四年五月	紹興二年三月	土豪	宋史卷二十六，二十七。會編卷一四一。紹興二年三月癸丑戰死。
趙立	楚、泗、漣水三郡	建炎四年五月	建炎四年九月	官	宋史卷二十六。建炎四年九月丙辰戰死。
劉位	滁、濠二州	建炎四年五月	建炎四年六月	土豪	宋史卷二十六。要錄卷三十三，三十四。建炎四年六月戊寅戰死。
吳翊	光、黃二州	建炎四年五月		攝官	宋史卷二十六。
李成	舒、蘄二郡	建炎四年五月	紹興元年五月	羣盜	宋史卷二十六。紹興元年五月降齊。同月詔罷。
李彥先	海州、淮陽二郡	建炎四年五月	建炎四年九月	潰將	宋史卷二十六。
薛慶	高郵、天長二郡	建炎四年五月	建炎四年八月	羣盜	宋史卷二十六。建炎四年八月丁丑戰死。
趙霖	和州、無爲二郡	建炎四年五月		攝官	宋史卷二十六。
郭仲威	眞、揚	建炎四年六月		潰將	宋史卷二十六。紹興元年五月丙午被殺。
岳飛	通、泰	建炎四年七月	建炎四年十一月	官	宋史卷二十六。
程昌禹	鼎、澧州	建炎四年六月		官	宋史卷二十六。

孔彥舟	辰、沅、靖州 蘄、黃州	建炎四年七月 紹興元年八月		羣盜	宋史卷二十六
解潛	荆南府、歸、峽州 荆門、公安軍	建炎四年六月		官	宋史卷二十六
范福	蔡州	建炎四年	紹興元年八月		宋史卷二十六
桑仲	襄陽府、鄧、隨、郢州	建炎四年八月	紹興二年三月	羣盜	宋史卷二十六，二十七。紹興二年三月爲其黨霍明所殺。
王彥	金、均、房州	建炎四年十一月	紹興三年正月	官	宋史卷二十六，二十七。
陳規	德安府、復州、漢陽軍	建炎四年六月	紹興三年四月	官	宋史卷二十六。
張用	舒、蘄州	紹興元年五月		羣盜	宋史卷二十六。
董震	商、虢、陝州	紹興三年四月		降官	宋史卷二十七。
翟琮	河南府、孟、汝、鄭州	紹興二年七月	紹興三年八月	土豪	朝野雜記卷十九（甲集）趙罪建炎筆錄卷中。宋史卷二十七。
牛皋	蔡、唐州	紹興三年二月			宋史卷二十七。
李橫	襄、郢州	紹興二年六月	紹興三年十月	羣盜	宋史卷二十七。
馮長寧	順昌府、蔡州	建炎四年六月	建炎四年十月	攝官	宋史卷二十六。
范之才	金、均、房州	建炎四年六月	建炎四年六月	官	宋史卷二十六。要錄卷三十四謂之才未到任卽卒。

陳求道	襄陽府、鄧、隨、郢州	建炎四年六月			宋史卷二十六。求道爲鎮撫不久與賊劉忠戰，死之。
劉綱	滁、濠州	建炎四年六月		土豪	宋史卷二十六，要錄卷三十四。劉位子。
李祐	淮寧、順昌府、蔡州	紹興元年		土豪	要錄卷四十六。
霍明	襄、鄧、隨、郢州	紹興二年五月		羣盜	宋史卷二十七。
李道	鄧、隨州	紹興二年六月	紹興三年十月	羣盜	宋史卷二十七。
胡舜陟	盧、壽州	紹興二年十二月	紹興三年二月	官	宋史卷二十七。
董先	商、虢、陝州	紹興三年五月		降官	宋史卷二十七。
彭玘	汝州	紹興三年二月	—		宋史卷二十七。

綜觀右表，鎮撫使之出身，多半是土豪，羣盜，潰將和攝官，至於國家大臣出使所除者則很少，故要錄卷三十三，甲辰條註說：

諸路鎮撫使桑仲、李成、孔彥舟、薛慶皆起於羣盜；翟興、劉位皆土豪；李彥先、郭仲威皆潰將；吳翊、趙霖、馮長寧皆攝官；朝廷大臣出使所除，惟趙立、陳規、解潛、岳飛、范之才而已。

上述的地理範圍，並非一成不變，宋金兩國在長期戰爭中，雙方罹難區域的伸縮隨時不同，如劉豫被廢後，金還宋河南陝西地；同時粘罕、斡離不、兀朮也屢有飲馬南國之舉，故本文爲分析民衆抗敵詳情起見，大江以南之鬥爭事蹟，有時附帶舉出。

（二）時間

本文所述，從靖康二年徽欽蒙塵起，到紹興末葉止（西曆一一二七－一一六二）。這三十多年的民族戰爭史，可分爲三個階段：自靖康二年徽欽二帝北狩，至建炎四年七月金人立劉豫止（西曆一一二七－一一三〇），爲第一階段。自劉豫立，至紹興十一年宋金議和止（西曆一一三〇－一一四一），爲第二階段。自議和起，至紹興末年止（西曆一一四一－一一六二），爲第三階段。

二　陷區大勢與抗敵民衆

1　陷區大勢

在抗敵初期的三年裏，北方災區中，金人勢力達不到的地方，就有大族、土豪聚衆自保。另外有飢民、潰卒、盜賊，到處滋擾，抗敵的民衆隊伍，就在這混亂中漸漸壯大。玆先略述當時的社會狀況：

（甲）金人的勢力範圍

金人勢力，由河北而河東，逐年向南擴張。從靖康二年四月，直到僞齊初立止，金人並未征服整個黃河流域（中下游）；靖康二年，金人只佔有河北、河東的點線地區。要錄卷六：

建炎元年六月，甲子……（李）綱言：「今日中興規模，有先後之序，當修軍政，變士風，裕賢材，寬民力……尤急者，當先理河北、河東，蓋兩路國之屛蔽；今河北惟失眞定等四郡，河東惟失太原等七郡，其餘皆在。

又宋史卷三五八李綱傳上：

（李綱言）……河北所失者不過眞定、懷、衞、濬四州而已，其餘三十餘郡皆爲朝廷守。兩路士民兵將所以戴宋者其心甚堅，皆推豪傑以爲首領。（又見宣和遺事貞集）

建炎二年，金人力侵山東。建炎維楊遺錄說：

建炎戊申（二年），冬，自鄆、濮相繼陷破之後，金人橫行山東……

三年，河北、河東還未盡失，尤其山東州郡，在二月間仍然保有十之七八。中興聖政卷四，引張滙進論曰：

……是時（建炎三年二月），兩河州郡尚有未失者，山東州郡十失二，三……

但到了三月，金人再略山東，劉洪道不能守，於是大部州郡失去。要錄卷二十一：

建炎三年三月……金再犯靑州，守臣京東東路安撫使劉洪道力不能守，率餘兵二千棄城去。金人以前知濱州向大猷知靑州。於是右副元帥宗輔、左監軍昻摩乘勢盡取山東地，惟濟、單、興仁、廣濟以水阻尚存……（又見中興小記卷五）。

四年，四京始因變生肘腋而盡陷。要錄卷三十一：

建炎四年二月，丁亥，金人陷京師，時河南之北，悉爲敵有，睢、洛皆屯重兵。惟京師及畿邑猶爲國家固守。而糧儲乏絕，四面不通，民多飢死。有河北僉軍首領聶淵者，與其徒十十五五，以食物與守城者博易，積久稔熟，遂不之疑。是日，淵與其徒數百人夜登城之北壁，縱火焚樓櫓，猶未敢下城，乃爲慢道自守。是時城之東有羣盜李貴、蘇大刀等，權留守上官悟皆招入城。旣入城，則焚掠不止，城中亂，悟及副留守趙倫

出奔……自是四京皆陷沒！（又見中興聖政卷七，會編卷一三七）

然雖四京盡失，而兩河山水寨豪傑仍舊鱗次固保。會編卷一四一：

建炎四年八月，（翟）興遣人作商販渡河，密齎撫諭。自是幷、汾、澤、潞、晉、絳、懷、衞、河陽等數州山寨首領盧師廸、李吉、李彥隆、馬疚義、李遵、宋德輩，至河陽見興。

又要錄卷三十六：

時（建炎四年八月），京西與河東北接境，而忠義之人猶有聚兵保守山寨者。河南鎭撫使翟興，遣親信持蠟書取間道以結約之，如向密、王簡、王英等數十寨皆願聽節制。

就右舉史實觀之，可見金人在華北和中原的政權，於此期中（抗敵初期），始終在動蕩不安的狀態中。

（乙）羣盜爲害

靖康亂起，州郡殘破，民生凋敝，飢民潰卒相聚爲盜。要錄卷一：

初，京城之破也，鎭海軍節度使劉延慶奪萬勝門，率班直長入祗侯西兵萬餘人而出，皆護駕選鋒也，甫過普安院，爲金人所邀，延慶死。其徒李孝忠、黨忠、祝進、薛廣、曹端、王在之徒，皆去爲盜。

又宋史卷三五八，李綱說：

四方潰兵爲盜者十餘萬人，攻劫山東、淮南、襄漢之間。

又會編卷一二一，引維楊巡幸記曰：

建炎之後，所在調發……倉卒之際，靡有統率，盡爲棄甲曳兵之人；及主帥挺身渡江，此曹往往相率爲盜…

…當是時，橫行恣意，無敢誰何，惟兵為最豪悍；城市貨賣，或至強持去，得不瞋恚，以為幸矣。

又中興小記卷五：

是春（建炎二年二月），山東河決，歲復大飢。自上渡江之後，羣盜紛起。

在無政府的情況下，盜賊的氣焰越發高漲。建炎初山東羣盜最大的有宮儀。要錄卷八：

建炎元年八月。是月，博州卒宮儀聚衆數萬人，迤邐寇萊州，至是據即墨縣。時，又有潰卒李汲、劉三將合數千騎犯萊州。儀利其馬，給至神霄宮，與之會，伏兵擊殺之，盡併其衆，軍勢甚盛。

又有劉忠，是建炎後期的大盜：

初山東盜劉忠，號曰氈笠，引衆據懷仁縣。御營平寇前將軍范瓊在京東，遣其統制張仙等擊之，忠僞乞降；是日（建炎三年正月丁亥），仙與將佐入忠壁撫諭，忠留與飲，伏兵擊誅之，遂併其衆。瓊怒，屢與忠戰，皆敗績。忠自黥其額，時號花面獸。（要錄卷十九）

同時更有閻皐、張成等悍匪。中興小記卷五：

是春（建炎三年三月），山東河決，歲復大饑。自上渡江之後，羣盜紛起。閻皐衆二萬據維州，張成衆五萬據萊州。

建炎初，河北大盜，有楊進、王再興、王貴等。又有王善擾於京西、淮南、河南北諸郡。要錄卷十：

建炎元年，冬，十月……先是羣盜王再興以兵數萬人，王貴萬餘人，往來河上。王善以車百乘寇濮州，楊進兵尤衆，連擾京西諸郡。

又，中興小記卷二：

建炎元年八月……羣盜並起，王善兵十萬擾京東，王再興兵五萬掠京西，楊進號沒角牛，兵尤衆，圍光州……

於連年兵火之外，又有天災河決，羣盜無所掠，往往以人爲食。大金國志卷五：

時（建炎三年二月），山東之民，正當兵火之際，復有河決之患。高宗既渡大江，青、鄆兩鎭，又先破沒，州郡互不相救；至是歲復大荒，人民相食，嘯聚蠭起。巨盜王江、宮儀，每車載乾屍以充糧……

又有盜張榮者，尤其殘暴。

張榮在鼉潭，爲金人破其茭城，遂率舟船至通州。過捍海堰，欲出海復歸京東，爲水濤所阻，不得去，遂據通州。糧且盡，取人爲粑；斷其首，斫其兩臂兩脛，以鹽淹，曝乾，用充糧食，得脫者無幾（會編卷一四四）。

（丙）民生凋蔽

陷區民衆，由於金人鐵騎蹂躪，和盜賊剽掠；又兼官軍騷擾，民生彫殘，不堪言狀。會編卷一一九說：

建炎二年……金人圍濮州。知州楊粹中固守之，金人力擊者三日……執（粹中）以歸。鄉中無少長良賤大肆屠戮，仍火焚其廬舍俱盡。

又靖康元年十月十二日，李若水上箚子說：

臣等自深州入金大亂兵中，轉側千餘里，回至南關。凡歷府者二，歷軍者二，歷縣者七，歷鎭者四，並無本朝人馬；但見金人別營數十，官舍民廬，悉皆焚毀，瓶罌牖戶之類，無一全者；惟井陘、百井、壽陽、榆次、徐溝、太谷等處，僅有民存，然已番漢雜處！祇應公皁皆曰：力不能支，脅令拜降。男女老幼，陵鑠日甚一日，尫殘窮苦，狀若幽陰間人；每見臣等，知來議和，口雖不言，意實赴愬，往往以手加額，呼嗟哽塞，至于流涕。又于山下見有逃避之人，連綿不絕……（靖康要錄卷十一）

又有官軍擾民：

時（建炎元年，冬，十月），諸處有寓居卽待次官多擅自募兵，以勤王爲名，或自稱材武子弟，皆徒爲紛擾……（中興小記卷三）

又梁溪先生文集卷一七九，建炎時政記中說：

……近緣軍興，應召募民兵，義兵，統領之人，多是擄掠良民，強黥其面，共肆劫奪……

2　抗敵集團

靖康後，在中原華北民間的抗敵隊伍，從其組織的性質看，大體可分爲：民衆自主的集團和官吏領導的民衆集團，以及宗澤招降的羣盜等三種。

（甲）民衆自主的集團

兵興以來，關陝兩河義民紛起抗金，前仆後繼，山水寨柵棋佈南北，比比皆是，實難枚舉，茲就其要者列表如下：

從靖康初到建炎末江淮以北忠義民兵首領表：

姓名	起義年月	起義地點（古）	起義地點（今）	兵力（初）	兵力（最盛）	出身	籍貫	備註
劉文舜	建炎二年二月	合肥	安徽合肥	萬餘		和尚	濟南	會編卷一二八 要錄卷十三
劉和尚	靖康元年	濟南	山東濟南	數千		和尚	濟南	會編卷一二八
王明	靖康二年	洛州	河北永平	數萬			洛州	會編卷一一七 號王鐵槍
南平李氏	靖康元年	相州	河南安陽縣治	三千		大族	相州	會編卷六十七 又卷七十三
平羅藺氏	靖康元年	相州	河南安陽縣治	三千		大族	相州	會編卷六十七 又卷七十三
鶴壁田氏	靖康元年	相州	河南安陽縣治	三千		大族	相州	會編卷六十七 又卷七十三
劉位	靖康元年	招信	安徽盱眙縣西五十里			土豪	招信	要錄卷二十九
石子明		太行				義士		會編卷一四一 要錄卷三十二
王維忠	靖康初	濠州鍾離北山	安徽鳳陽縣少北二十里	萬餘		土豪	濠州鍾離	要錄卷三十三
周鄭聯軍	靖康初	白水鎮	河北	五百		大族		南燼紀聞錄上
李琮	建炎初	磁州	河北磁縣	五千			磁州	會要兵十四
邵興	靖康	解州神稷山	山西解縣			民	解縣安邑	會編卷一〇四 又卷一一五 要錄卷十四

馮賽	靖康					山寨首領	連州	要錄卷三十六 又卷四十三
史康民	建炎初	濮州	河南濬縣治			民	濮州	要錄卷三十三
王喜	靖康初	滿城常樂	河北滿城縣西二里	十八		山寨首領	滿城	要錄卷四十八 號王萬年
石竧	靖康初	文水縣	山東文水縣			保正	文水縣	會編卷一四三 朝野遺記作石頳
趙瓊	建炎四年	宿遷縣	江蘇宿遷縣			水寨首領	宿遷縣	要錄卷三十一
普倫璉贇	建炎四年	長蘆楊家洲	江蘇高淳縣西北	千餘		崇福禪院行者	長蘆鎭	會編一三八
龐僧正	靖康元年三月	五台山	山西代縣			僧	五台山	會編卷四十八
李齊	建炎初	滄州沙門島	山東蓬萊縣西北六十里			民	滄州	要錄卷三十四
徐文	建炎初	密州靈山寺	山東諸城縣治	五千		民	密州掖縣	要錄卷三十四 會編卷一四三
范溫	建炎初	萊州福島	山東卽墨縣南五十里		二千六百	農家子	萊州	要錄卷三十四 又卷五十七
楊進	建炎元年十月	光州	河南潢川縣	三十萬		羣盜		要錄卷十 號沒角牛
張遇	建炎二年正月	楊子橋		二萬		羣盜	眞定	會編二一二 要錄卷十
丁進	建炎元年十二月	蘇村	河南開封縣東南十里	數萬		羣盜	壽春	要錄卷十
李道	建炎初	相州	河南安陽縣治				相州	要錄卷四十三

李寶	建炎間	山東乘氏	山東荷澤縣治	數百		無賴	乘氏	要錄卷一三二號潑李三
孫暉	建炎四年正月	安豐塘	安徽壽縣南			土豪	安豐塘	要錄卷三十一
酈瓊	建炎四年二月	固始縣	河南固治縣	五萬		羣盜	相州臨漳	要錄卷二十八 小記卷九
史準	建炎四年十月	曲桓橫山				義士	絡州曲桓	要錄卷三十八
翟進	建炎初	伊陽	河南嵩山縣治	數百		土豪	伊陽	宋史卷四五二
翟興	建炎初	伊陽	河南嵩山縣治	數百		弓手	伊陽	宋史卷四五二
張榮	建炎初	梁山濼	山東壽張縣	萬餘		土豪	泰州	要錄卷三十三
吳錫	建炎中	德安	湖北安陸縣治			羣盜	河東	要錄卷二十七
張昂	建炎初	仙居縣石額山寨	浙江會稽			土豪	光州	要錄卷五十一
張昱	靖康初	平陽境內山中	山西臨汾	數千		平陽府吏	平陽	會編卷一二
宮儀	建炎三年	即墨	山東即墨	數萬		羣盜	博州	要錄卷八 又卷二十一、三十五、二十六
閻皋	建炎二年	濰州	山東濰縣治	二萬		牛頭河土軍		要錄卷十九
李成	建炎元年	雄州歸信縣	河北雄縣治	數萬		弓手	歸信縣	要錄卷七 會要兵十
張橫	靖康初	太行（嵐憲二境）		二萬			太原	小記卷十九
楊青	靖康元年十二月	相州林慮縣天平山	河南林縣西二十六里	一萬		羣盜	相州	會編卷七十

薛慶	建炎三年五月	高郵	江蘇高郵	數萬		羣盜		要錄卷二十三
常景	靖康元年十二月	相州林慮縣天平山	河南林縣西二十六里	二千		羣盜	相州	會編卷七十
郭仲威	建炎三年十一月	通州	江蘇南通			羣盜		小記卷七
龔楫	建炎四年	和州	安徽和縣	二千		進士	和州	要錄卷三十四
邵雲	建炎初	蒲城龍門山谷	陝西蒲城	數百		民	龍門	宋史卷四四八
張玘	建炎中	澠池	河南澠池縣	數千		民	澠池	宋史卷四五三
李興	建炎元年	孟州王屋	河南濟源縣	萬餘		民	孟州王屋	會編卷一二九
王善	建炎元年正月	濮州	河南濬縣治	數十萬		羣盜	濮州	宋史卷三六〇
張用	靖康初	湯陰	河南湯陰	數十萬		射士	湯陰	要錄卷十七號張莽蕩
李民	建炎二年					羣盜	京東	宋史卷二十五
李宗	建炎三年	洛州	河北永平縣			民	洛州	小記卷四
吳紹	建炎初	徂徠山	山東泰安縣東南四十里			遺官		小記卷四

（乙）官吏領導的民衆集團

由國家官吏領導的民衆抗敵集團中，主要的有三個。

第一個是慶源五馬山（河北贊皇縣東）集團。此山寨是武翼大夫趙邦傑，於靖康元年冬，率衆建立（會編卷一一七）。建炎二年春，武功大夫和州防禦使馬擴擕眷來依。要錄卷十三：

武功大夫和州防禦使馬擴聚兵西山，既爲金所執，囚之眞定。會右副元帥宗傑（木里也）自京師歸北，義而赦之；欲授以官，擴辭不受，請給田以養其母。既而又言：耕田不卽得食，願爲酒肆以自活，宗傑許之。時，武翼大夫趙邦傑聚忠義鄉兵，保慶源五馬山寨。擴因此雜結往來之人，復與山寨通耗。辛巳寒食節，擴僞隨大姓送喪，擕親屬十三人奔山寨（又見會編卷一一五，中興小記卷三）。

邦傑既得馬擴，又奉迎皇弟信王榛爲首，統制諸寨。於是兩河豪傑聞聲蜂起響應。會編卷一一五：

是時（建炎二年），傳聞信王在金人寨中隱於民間，自稱姓梁，爲人點茶；馬擴一夕率兵劫金人寨奪迎以歸，遂推奉信王爲首。時兩河忠義聞風響應，變旗榜者約數十萬人。

又同書卷一二二：

馬擴應詔上書言曰：「……皇弟信王脫於囚慮（虜），集兵山谷，結約河外忠義，所得壯勇不啻數十萬，顒俟王師渡河，相爲策應……自河以北，各傳蠟檄，皆約應。故王彥、王仔、翟進、馬溫、靳賽、劉展、樊淸、王江、鄭立、耿進、耿洪等義兵；楊進、馬皋、張用、王善等羣黨，俱奮渡河討賊之志。」（又見要錄卷十三、中興小記卷三、續宋編年通鑑卷一、宋史卷二十五）

皇弟榛既聚義五馬山，以孤軍無援，因遣馬擴詣行在。會編卷一一六，引續自叙曰：

初（建炎二年），信王與馬擴倡義起兵也，欲遣使詣行在，請稟朝廷之命。時兵戈方熾，道路梗塞，雖已兩發使人，慮其不達，乃遣馬擴赴行在……馬率麾下五百人沿路轉河朔，皆大盜據要險，馬每至輒單騎詣其寨，諭以信王請兵之意；且與結約同効忠義，盜賊皆踴躍欣從……既至東京，見留守宗澤出信王劄子，託澤津送早赴行在……馬遂行至維揚，所從之士不滿百人矣。（又見中興聖政卷三，中興小記卷四，續宋編年通鑑卷一，要錄卷十五）

擴於四月到行在。要錄卷十五：

是月（建炎二年四月），皇弟檢校太傅慶陽昭化軍節度使信王榛爲河外兵馬都元帥……擴既見，出奏事，黃潛善等皆疑非眞；天子識其字，卽有是命……於是擴自武功大夫和州防禦使特遷拱衛大夫利州觀察使樞密副都承旨元帥府馬步軍都總管。擴將行上奏略曰：「……伏望聖斷，罷差中貴監軍，及選給器械，凡四事。」上皆從之；又許擴過河得便宜從事。時，潛善與汪伯彥終以爲疑，乃以烏合之兵付擴，擴知事變，遂以其軍屯於大名。（又見中興聖政卷三、宋史卷二十五、續宋編年通鑑卷一、中興小記卷四）

擴既爲黃潛善、汪伯彥等阻撓，因屯兵大名不能前進；金人乘機加攻，五馬山遂陷。要錄卷十七：

是秋（建炎二年八月），河外元帥府都總管馬擴既北征，會五馬山寨有亡告金人者。同知眞定府韓慶和、副統素赫恐擴引兵而來；言於右副元帥宗輔、左監軍昌。旣大發兵至五馬山，攻朝天、鐵壁諸寨。無井，汲水於澗，爲敵斷澗道，諸寨遂陷。時擴在館陶，（韓）慶和獲其母妻。信王亡，不知所在。

又會編卷一一七：

金人窩里嗢、撻懶闍目共陷慶源府五馬山義兵朝天，鐵壁諸寨……馬擴詣行在投表乞師請命。馬行，寨中有亡歸賊者，告于眞定同知韓慶和、女眞副統詔合，二人具陳於東路元帥府。恐馬擴得兵南來，故大會賊衆力破諸寨，以絕馬之內應，以奪馬之歸心。諸寨多無井，取水汲之于澗，汲道為賊所斷，遂至陷沒。信王不知所在。（又見宋史卷二十五、及二四六信王傳）

這一個集團，足足在金兵洶湧的浪潮中，砥立了兩年，才告瓦解。

第二個是八字軍首領王彥領導的共城縣（河南輝縣）西山山寨。

會編卷一一三：

建炎元年十月，王彥既得衛州新鄉縣，即傳檄州郡。金人以為大兵之至也，率衆數萬薄彥壘，圍之數重，矢注如雨……彥收散亡得七百人，保共城縣西山……未幾，兩河響應。招集忠義民兵首領如傅選、孟德、劉澤、焦文通等一十九寨，十餘萬衆，綿亘數百里，金鼓之聲相聞；自井、汾、相、衛、懷、澤間倡義討賊者皆受彥約束，稟朝廷正朔、威震燕代，金人患之。（又見同書卷一九八王彥行狀、及宋史卷三六八王彥傳、要錄卷九）

彥既有中原數州忠義民兵，軍威漸盛，金人震懼，又出兵攻彥；屢為彥所敗。會編卷一一四：

建炎元年十一月，九日乙未，王彥及金人戰於太行山，金人遁去。王彥在西山聚兵，既集……金人乘虛遽以大兵薄彥壘；彥率親兵乘高禦之，衆稍却，彥大呼賈勇，士衆力戰，且以強弩飛石齊發，金人方稍退，金人有死者皆以馬負屍而去。自此金人布長圍欲持久困彥。彥絕餽運者旬餘，彥檄召諸寨兵大至，金人乃遁去。（又見同書卷一九八王彥行狀，宋史卷三六八，要錄卷十）

二年四月，彥又敗金人於太行。同書卷一一六：

戊辰，王彥敗金人於太行山。王彥與金人戰既勝，因夜破金人趙固寨，金人退兵。（又見要錄卷十五）

彥軍聲既振，中原忠義民兵歸附，與日俱多。彥更繕甲治兵，且與東京留守宗澤約日進兵太原。要錄卷十五：

……（宗）澤聞河北都統制王彥聚兵太行山，卽以彥爲武功大夫忠州防禦使，制置兩河軍事。彥所部勇士數萬，以其面刺八字，故號八字軍。彥方繕甲治兵，約日大舉，欲趨太原。澤亦與諸將議六月起師，且結諸路山水寨民兵約日近發。（又見會編卷一九八引續鷟爲王彥行狀、中興兩朝聖政卷三、宋史卷三六八）

後宗澤以彥孤軍深入，令撤兵過河屯滑州沙店，於是這個堅强寨堡也隨之轉移陣地了。要錄卷十五：

建炎三年，五月，戊戌，河北制置使王彥以八字軍屯河南。時，宗澤以彥孤軍無援不可獨進，乃以書延彥計事，遂合諸寨兵萬餘人，以是日濟河。後五日，彥至京師；澤大喜，諭以京師國家根本，宜宿兵近甸，遂命其軍屯滑州之沙店（河南滑縣西南三十里）。（又見會編卷一九八王彥行狀，宋史卷二十五及卷三六八）

第三個是右武大夫寧州觀察使知陝州李彥仙領導的民衆抗金集團。彥仙本人也是出身於忠義抗敵民衆隊伍中。容齋五筆卷六，李彥仙守陝條說：

彥仙字少嚴，本名孝忠，其先寧州（甘肅寧縣）人也，後徙于鞏（甘肅隴西縣）。幼有大志，喜談兵，習騎射……金人南侵，郡縣募勤王軍，彥仙散家貲得三千人，入援京師。虜圍太原，李綱爲宣撫使，彥仙上書切詆，有司逮捕急，乃易今名棄官亡命……建炎元年四月，金人屠陝州，經制使王燮度不能支，引部曲去，官吏逃逸；仙爲石壕尉，獨如平時，歸者繈屬，卽徙老稚入土花砦、三砦、石柱、大通諸山、拔武銳者分主之。自營三砦……虜復據陝，分軍來攻……虜數萬圍三砦，仙邀戰，伏精兵後崦掩殺萬計，奪馬三百，虜解去。京洛間多爭附者，勢益雄張，未閱月破虜五十餘壁。（又見宋史卷四四八）。

彥仙曾乘勝收復陝州：

彥仙既聚兵，會金人用陝降者守陝，使招集散亡，彥仙陰納士數百；至是乘虛趣陝南郭，夜潛師自河薄東北陬；因所納士以入，金兵敗，棄陝去……事聞，即以彥仙知陝州，兼安撫司（要錄卷十四）。

又中興聖政卷三：

石壕尉李彥仙復陝州。事聞，即以彥仙知陝州兼安撫司事。彥仙以信義治陝，與其下同甘苦，由是人多歸之。（又見續宋編年通鑑卷一，宋史卷四四八）

得陝州後，有河東忠義人胡夜乂以五千衆來助（見容齋五筆，李彥仙守陝條）。又有神稷山邵興、邵雲等也率衆來歸。

建炎二年二月十九日甲戌，邵興歸于李彥仙。邵興初據神稷山，聞彥仙已得陝州，乃以其衆附之，願聽節制彥仙辟興爲統領河北忠義軍馬，率兵渡河收平陸縣界三門、集津、徊山、張店四鎭。又辟興加統制（會編卷一一五）。

又要錄卷十四：

邵興在神稷山，聞彥仙得陝州，乃以其衆來歸，願受節制。彥仙辟興統領河北忠義軍馬屯三門口。（又見宋史卷四四八，李彥仙傳）

彥仙得邵興等之後，渡河栅於中條山（山西永濟縣）。

……乘勝渡河栅中條諸山。蒲、解至太原皆爲響動，乃分遣隆（興）、雲等取安邑、虞卿、芮城、正平、解皆下之……（容齋五筆、李彥仙守陝條）。

這時陝州近傍各州郡像同、華、長安等，均已陷敵，但彥仙耕稼如平時，與金人作戰，又屢獲勝捷。要錄卷十六說：

是月（建炎二年，秋七月），洛索遣兵攻解州之朱家山，統領忠義軍馬邵興，苦戰三日，遂敗之……

又卷十八：

建炎二年十一月，乙酉，陝西安撫司都統制邵興敗金人於絳州曲沃縣。

又中興小記卷四：

建炎二年十一月，初，金嘗遣萬騎渡河，先攻虢，後圖陝。知陝州李彥仙極禦之，敵不能破，金人至拜於城下而去……有內侍高邈嘗官陝西，至是彥仙寓書於邈，言其與金戰獲捷之狀……

又要錄卷十九：

建炎三年正月，辛卯，陝州都統制置軍馬邵興及金人戰於潼關，敗之。乘勢攻虢州，又下之。陝州安撫使李彥仙卽以興知虢州。

至建炎三年十二月，金將陝西諸路都統洛索（齊東野語作婁室；中興聖政、宋史、容齋隨筆均作婁宿；中興小記作羅索；要錄作洛索），率兵數萬攻陝州。彥仙死守，連日血戰，斬獲很大。後因援兵不至，又加糧絕，卒於翌年正月，城陷，殉難。

是日（建炎四年正月十四日，丁巳），金陝西諸路選鋒都統洛索陷陝府。守臣右武大夫寧州觀察使李彥仙死之。敵自去冬以重兵來攻，彥仙守禦甚備，遇士卒有恩。食既盡，煑豆以啖其下，而取汁自飲，至是亦盡。宣撫處置使張浚間遣以金帛，使犒其軍，且檄都統制曲端以涇原兵往援。端素疾彥仙出己上，無意出兵……彥仙日與敵戰，將士未嘗解甲。洛索命自正月旦爲始，以一軍攻擊，一日不下，則翌日更遣一軍，每一旬則聚十軍併攻一日，期以三旬必拔之。彥仙意氣如平常，登譙門大作伎，潛使隧而出，焚其攻具，敵愕而却……敵益衆攻之，每隊以鼓在前，擊鼓一聲，則進一步，既渡濠池，鼓聲漸促，莫不爭先疾去，併力齊登，死傷者雖滿地，而不敢返顧。是旦，有鳶鴉數萬飛噪於城上，與戰聲亂。洛索曰：「城陷矣」！促使急攻，城遂陷。彥仙率士卒巷戰，左臂中刃不死，猶不已。敵惜其才，以重賞募人生致之。彥仙易敝衣雜羣伍中走，渡河曰：「吾不甘以身受敵人之刃」。敵縱兵屠掠。彥仙聞之曰：「金人所以殺傷過當者，以我堅守不下故也，我何面目復見世人乎？」遂投河而死。（要錄卷三十一。又見會編卷一三六、中興聖政卷七、中興小記卷八、宋史卷二十六、又卷四四八、齊東野語卷二、容齋五筆卷六）

（丙）宗澤招降的羣盜

以上幾個抗敵據點，多深入敵境中，而宗澤駐於黃河南岸的汴京，正是當時南宋防線的前哨。靖康亂後，高宗倉皇南去，中原無主，盜賊蜂起，宗澤留守東京，銳志復國，盡量招降，內求戢安，外以伐敵。宋論說：「光武跳身河北，僅有漁陽一旅，而平定天下者，收羣盜之用也，故有銅馬帝之號焉。宗汝霖之守東京以抗女眞，用此術也。」（卷十）宗澤所招降於城下的百萬羣盜中，主要的有王善、楊進、王再興、李貴、張用、馬友、曹成、李宏等。

會編卷一二〇：

張用相州湯陰縣（河南湯陰）之弓手也，乘民警，呼衆而聚之。與曹成、李宏、馬友爲兄弟，有衆數十萬，分爲六軍。成大名府外黃縣（河南杞縣東三十里）人，因殺人投拱聖指揮爲兵，有膂力善射，軍中服其勇。又有王大郎者名善，濮州人，亦有衆數十萬，分爲六軍。善初爲亂也，濮州弓兵執其父殺之，善有衆既盛，乃以報父仇爲辭攻濮州，不下；又攻雷澤縣亦不下，與用合軍皆受留守宗澤招安。

又中興小記卷二：

資政殿學士宗澤，留守京城……羣盜並起，王善兵十萬，擾京東；王再興兵五萬，掠京西；楊進號沒角牛，兵尤衆，圍光州（河南潢州）甚急。澤徧人招之，悉聽命……

又宋史卷三六〇宗澤傳：

王善者河東巨寇也，擁衆七十萬，車萬乘，欲據京城。澤單騎馳至善營，泣謂之曰：「朝廷當危難之時，使有如公一二輩豈復有敵患乎？今日乃汝立功之秋，不可失也。」善感泣曰：「敢不效力？」遂解甲降。時楊進號沒角牛，兵三十萬，王再興、李貴、王大郎等各擁衆數萬，往來京西、淮南、河南北，侵掠爲患，澤遣人諭以禍福悉降之。（又見要錄卷十）

宗澤既招羣盜於城下，又結諸路義兵，更北連燕趙豪傑。不久兩河忠義奮臂響應。要錄卷十八：

……（宗澤）日繕兵爲興復計，兩河豪傑，皆保聚形勢，期以應澤……

澤亦繕兵甲，修樓櫓，濬河道，造戰車，積極備戰。攻防諸事籌劃完備，澤上疏請高宗還汴。黃潛善、汪伯彥忌澤成功，百般阻撓。澤憤上疏說：

臣竊見近日有招安到丁進者數十萬衆，願爲陛下守護京城；又李成願扈從還闕，卽渡河剿絕强敵；又沒角牛楊進等領衆百萬，亦願率衆渡河，迎取二聖。臣聞得道者多助，多助之至，天下順之……尙何盜賊之足慮乎？（要錄卷十五，又見中興聖政卷三、續宋編年通鑑卷一）

澤屢上疏，不見接納，憂憤而死。澤死後，朝廷命杜充代澤留守東京；充不善馭將士，且專務殺戮，城下百萬降盜奔散，於是汴京逐漸瓦解。中興聖政引龜鑑說：

吾深惜夫宗澤抱忠義之志竟爲讒沮，鬱而不得少伸也。澤之尹京數月，城築已增固，樓櫓已修飾，龍濠已開浚，寨柵已羅列，義士已團結，蔡河、五丈河已皆通疏，陝西京東西河東北盜賊皆已歸附，又非靖康戰守無備之比……汪、黃旣主幸東南之議，則宗澤還京之請，雖二十疏而何益……澤死而杜充代之……宗澤在，則盜可使爲兵，杜充用，則兵皆盜矣！

三　鬥爭的高潮（上）

1　金齊踐踏下的江淮北岸

抗敵中期。初，金國連年興兵，士卒苦於久役，又值遼叛將郭藥師有異圖，粘罕因立劉豫主持河南，藉以安定人心，自己領兵北歸（見中興禦侮錄卷上）

（甲）僞齊武力的急遽擴張

劉豫立後，仗金人勢力，盡追河北、河東兩路壯丁爲簽軍。和金人併力，向各處山水寨民衆，進行掃蕩；同時更向南宋作進一步的侵略，紹興元年，僞齊盡得陝西五路。要錄卷四十三：

紹興元年三月，金人自階州引兵犯文州；而江漲不得渡……於是盡失陝西地，但餘階、成、岷、鳳、洮五郡及鳳翔府之和尙原，隴州之方山原而已。（又見中興聖政卷九）

十二月，金割陝西五路予僞齊。中興小記卷十一：

紹興元年十二月，初，五路既陷，金人悉割以屬僞齊……

二年春，翟興死，豫遷汴京。劉豫事迹：

壬子阜昌三年（紹興二年），三月，豫遣人之元帥府議遷東京，及會兵攻翟興山寨。時，陝西五路盡爲金所陷，割屬豫。豫居東平，而興屯京伊陽山寨，相去不遠；又東西路阻陝西道，久爲興所斷，豫每遣人之陝西，則假道於金，由懷衞越太行取蒲、解渡河以往，豫深惡之，故力請粘罕期必破興。會興將楊偉具陳破興之計，於是發女眞萬戶茶曷馬渡河陽張聲勢，言將攻興；興盡發兵以應之，楊偉潛引大軍由間道襲興營，興兵盡出，衆寡不敵，遂力戰而死，興之餘軍無復能振。四月，豫因勢遷都于汴。（又見會編卷一五〇，朝野雜記卷十九，要錄卷五十二）

劉豫又乘勝與金兵合攻山東忠義軍寨。

劉豫自去冬（紹興元年），起登、萊、密三州兵，與敵合犯山東之忠義軍寨，失利而去。遂屢造戰船以張威；又送旗膀僞赦，欲間衆心……（中興小記卷十二）

僞齊兵力日在擴大聲中，又不斷有南宋叛將來降，如紹興元年之舒蘄鎮撫使李成。

初，馬進既爲江淮招討使張俊所敗，而李成猶在蘄州。至是（五月）俊引兵渡江，至黄梅縣，親與成戰，成據石幢坡，憑山以木石投人；俊乃先遣游卒進退，若爭險狀以誤之，俊率衆攻險，賊徒奔潰。進爲追兵所殺，成遁去，以餘衆降僞齊（要錄卷四十四。又見中興聖政卷九、會編卷一四七、宋史卷二十六）。

紹興二年六月之利州觀察使蘄黄鎮撫使孔彥舟。

孔彥舟初名彥威，爲東平府鈐轄（建炎四年），與知州權邦彥不協。彥威與一宗女私通，事露，邦彥欲按發之，彥威遂率衆去。邦彥追及，彥威射中邦彥乃退。彥威遂改名彥舟（會編卷一三七）……（紹興二年）彥舟爲蘄黄州鎮撫使……權邦彥同知樞密院事，彥舟在東平府與邦彥有隙，而邦彥用事，彥舟疑圖己遂反……彥舟臨行，對官屬言無負朝廷之意，所以反者蓋疑權邦彥也，槌胸至腫，惟携所寵宗女趙氏去。至光州界，棄甲仗器械不勝計，乃歸劉豫，豫厚待之（同書卷一五一。又見要錄卷五十五、宋史卷二十七、續宋編年通鑑卷三、劉豫事迹、金史卷七十九、中興小記卷十二）。

十月，有祝友。

知楚州祝友叛附于劉豫（會編卷一五三）。

三年五月，有忠銳第八將徐文。

徐文軍於明州也，謀欲作亂。朝廷命朱師閔往襲之，文覺而走，泛海以附於劉豫（會編卷一五五）。

又要錄卷六十七：

忠銳第八將徐文既叛去，以所部海舟六十，官軍四千三百，泛海至鹽城縣，遣使至闕中納款於僞齊……豫大喜。是日（八月丙戌），授文防禦使知萊州，以海艦二十益其軍，令犯通、泰等州，且至淮南與大軍會和。（又見同書卷六十五、中興聖政卷十四、劉豫事迹）

四年，關師古降。劉豫事迹：

甲寅，阜昌五年正月，（劉）豫兵與宋熙河路馬步軍總管關師古戰於左要嶺，師古敗降。於是洮岷之地盡歸于豫。（又見要錄卷七十二）

七年，酈瓊降。金佗〇編卷一：

國家以疆埸多虞，己及防秋，比降指揮除張浚為淮西宣撫使，楊沂中為制置使。而廬州統制官酈瓊意謂朝廷欲分其兵馬，遂懷反側，不能自安。於八日脅衆叛去……（要錄卷一一三）瓊遂以所部四萬人渡淮降劉豫，……（八月）壬申，是日酈瓊至汴京，劉豫御文德殿見之，僞授瓊靜難軍節度使知拱州閤門祇侯……（註一）

（乙）羣盜南移

在僞齊武力急遽擴張下，蟠據大河南北的羣盜無法立足，逐漸南移荆湖淮浙間。中興小記卷十一：

紹興元年，冬，十月……是時曹成、馬友有衆數萬，轉掠湖南北。而山東白氈笠劉忠者，嘗與烏珠（兀朮）戰，頡頏而南；自黥其額，號花面獸，據潭之白綿山，號為最強。

又要錄卷二十五：

山東盜郭仲威，初與李成同在淄州；金人既侵入，成先往泗上，仲威乃引兵至淮揚軍。欲與其民貿易，既而圍之。仲威之衆才數百，乃取下邳八鄉之民，雜於軍中，凡四月，至是城陷，仲威入城大掠，取强壯以充軍。

又卷四十二：

紹興元年二月乙酉，江西安撫大使朱勝非言：方今兵患有三：曰金人、曰土賊、曰游寇。金人自冬涉春，不聞南渡。所謂游寇者，皆江北劇賊，自去秋以來聚於東南。

又葉適說：

建炎紹興之間，驕兵潰卒布滿東南，聚爲大盜，攻陷城邑荼毒生靈，行都數百里外，率爲寇賊之淵藪（通考卷一五四，兵六，葉適應詔兵總論。案此節不見水心文集）。

又要錄卷四十一：

荊南鎭撫使解潛言：「臣所領鎭，寇亂騷然，東鄰鄂渚，南接潭鼎，水連襄漢，千里之間，人迹斷絕。

（丙）生民如坐水火

大河南北承靖康建炎大亂之後，耕稼失時，農村經濟破壞殆盡；又加劉豫窮兵累年，橫徵苛斂，民生日窘，要錄卷一一二：

張浚奏：「探報僞齊簽軍，自六十以上則減之，五十以下則增之。科條之煩，民不堪命，出軍之際，自經於溝瀆者，不可勝計。」（又見中興聖政卷二十二）

又卷五十四：

蘄黃鎭撫使孔彥舟言：「劉豫已遷汴京，金人留戍甚寡，人苦科役，日望王師……」

又宋史卷一七四，食貨志載：

初，劉豫之僭，凡民間蔬圃皆令三季輸稅……起居舍人程克俊言：河南父老苦豫煩苛久矣！賦斂及於絮縷，割剝至於果蔬……

又中興小記卷十二：

右僕射呂頤浩屢請因夏月引兵北向，以復中原。且謂……金以中原付之劉豫，而豫煩碎不知國體，三尺童子，知其不能立國……

2 民衆隊伍的動態

這一時期中的抗敵羣衆，從其活動的態度上看，可分爲隱伏與爆發兩個期。茲分述如下：

（甲）隱伏期

隱伏期，指紹興二年春翟興死後，直到九年，計六七年間而言。劉豫初立時，其軍事未臻完備，許多地方武力不能到達，所以當時陷區中民衆抗敵隊伍的活動，還是方興未艾，如要錄卷三十六說：

建炎四年八月，乙酉，宣議郞御營使司參議官王擇仁爲直郞，直徽猷閣，權發遣河東路制置使司公事，節制本路應援軍馬。時，京西與河東北接境，而忠義之人，猶有聚兵保守山寨者；河南鎭撫使翟興遣親信持蠟書，取間道以結約之，如向密、王簡、王英等數十寨，皆願聽節制。興言於朝，上大喜，遂命興與擇仁同領其事……擇仁言：「山寨首領韋忠佺、宋用臣、馮賽皆乞兵渡河，剋期相應。」（又見宋史卷四五二翟興傳）

又會編卷一四一：

建炎四年八月，翟興加武略大夫兼閤門宣贊舍人，爲河南府孟汝唐州鎮撫使，馬步軍都總管兼知河南府事，管內勸農使……興遣人作商販渡河密齎撫諭；自是幷、汾、澤、潞、晉、絳、懷、衛、河陽等數州山寨首領盧師廸、李吉、李彥隆、馬疢義、李遵、宋德輩，至河陽見興矣！

又卷一四八：

紹興元年八月十五日己卯，降旨韋壽佺、李宋臣、馮賽，幷河東諸山寨首領等；能著忠義率衆戰敵，四軍誓不屈節從蕃。及王擇仁遣人撫諭，約期相應收復故地，忠義顯著，令學士院降詔奬諭。

翟興死後，僞齊控有整個河南、山東和秦陝諸郡。他和金人對於敵後忠義山水寨，更加緊進行勦除工作；兩河關右忠義豪傑，抗敵的銳氣日趨消沉。有的潰散，有的據險自保。如趙鼎奏說：

某（趙鼎）奏曰：「河東山寨如韋詮忠輩，今雖屈力就招，然未嘗下山，隊伍器甲如舊，依險自保，耕種自如，唯不出兵耳，金人亦無如之何，但羈縻之而已；一旦王師渡河，此曹必爲我用……」（趙鼎建炎筆錄卷中。又見鄂國金佗續編卷二十九，日記雜錄、要錄卷一〇五）

又宋史卷三六五岳飛傳：

紹興五年，（岳）飛遣梁興等布德意，招結兩河豪傑，山砦韋銓、孫謀等斂兵固堡以待王師……

同時也有些力不自保，突圍來歸的。要錄卷九十七：

荆襄招討使岳飛言：「太行忠義社梁興百餘人，欲徑渡河自襄陽來歸。」時（紹興五年，冬），金人併力攻

青（興），故青以精騎突而至飛軍前。（又見會要兵二，第一百七十二冊。趙鼎建炎筆錄卷中）

又，劉豫事迹：

癸丑，阜昌四年（紹興三年）五月，時，豫悉有梁、衞之地。宋翟琮屯伊陽之鳳牛山，不能孤立，突圍奔還襄陽。（又見朝野雜記卷十九，紹興失河南條）

又，會要第一七九冊，兵十五（歸正）：

紹興三年，三月二十一日，劉光世奏：徐州淮陽軍菱角山巡社正統領王順、副統領王集等狀。爲久陷僞齊，密結義兵殺併蕃人，領人兵老小前來歸朝。臣已給米糧，今且在淮北把隘養種……

又宋史卷三六五，岳飛傳載：

……李通、胡清、李寶、李興、張恩、孫琪等舉衆來歸……

在此期中，除了忠義隊伍來歸外，更有成千累萬不甘敵人迫害，和凍餓的義民扶老携幼來歸。如：紹興四年十二月八日詔，宿遷知縣張澤，昨自僞境率衆來歸，忠義可嘉……；又同月二十日，神武中軍統制楊沂中奏：武功大夫忠州團練使左軍左部統領官范温，原係山東福島統率鄉民涉海來歸；又八年正月……知壽春府孫暉奏：有僞壽春府知州宋超率民兵來歸。以上均見會要第一七九冊，兵十五，歸正條；像這類的記述，不能枚舉。就以上史實看，不能不說這一期，是民衆抗敵運動中的一段噩運，今稱此期爲隱伏期。

（乙）爆發期

由於金齊合兵連年攻勦，敵後民衆抗敵怒火，日趨消沉，既而金廷廢罷劉豫，撻懶得專兵權，率衆攻蜀，喪師於吳玠，乃獻和親之策於熙宗（亶），熙宗從其請，把河南地交還於宋。後兀朮得權，說撻懶縱敵生患，有異謀；因而撻懶和宗盤同謀，以嚴刑苛法迫民致亂，意圖乘機再起。不久各地羣衆果蜂起嘯聚。抗敵怒潮又遍及中原、華北。其主要關鍵，在於金國之內亂，如會編卷一九七引節要說：

……諸路蕃軍，將欲叛盟，復寇河南者，蓋撻懶時與皇甫伯宗盤之徒陰謀叛逆，欲起兵，假以復寇河南爲名爾……撻懶避暑於蔚州（察哈爾蔚縣治）大田嶺，下令諸隱藏被虜逃者，家長罪犯死，產業人口半沒官，而半充賞，及四鄰之家共追賞錢三百貫，發諸蕃軍分詣諸路搜捕被虜亡者。諸蕃爲利所誘，苟遇村民便行凌虐捶掠之下，問或得之。苟非亡者，則曰：「爾當爲我指爾村，或鄰村所匿亡者一人以易爾身」。其人不得已，而言之；諸蕃每得一亡者，則驅詣所匿之家，拘收人口財物，以及四鄰。生民無辜立成星散，被害之甚不啻兵火，或各持挺聚集相保，蕃軍苟至，遂或鬥敵。由是所過捕戮積戶狼藉，州縣囹圄爲一盈。此令初下，始自蔚州，次及易州、安肅、廣信、保州、北平、中山、祁州、慶源、信德之境。黎元窮蹙，羣起爲盜，往往相宰耕牛，自焚廬舍，相率上山……此撻懶將反，故使民爲亂，而藉以起兵也。（又見中興小記卷二十七，大金國志卷十）

是年秋，宗盤、撻懶等被誅，其黨羽亡命山谷，據險作亂；加之盜賊蜂起，官司不能制，於是跪伏各地的民衆抗敵隊伍，乘隙大舉。要錄卷一三二：

是秋（紹興九年），太行義士蜂起，威勝、遼州以來道不通行。時，金人法苛賦重，加以飢饉，民不聊生；又下令欠債者以人口折還，及藏亡命而被告者皆死。至是將相大臣如魯王昌，宋王宗盤之徒皆被誅。二帥久

握重兵，植黨滋衆，今則悉爲亡命，保聚山谷，官司不能制。（又見中興小記卷二十七）

又卷一三三：

是冬（紹興九年）……時，太行義士王忠植已取石州等十一郡，聞於朝；上嘉之，拜忠植爲武功大夫華州觀察使，統制河州（北）忠義軍馬。

又同卷：

初，金人之割地也，以新河爲界，朔方盛傳御駕北征，民間往往私結徒黨，市軍器，以備緩急，沿河猶甚。每遇陰晦，輒引領南望曰：「御營烈火光矣」！太行義士又攻懷州萬善鎮破之。守臣烏陵噶思謀率軍民城守，思謀自金中內亂，每夜被衣而坐，喟然歎曰：「可惜官人備歷艱險，以取天下，而今爲數小子壞之，我未知其死所矣！」

而兀朮不顧內亂安危，遽然舉兵渝盟，再取河南。要錄卷一三五：

……及（魯王）昌誅，宗弼（兀朮）始得政；以歸地非其本計，決欲敗盟，乃舉國中之兵，集於祁州（河北安國）元帥府大閱，遂分四道入犯……宗弼入（東京）城，駐舊龍德宮。於是金主亶詔諭諸州縣，以達賚擅割河南，且言朝廷不肯徇其邀求之故，詔詞略曰：「非朕一人與奪有食言，恩威弛張之間，蓋不得已。」遂命使持詔徧抵諸郡，又分兵隨之。知興仁府李師雄，徽猷閣待制知淮寧府李正民皆束身歸命。自是河南諸郡望風納款矣！（又見會編卷二百、中興聖政卷二十六、中興小記卷二十八、續宋編年通鑑卷五、宋史卷二十九）

兀朮既率軍南犯，敵後民衆便紛起響應王師。要錄卷一三五：

是日（紹興十年五月十二日己丑），金人陷西京。初，金人有渝盟意，河外豪傑以告河南府兵馬鈐轄李興，興告於轉運判官權留守李利用；副總管孫暉謂雒陽實居衝要地，東接王畿，南通巴蜀，北控大河，可以屏衞襄漢，況陵寢所在。不可不注意也，利用然之；令興招集忠義民兵，密爲防禦計，不數日，得萬餘人……

（又見會編卷二百）

這一期民衆抗敵的高潮，是在岳飛郾城（河南郾城）大捷前後，宋論曾說：「岳鵬舉郾城之捷，太行義社，兩河豪傑衞、相、晉、汾皆期日興兵以會北討……」（卷十）

又鄂國金佗續編卷第二十、章尙書穎經進鄂王傳之四說：

……是月（紹興十年七月），梁興會太行忠義，及兩河豪傑趙雲、李進、董榮、牛顯、張峪等，破賊于絳州垣曲縣（山西垣曲縣西二十里）。虜入城復拔之，擒其千戶劉來孫等一十四人，獲馬百餘匹，及器甲等；又捷于泌水縣復之，斬賊將阿波那，千戶李孛董，它死者不可計；又追至于孟州王屋縣之邵原，漢兒軍張大保等，以所部六十餘人降；又追至東陽，賊棄營而去，追殺三十里，獲其所遺馬八匹，衣甲刀槍旗幟無數；又至濟源縣之曲陽、破高太尉之兵五千餘騎，屍布十里，獲器械刀旗鼓甚衆，擒者八十餘人；高太尉引懷、孟、衞等州之兵萬餘人，再戰又破之，賊死者十之八，擒者百餘人，得驢騾二百餘頭，高太尉以餘卒逃，又敗之于翼城縣……中原大震動。飛上奏以謂：「梁興、董榮等過河之後，河北人心往往自亂，願歸朝廷……又遣邊俊、李喜等渡河撫諭，申固其約河東山寨韋詮等，皆斂兵固堡以待王師之至。烏陵思謀虜之黠酋也，亦不能制其下，但諭百姓曰：「毋輕動，俟岳家軍來當迎降」。或率其部伍舉兵來歸：李通之衆八千人，李興之衆二千人，懷、衛州張思等九人相繼而至；白馬山寨首餘（領）孫琪等……皆全所部至麾下……虜酋動息，及其山川險要，飛盡得其實。自磁、相、開德、澤、潞、晉、絳分爲八路，卽日興兵，衆所揭旗皆以岳爲號。聞風悉皆響應。朱仙鎭（河南開封縣西南四十五里）之捷，飛欲乘勝深入，兩河忠義百萬，聞飛將渡河，奔走如恐後，各齎兵杖糧食，及頂盆焚香迎拜，而候之者充滿道路，虜衆皆相與熟視，莫敢誰何。自燕以南虜之號令不復行矣！兀朮以敗故，復簽軍以禦飛，河北諸郡，無一人從之者，乃歎曰：「自我起北方以來，未有如今日之挫衄。」（又見卷十四、卷二十二閣學劉光祖襄陽石刻事迹之一、卷二十四、宋史卷三六五岳飛傳）

據上引，此期從開始到結束，雖止短短兩年，但民衆抗敵如火如荼的氣焰，及給予敵人打擊的深重，却是靖康以來的第一次；致使好戰的兀朮隻身孤影鼠竄北去，老死不敢再南向。於是便打開了宋金兩國二十多年和平的局面。附本期主要的忠義民兵首領表：

從建炎末到紹興十一年江淮以北忠義民兵首領表

姓名	起義年月	起兵地		兵力		出身	籍貫	備註
		古	今	初	最盛			
王順 王集	紹興三年二月	徐州淮陽軍菱角山	江蘇邳縣			巡社首領	徐州	會要兵十五（歸正）

史康民	建炎四年五月	濮州	河南濬縣治			羣盜	濮州	要錄卷三十三
孫韓		丹州	陝西宜川縣治		三十	義士	丹州	要錄卷六十六
陸清	紹興二年四月	宿州	安徽宿縣			平民	宿州	要錄卷五十三會要兵十七歸明
黃捷	紹興六年	承縣	江蘇武進縣			平民	承縣	要錄卷一〇六
趙延壽	紹興元年五月	分寧縣	江西修水縣治	五千		羣盜		要錄卷三十七、四十四
慶預	紹興元年	隨州洪山	湖北隨縣			洪山寺主持僧	金山	要錄卷四十三會編卷一五四
王忠植	紹興九年冬	石州	山西離石縣治			太行義士	河東佛山	要錄卷一三三
梁興	紹興四年	太行		四千		太行忠義社首領	懷衞間	要錄卷九十七註二
李寶	建炎三、四年間	濮州	河南濬縣治	數百	三千	無賴	興仁府乘氏	要錄卷一三二
徐宗誠	紹興元年	泗州	安徽盱眙縣東北			土豪	泗州吳城	要錄卷七十五小記十六

3 敵後忠義隊伍的暴起及其分佈

自紹興十一年底，宋金議和，南北相安，邊防無犬吠之警，凡二十年；後金主亮立，貪婪殘暴，專務殺戮，宗族舊臣誅除殆盡，國人惶惑莫有定志；又大興民工營造汴京，暴役橫斂，於是中原民衆重罹其苦！葉義問說：

（紹興三十年二月庚申，以同知樞密院事葉義問，爲金國執謝使）義問入金境，見金已聚兵，有入侵意……

金人以尅剝不卹爲能，以殺戮不恕爲威，窮奢極侈，似秦隋之所爲：如燕京已劇壯麗，而又修汴京，伐木琢石，車載塞路，民勞而多死於道，天人共怒，觀此豈能久也……（中興小記卷三十九）

三十一年，金主亮將南侵，又借民間稅錢五年；貧瘁飢疲的民衆，越發陷於水深火熱之中。不久中原義民又蜂起，此期民衆隊伍主流，可分中原、山東、淮北三方面：

（甲）中原

中原方面的義軍，主要的有王友宜、王任、陳亨祖等。宋史卷三七○：

王友直字聖益（自號九郎），父佐，以材武稱。友直年十二隨父游，諳諸兵法；紹興三十一年金人渝盟，友直結豪傑志恢復，謂其衆曰：「權所以濟事，權歸於正，何害於理？」迺矯制自擬承宣使，河北等路安撫制置使，餘擬官有差，徧諭州縣勤王；未幾得衆數萬，制爲十三軍……九月戊子進攻大名，一鼓而克，撫定衆庶，諭以紹興年號。乃與王任、馮穀、張昇、牛汝霖列奏于朝……（又見要錄卷一九二、續宋編年通鑑卷七，註三。）

友直和王任佔據大名不久，金人立烏祿（褎）於遼陽。褎進據燕京之後，立刻着手于中原和山東地區的安定工作。一面下令大赦，說是：「在山者爲盜賊，下山者爲良民」，企圖借此分化抗敵義軍，使其自己瓦解；另一面，則調集大兵，把繼續反抗的忠義隊伍各個擊破。因之友直部衆漸各散去，不能成軍，遂與任等率餘衆南歸。要錄卷一九五：

是月（紹興三十一年十二月），河北安撫制置使王任（東平人，嘗以罪亡命，敵重賞捕之急，友直及聚衆，往大名歸之），天雄軍節度使王友直，自壽春渡淮來歸……金主褒旣立，下令友直之衆並赦罪，令歸業爲平民，其衆聞之皆散去。友直乃與任等自山東尋路來奔，比入境，有衆三十餘，遂自淮西赴行在（註四）。

中原地區另一股忠義抗敵勁旅，就是淮寧（今河南省淮陽縣）士豪陳亨祖。要錄卷一九四：

紹興三十一年十一月，癸酉，淮寧人陳亨祖執金人所命同知陳州完顏耶魯，以其城來歸。亨祖，州大豪也，聞官軍已得蔡州，遂領民兵據其城，事聞，卽命亨祖爲武翼大夫忠州刺史，知淮寧府。（又見會要，兵十四、會編卷二四七、宋史卷四五三陳亨祖傳）

不久，陳州（卽淮寧）復陷，亨祖殉難。會編卷二五〇：

紹興三十二年，三月，二十二日戊午，金人陷陳州。陳亨祖招集忠義人收復陳州，金人圍之急，亨祖盡力禦之，屢與金人戰，金益增兵。亨祖以孤城不可保守，乃率衆力擊金人，爲流矢所中而死。後五日城陷……亨祖母及良賤五十餘口盡遭殺戮。自此官軍惟守舊境而已。

又要錄卷一九八：

是日（三十二年三月二十二日戊午），金人陷淮寧府（卽陳州）。忠義副統領戴規部兵巷戰，奪門以出，爲敵所害。守將陳亨祖之母，及其家五十餘人皆死。後贈亨祖容州觀察使，贈規三官，祿其家三人，又爲亨祖立祠於光州名閔忠。北之叛盟也，淮襄諸軍復得：海、泗、唐、鄧、陳、蔡、許、汝、亳、壽等十州，自是但餘四州而已。（又見宋史卷四五三亨祖傳、朝野雜記甲集卷二十、癸未甲申和戰本末）

（乙）山東

山東方面大股的義軍有耿京、賈瑞、辛棄疾等。會編卷二四九：

濟南府民耿京，怨金人征賦之騷擾，不能聊生，乃結集李鐵鎗以下得六人入東山，漸次得數十人，取萊蕪縣泰安軍，有衆百餘。有蘭州賈瑞（要錄卷一九六說瑞是蔡州人）者，亦本（率）衆數十人歸京，京甚喜，瑞說京以其衆分爲諸軍，各令招人，自此漸盛，俄有衆數十萬……（又見要錄卷一九六）

耿京所領導的義軍，日益壯大之後，遂進而攻佔兗州和鄆州。鄆州也叫東平府，又叫天平軍，西境濱臨梁山泊，東境傍泰山之麓，是山東地區一個軍事要地，京乃自號天平軍節度使，節制山東河北忠義軍，以賈瑞爲諸軍都提領。時，大名王友直也遣人通書，願意受京節制；又歷城辛棄疾起義（見宋史卷四○一本傳）後，亦率衆歸京。京軍大盛，因遣瑞過江赴行在。要錄卷一九六：

紹興三十二年，正月，乙酉，權知東平府耿京，遣諸軍都提領賈瑞、掌書記辛棄疾來奏事；上卽日召見……乙丑，制授耿京天平軍節度使知東平府，兼節制京東河北路忠義軍馬；權天平軍節度掌書記辛棄疾特補右承務郎；諸軍提都領賈瑞特補敦武郎閤門祇候。京、瑞並賜金帶，將吏補官者二百人……（又見會編卷二四九）

瑞、棄疾等既已受詔補官，在同年二月回至山東。時，耿京已被部將張安國、邵進等所殺降金。宋史卷四○一：

……會張安國、邵進（耿京將）已殺（耿）京降金。棄疾還至海州，與衆謀曰：「我緣主帥來歸朝，不期事變，何以復命？」乃約統制王世隆，及忠義人馬全福等，徑趨金營。安國方與金將酣飲，卽衆中縛之以歸，金將追之不及。獻俘行在，斬安國於市，仍授前官，改差江陰僉判。

案：事又見朝野雜記甲集卷二十，癸未甲申和戰本末條說：「始京東（卽山東）義士耿京率衆據東平府，遣掌書記辛棄疾赴行在。壬午（紹興三十二年）春，制授京天軍平節度使，節制京東河北忠義軍馬。既而張忠建來告登位，朝廷遂不復通，復京亦為虜所誅」。與宋史不同，且此事不見會編和要錄。

同時山東義軍又有劉岜彪、温皋、趙開、李幾、明椿、劉昇、李仔、鄭雲等，時與官軍犄角破敵。

（丙）淮北

淮北義軍有魏勝等。宋史卷三六八魏勝傳：

魏勝字彥威，淮陽軍宿遷縣人，多智勇，善騎射，應募為弓箭手，徙居山陽。紹興三十一年，金人將南侵，聚芻糧，造器械，籍諸路民為兵，勝躍曰：「此其時也」，聚義士三百，北渡淮取漣水軍，宣布朝廷德意，不殺一人，漣水民翕然以聽，遂取海州（八月辛丑）……（又見會編卷二三〇、要錄卷一九二、中興小記卷四、宋史卷三十二、註五。）

魏勝復海州以後，李寶卽以勝知州事。次年四月，勝又大敗金將五斤太師于石闥堰；五月又敗金兵於海州城北之砂巷。宋史卷三六八：

金人復遣五斤太師，發諸路兵二十餘萬，來攻海州。先遣一軍自州西南斷勝軍餉道，勝擇勇悍士三千餘騎拒于石闥堰，金軍不能進，逮夜始還，留千人備險隘，金兵十萬來奪，勝率衆鏖戰，殺數千人，餘皆遁去……金兵環城（海州）數重……勝告急於李寶，寶以聞。還報城中，已命張子蓋率兵來解圍，金人亦知子蓋軍且至，已有還意。頃之子蓋先師騎兵至，勝出與子蓋議戰事，且促其步卒，勝出軍城北砂巷，與金軍大戰，斬首不可計，近數十里，餘兵皆遁……

魏勝從三十一年八月復海州，至隆興二年，宋金議和，始命撤戍海州。勝以數千烏合民兵，孤立於淮北近三年半，實是炎興以來罕見的抗敵英雄，宋史卷三六八論曰：「魏勝崛起無甲兵糧餉之資，提數千烏合之衆，抗金人數十萬之師，卒完一州，名震當時，壯哉……」

附抗敵末期江淮以北忠義民兵首領表如後：

從紹興十二年到紹興末江淮以北忠義民兵首領表

姓名	起義年月	起兵地 古	起兵地 今	兵力 初	兵力 最盛	出身	籍貫	備註
孫儔	紹興三十一年	鄧州	河南鄧縣	千餘		豪民	鄧州	會要兵十五歸正
倪震	紹興三十二年四月	蒙城縣	安徽蒙城縣	二千餘		豪民	蒙城縣	要要錄卷一九九
劉繹	紹興三十一年十二月	招信横山	安徽盱眙縣西五十里	數百		土豪	招信	會編卷二四七
陳亨祖	紹興三十一年十一月	淮寧府	河南淮陽縣			土豪	陳州	會要二五〇 要錄卷一九四 會要兵十四
董臻	紹興三十一年七月	漣水縣	江蘇漣水縣	數百		弓手節級	漣水縣	要錄卷一九一
李秀	紹興三十一年三月	東海縣	江蘇東海縣			盜	東海縣	要錄卷一八四
王世隆	蓋紹興三十一年	密山	山東諸城縣	馬軍七、八百				會編二三七 要錄卷一九三

皆朝	紹興三十一年十二月	鄧州	河南鄧縣	二萬		射士	鄧州	要錄卷一九五 會要兵九
王友直	紹興三十一年九月	大名	河北大名	數萬	數十萬	豪民	大名	會編卷二四九 要錄卷一九二
耿京	紹興三十一年	山東東平府	山東東平縣	數十	數十萬	民	濟南	會編二四九 要錄卷一九二
陳俊	紹興三十一年	太行				豪民	太行	要錄卷一九二
辛棄疾	紹興三十一年	濟南	山東歷城	二千		布衣	濟南	要錄卷一九六
魏勝	紹興三十一年	漣水軍	江蘇漣水縣	數百	數千	商	淮陽軍宿遷縣	要錄卷一九二、一九三
王任	紹興三十一年	大名	河北大名			以罪亡命	鄆州東平	會編卷二四九 要錄卷一九五
賈瑞	紹興三十二年	蔡州		數十			蔡州	會編二四九 要錄卷一九六
高禹	紹興三十一年	濟南	山東歷城			布衣	濟南	要錄卷一九二
來二郎	紹興三十年	滕陽軍沂州之間蒙山	山東蒙陰縣南				滕陽軍沂州之間	會編卷一三〇

四　民衆抗敵的原因

南宋雖無恢復之志，而華北諸陷區的民衆們、在强敵摧殘下，却保存着濃厚的國家思想，不甘受敵人之迫害、屈辱，他們嘗說：「吾屬與其順寇，則寧南向作賊，死爲中國鬼！」（南宋文範卷十二，許翰論三鎭疏）是以從兵與以來，前仆後繼，堅決抗爭，始終不渝。歸納當時抗敵羣衆並起的主要原因，可分爲四項研究如下：

（甲）愛國思想

愛國家，愛民族，自爲當時憤起抗敵的主要原因，如太原忠義寨主石竧（朝野遺記作石頳）：粘罕初圍太原，有保正石竧起寨於西山保聚村民。金人攻之，往往爲竧敗去，及多邀金人出掠者，由是粘罕遣大軍擒而破之。竧已保守八月矣！粘罕既得竧，命釘之於車，刺刀於股將欲支解之，竧不屈，粘罕異之，徐謂竧曰：「爾若降，我當命爾以官，」竧謾罵曰：「爺是漢人，寧死不降番狗，你識爺麼？爺姓石，石上釘橛更無移改……」。（見會編一四三引節要、又見朝野遺記）

又如宋史卷四四八載：

李震汴人也，靖康初，金人迫京師，震時爲小校，率所部三百人出戰，殺人馬七百餘。已而被執，金人曰：「南朝皇帝安在」？震曰：「我官家，非爾所當問」！金人怒，絣諸庭柱臠割之，膚肉垂盡，腹有餘氣，猶罵不絕口。

再如抗敵初期的濟南劉和尙、洛州王明、招信劉位、太行義士石子明、豪州王維忠、萊州范温、橫山義士史準、伊陽翟進、翟興；抗敵中期的丹州義士孫韓、太行義士王忠植、徐州王順、王集、太行忠義社首領梁興（又作梁靑）；抗敵末期的淮寧陳亨祖、濟南辛棄疾等，不勝枚擧。

除前擧營立山水寨栅，或據有州縣，與金人對壘的隊伍外，更有以游擊隊方式和金兵格鬥；像河東的「紅巾」，這支隊伍並無專人領導，又無統屬，凡活動於太行的小股抗敵武裝，無所繫屬的統稱紅巾。他們的目標小，調動靈活，又兼聚散出沒無常，所以常給敵人很嚴重的打擊，中興小記卷二說：

時（建炎元年）河東之民，心懷本朝，所在結爲紅巾，出攻城邑，皆用建炎年號，見有脫身南歸者，往往助以衣糧，且言只俟天兵過河，亦不須多，當藉聲勢，盡執敵人戮之。金衆之在河東者，稍稍遷以北去。金之兵械，亦不甚精，但心協力齊，奮不顧死，故多取勝，然河東人與習熟，略無所懼。是年澤潞之間，刼左副元帥尼雅滿寨幾復之，故令捕紅巾甚急，然不能得其眞，則捉平民以塞責，有舉村被害者，故强壯者多奔以逃命，而紅巾愈勝矣！（又見要錄卷九）

（乙）薙髮

金人入中原，禁民漢服，削髮，這是破壞中國人的文化傳統和自尊心的舉動，如會編卷一三二引節要的記載：

建炎三年，閏八月……元帥府禁民漢服，及削髮不如式者死。劉陶知代州，執一軍人於市，驗之頂髮稍長，大小不如式者斬之。後賊將韓常知慶源，耿守忠知解梁，見小民有依舊犢鼻者，亦責以漢服斬之。生靈無辜被害不可勝紀。時，復布帛大貴，細民無力易之，坐困於家無敢出焉。（又見大金國志卷五）

因之引起下層民衆激烈反抗，護髮的憤怒呼聲，不久便響遍了兩河，如馬擴上書高宗說：

……皇弟信王脫於囚虜，集兵山谷，結約河外忠義，所得壯勇不啻數十萬……時方金人欲剃南民頂髮，人人怨憤，日思南歸……自河以北各傳蠟檄，皆約內應，故王彥、王仔、翟進、馬温、靳賽、劉展、樊清、王江、鄭立、耿進、耿洪等義兵；楊進、馬皋、張用、王善等羣黨，俱奮渡河討賊之志，是時若王師得濟，則諸山水寨接勢興舉……兩河州縣一旦可復，金賊勢自瓦解……

（丙）金齊苛政暴斂

抗敵初期中原華北淪陷區，金人實未能完全佔領，此區中，宋室官軍的據點，以及土豪大族自保的山水營寨，形成各自獨立的局面。受金人苛政毒害的，只是少數的金兵佔領區而已。到抗敵中期，劉豫立後，金齊合力清除山水寨柵武力，敵人統治勢力日趨鞏固，於是陷區民衆遂普遍遭受其苛法奇斂。盡徵壯丁當兵，強迫老稚服傜役。靳黃鎮撫使孔彥舟說：「劉豫已遷汴京……人苦科役，日望王師」（要錄卷五十四）；又張浚說：「探報僞齊簽軍，自六十以上則減之，五十以下則增之，科條之煩，民不堪命，出軍之際，自經於溝瀆者不可勝計」（同書卷一一三）。又紹興九年，金國內亂，苛法奇徵愈熾，又加之天災，民不聊生，因而被迫害的羣衆們，又重新掀起抗敵的鬥爭。詳見本文第三章，第二節，這就是紹興十年，敵後民衆抗金第一高潮的主要原因。

其次因金人苛政而激起的民衆抗敵運動，要算是紹興三十一年了。不過這次抗金運動，遠在二十六年既已開始。要錄卷一七五：

是歲（紹興二十六年），金主亮以李成知中山府，孔彥舟知河南府，且經營汴京。將謀徙居，乃以內侍梁漢臣爲修大內使，彥舟副之，於是暴役橫斂，以務速成，而中原之民，重罹其毒矣！

奢淫殘暴的金主亮，一邊大動勞役營修汴京，一面又搜刮民間財物，極積準備出兵江南，黎元苦痛日甚一日。葉義問說：

金人以尅剝不卹爲能，以殺戮不恕爲威，窮奢極侈，以秦隋之所爲，如燕京已劇壯麗，而又修汴京，伐木琢石，車載塞路，民勞而多死於道，天人共怒，觀此豈能久也？（中興小記卷三十九）

不堪虐政的民衆們遂紛起抗拒，最初起而為盜，有的偷渡南來，如要錄卷一九一：

……漣水縣（江蘇漣水縣）弓手節級董臻者，私渡淮，見（徐）宗偃，言山東之人，久困暴斂，日欲歸正，若士馬一動，悉皆南來……是月（紹興三十一年七月）初，臻果率老幼數百人來歸……宗偃因遣（葉）義問書，言旬日以來，渡淮之人，晝夜不止，漣水為之一空。臨淮縣（安徽鳳陽東北二十里）民，亦源源而來不絕，泗州兩遣人諭盱眙，令關報本州約囘，然有死不肯復去，計其家屬之數，幾萬人矣……

又卷一八四：

先是山東之民怨金暴虐，會歲飢，東海縣民因起為盜。有盜首領李秀者，密詣淮東副總管宋肇納款，願得歸附，朝廷却之……秀又遣其徒至楚州，見右朝奉郎通判權知州事徐宗偃求濟師，宗偃諭遣之，因貽書大臣，大略謂：「東海飢民，困其科斂苛擾，嘯聚海島，一唱百和，犯死求生，初無能為……」

到三十一年秋，金主亮發動大規模的南侵戰爭，下令徵發國內二十歲至五十歲壯丁，包括女眞、漢、契丹、渤海等族，共得五十一萬。他又向民間徵取大批武器，更下令徵收國內大批食糧和馬匹；規定七品以上官員，才能留馬一匹，其餘一概徵作軍用，道路上充塞了東西徵調來的馬匹，日夜不斷，馬缺食料，便吃莊稼，使民間大擾。（詳見金史卷五，及趙翼二十二史劄記，海陵兼齊文宣隋帝之惡條）由是義兵並起，大者連城邑，小者保山澤，官軍不能制。要錄卷一九二：

……亮肆虐既久，宗族大臣已悉被誅，而舊臣如張通古、孔彥舟、蕭玉之徒亦皆坐死，國人莫有固志，及將用兵，又借民間稅錢五年，民益怨憤，於是中原豪傑並起，大名王友直、濟南耿京、太行陳俊唱義集衆……

（丁）招安補官之敎唆

前面三種起義原因之外，尙有一種變態，他們純粹是投機分子，卽所謂當時的降盜。但從他們對於進犯中國的金人來說，無疑的也是反抗，因此，他們雖然對於當時社會有所擾亂和危害，而在宋代民衆抗敵功勞方面，也確有其不可磨滅的輝煌一頁。南宋君臣過江之後，兵力寡弱已極，本是藉助於降盜才振作起來。故宋論說：

紹興諸大帥所用之兵，皆羣盜之降者也。高宗渡江以後，弱甚矣！張浚、岳飛受招討之命，韓、劉繼之，於是而范汝爲、邵靑、曹成、楊公之衆皆降而充伍，乃以復振。走劉豫，敗女直，風聞驚竄之情因以有定。蓋羣盜者耐寒暑，攖鋒鏑，習之而不驚，甲仗具部隊分仍之而無待，故足用也。不然舉江南厢軍，配囚脆弱之衆，惡足以當巨寇哉？（見卷十）

又同卷：

張、韓、岳、劉諸將，競起以盪平羣盜，收爲部曲，宋乃於是而有兵。

南宋初年，軍紀敗壞，將不肅命，今天羣盜，明日官兵，叛降無常，而貧弱的南宋政府，旣無力制止，又仰賴他們對付方張的强敵，故極盡綏懷招安，其意義可分兩方面，第一是藉以彌盜，第二是利用降盜拒敵，當時大臣們多是這樣主張。要錄卷七：

自宣和末，羣盜蜂起，其後勤王之兵，往往潰而爲盜，至是（建炎元年秋七月）祝靖、薛廣、黨忠、閻瑾、王存之徒，皆招安赴行在，凡十餘萬人。李綱爲上言：「今日盜賊，正當因其力用之，如銅馬、綠林、黃巾之比……」

又同書卷三十三，范宗尹說：

時（建炎四年五月），江北、荊湖諸路盜益起，大者至數萬人，據有州郡，朝廷力不能制……(范)宗尹以爲此皆烏合之衆，急之則併死力以拒官軍，莫若析地以處之，盜有所歸，則可以漸制；乃言於上曰：「昔太祖受命，收藩鎭之權，天下無事百有五十年，可謂良法。然國家多難，四方帥守事力單寡，束手而莫知所出，此法之弊也，今日救弊之道，當稍復藩鎭之法……使恩有所歸。」（又見中興聖政卷七）

又高宗也說過：

朕南渡之初，金人退，而羣盜起，遂用議者羈縻之策……（齊東野語卷四，楊府水渠條）

是以朝廷特用黃榜招安叛兵、羣盜。

建炎元年，秋，八月，庚辰，詔賜杭州黃榜招諭作過軍民，若能率衆歸降，當赦其罪，一切不問，仍審量事狀情理命以官貲……建炎後以黃榜招安叛兵自此始（要錄卷八、又見中興聖政卷二）。

又屢下招安詔書。中興聖政卷三：

建炎二年，春正月，丁未，詔曰：「凡今日奪壞縱暴之徒，皆異時忠義向方之人，白日照臨，明爾遷善之意，皇天覆燾，監予止殺之誠，應盜賊能同心易慮，散歸田野，或失業不能自還者，令所在官司條具以聞，朕當區處，其日前罪犯一切不問。」

宋室對於叛兵、羣盜如此寬大，無異於獎勵，如建炎三年，京城統制官張用、王善被杜充襲後，善引兵攻淮寧，張用勸他說：「吾徒所以來，爲乏糧耳，安可攻國家之郡縣？」善曰：「天下大亂，乃貴賤貧富更變之時，豈止於求糧而已？」（要錄卷十九）羣盜力強時可以恣意擄掠，力屈便率衆投降，也不失封官給地之賞，像輔逵之降就是一例：

輔逵擾於楚州漣水之閒，朝廷以王瓔為淮南招撫使以討羣賊。逵欲受瓔招安，乃諭其衆曰：「當竭力取漣水南寨，得寨則受招安。」衆皆諾，遂攻南寨，寨在清河之中，流狹而長，逵令斫木為筏，併力攻之，拔其寨，大肆劫掠，然後詣瓔降。（會編卷一三一）

又如要錄卷二十載：

初，賊靳賽來就招，朝廷因以賽統制本部軍馬。會邊報日急，乃命賽與統制官王德屯眞州（江蘇儀徵縣）。及上渡江，德以所部兵焚眞州而去，眞州官吏皆散走，發運使梁楊祖亦遁，賽與其衆往來於江中……是日（建炎三年二月乙卯），金人去眞州，靳賽引兵復入城，頗肆殺掠。後數日，守城向子忞至，以義責之，賽語塞；時，賽之軍士有為州民所殺者二人，賽必欲得民之為首者，子忞不得已，刷二人與賽，賽使其徒釘於望江橋下，燔甲葉以帖其體，然後臠而食之。

又如南宋王明清玉照新志卷三附存的己酉（建炎三年）避亂錄（胡舜陟弟舜申作）說：

金兵犯平江（建炎四年二月二十三日丙申），（周）望（同知樞密院事兩浙宣撫使）走靑龍，平江城不戰而破。諸將如郭仲威輩，先敵未至已劫略，城中幾無遺……蓋諸將如郭仲威輩皆賊魁，喜亂，志在為賊而已……

案：郭仲威劫掠平江事，又見揮麈後錄卷十，南宋錢穆收復平江記，及要錄二十八、二十九、三十一、三十二各卷，而錢穆的收復平江記最爲詳盡。

南宋炎興兵亂以來，一些販夫走卒，遊手好閒投機之徒，視作亂受招安，是進陞將相的唯一正途；甚而他們更認爲叛服次數的多寡，和進官的高下成正比，這種念頭在當時儼然成了風氣，是以王庭珪作盜賊論說：「……郡縣承其風，往往縱賊不討，悉招其渠率而官爵之，賊利其然反跳聚山谷署魁立伍，而陰結官吏各稱渠率以苟一時之賞，雖平居未嘗爲寇者，亦相時生心操戈而崛起，不惟能免于死，而且歆艷爵祿之榮，此豈非誘民以爲亂者歟？」（見南宋文錄錄，卷十七）當時更流行一句「要高官，受招安」的諺語。要錄卷三十四說：

建炎四年，六月，戊子，詔遣使撫諭邵青、戚方以所部赴行在。時，方引兵犯安吉縣之上鄉。浙西江東制置使張俊以兵討之。或言上鄉路狹，不可行兵，俊乃遣其將王再興招之。會統制官岳飛追襲其後，方無路進退，始詣俊乞降。方上兵簿，有馬六百四，所獻金玉珠珍不可計。至行在，日與中貴人蒱博，不勝，取黑漆如馬蹄者，用火熁去皆黃金也，以償博負，每博不下數枚。詔遷方武翼大夫，以其軍六千人隸王𤫉軍，後因以方爲裨將，時人爲之語曰：「要高官，受招安。」（又見會編卷一四。）

像右舉史實，在當時太多了，多半是由於招安補官政策的毛病，故岳飛痛切的上劄子高宗說：

竊惟寇不除，何以攘外？近郊多壘，何以服遠？比年羣盜競作，朝廷務廣德意，多命招安，故盜亦玩威不畏，力強則肆暴，力屈則就招，苟不略加勦除，蠭起之衆，未可遽殄……（岳忠武王集，招曹成不服乞進兵劄）

後來高宗也說招安不是辦法：

紹興十七年，六月，乙卯，宰執進呈眉州防禦使殿前遊奕軍統制成閔，招降到福建賊徒等第補官。上曰：「銷彌盜賊當爲遠慮，但招安補授，恐此輩以嘯聚爲得計，是啟其爲盜之心，今已招到且依所乞，可劄下諸路，日後不許招安。」（要錄卷一五六）

又中興小記卷三十八：

紹興二十八年，三月，嚴州遂安縣賊徒嘯聚，有擒獲者。甲申，上謂宰執曰：「招安非良法，命之以官，是誘之使爲盜，不若移此以賞捕盜之人，盜知必見獲，則可使無盜。」沈該等曰：「聖慮高遠，非臣等所及。」

五　宋室的政策

中原抗敵民衆武力既能困擾金人，江左朝廷當然也深知，所以對於敵區忠義民衆團體非常重視，多方招誘、拉攏、利用。現在從史籍記載中，可以尋見的有五種，今分別研究如下：

（甲）招納撫恤

宋室南渡以後，江淮以北廣大陷區民衆，有的襁負南來，有的固壘保聚，又有在陷區遠處和朝廷消息隔絕，不得已而順敵的。宋朝對于這批忠義民衆，多方設法招誘使之來歸，以期統一抗敵陣線。綜合其招納辦法約有三種：

第一設立僑戶：建炎四年，給事中兼直學士院汪藻，建言倣六朝立僑戶：

臣聞自東晉以來，累朝皆治金陵；當時中原，爲五姓所據，于江南北僑立州郡，納其流亡之人。故江都謂之南兗州，則兗州之人所居也；京口謂之南徐州，則徐州之人所居也；以至南豫州、南司州，亦然。比金人入寇，多驅兩河人民，列之行陣，號爲簽軍，彼以數百年祖宗涵養之恩，一旦與我爲敵者，豈其本心哉？特妻子父兄，爲其劫質，以死脅之，出于不得已而然耳！固未嘗一日忘宋也。今年建康、鎮江，爲韓世忠、岳飛所招，遁歸者，無慮萬人，其情可見。臣愚以爲莫若因此時用六朝僑寓法，分浙西諸縣，悉以兩河州郡名之，假如金壇權謂之南相州，許相州之人，皆就金壇而居，其他類此。無事之時，多印文牓，先行散布，使皆明知國家優恤之意，俟其入寇，徐以旗幟招之。彼既知所居各有定處，粗成井邑，父兄骨肉，親戚故舊皆在，其有無足以相通，禍患足以相救，與鄉居無異，亦何爲而不居乎哉？況浙西州縣，昨經焚劫之後，人遭殺戮，戶絕必多，如令有司籍定田產頃數，以待僑寓之人，計口而給，與土人雜耕，撫定老幼，係累其心，俟稍安居，料其丁壯，敎以戰陣，皆精兵也，必爭先用命，永無潰散，與夫從彼驅擄，反爲我敵者，其利害豈止相萬哉（浮溪集卷二、論僑寓州郡箚子）？

又李誼也主張立僑州郡：

右正言李誼言：「金人入居汴都，西北之民，感恩戴舊，襁負而歸，相屬於路，此殆天所以興吾宋，臣願於淮南、荆襄，僑建西北州郡，分處歸正之民，給以閒田，貸以牛具，使各遂其耕種之業，而又親戚故舊，同爲一所，相愛相恤，不異於閭里，將見中原之人，同心效順，敵人之謀，當不攻而自屈矣！」詔諸路宣撫司依累得旨措置（要錄卷一一八）。

第二鑄招納信寶，招納蕃漢簽軍，及淮北義民。續宋編年通鑑卷三：

劉光世守鎮江，以金、銀、銅爲三色泉其文曰：「招納信寶」。獲虜人，則燕餞而遣之，未幾踵至得數千衆，皆給良馬，利器，用之如華人，因創赤心奇兵兩軍，頗得其用。

又要錄卷五十三：

時（紹興三年，夏四月），（劉）光世招納蕃漢及淮北人民來歸者不絕。江東安撫大使葉夢得之未去也，亦招宿州人陸清等率衆來歸……其後光世言：結約到北界七十餘寨，請降詔書撫之。

由上可見招納信寶，在招來蕃漢簽軍，和敵後義民的政策裏確發揮了很大効力。

第三遣人密往敵後招納宣諭朝廷德意，如紹興五年，李邴上奏說：

資政殿大學士提舉臨安府洞霄宮李邴，條上戰陣守備措置綏懷各五事……所謂綏懷之路有五，曰：「通德義、先賑卹、通關津、選材能、務寬貸。」大略謂山東大姓，結爲山寨以自保，今雖累年，勢必有未下者。願募有心力之人，密往詔諭，應淮北遺民來歸者，令淮南州郡，給以行由，差船津濟，量差地分人護送，毋得邀阻，有官人先次注授差遣，無官而貧乏者，令沿江州郡以官屋居之，仍量給錢米三兩月，其能自營爲乃止。內有才智可用之人，隨宜任使，勿但縻以爵秩而已（要錄卷八十七）。

又同卷：

端明殿學士提舉臨安府洞霄宮韓肖胄言：「……畿甸、山東、關河之民，怨金人之殘暴，苦僞齊之煩苛，爲今之計，當以安集流亡，招懷歸附爲先，今淮南、江東西荒閒之田至多，謂宜揭榜境上，或遣簽軍之可信仗者，深入僞境，轉相告諭，俟其來歸，從所欲往，授田給糧，捐其賦租，遂其生理，必將接迹而至……」

又金佗粹編卷十一，李道歸順奏：

檢校少保鎮寧崇信軍節度使充湖北襄陽府路招討使兼本路營田使臣岳飛狀奏契勘，臣嘗以國難未除，虜禍方熾，竊有意於恢復之事，深籌逆計，以爲中原之士，性具五常，豈無忠義思報國家，特以身陷虜僞之郊，未能奮發，於是多遣信實之人，密行宣布朝廷之德意，說諭約結，俾其磨濯一心，以待王師之舉，相爲應援。

高宗朝招納陷區義民，及蕃漢簽軍的方法略如上述。次一步的撫恤辦法，則使之安居樂業，朝廷命來歸義民，所至州縣計口給糧、給田、輔助就業等，會要兵十五，歸正條載：

紹興五年七月十九日，詔淮北歸附人民所至州縣，實計口數，每人支錢一貫，於提刑司應千錢爲支給，所給耕種閑田，開墾之初，與免稅五年外，仰所屬州軍申尚書省，如尚未就緒卽更與寬展年限。軍人請給衣賜等依時支給，不得積壓。舉人官員免罪解轉官差遣，依已降指揮外，如有闕少路費，仰所屬州縣應副津遣。前來歸附人，仰州縣嚴行約束，如敢騷擾，許人戶徑本路宣撫、安撫、提刑司越訴，賞錢一百貫，犯人並依軍法……訖申尚書省，務使歸附之人早獲安業，並令逐路宣撫司多文榜曉諭。（第一七九冊）

又同冊：

臣僚上言，沿邊州軍遇有自北來歸之人，置籍抄錄姓名，出給公據，使皆着業。其願爲農者，□請官田，立定頃畝，永爲己業。貧不能辦牛種農具者，官給之，仍免十年差科稅賦。願爲兵者，發赴軍前免刺面補爲効用，優支請給。如材藝過人可備使令，許主帥量材錄用。士人聽於所在州軍入學聽讀，赴試官員，給與不釐務差遣一次。或無屋宇可居，聽於寺觀權暫安泊，老疾孤獨別作存恤。其有率衆來歸，人材可用，乞如旌擢，以示勸激，從之。

又中興聖政卷十八：

知滁州何洋，條上屯田利害。上曰：「淮北之民襁負而至，朕爲民父母豈可使民失所？可賦田予之，更加優恤，恐乍歸之人或無居止，當行提點司量給官錢賑助之。」沈與求曰：「立國不當爲朝夕計，今使就耕之民盡蠲租賦，更賑助之，則五年以後，兩淮荒田往往闢已多，縱使恢復亦爲朝廷之利。」上曰：「然」。

炎興以來，像上面列舉的文字記錄，實層出不窮。

（乙）按功封賞

李綱力主於河北置招撫司，河東置經制司，撫慰豪傑，給地封官，鞏固其嚮慕江南之心。宋史卷三五八：

綱入對，言曰：「……兩路士民兵將所以載宋者，其心甚堅，皆推豪傑以爲首領，多者數萬，少者亦不下萬人，朝廷不因此時置司遣使以大慰撫之，分兵以援其危急，臣恐糧盡力疲，坐受金人之困，雖懷忠義之心，援兵不至，危迫無告，必且憤怒朝廷，金人因得撫而用之，皆精兵也。莫若於河北置招撫司，河東置經制司，擇有才略者爲之，使宣諭天子恩德，所以不忍棄兩河於敵國之意。有能全一州，復一郡者，以爲節度防禦團練使，如唐方鎭之制，使自爲守，非惟絕其從敵之心，又可資其禦敵之力，使朝廷永無北顧之憂……」

當時的大臣們也多這樣主張。如：

承侍郎徐端禮言：「自軍興以來，東南州縣糾率鄉兵捍禦盜賊，官司無一毫之資，若非激賞難以勸功；欲將應鄉社守隘防托去處，每鄉首領限以名數，從州縣出給文憑與免身役，候有勞績顯著之人，次第保明申朝廷

量加爵賞……」（會要兵十四）

故會編卷一〇八說：

募河東、河北忠義之士能保有一方，或力戰破敵者授以節鉞，除賞有差。

又會要兵十八，軍賞條：

高宗建炎元年六月十四日詔：「自今有能攻復河北、河東兩路州郡，及救解急保全一方，功效顯著，除本處節度觀察團練防禦使，依方鎮法。」

又要錄卷一七九：

上（高宗）曰：「土豪賞太輕，宜加一等。朕於賞典，必務從厚，不然，無以勸功……」

同時御營使司參議官柳約，更制定了獎勵抗敵民衆按功給官的明文。會要兵十四：

柳約言：「今條畫土豪召募民兵，沿江把隘，自備錢糧器甲，二百五十人，承信郎；四百人，承節郎；七百人，保義郎。土豪召募民兵，官給錢糧器甲，五百人，進義副尉；七百人，進武副尉；一千人，承信郎；以上並先與補授。如有逃亡作過等，人不及數，卽計數多少，具數申朝廷，依法行遣，若所部人兵立到功效，並作軍功推賞。」從之。

（丙）懷柔羈縻

這種政策專門適用於羣盜。高宗過江初年，兵力、財力貧弱已極；又以農稼失時，民不聊生，於是羣盜蟻聚，朝廷不能制止，遂用羈縻之策。

又同書卷二十三：

建炎三年六月，徽猷閣待制洪皓……上疏言：「李成以朝廷不卹之而稽饋餉，有引衆納命建康之語，今靳賽據揚州、薛慶據高郵，萬一三叛連衡，何以待之？此含垢之時，宜遣辯士諭意，優進其秩，畀以京口綱運，如晉待王敦可也。上遂遣閤門宣贊舍人賀子儀撫諭成，給米五萬斛……」（要錄卷二十四）

時（建炎三年五月乙酉），淮南盜賊踵起，右武大夫忠州防禦使李成，自山東至泗上，甫就招，卽以成知泗州羈縻而已。（又見宋史卷三七三）

到建炎四年，江北、荊湖諸路盜賊氣焰益熾。宰相范宗尹主張裂土分封羣盜、潰將、土豪爲藩鎭以羈縻之。要錄卷三十三：

時（五月），江北荊湖諸路盜賊益起，大者數萬人，據有州郡，朝廷力不能制。盜所不能至者，則以土豪潰將或攝官守之，皆羈縻而已……宗尹以爲此皆烏合之衆，急之則併死力以拒官軍，莫要析地以處之，盜有所歸，則可以漸制。乃言於上曰：「昔大祖受命，收藩鎭之權，天下無事百有五十年，可謂良法，然國家多難，四方帥守事力單寡，束手而莫知所出，此法之弊也，今日救弊之道，當稍復藩鎭之法……」羣臣多以爲不可。宗尹曰：「今諸郡爲盜據者以十數，則藩鎭之勢駸駸成矣！曷若朝廷爲之，使恩有所歸。」上決意行之。（又見中興聖政卷七、中興小記卷八）

自是以後，盜賊漸消，後來高宗也曾說：炎興之際多靠羈縻之策，以彌盜賊。

……上曉之曰：「朕南渡之初，金人退，而羣盜起，遂用議者羈縻之策，刻印盡封之，所有者止淮浙數郡

耳！」（齊東野語卷四，楊府水渠條）

（丁）因和議禁招納

南宋對金，本無堅定的態度，每在敵兵壓境無和議可談時，便下詔招來敵後民衆，以期牽制敵人兵力；一到和議，又往往以不招納義民來表示聽命敵人的決心，這是高宗一貫的媚敵政策。要錄卷七十五載徐宗誠招納張澤的一段史實：

紹興四年夏四月丙午，修武郎閤門祗侯知泗州徐宗誠添差婺州兵馬鈐轄。先是僞齊宿遷令張澤帥其邑民二千餘人，自拔來歸，宗誠納之。宣撫使韓世宗奏至，徐俯欲斬首送劉豫，趙鼎力爭，遂令韓世忠婉辭，約回澤等，仍械宗誠赴行在。鼎復奏，若恐妨和議，乞令宰執以書諭世忠密受之，却報僞境，謂北界人來，以朝廷約束，不敢受送，恃衆作亂，已遣兵逐散，是亦兵家一術也。殿中侍御史常同言：「敵雖議和，而兩界人交歸，未嘗有禁，僞齊明置歸受館，厚立賞以招吾人，旣遣李成侵襄、鄧、郢州；又遣重兵歸川口，今仍却澤，人心自此離矣！況宗誠起土豪，不用縣官財賦，募兵而自養之，爲國障捍，今因受澤而械之，以沮士氣，非策也。」會俯去位，乃釋宗誠罪。

又在金人廢劉豫，將還河南、陝西地於宋的前後，高宗更大頒禁招納之詔。會要第一八〇冊、兵十七：

樞密院言，勘會劉光世節次招納到蕃軍漢兒，及淮北州軍人民不少。今又據葉夢得申差官招誘到宿州解首領陸清等，特帶老小前來歸本朝，事體非便，詔今後不許招納，令逐路帥臣當切遵守，各具知稟以聞。

又：

紹興八年，正月十四日，宰臣等進呈知壽春府孫暉奏：有僞壽春府知州宋超率兵民來歸。上曰：「此事於朝廷無毫髮之益，但如人子來歸，爲父母者可却而不受乎？緣方遣使人與虜議事，可行下沿淮諸處，不得遣人擅便過淮招納，引惹事端。」（會要兵十五，歸正條、又見要錄卷一一八）

高宗又親扎岳飛，嚴禁擅自招納：

紹興九年，朝廷以虜好，方密賜先臣御扎，令毋得過界招納。朕委任卿嚴飭邊備，唯是過界招納得少失多，已累行約束丁寧詳盡，今後雖有三省密院文字亦須繳奏不得遣發，付此親扎，想宜體悉。付岳飛，御押（金佗粹編卷二）。

紹興十一年，宋金又要議和的時候，有大批義民渡淮來歸，宋室恐妨礙和議，將之全部送回。要錄卷一九一載：

父老謂（徐）宗偃（右朝奉郎通判楚州）曰：「……紹興十一年間，我曹蓋嘗歸順矣！北界取索，悉業押發以去，今誓死不願再回，幸公全活。」

三十年，金主亮預備南侵，苛斂橫徵，北界義民紛欲來歸，朝廷悉予拒却。同書卷一八四：

紹興三十年……山東之民怨金暴虐，會歲飢，東海縣民因起爲盜；有次首領李秀者，密詣淮東副總管宋肇納款，願得歸附，朝廷却之。

（戊）分化與消滅

建炎初，宋室兵力奇弱，多賴降盜以成軍。而高宗又深憚降盜勢力過盛，有尾大不掉之禍，所以又常行分化與消滅之策。要錄卷十七：

建炎二年八月辛未，右武大夫忠州防禦使河北京東都大捉殺使李成引兵入宿州。初，成既不能渡河，朝廷恐其衆太盛；命成分所部三千人往應天府及宿州就糧，餘赴行在……成遂有叛意。

宗澤留守東京時，招撫兩河羣盜聚城下百餘萬，但爲黃潛善、汪伯彥二奸阻撓，澤憂憤成疾死。後朝廷派杜充留守東京；當時屯聚城下諸盜，最盛的是張用，充甚畏憚，遂率兵偷襲用營，以圖消滅。要錄卷十九：

建炎三年正月乙未，京成留守杜充襲其統制官張用於城南，不克。用與曹成、李宏、馬友爲義兄弟、有衆數萬，分爲六軍……用與王善皆受宗澤招安……屯於京城之南南禦園，善屯於京城之東劉家寺。又有別將岳飛、桑仲李、寶皆屯於京城之西。充以用軍最盛，忌之，乃有圖之之竟。前一日，衆入城負糧，詰旦，充掩不備，出兵攻用，令城西諸軍皆發；用覺之，勒兵拒戰，會善引兵來援，官軍大敗，李寶爲所執。（又見會編卷一二〇）

宋室不但對降盜有戒懼心，卽對忠義民衆集團，亦時加提防，如會編卷一三〇：

元祐進士乙科，元符黨人朝奉郎崔陟孫，淮夫上兩府劄子……海州東海縣徐元，始因不堪其苦虐，殺其縣令，稱兵願歸正本朝，欲用本朝年號者一年有餘，而本朝不招誘以來之；及其死也，又不旌褒以勸之；其敗也，海州之民指以爲患，轉以爲戒。今滕陽軍沂州之閒，有來二郎亦苦北軍侵擾，聚衆爲亂，今則其徒雖散，而其人尙在蒙山無所歸，亦深悔之，若久而不問，失民心必矣！所謂豪傑出於不意者，今河北有任郎君李川輩，雖號爲賊，而不侵擾百姓，客旅缺用者，厚與之金，但人城取官物而已。由是往往百姓安之，萬一此一熾，且假仁義而行之，民或歸心，則爲患不在金人之下矣！

六　抗敵集團的剖視

宋室南渡以後，中原豪傑紛紛奮起，山水寨堡鱗次相望，結成了阻擋金兵南進的有力絆脚石。金人能呑遼，滅宋，而始終不能澈底掃除這些民間給予他們的障礙和打擊，這一點實在值得尋味。抗敵羣衆們除有其不屈於敵的堅强信念，和精於對付敵人的戰術之外，就其集團的構成要素，及其組織之嚴密等也深具强韌不易摧毁的條件，現在舉證如下：

1　抗敵集團構成要素

兩宋之際民衆抗敵集團構成的要素，大致說有下列幾種（豪傑號召的抗敵集團和降盜除外）：

（甲）以宗族組成的集團

（1）同族人。

靖康初，大族保聚的有相州田、李、藺三族。會編卷七十三載：

相州（河南安陽）有鶴壁村田氏、南平李氏、平羅藺氏皆係大族，依山設險，保聚居民。至有作院造軍器，作釣橋、壘石為城以守禦……（又見同書卷六十七、引中興日歷）

（2）多個宗族聯合

南渡錄卷一：

……（靖康二年三月）二十七日，到白水鎮（徽、欽二帝蒙塵時所經）……至一處，望見一堡甚高，上有旌旗，書周鄭二子；良久，寨門開，有士兵約五百餘人，皆長槍大棒，腰帶弓箭，徑來衝擊。澤利（金將）與之合戰，流矢中太上旁一番人，太上懼甚。來兵乃河北鄉民强壯，聚集保護鄉村者，自辰至申，鄉民稍稍敗去，有執鄉民者，澤利呼前指帝而謂之曰：「這四個是你大宋皇帝、皇后，今放汝歸去告報諸鄉，即日歸降。」又令二帝言：「吾是南宋官家，今往燕京朝大金皇帝。」鄉民不覺淚下，謂帝曰：「吾這一鄉，是周、鄭所聚，日夜望大宋官兵，今官家被執，吾等鄉民無望矣！又聞康王南渡做官家，不知何如？」

（3）同族和里黨人混合組成

同族和里黨人混合組成的抗敵集團，以招信（安徽盱眙縣西五十里）劉位最有名。會編卷一三四：

（劉）位，泗州（安徽泗縣）招信人，居於碑鎮，素豪强爲鄉里所推，且宗族稍盛。擾攘之際聚鄉民保守横山，分鄉民爲軍，使諸弟姪各統之。是時（建炎三年），西北衣冠與百姓奔赴東南者絡繹道路，至有數十里，或百餘里無煙舍者，州縣無官司，比比皆是盜賊，艱辛之狀，萬緒千般；及入泗州境，則聞招信劉家聚兵甚衆，故流移之人，渡淮入招信投横山爲樂國。而士大夫往往見刺敬謁於位，賓客既多，位見客亦有時；每頤指其館榖之所，於是狼狽而來者得以暫安，而位亦漸漸尊崇矣！所以招信劉家之名，達於遠邇者蓋自流移士民倡之也。（又見要錄卷二十九）

（乙）地域性的鄉里人

糾合鄉里人堅壁固守的，濠州有王維忠。會編卷一三八：

王維忠濠州（安徽鳳陽）鍾離縣（鳳陽東北）農家子也，字移孝。總角有大志，兄弟三人，維忠最幼，每經行於市，人皆不語，以候其過，故人號爲靜街三郎。軍興，上有詔許民自保，維忠乃據韭山（安徽定遠縣西北四十里）爲寨與鄉人共守。韭山有洞可容老小數千，維忠屢與張文孝、史康民戰，金人以孫興來知濠州，管屬縣鎭皆聽與僞命，而用天會年號。興遣人招，維忠獨不從……韭山寨壘石爲城，周匝四里，又作大寨七里環繞之，戰禦之具稍備，民之願來依者凡萬餘人；維忠選強壯充兵，韭山之勢巍然而立，外百餘羣山統之。（又見要錄卷三十三）

又有安豐縣土豪孫暉，率鄉民保聚。要錄卷三十一：

建炎四年，春正月，庚午（二十七日），李成陷六安軍水寨，以其衆攻六安軍，不克。時，安豐縣（安徽壽縣西南六十里）土豪孫暉，統率鄉兵保守安豐塘（安徽壽縣南，亦名期思陂），羣寇不能犯，由是人多依之。（又見會編卷一三六）

另外又有孟州（河南孟縣南）王屋（河南濟源縣西）人李興（見會編卷一二九）；滿城（屬保定）人王喜，號王萬年（見要錄卷四十八）；及承縣（江蘇武進）人黃捷（見要錄卷一〇六）等。

（丙）以僧侶組成的集團

（1）僧侶

靖康元年三月，統制武漢英救太原，因兵少，曾求兵於五台山寺僧。會編卷四十八：

……統制武漢英，將京軍三千人救太原。以兵少，遂來眞定（河北正定）見（劉）韐，不語；漢英至五台山

（山西五台縣東北）見龐僧正，說龐僧正聚集本山僧行往代州（代縣，屬山西雁門道），欲劫金人之軍，未出五台山界遇金人……

（2）僧侶和百姓混合組成

會編卷一三八：

長蘆（江蘇高淳縣西北）崇福禪院行者普倫、普璉、普賓，結集行者，及强壯百姓千餘人，分爲三隊在楊家洲上自相守保。

又有僧慶預守洪山。同書卷一四五：

時（紹興元年三月），隨州（湖北隨縣）闕知州，（桑）仲令（李）道至隨州，聞通判王彥威在洪山（湖北武昌縣東十里）……是時北方僧來投洪山者戒臘徒有一千六百餘衆……又有州縣官，及奇居僅百家，皆仰給於寺中……慶預（住持僧）郢州（湖北武昌縣）京山縣（湖北襄陽道）人也。自孩童如成人，鄉閭皆敬異之，後祝髮事浮屠，禪學甚高，與綿州覺了、隰州性覺，同得法於丹霞湻長老。守洪山以拒羣賊，環繞數百里地人煙悉爲盜境，而洪山獨全，慶預之力也。

要又錄卷四十三：

是月（紹興元年三月）……時隨州闕守，通判州事王彥威，與州縣官寓洪山僧寺，主僧慶預給其資糧，守洪山以拒賊。

2　集團首領的產生與傳承

從上節作研究，抗敵集團的構成既如此紛紜，則其領袖的產生，自然也有不同，如由同族人組成的抗敵集團，多半以一族的長者而富有才幹的人爲領袖，像劉位、王維忠等。僧侶集團，則是以住持僧爲首領，如龎僧正，慶預等。其他如豪傑義士號召忠義民衆，或羣盜等集團，便由這集團的發起人來擔當領導責任，這些自不必贅述。我們要討論的是在以上諸例之外的產生方式，所謂推戴。其次，一個集團的領袖死亡，或病老，其權位之繼承，此問題史書很少記載，一鱗片爪可以尋見的傳承方法，比較要緊的只有世襲。玆將推戴和世襲二項分別略述如下：

（甲）推戴

（1）馬擴

由於羣衆推戴而產生的抗敵領袖，在兩宋之際的民衆抗敵史中，見到的很少，現在祇能舉出馬擴和皇弟信王榛及談兗等幾個例證。會編卷十六：

去歲（靖康元年）十一月，馬擴奔走至西山和尙洞山寨；時，兩河義兵各據寨栅屯聚自保，衆請「推馬爲首」。

又要錄卷四：

初，童貫自太原遁歸，武功大夫和州防禦使馬擴，募兵於眞定（河北正定）；會擴與安撫使劉韐之子直祕閣子羽有違言，或譖擴有叛意，韐囚之。及眞定破（靖康元年十一月），擴自獄易服奔出，竄西山之和尙洞。時，兩河義兵各據山寨屯聚自保，衆「推擴爲首」。

這是馬擴第一次被推舉爲抗敵首領。

（2）馬擴與信王榛

馬擴自靖康二年四月，在西山和尚洞山寨被執，囚在眞定；適有金國副元帥宗傑（木里也），自京師北回，見擴義而釋之，後擴逃歸五馬山寨（事見本文第二章、第二節）。會編卷十九：

……初，斡離不給田與馬擴，令耕種贍養也。久之，馬擴曰：「耕田不卽得食，願爲酒肆以自活，」斡離不從之。馬擴欲因此親結往來之人，復與山寨通耗，間因寒食日，僞隨大姓送喪，攜親屬十三人，復奔詣五馬山寨。諸寨聞之，喜躍「復推馬擴爲首」。（又見要錄卷十三）

又同書卷一一七：

五馬山寨，自靖康元年冬，武翼大夫趙邦傑率衆起之。至眞定之陷（同年十一月），得保州路廉訪使者馬擴同主之。

這是馬擴第二次被衆推戴。擴既得主五馬山寨，遂迎皇弟信王榛奉爲首領。同書卷一一五：

是時（建炎二年二月），傳聞信王在金人寨中，隱於民間，自稱姓梁，爲人點茶；馬擴一夕率兵劫金人寨奪迎以歸，遂「推奉信王爲首」。（又見要錄卷十三、會編卷一一七）

（3）談竞

會編卷一一五：

建炎二年二月，談竞據鄧州，金人寇鄧州。時，有陸巡檢者在羽山，又有隆德府攢子談竞在灰堆山；竞者隆德府吏，隆德府陷，竞脱身奔竄。西鄉人之奔竄者推竞爲首，間關至京西，遂據灰堆山。金人焚鄧州，遷民人而去也，陸巡檢先入鄧州；竟聞之，率衆殺陸巡檢而自據鄧州以收復報朝廷，朝廷授竟以官，俾知鄧州。

（乙）世襲

兵興之時，朝廷大臣多請世封兩河抗敵首領，以使其自愛，不爲敵人所用，如兵部尚書謝克家說：「京東西及江淮悉爲榛莽，難用常法，宜藩鎭，文武並授，令便宜從事，財賦亦聽自用，如捍敵有功，則許世襲。」（中興小記卷六）宰相范宗尹說：「從官集議，分鎭事……如能捍禦外寇，顯有大功，當議特許世襲。」（中興聖政卷七）通考說：「鎭撫使，舊所無有，中興假權宜以招收羣盜……時劇盜李成在舒蘄，桑仲有襄鄧，郭仲威在維揚，許（薛）慶在高郵，皆卽以爲鎭撫使……許以能捍禦外寇，顯立大功，特與世襲。」（卷六十二、職官十六）又宋史卷三十三載：「朝廷遣兵部員外郎李信，齎蠟書間道往中原，招豪傑之據有州郡者，許以封王世襲。」但自建炎紹興以來，抗敵首領們嘗受此恩的並不多見，比較明顯可查的幾個人，有劉綱，及伊陽翟氏父子。

（1）劉綱

建炎四年六月戊寅（八日），「滁濠鎭撫使劉位，爲賊張文孝所殺，命其子綱襲職。」（宋史卷二十六、高宗紀又要錄卷三十四：

是日（建炎四年六月八日戊寅），滁濠鎭撫使劉位爲張文孝所殺。前一日，位引兵入滁州，克之，文孝遁去。詰旦，文孝以其衆復至城下，位卽引兵迎敵，位逢兵衆數百，以爲己之兵也，乃指揮殺賊，而所逢者賊兵也，位覺之，欲急戰，爲賊所殺，權知州事苟某與州縣官皆散走。事聞，詔其子武德郎閤門宣贊舍人知泗州綱起復滁濠州鎭撫使。

（2）翟興、翟琮

朝野雜記卷十九，紹興失河南條：

河南自靖康中，首爲尼雅滿所破，伊陽（河南嵩縣）人翟進率軍民上山保險。建炎初，以進爲京西制置使守其地，二年冬十月，進爲劇寇楊進所襲，墜塹死，翟興代之。

又要錄卷十九：

京西北路兵馬鈐轄翟興，訴翟進死事於朝，乞遣重臣鎭守。詔以興爲河南尹京西北路安撫制置使，兼京西北路招討使。（又見會編卷一二〇）

翟興死，以其子翟琮代之。朝野雜記卷十九：

劉豫既立，深憚（翟）興。紹興二年春，用其降將楊偉計，與兵襲山寨，興戰死，子琮代爲鎭撫使。

又趙鼎建炎筆錄卷中：

靖康初，金人犯伊洛，（翟）進時爲京西將；河南尹王襄遠遁，進以洛兵保伊陽自固，洛之士民避難者多依之。進死，兄興代之，兄弟相繼累歲，一方寇盜爲之屛息，固護陵寢，爲有功焉。劉豫僭逆，數遣兵攻之，興介處一隅，與朝廷隔絕，寡援糧乏，退保大和鎭。興死，其子琮代之。

關於民衆抗敵集團的武力組織，史書裏並未有具體說明，從片段散碎的材料中，推知當時民衆抗敵隊伍，是有完整的軍隊化編制的，會編卷十六載：

去歲（靖康元年）十一月，馬擴奔走至西山和尙洞山寨。時，兩河義兵各據寨栅屯聚自保，衆請馬爲首，馬諭衆曰：「爾山寨鄉兵，皆中義豪傑，今欲見推，非先正上下之分則不可，上下之分既正，然後可以施號令，嚴法律，不然淆亂無序，安能成事？」衆曰：「惟公所命」，馬卽前立率衆具香案，南嚮拜曰：「此遙望闕廷，稟君命而立事，且假國之威靈，以圖克復。」拜畢，馬南面，衆皆拜之，曰：「自此以往，一號一令，有敢違者正軍法！」

可見他們不但有嚴厲而周密的軍事組織，且有宗教性的思想管理！

又如招信劉位。同書卷一三四：

（劉）位，泗州招信人，居於碑鎭，素豪強，爲鄉里所推，且宗族稍盛，擾攘之際，聚鄉民保守橫山，分鄉民爲軍，使諸弟姪各統之。

又如魏勝：

紹興三十一年，金人將南侵……聚義士三百，北渡淮取漣水軍……乃蠲租稅，釋罪囚，發倉庫犒戰士，分忠義士爲五軍，紀律明肅，部分如宿將，自兼都統制。（宋史卷三六八，魏勝傳）

再如大名王友直：

紹興三十一年，金人渝盟，友直結豪傑，志恢復，謂其衆曰：「權所以濟事，權歸於正，何害於理？」迺矯制自擬承宣使，河北等路安撫制置使，餘擬官有差，偏諭州縣勤王。未幾得衆數萬，制爲十三軍。（同書卷三七〇、王友直傳）

就以上幾例來看，則兩宋之際的民衆抗敵集團中，無疑大部是有正式軍隊化的編制了。

4　集團的經濟基礎

炎興以來，各地保聚的抗敵集團，他們的經費來源，雖然各有不同，概括來說不外乎農耕，搶劫，政府補給和稅收幾種，現在分別舉例闡明如下：

（甲）農耕

（1）翟興

靠農耕自給自足的獨立經濟抗敵集團，南宋史書裏明白記載的有伊陽山寨翟興。興守伊陽山寨，已經是建炎四年了，當時河南已爲敵人佔據（見要錄卷三十三），興深陷敵圍中，耕地日趨縮小，所獲穀物自難充裕，在不得已情形下，他一面致力農事生產，一面施行均有無，竭節用之策，以求經濟上的平衡。會編卷一四九說：

紹興元年十月，臣僚上言曰：「……翟興於危迫僅存之地，萬死一生，招集散亡，激以忠義，均有無，同辛苦，統率將士，竭節用……勸農耕桑，粗立基本，雖上至武功大夫，下至義民，一例俱支糧二升……」

又直學士胡交修說：

翟興連西路董平，據南楚，什伍其人、爲農、爲兵，不數年，積粟充物，雄視一方……（宋史本末卷六十六）

（2）韋詮忠

河東山寨韋詮忠等，也是靠耕耘自給的抗敵集團。趙鼎建炎筆錄卷中：

某（趙鼎）奏曰：「河東山寨如韋詮忠輩，各雖屈力就招，然未嘗下山，隊伍器甲如舊，依險自保，耕種自如……」

又，史書說相州鶴壁村田氏，南平李氏、平羅藺氏（會編卷七十三），河南澠池張玘（宋史卷四五三）；又泗州徐宗誠（會編作成字）等，自備器械，聚衆抗敵，雖未說明他們經濟的來處，但根據中國社會經濟發展的過程來看，可推想他們的經濟基礎，無疑多半是建立在農業上。

（乙）搶劫

以劫掠爲經濟來源的集團，卽所謂當時抗敵的羣盜，或已受招安的降盜。南宋初年，社會混亂已極，官兵、强盜幾乎是一而二，二而一，所以很難劃分一個人物的身份，此段中所舉幾個人物，只是從某一時期的狀態而說的。

（1）羣　盜

會編卷一四三：

張榮梁山濼取漁人也。聚衆梁山濼（山東壽張縣東南梁山下），有舟師二三百人，常劫掠金人。杜充爲留守時（建炎二年），借補榮官至武功大夫遙郡刺史，軍號爲張敵萬。

又中興小記卷九：

承楚相距，有樊梁等三湖，縣二百里，饒魚稻菱蒲之利。賊張敵萬往來其中，衆致數萬，旁郡被害。

右文雖未明說張榮劫掠，但就：「衆致數萬，旁郡被害」等語，無疑是以搶奪自給了。

要錄卷十九：

建炎三年正月庚子，京城統制官張用、王善既爲杜充所疑，乃引兵去……善整兵欲攻淮寧，用不可曰：「吾徒所以來，爲乏糧耳！安可攻國家之郡縣？」（同書卷二十）……於是用駐於確山，連亙數州，上自確山，下徹光、壽，據千里之地接迹不絕，以其衆多，故號之張莽蕩，抄掠糧食，所至一空，相接麥熟，刈麥而食矣！

（2）降盜

中興小記卷九：

眞揚鎭撫使郭仲威，兵屯天長（安徽淮泗道），掠往來之人以自給。

又，襄陽府鄧隨郢州鎭撫使桑仲，也多半是靠掠奪自給。中興小記說：

初，桑仲據襄陽，纔兩月，有盜張莽蕩者，引衆來攻，仲遣其將李橫拒之。橫，高密人，本黃河歸（「歸」蓋「埽」的錯字，要錄卷四十三謂：李橫嘗爲黃河埽兵，以勇自負。）兵，以勇自負，莽蕩爲橫所敗而去。是後羣盜皆畏仲，不敢犯其境。仲跨有鄧、隨、郢等數州，益無所憚，放兵四出，久之，野無所掠，其軍絕食，乃以人爲糧；每遇打請，則全隊撥男女給之，至自食其愛妾，於是襄民殲焉。（見卷十）

又，桑仲死後，李橫代爲鎭撫使，也嘗靠劫掠維持隊伍衣食。要錄卷六十一：

時（紹興二年二月），襄陽糧乏，（李）橫不能軍，乃引兵而北……

故趙鼎上奏說：

……近有自襄陽來者，言橫正緣乏食，兼無衣，則其出兵，固非得已，望詔有司時有資給，使橫衣食足，則

不假他圖，然後責其守疆待敵，不得因小利出兵，則可久之計矣！（要錄卷六十五）

以搶劫爲經濟來源的抗敵集團，在當時很多，今不盡舉。

（丙）政府補給

靠政府補給的抗敵集團，多半是集體受招安的羣盜。他們雖已投降，但只聽從政府調遣，而不受政府整編，薪餉給養全由政府支給，如宗澤招安在東京城下的百萬羣盜皆是；又如建炎四年政府所封的鎭撫使也多半靠政府補給糧餉。這種隊伍的特質，介乎官兵和羣盜之間，他們對政府要求不滿意時，隨時都有叛去的可能，這是宋室南渡初年在不得已情形下所使用的羈縻政策，所以政府忍痛盡量給予他們衣食和豐足的俸給，以防止其叛亂。要錄卷六十九：

是日（紹興三年、冬十月、二十二日癸卯），襄鄧隨郢等州鎭撫使李横，棄襄陽奔荆南……參謀官直龍圖閣趙去疾，屬官右宣敎郎閻大鈞，勸使歸朝待罪。横曰：「我有烏合之衆，所至自謀衣食……」……横猶未決，而趙鼎已遣糧舟至，其衆遂安。（又見中興小記卷十五）

（丁）稅收

炎興擾攘之際，抗敵集團恃稅收爲維持的並不多見，現能舉出者只有兩個：

第一個是馬友，友在潭州（湖南長沙縣治）徵收酒稅。會編卷一五一：

（馬）友在潭州措置酒法，官不造酒，祇收稅酒錢，城外許造酒，不許賣，城裏賣酒，不許造，若酒入城，則計升斗收稅，至今利之。（又見要錄卷四十六）

案：馬友大名農家，初以巡社結甲，夾河守禦，與盜張用、曹成、李宏等結爲義兄弟，同受東京留守宗澤招安，澤死乃去（要錄卷一九）。後，討逐孔彥舟有功，詔補正拱衞大夫成州團練使，權湖南東路副總管，因之得在潭州措置酒法。友雖受朝廷封賞，然仍以擴充自己實力爲務，與曹成、李宏、劉忠等暗中交結輔車相依。紹興二年六月爲李宏所殺（同書卷五十二、五十五）。

第二個是魏勝。宋史卷三六八：

初，（魏）勝起義時（紹興三十一年八月），無州郡糧餉之給，無府庫倉廩之儲，勝經晝市易，課酒，榷鹽，勸糴豪右環海州……

七　集團彼此的關係

建炎紹興兵亂時候，各地的抗敵團體，並不是完全像散沙各自孤立，他們彼此間有小股統屬於大股和相互救助、依附等關係。

（甲）統屬

會編卷一三七：

節制泗州劉綱，以宿遷縣趙瓊水寨投拜金人，遂遣人攻之。瓊曰：「我爲人逼脅，勢孤援寡，權爲老小之計，不得已而投拜，今楚州趙安撫（趙立）遣國奉卿賚旂牓來卽時受之，已聽楚州節制，復歸朝廷矣！公其察之。」不從攻寨，瓊出民兵禦退之……綱怒！請兵於（劉）位，位遣人攻瓊。楚州趙立曰：「趙瓊已受旂牓，聽我節制，義當救之。」立出兵為援，與戰敗之，位兵退走……（卷一三八）位大怒，遂率兵攻瓊，立復出兵為援，且以檄告位，大略言瓊已聽當使節制，為朝廷宿遷水寨，當使乃淮南東路兵馬鈐轄，泗州之兵皆合聽節制，位乃止。

從這段史實的記述，可以窺知當時抗敵集團間統屬關係之嚴密的一斑。

又如：會編卷一一五：

邵興初據神稷山，聞（李）彥仙已得陝州（建炎二年三月），乃以其衆附之，願聽節制。彥仙辟興為統領河北忠義軍馬，率兵渡河，收平陸縣界三門、集津、徊山、張店四鎮……（又見要錄卷十四）

再如，紹興末山東耿京起兵梁山泊時候，蘭州賈瑞，濟南辛棄疾都率衆投歸願意受其統制。會編卷二四九：

濟南府民耿京，怨金人征賦之騷擾，不能聊生，乃結集李鐵鎗以下六人入東山，漸次得數十人，取萊蕪縣泰安軍，有衆百餘。有蘭州賈瑞者亦本（率）衆數十人歸京，京甚喜，瑞說京以其衆分為諸軍，各令招人，自此漸盛，俄有衆數十萬。（又見要錄卷一九六）

同時在大名起義的王友直，也派人通書聽京節制。會編卷二四九：

是時（紹興三十一年），大名府王友直亦起兵，遣人通書願聽京節制。

我們除知道抗敵集團間有嚴密的統屬關係外，更進一步可以看出他們的統屬是由兵力的多寡而定。

（乙）救助

抗敵集團間彼此既有嚴密性的統屬關係，附帶的自然就會有相互救助的義務。這也是他們在當時聯合抗敵陣線的政策上一個原則。會編卷一四一：

兀朮自建康回軍至六合縣，欲發舟船取楚州路行；而趙立在楚州，薛慶在高郵軍，舟船不可發，故兀朮駐軍六合未得歸。撻懶自壽河寨往六合見兀朮議事，請益兵；會孫村浦壽河之軍共取楚州，兀朮乃分三太子兵欲攻高郵。時（建炎四年八月），郭仲威爲眞州鎭撫使，移文報高郵薛慶、慶知金人欲攻己，於是率兵來揚州會戰。庚午，慶至揚州與金人遇，遂進戰，不勝，慶引還，金人追至東門外，慶墜馬被殺。（註五）

又如魏勝救蒼山山寨。宋史卷三六八魏勝傳：

沂（山東臨沂縣）民壁蒼山（臨沂縣東九十里）者數十萬，金人圍之，久不下，砦首滕彖告急於勝，勝提兵往救之；陳于山下，金人多伏兵，勝兵遇伏，皆赴砦，金人襲之，勝單騎而殿……無敢當者。金人又急攻，絕其水，砦中食乾糒，殺牛馬飲血……勝度其必復攻海州，因間出砦趨城中，金人果解蒼山圍……

（丙）依附

民衆抗敵集團彼此間統屬和救助的關係既如上述，再次一步要說到他們負有庇護來依附者的義務。如會編卷一四五載：

李道者，相州人，李旺之弟也。東京留守宗澤，以事斬旺，令道管其軍。道之南也，以一軍孤立，遂寄桑仲軍中，呼李道一軍爲寄軍。（又見要錄卷四十三）

又王惟忠依劉位：

建炎四年五月戊申，濠州土豪王惟忠，自韭山寨率衆歸於節制軍馬劉位，惟忠鍾離人。先是，軍興，詔許軍民自保；惟忠乃據韭山爲寨，壘石爲城，周圍四里，民之願依者凡萬餘人，屢與羣賊戰，金人以孫興知濠州，屬縣皆聽興僞命，惟忠獨不從。至是棄山寨歸於招信縣，位以惟忠爲左軍統領。（會編卷一三八）

八 結 論

要討論靖康、建炎、紹興以來民衆抗敵戰爭的價值問題，首先該判定當時在宋廷領導下的全民族戰爭是否有價值，然後才能說到民衆抗敵鬥爭的價值。關于宋金和戰問題，歷代都有爭辯，如淸人錢大昕說：「宋與金讐也。義不當和，而紹興君臣，主和議甚力，爲後世詬病。厥後張浚，韓侂胄，志在恢復，訖無成功。及金人爲蒙古圍，眞西山奏請絕其歲幣。嗣是金人索歲幣，連歲犯邊。以垂斃之金，與宋决戰，宋猶未能得志，其國勢積弱可知矣！然則從前之言和，以時勢論之，未爲失算也。」（十駕齋養新錄卷八，宋季恥議和條）這段話，像是說南宋的抗金戰爭毫無價值。換言之納幣稱臣正是苟延宋祚的良策。今以宋金鬥爭整個過程來說，南宋初年，靖康，建炎，以及其末葉，確乎極軟弱，不堪敵人一擊。而紹興中並不然，在本文第四章，第一節中已經說過。紹興六年平定湖賊楊么之後，宋室軍威大震，儼然有掃除金敵，還我河山之勢；故在十年有順昌、扶風、郾城等大捷；十一年又有柘皐的奇勝，當時要不是有秦檜爲奸，和高宗自私心作祟，卽便不能盡逐金虜於長城大漠之外，亦不至終宋世受稱臣納幣之辱。如當時人袁燮說：「……我朝中興之初，數與敵戰，良將輩出，王師屢捷，岳飛、韓世忠、劉錡、吳玠之徒，勳烈袞袞于紹興間，非秦檜沮之，復故疆，啟國恥，端可必矣！」（南宋文錄錄卷十九，邊防質言論十事條。）又大金國志卷十三說：「粘罕南來時（靖康二年）（秦）檜在中司，以抗議請存趙氏，爲粘罕所執而去，天下高之。

然粘罕亦自喜其爲人，置之軍中，試之以事，間語以利害，而檜終始言南自南，北自北。且說若許其着手時，只依舊規模分別。其後南臣貧薄，獨檜温賓，一朝資以金帛，僞云挈舟走漣水軍，家屬婢妾，完備無恙。及至宋，果得權大用……順昌之戰，金帥震懼喪膽，意欲捐燕以南棄之。而檜亟班師，岳飛至東京止四十五里，而檜亟召回，終于誅剪罷逐一時名將，不遺餘力。粘罕初來誓書，必令宋不得妄易首相，蓋爲秦檜地也。再專國政者十有八年，南北之不復合，豈非天哉？」所讀有關諸書中，說到紹興中，宋室兵力盛强足以對付金人的記述很多，然而對於問題跟究追問之深透中肯，以及分析之周密詳備者，莫過於賓四師國史大綱第三十四章，南宋與金之和戰條。

……就當時（紹興十一年）國力言，宋兵並非不能抗金。兩國情勢，不能以靖康爲例。

一、因將帥人材不同。靖康時，中國太平已久，人生不見兵革，廟堂之相，方鎭之將，皆出童貫、蔡京、王黼、梁師成之門，無一可倚仗者。至南渡諸將帥，皆自營伍戰陣建功自顯，陳亮所謂人才以用而見其能否，又曰東西馳騁而人才出。韓、岳諸將皆一時良選也。而金則老帥宿將，日就死亡，所用之人，未能盡如開國時之盛。

二、因南北地理不同，金以騎兵勝，在大河南北，平原曠野，東西馳突，爲其所利。及至江淮之間，騎兵失所便，王庶謂淮上虛荒，地無所掠，大江浩渺，未可易渡，兵勢不同曩時，是也。

三、因兵甲便習不同。北族以騎勝，宋非不知，故北宋防遼，常開塘濼植榆柳以限馬足，又有拒馬車陷馬槍等兵器。惟承平久則漸弛。熙寧六年置軍器監，兵械精利，稱於一時。然至徽、欽時又濫惡。呂頤浩疏：臣嘗觀夷人之軍，兵器便利，衣甲堅密，所以多勝，中國之兵，兵器不便利，衣甲不堅密，所以多敗，夷人皆是民兵，平時賦斂至薄，而緩急以丁點軍，器甲鞍馬，無非自辦。平時家居，日逐擐甲冑而習弓矢，所以器甲各適用。中國之軍莫非黥卒，器甲從官給，身軀短小者或得長甲，修長者或得短甲，不能挽七斗弓者或授以一石弓，力能勝兩石弩者付之以三石弩。致弓弩不適用，反與短兵同。寒飢之卒，無力自辦器甲。今按此為宋、金初交兵時強弱勝負一大原因。不僅器甲弓弩不適用，亦以承平日久，官庫器甲率皆朽鈍雖有若無，宜不能與塞外以戰鬥為生命之新起民族相較。然積之十數年，各軍自謀生存。此等弊病漸漸革除。順昌之戰，兀朮責諸將喪師，皆曰：南朝用兵非昔比，元帥臨陣自見。兀朮用鐵浮屠軍，皆重鎧甲，戴鐵兜牟，錡軍以鎗標去兜牟，大斧斷其臂，碎其首。又兀朮用拐子馬，而岳飛以麻紮刀入陣破之。軍事必漸習而強，不能因其初弱，疑其後盛。而金人多用簽軍，亦不如其初起部族軍之強悍。

四、因心理氣勢不同。繫年要錄卷三十七，謂金人犯中國，所過名都大邑，率以虛聲喝降，如探囊得之。積勝之威，亘至兀朮渡江，南兵皆望風披靡。汪藻論諸將，謂張俊守明州僅能少抗，敵未退數里間，遽狼狽引去，使明州無噍類。韓世忠八九月間已掃鎮江所儲，盡裝海船，焚城郭為逃遁計。此皆金兵先聲奪人。使諸軍無鬥志。其後兀朮在江南，形勢窮蹙，自引北去，韓世忠遂橫截之於江中。縱謂因金人飽掠，韓之兵卒利其財物，然其時韓軍膽量，畢竟與前不同。世忠以八千人與金兵十萬相持凡四十八日，自是金兵不復再有渡江之志。世忠一人，前後勇怯迴異正為當時諸將於積敗之後，漸漸神志甦醒，勇氣復生之一好例。後世讀史者專據如汪藻等疏，以建炎以前事態，一概抹殺紹興之抗戰，實為不明當時心理氣勢轉變之情形。

五、因地方財力不同。宋削方鎮太過，然太祖時，如環州董遵誨、西山郭進、關南李漢超，皆尙優其祿賜，寬其文法。諸將財力豐而威令行，間諜精審，吏士用命，故能以十五萬人而獲百萬之用。而其時如江淮諸郡，皆毀城隍，收兵甲，撤武備，書生領州，大郡給二十人，小郡減五人，以充常從。號曰長吏，實同旅人。名爲郡城，蕩若平地。北方自太宗以下，亦漸隳祖法。故時臣謂舉西北二垂觀之，若護落大瓠，外示雄壯，其中空洞了無一物。欲兵之强，莫如多穀與財。而熙寧以來，財務益集中，州郡廂兵亦籍歸中央，爲置將領。地方無財無力，何以應急。南渡以來，諸將擅兵於外，稍自攬權，財力漸充，兵勢自壯。高宗秦檜，乃亟亟以收武臣兵柄，集權中央爲務，至不惜屈膝金夷。何不對諸帥稍假借、猶足勉自樹立也。

縱說宋軍一時不能恢復中原，直搗黃龍，然使宋室上下決心抗戰，金兵亦未必能再渡長江，强敵在前，正是策勵南方奮興振作的一個好材料，惜乎高宗自藏私心，一意求和。

綜上觀之，可見錢竹汀之說不足信。而南宋畢世不免納幣稱臣之辱，責無旁貸，高宗自當引咎。宋史卷三十二，高宗紀贊曰：「……當其初立，因四方勤王之師，內相李綱，外任宗澤，天下之事宜無不可爲者。顧乃播遷窮僻，重以苗、劉羣盜之亂，權宜立國确虖艱哉。其始惑於汪、黃，其終制於姦檜，恬墮猥懦，坐失事機。甚而趙鼎、張浚相繼竄斥，岳飛父子，竟死於大功垂成之秋，一時有志之士，爲之扼擥切齒，帝方偷安忍恥，匿怨忘親，卒不免於來世之誚，悲夫。」

宋史謂高宗始惑於汪伯彥、黃潛善；後又受制於秦檜，其實並不盡然。高宗並非庸愚，乘父兄被擄機會而得皇位，又怕諸家軍擅兵攬權於外，致有尾大不掉之禍，更怕金人把欽宗送回，影響到自己的皇帝寶座。所以和秦檜狼狽爲奸，不惜屈膝金虜，誅鋤忠臣，亟亟收回武將兵柄，務求集權於中央。賓四師對於高宗個人有段一針見血的分析。

高宗非庸懦之人，其先不聽李綱、宗澤，只是不願冒險。其後不用韓、岳諸將，一意求和，則因別有懷抱，紹興十一年淮西宣撫使張俊入見，時，戰事方殷，帝問，曾讀郭子儀傳否？俊對以未曉，帝諭云：子儀時方多虞，雖總重兵處外，而心尊朝廷，或有詔至，即日就道，無纖介怏望，故身享厚福，子孫慶流無窮，今卿所管兵，乃朝廷兵也，若知尊朝廷如子儀，則非特一身饗福，子孫昌盛亦如之。若恃兵權之重，而輕視朝廷，有命不卽稟，非特子孫不饗福，身亦有不測之禍，卿宜戒之。此等處可見高宗並非庸弱之君，惟朝廷自向君父世仇稱臣屈膝，而轉求臣下之心尊朝廷，稍有才氣者自所不甘，故岳飛不得不殺，韓世忠不得不廢矣。（國史大綱第三十六章）

再關于記述高宗忌欽宗南歸的文字也很多，尤以七修類稿卷二十一，高宗不欲恢復條說的明白詳盡。如：

吾邑尙書胡永清世寧，嘗有時論一篇，以宋高宗恢復不堅者恐欽宗回時則當讓位與之也。予嘗以爲此億度之言恐不能服高宗之心，昨讀朝野遺記云宋和議成，顯仁后將還，欽宗挽其裙曰：「汝歸與九弟言之，吾南歸但爲太乙宮主足矣！他無望於九哥也。」后不能却，爲之誓曰：「吾先歸，苟不來迎，瞽吾目。」乃升車。既歸，因是間隔所見大異，不久后失明，募醫療者莫效，有道士應募入京，金針一撥，左翳脫然而復明，后喜求終治其右，道士笑曰：「一目視物足矣！彼一目存誓言可也。」后惕然起拜曰：「師聖人也，知吾之隱……」

宋人不當和而當戰既然可以確定，就可以估量民衆抗敵在兩宋之際民族鬥爭史中的價值了。以軍事說，義軍可以擾亂敵人後方，他們每一座寨栅，每一個堡壘，就好像嚴重的癱瘡牢牢的長在敵人身上，他們給予敵人心理上不可言喻的重創。牽制了敵軍南犯的兵力，及消滅無數的小股敵軍等。這些已經散見于前面數章中，不再贅述。此外民衆隊伍貢獻在抗金戰爭史上最大最重要的是他們能和官軍配合作戰，策應官軍，和官軍形成輔車相依之勢，甚而有時官軍的進退要視民兵動靜而定；如宋論卷十說：「義社恃大軍以成，故鵬舉一班師，而數十萬人不知何往。大軍恃義社以進止，則義社一敗衂，而大軍不足以孤存。」從這評語看之，民軍之在南宋抗敵戰爭史裏的地位是何等重要啊！如紹興十年秋，有名的郾城大捷，有賴於民衆隊伍之處實在太多了。

第一在戰爭醞釀期間，義軍能伸入敵境宣傳朝廷德意，喚起民衆抗敵共鳴，擾亂敵後社會治安，瓦解敵人軍心等。如金佗續編卷二十，章尚書穎經進鄂王傳曰：

……又密遣梁興等宣布朝廷德意，招結兩河忠義豪傑之人，相與犄角破賊。又遣邊俊、李喜等渡河撫諭中固其約，河東山寨韋詮等，皆斂兵固壘以待王師之至。烏陵思謀虜之黠首也，亦不能制其下，但諭百姓曰：毋輕動，俟岳家軍來當迎降。或率其部伍舉兵來歸：李通之衆五百餘人，胡清之衆一千一百八人、李寶之衆八千人，李興之衆二千人，懷衞州張恩等九人相繼而至。白馬山寨首領孫琪等，僞統制王鎮，統領崔慶，將官李覬、秉義郎李淸及崔虎、劉永壽、孟臯、華旺等皆全所部至麾下。以至虜首之心腹禁衞如龍虎下忔查千戶高勇之之屬及張仔、楊進等亦密受飛旗榜，率其衆自北方來降。

又如李寶渤海廟之捷，對於敵軍的牽制和竄擾也非常利害。會編卷二百：

是時（紹興十年五月），兀朮欲南渡，而慮（李）寶（義軍）在河上，遂回至荆岡，人馬困乏皆熟寢；寶探聞荊岡之東二十里渤海廟下金人尤不整，亦熟寢，乃與其次孫定、王靖約夜半襲殺之。遂分兩路；各率衆乘舟分上下水而進，寶與曹洋作一路，至渤海廟，見金人馬果困乏熟寢不覺，乃次第以刀斧擊殺數百人。定與靖亦至，併殺之，金人漸有覺而起者，已不能整，不及乘馬，皆步走墮于金堤下死者無數。然遺馬甚多，岸高船低馬不能下，寶令殺馬載之以行爲糧食，由是一馬活斫爲四五段自岸折下，盡載而去。

故宋論說：「岳鵬舉郾城之捷，太行義社，兩河豪傑，衞、相、晉、汾皆期日興兵以會北討。」（卷十）

第二在戰爭爆發時，忠義民兵爲官軍打前站做尖兵，引導王師前進。例如紹興十年金人敗盟，岳飛展轍北上，義士梁興等卽先行渡河屢敗敵軍。宋史卷三六八，牛皋傳說：

梁興會太行忠義，及兩河豪傑趙雲、李進、董榮、牛顯、張峪等，破金人于垣曲（山西垣曲縣治），又捷于心（沁）水（山西沁水縣），追至孟州之邵原（河南濟源縣邵源鎮），金張太保，成太保等以所部降。又破金高太尉兵于濟源（河南濟源縣）……梁興在河北取懷、衞二州，大破兀朮軍，斷山東、河北金帛馬綱之路，金人大擾。未幾岳飛還朝下獄死，世以爲恨云。

從上幾段史實看，郾城之戰，如沒有義軍開路打前站，瓦解敵軍心理，怕不會有這樣輝煌的戰果？卽如三十一年海陵王南犯，被殺揚州，金人求和息兵之事，實與山東之耿京、大名王友直、太行陳俊等義旅有莫大的關係，如要卷錄一九二說：

……初亮（金主）肆虐既久……及將用兵，又借民間稅錢五年，民益怨憤，於是中原豪傑並起，大名王友直，濟南耿京，太行陳俊唱義集衆，而契丹之後耶律鄂哈亦興於沙漠，諸軍始有殺亮之謀焉。

由是觀之，則民衆隊伍在兩宋之際民族鬥爭史中之重要性昭然可見了。

附註：

一　案酈瓊殺呂祉降僞齊事，又見會編、劉豫事迹等書，所言內容及其年月大致相同，惟瓊所率降齊部衆之數，則頗有出入。如右舉之要錄說：「瓊以所部四萬人渡淮降劉豫。」又中興聖政卷二十二、宋史卷二十八均同。而中興小記卷二十二、齊東野語卷二、金佗稡編卷七、通考卷一五四，兵考六，都說「瓊以七萬衆降豫。」又會編再，會編卷一八一引右從政郎楊堯弼劉豫傳、及金史卷七十九說：「瓊率所領步騎十餘萬附于齊。」又會編卷一七八說：「瓊率全軍人馬，共淮西百姓十餘萬降齊。」以上諸說未知誰是，待考。

二　近人翦伯贊著「南宋初年黃河南北的義兵考」第三節，載有太行義士梁興與梁青。（中國史論集第一輯）案要錄卷九十七：「荆襄招討使岳飛言：太行山忠義社梁「興」百餘人，欲徑渡河自襄陽來歸。時（紹興六年春）金人併力攻「青」，故青以精騎突而至飛軍前。上曰：果爾！當優與官以勸來者……」翦氏引此，但將文中之「青」字改作興；續通鑑卷一一六亦引此，惟改梁「興」之興字作青。依要錄文言，梁興梁青當是一人。改興作青，或改青作興，對史實之正誤無關宏旨，且興、青音又很相近，翦氏既謂有義士梁興，又說別有梁青。則梁興與梁青，究竟是一人？抑二人呢？關乎歷史之眞實性，不能置而不問。趙鼎建炎筆錄卷中載：「……上曰：兵家不無緣飾，卿等因通書（岳）飛幕屬叩問子細……（張）浚奏曰……自（梁）青之來，常有往來之人，其意甚堅確。青懷衞間人，嘗聚衆依太行，數出擾磁相間，金人頗患之，今年春（紹興六年）併兵力攻，青以精騎數百突出渡河，由襄漢來歸岳侯，兩河人呼爲梁小哥。」以此和要錄比較，梁青來歸之時間地點與梁興均相同，則梁興與梁青當是一人。又中興小記卷十九：「……梁小哥者，有衆四千，破神山縣，神山距平陽帥府百里而近，本府遣兵三千付總管判官鄧奭（註：要錄作鄭奭）將而討之；金軍遙見小哥旂幟不敢近。既而有都統馬五者，領契丹鐵騎五百至，責奭逗留，併將其軍與小哥戰，亦敗而死。小哥名青，懷衛間人也。」（翦氏卽藉此說明梁青又是一人）又續通鑑卷一一六：「……梁青者，懷衛間人，聚衆數千人，破神山縣；平陽府判官鄭爽（奭）以大軍討之，不敢進，居數日，都統制烏瑪剌引騎五百與會，乃併其兵與青戰，兵敗，爲青所殺。」二書所記多脗合，可見都統馬五卽是都統制烏瑪剌。又前引要錄條註謂：「紹興十二年六月十一日，親衛大夫忠州刺史梁興狀，四年十月，與烏瑪喇太師接戰，至次年奪路渡大河歸本朝。則興至飛軍前，當在去冬，今因奏到附此（紹興六年春）。」則此攻梁興之烏瑪喇，與前舉的烏瑪剌，無疑的是一人，且所攻的對相亦相同，由此更足證梁興、梁青原係一人了。又金佗續編卷十一載：「令契勘梁興見今措置事宜，開具申聞省劄樞密院奏據探報下項：一、光州奏：歸正人陳興供：本朝梁統制人馬取卻懷衛兩州，四太子（兀朮）去滑州策應。一、前燕山府工曹掾方喜，自盧（虜）中脫身回，探得大名、開德府界，梁小哥人馬截了山東路金帛綱，河北馬綱。一、泗州申：幹事人王德回供稱：十一月九日出徐州東門外，見清河岸貼城立砲座，河內有廠槽船，船上有番人椗船敎閱，恐梁小哥從梁山濼內乘船下來。右三省樞密院同奉聖旨，令岳飛契勘梁興見今措置，并本司所委事宜，開具申樞密院，如有立到功效卽見聞奏，優與陞擢，今劄送湖北京西路宣撫使兼河南北諸路招討使岳少保疾速施行。紹興十年十二月六日。」此爲岳飛郾城大捷前，梁興在敵後所進行擾亂工作之紀錄。然則翦氏誤認梁興與梁青爲二人之說灼然可知矣！

三　宋史謂友直等於九月戊子進攻大名，友直之奏報朝廷當在攻陷大名以後；而宋史卷三十二高宗紀，繫此事於紹興三十一年九月丁亥，此年九月庚午朔，丁亥是十八日，戊子是十九日，奏報朝廷日，較復大名尚早一日，其故待考。

四　要錄謂：友直與任，於三十一年十二月，自壽春渡淮來歸。又要錄卷一九六，紹興三十二年，正月丁亥條註說：「友直歸正事，具去年十二月己巳。」查三十一年十二月己亥朔，三十二年正月戊辰朔，註所說十二月己巳日，該是三十二年正月初二日，可見註誤。又中興禦侮錄說友直等，在三十一年十二月二十五日來歸。宋史卷三十二說三十一年十二月二十九日，友直等自壽春來歸。總括以上各書所記月日雖多參差，然其來歸日當不出十二月末。

五　案諸書均說魏勝，於紹興三十一年八月初一辛丑收復海州；而朝野雜記甲集卷二十，邊防二（虜亮叛盟）獨說：「辛己（紹興三十一年）……是月（六月）北人魏勝取海州。秋七月，金主徙都汴京……」緣此，上舉諸書所說的「八月初一」，該相差一個月，以至一個半月以上的時間，實不知此書引據何說？且朝野雜說和要錄同出一人，似不當有此出入。

六　案事又見要錄卷三十六、中興小記卷九、續宋編年通鑑卷二、宋史卷二十六、中興聖政卷八，諸書敘事略同，然所繫月日稍異。會編說薛慶於八月庚午至揚州，查是年八月辛未朔，而九月庚子朔，則八、九兩月裏均無庚午日，庚午乃是十月初一日。要錄說薛慶於八月八日戊寅出兵，九日己卯到揚州，十日庚辰戰死。又中興聖政，宋史均與要錄同。從以上諸端看之，則會編所繫庚午日之「午」字，可能「辰」的錯字。

論中國佛教譯場之譯經方式與程序

曹仕邦

目錄

引言

佛法之傳來東土也，華人通過譯經以接受其義理。古代西域亦嘗有翻譯，讀日本羽溪了諦氏西域之佛教可知，而今已不能詳考。至如高麗，越南諸國皆無譯經。高麗覺訓法師著海東高僧傳，自序稱：「按古梁、唐、宋三高僧傳，皆有譯經，以我本朝無翻譯之事，故不存此科。」日本雖有之，而頗晚。且高麗、日本、越南自唐宋以降皆有向我國請藏之事，故譯業不特為我國獨擅，鄰邦亦賴此得沾溉焉。

古之譯經，一人自譯或二人對譯之例甚少，多採集體翻譯之方式，翻經之所泛稱為譯場。譯場之存在，通習佛教史者皆能言之，仕邦誦讀所及者，言及譯場之專書有梁任公先生佛學研究十八篇，湯錫予先生漢魏兩晉南北朝佛教史，日本橫超慧日法師中國佛教の研究等。論文則有賀昌羣先生大唐西域記之撰與譯，　潤孫師論儒釋兩家之講經與義疏等。諸文對譯場組織與工作分配等，限於題目體例，皆未能詳為論述。後獲見李思純先生譯經工序考（見江村十論），初以為此一問題當可解答，比細讀之，始知李氏僅取三僧傳配以佛祖統紀，泛為敘述，又不參考他人著作，殊未足釋後學之惑。仕邦嘗為文探討古代河西之佛教，因而略知北涼譯經之情況，竊思佛法者外國之義理也，中國人能吸收之，能同化之，隋唐後遂有中國化之佛教，一如　賓四師於國史大綱所指出者，此實緣於譯業之完善，以知之也深，故卒能漸有以變之以適我。又近代西方史家頗注意佛教于中國文化之影響，如美國史丹福大學 Arthur F. Wright 教授著 Buddhism in Chinese History，是書首章第一句即云：「One of the great themes in the history of Eastern Asia is the transformation of Chinese culture by Buddhism.」，佛教對中國文化之影響，是否正如

Wright教授所言之甚，固尚可議，而非先有艱辛之翻譯之工作，釋尊遺教固難流傳中夏而不朽也。爰就所見佛教史料，研尋歷代翻譯情況，以明集衆出經之意義。本文所論，肇自漢末，以迄北宋，分爲八章，前三章論譯經之方式，次三章論譯場助手工作之分配，末二章論經費之來源及譯業消沉之因素，元清兩代譯經雖不由譯場，亦附論之，都六萬餘言，庶幾於此略知一經譯出過程之複雜艱難，古時翻經大德心力之所萃亦見焉。仕邦向非潛心經論，僅偶讀僧家撰述，率然妄事述造，雖云隨緣，識同捫象，其不見笑於方家者幾希，博雅君子，幸有賜以正之。

（一）譯經與宣講之關係

我國佛經之翻譯，肇自後漢安清、支讖（註一），終於北宋天息災、施護等，前後近九百年。三僧傳譯經篇與佛祖統紀所載主譯沙門，玄奘、義淨等少數華僧外（註二），幾全屬域外來遊之番僧。而博通華言如鳩摩羅什、曇無讖者復屈指可數（註三），他則均賴譯語之員助成之。是昔之所謂翻譯，實不能與今日之譯泰西書者等量齊觀。湯錫予先生嘗慨乎言之曰：

今日識外洋文字，未悉西人哲理，卽可譯哲人名著。然古昔中國譯經之巨子，先須爲佛學之大師，譯出其文，卽隨講其義，所謂譯場之助手，均實聽受義理之弟子（註四）

錫予先生論古今譯事不同如此。仕邦讀祐錄收錄參譯沙門所著諸經序，每自稱預「講肆」；「聽次」；「聽末」；於此「諮悟」與「聽受」（註五），足證其言之有據。譯場實爲講經之所。錫予先生復據陰持入經注序，知此方式安世高於漢末魏初之際已行之（註六）。然精通佛經義理至何程度，始得充主譯之任？祐錄卷一〇錄道挺毘婆沙經序略云：

沙門道泰，杖策冒險，爰至葱西，綜覽梵文，義承高旨，並獲其胡本十萬餘偈。既達涼境，王即欲令宣譯，然懼環中之固，將或未盡，所以側席虛襟，企囑明勝。天竺沙門浮陀跋摩，會至涼境，請令傳譯。挻以後緣得參聽末。

道泰不特精通梵文，且自「義承高旨」一語，知其西遊時嘗親聆域外大德講授是論，猶以義理方面尚有「環中之固」，而不敢任譯事，必待跋摩之來。泰固嘗譯入大乘論與大丈夫論也（註七），三論同於葱西「義承高旨」，何以譯彼不譯此？蓋譯時如僅對大衆宣講，則「環中之固」或可含糊其辭。譯出時，衆可向主譯質詢經旨，如祐錄卷八錄僧叡大品經序略云：

鳩摩羅什法師，手執胡本，口宣秦言，兩釋異音，交辯文旨。

又卷一四曇無讖傳略云：

值其宣出法藏，道俗數百人疑難縱橫，讖臨機釋滯，未嘗留礙。

高僧傳卷六晉長安釋曇影傳略云：

助什譯經，初出成實論，凡諍論問答，皆次第往反。

等可證。若不澈底了解經旨，將無以釋衆惑，此即泰不敢譯毘婆沙論之故。由是知主譯之選，端視其人能否對衆剖析所譯經文之蘊義。至於已譯成漢文之經典，猶須請不通華言之番僧宣講，祐錄卷一四求那跋陀羅傳略云：

譙王請講華嚴等經，弟子法勇傳譯，雖因譯人，而玄解往復。

高僧傳卷三宋京師祇洹寺求那跋摩傳略云：

（宋文帝）勑住祇洹寺，俄而於寺講法華及十地，法席之日，軒蓋盈衢，䟦摩神府自然，妙辯天逸，或時假譯人，而往復懸悟。

可爲其例（註八）。此亦緣二僧在西域習誦梵書原本，較中土沙門持譯本講說，更能宣出諸經妙諦，况此土未聞之梵本乎！故主譯人選率偏重西僧也。

譯時由主譯「口校古訓，講出深義」（註九），且通過辯論方式研討經旨，亦頗能訓練聽受之弟子成一宣講之經師。如祐錄卷七錄阿維越致遮經記略云：

菩薩沙門法護，得此梵書不退轉法輪經，口敷晉言，授沙門法乘，使流布一切，咸悉聞知。

高僧傳卷六晉彭城郡釋道融傳略云：

勑入逍遙園，參正詳譯。後（鳩摩羅什）譯中論，始得兩卷，融便就講。什又命融講新法華。

又卷七晉長安釋僧叡傳略云：

（鳩摩羅）什所翻經，叡並參正。後出成實論，令叡講之。

魏書卷一一四釋老志略云：

有罽賓沙門曇無讖，習諸經論，於姑藏與沙門智嵩等譯湼槃經十餘部。智嵩亦爽悟，篤志經籍。後乃以新出經論，於涼土教授，辯論幽旨。

上引諸經師，皆參正詳譯之弟子也。故古之譯經，一人自譯之例甚少（註一〇），若無宣講之環境，卽難以開譯。

續高僧傳卷二隋西京大興善寺北賢豆沙門闍那崛多傳略云：

（崛多）爲突厥所留，賴以北狄君民，頗弘福利，因斯飄寓，隨方利物。有齊僧寶暹、道邃、僧曇等十人，以武平六年，相結同行，採經西域，往返七載，將事東歸，凡獲梵本二百六十部。迴至突厥，俄而齊亡，亦投彼國，因與同處，講道相娛。所賷新經，請翻名題，勘舊錄目，轉覺巧便，有異前人。暹等內誠，各私慶幸，獲寶遇匠，德無虛行。同誓梵香，共契宣布。大隋受禪，佛法卽興。暹等賷經，先求應運。時崛多仍住北狄，至開皇五年，大興善寺沙門曇延等三十餘人，以躬當翻譯，音義乖越，承崛多在北，乃奏請還。崛多忽蒙遠訪，欣願交并，卽與使乎同來入國。

寶暹等採經東歸，遇宗國殄滅，遂留突厥，而遇崛多。突厥據蠕蠕故地（註一一），蠕蠕於北魏時已頗具佛法，高僧傳卷八齊京師靈根寺釋法瑗傳略云：

釋法瑗，姓辛，辛毗之後。長兄源明，仕僞魏爲大尚書。第二兄法愛，亦爲沙門，解經論，兼數術，爲芮芮（註一二）國師，俸以三千戶。

法愛爲其國師，足作一證，崛多傳謂「北狄居民，頗弘福利」者卽承蠕蠕之舊也。寶暹等既身處佛教國中，又巧遇明匠，而所獲梵本必待有隋一統後，始歸國譯出者，蓋譯經之目的在求於中國宣佈，突厥時雖佛教流行，而無通曉華語之聽衆以領受之，故暹等初僅共崛多研討校勘，以爲日後在華開譯之準備也。

然設若已具聽受諸悟之衆，雖身在域外，亦可興立譯場，如唐時悟空之事是也。大藏經經集部四、十力經前（頁七一五），有釋圓照十地經等後記，對悟空西遊事蹟記載甚詳，卽宋高僧傳卷三蓮華精進、戒法、悟空等傳之主要史料。今獨取其中記悟空譯經於安西、北庭二都護府之事，略云：

新譯十地經及迴向輪經；十力經等者，卽沙門悟空，本名法界，因使罽賓，於中天竺之所得也。（中略）法界所將梵本，次至安西，正曰屈支城，西門外有蓮華寺，有三藏沙門名勿提提犀魚，（自註：唐云蓮花精進）至誠祈請，譯出十力經，可三紙許，以成一卷。三藏語通四鎮，梵漢兼明。又發至北庭州，本道節度使御史大夫楊襲古，與龍興寺僧，請于闐三藏沙門尸羅達摩（自註：唐言戒法），譯十地經。三藏讀梵文幷譯語，沙門大震筆受，沙門法超潤文，沙門善信證義，沙門法界證梵文幷譯語。迴向輪經翻譯準此。時逢北庭宣慰使中使段明秀來至北庭，洎貞元五年九月十三日，所譯漢本隨使入都。

安西、北庭二都護，乃唐代勢力擴展至西域所置，詳見兩唐書地理志。安西都護府設龜茲國，悟空在此譯十力經時，雖謂蓮華精進本通漢言，十力經又僅有三紙，故可於域外二人對譯。而譯於北庭州之十地經及迴向輪經；則明爲譯場之所出也。北庭州據舊唐書卷四〇地理志稱乃西突厥於貞觀二十年內附而置。其地有華僧留連，遂得興立譯事焉。當地佛法能頗具規模者，吾疑其受高昌佛教影響。蓋北庭州約在今廸化附近（註一三），與高昌（今吐魯蕃）相去甚近（註一四）。高昌爲侯君集所攻時，葉護嘗屯浮圖城爲援可證。而高昌自晉永嘉亂後屬前、西、北三涼郡縣，北涼爲元魏所滅，沮渠無諱、安周兄弟率河西道俗來此建國（註一五），其後麴氏代王，以迄見併於唐。沮渠氏本華化甚深之盧水胡（註一六），麴氏則金城楡中人（註一七），日本羽溪了諦氏西域之佛教對高昌佛法與當地華人之關係，論列甚詳。則高昌沙門往西突厥宣化者當不少。後高昌入唐爲西州中都督府，與北庭州同在一統政府之下，兩地往返更形便利，北庭龍興寺諸僧，想不乏世居西域之華僑（註一八），故悟空能於葱左創立譯業焉。

綜言之，譯之與講，其關係已明，高僧傳卷七晉長安釋僧肇傳引肇答劉遺民書曰：

貧道一生猥參嘉運，遇玆盛化（指關中逍遙園三千僧衆譯經），自不睹釋迦祇桓之集，餘復何恨。

肇公以譯場擬祇桓之集，蓋謂譯場卽講場耳。譯經採此方式，不特能集思廣益以詮定文句，且聞法者亦可向外宣傳，誠一舉兩得也。

註一：高僧傳譯經篇首列摩騰與法蘭，然近世學人多不認爲果有二僧，湯錫予先生佛敎史卽持此說。按祐錄述列傳之部爲現存最古之僧傳，而其書首傳安淸、支讖，故從之。

註二：華僧自爲主譯者，尙有帛法祖，竺佛念，智猛（祐錄卷一五本傳），道泰（內典錄卷三，開元錄卷四），法盛（開元錄卷四），曇曜（續高僧傳卷一），居士沮渠京聲（祐錄卷一四本傳）等。

註三：西僧之通習華言者，尙有安淸，僧伽提婆（祐錄卷一三本傳），闍那崛多（續高僧傳卷二），天智（宋高僧傳卷二），眞諦，菩提流支，不空，蓮華精進等。眞諦等四僧，續宋二僧傳不言其能漢語，而大藏經毘曇部四、頁一六一慧愷阿毗達磨俱舍釋論序略云：「（眞諦）法師遊方旣久，精解此土音義，凡所翻譯，不須度語。」又密敎部二、頁四一五有未詳作者之佛母大金曜孔雀明王經序，略云：「今所譯者，卽中天竺國三藏國師不空，善唐梵之言。」是二僧亦通華言，菩提流支曉漢言、隸書，見洛陽伽藍記卷四（詳傳語章），蓮華精進見本章。祐錄卷一三尸梨蜜傳略云：「蜜性高簡，不學晉語，諸公與之語言，蜜因傳譯。」三藏兼明之番僧，亦有不屑習漢言者，是以練華之主譯見諸史策者不多也。至於域外人而世居華夏者，如沙門康僧會，竺法護，居士竺叔蘭（祐錄卷一三本傳），沙門慧智（宋高僧傳卷二）等，皆不列入，以其同化已久也。

註四：見漢魏兩晉南北朝佛敎史第十章。

註五：祐錄卷八錄僧叡法華經後序略云：「既遇鳩摩羅法師，指其大歸，于時聽受領悟之僧八百餘人。」同卷錄叡公思益經序略云：「于時諸悟之僧二千餘人，近是講肆之來，未有其比。」又卷一〇錄道挻毗婆沙經序略云：「浮陀跋摩於涼州城內苑閑豫宮寺傳譯，挻以後緣得參聽末。」同卷錄焦鏡法師後出雜心序略云：「宋元嘉十一年，外國沙門名曰三藏，觀化遊此，於是衆僧請令出之，鏡以不才謬預聽末。」上所引均足作湯氏論說之註脚。

註六：見佛教史上冊頁四七（凡本文所引該書之頁數，均據民國五十一年商務印書館之台版景印本。）

註七：見內典錄卷三，經圖卷三，開元錄卷四；（大丈夫論內典錄不收），二論今存，前者在大藏經論集部，後者在中觀部。

註八：法華經有竺法護與鳩摩羅什兩譯本，十地經由法護出，華嚴經則佛陀跋陀羅譯，俱見祐錄卷二。

註九：祐錄卷八正法華後記語。

註一〇：曇無讖譯菩薩戒經；菩薩戒本，湯錫予先生疑屬個人自譯，見佛教史上冊頁二八七。大藏經中觀部、頁二五〇有釋玄奘廣百論釋論後記略云：「三藏法師於鷲嶺北得聞此論，隨聽隨翻」，後記雖題玄奘作，但文中稱「三藏法師」，恐屬弟子執筆，所謂「隨聽隨翻」者，奘公以華文筆記耳。又論集部、頁七五一義淨龍樹菩薩勸誡王頌前記，略云：「此頌是龍樹菩薩以詩代書，寄與南印度親友，乘土國王一首。沙門義淨，創至東印度耽摩立底國譯。」既曰譯於外國，當非集合華人作宣講，然此乃一簡單之詩篇，不煩衆人問難，故淨公遂獨自轉譯焉。

註一一：突厥滅蠕蠕有其地之經過，詳見周書卷五〇突厥傳。

註一二：「芮芮」卽魏書之「蠕蠕」，慧皎著書，對有功佛法之胡主，頗不喜使用帶輕蔑性之字眼書其譯音，如乞伏熾盤」改「乞佛」，「沮渠牧犍」改「茂虔」。佛教國之國號亦然，蠕蠕二字不雅，故改如上稱。

註一三：馮譯沙畹西突厥史料第四篇，稱北庭州治在濟木薩之北。淸陶保廉辛卯侍行記卷六，於廸化條下述西突厥史事，故大約知其方位。

註一四：辛卯侍行記卷六，稱吐魯蕃去廸化九十五里。

註一五：其事拙著論河西佛法一文嘗有論及。

註一六：同見前註。

註一七：麴氏家族王高昌之經過，詳見周書、隋書、北史及兩唐書高昌傳。

註一八：續高僧傳卷二隋東都雒濱上林園翻經館南賢豆沙門達摩笈多傳略云：「漸至高昌，客遊諸寺，其國僧侶多學漢言。」是隋唐間人已視高昌爲異族，不知其民本多華裔也。

（二）　隋以前之譯經方式

翻譯時，譯講同施，中土道俗得聆此方未聞之妙諦，故參預譯場者恆數百人至數千人。自鳩摩羅什東來後，僧家史料中多詳載參譯人數。如關中譯場：祐錄卷八錄釋慧觀法華宗要序略云：

有外國法師鳩摩羅什，秦弘始八年於長安大寺，集四方義學沙門二千餘人，更出斯經，與衆詳究。

又卷一四鳩摩羅什傳略云：

什既至止，於是（姚）興使沙門僧肇等八百人諮受什旨。三千徒衆，皆從什受法。

又同卷佛陀耶舍傳略云：

于時羅什出十住經，耶舍既至，共相徵決，辭理方定。道俗三千餘人皆歎其賞要。

又卷三新集律來漢地四部序錄、曇無德四分律略云：

秦弘始十二年，右將軍司隸校尉姚爽，於長安中寺，集名德沙門五百人，請罽賓沙門佛陀耶舍出律藏四分四十卷。

如河西譯場：祐錄卷九錄優婆塞戒經記之出經後記略云：

河西王世子大沮渠興國，與諸優婆塞等五百餘人，共於都城之內，請天竺法師曇摩讖譯此在家菩薩戒。

又卷一四曇無讖傳略云：

賚大涅槃經本前分十二卷至姑臧，河西王沮渠蒙遜請令出其經本，翻爲漢言。道俗數百人疑難縱橫，讖臨機釋滯，未嘗留礙。

又卷一〇錄道挻毗婆沙經序略云：

天竺沙門浮陀跋摩，會至涼境，於涼城內苑閑豫宮寺，請令傳譯。理味沙門智嵩、道朗等三百餘人考文詳義，務存本旨。

如江左譯場：祐錄卷一四佛大跋陀傳略云：

先是支法領於于闐國所得華嚴經，未有宣譯。到（晉安帝）義熙十四年，卽請佛賢爲譯。匠乃手執梵文，共沙門慧嚴、慧義等百有餘人，詮定文旨。

又同卷求那跋陀羅傳略云：

（宋文帝）元嘉十二年至廣州，後於丹陽郡譯出勝鬘、楞伽經，徒衆七百餘人。

又卷九錄慧觀勝鬘經序略云：

外國沙門求那跋陀羅，手執正本，口宣梵音。釋寶雲譯爲宋語；德行諸僧慧嚴等一百餘人考音詳義。

如元魏洛陽譯場：大藏經毘曇部一、頁一二三崔光十地經論序略云：

以（宣武帝）永平元年，命三藏法師北天竺菩提留支、中天竺勒那摩提、北天竺伏陀扇多，幷義學緇儒一千餘人，在太極紫庭譯出斯論十有餘卷。

據上引諸條，知東晉南北朝時不論南北，其譯場皆有廣大之聽衆。

然此千百計之聽衆，對經文之譯出有何幫助？吾前爲文論晉永嘉以降河西之佛事（文已刊布，見新亞學報第五卷第一期），自高僧之誦習蒼雅詁訓，推知翻經之原則爲以此土一字易彼土一字。今悉譯經鉅子雖非盡皆持此態度，而宋高僧傳卷三譯經篇論略云：「翻也者，如翻錦綺，背面俱花，但其花有左右不同耳。」又大藏經事彙部下所收諸華梵對照之字書（如傳語章引用其序文者），其內容多屬以一漢字釋一梵字，甚少用二字以上解一梵名（註一），均足作吾說之佐證。然則千數百人諸問經義而外，厥爲與主譯討論譯文之用字；抑爲其他方面之問題，實大堪研究。湯錫予先生著漢魏兩晉南北朝佛教史，特立一章以論傳譯，而對譯場工作程序述論甚略，李思純先生著譯經工序考，所知復不如湯氏之深。故不避淺陋之譏，願就翻譯之工作程序，探索譯場集衆出經之意義及其價值所在焉。

祐錄卷一〇錄未詳作者之阿毗曇心序略云：

晉泰元（即太元）十六年冬，於潯陽南山精舍，（僧伽）提婆自執胡經，先誦本文，然後乃譯爲晉語，比丘道慈筆受。至來年秋復重與提婆校正，以爲定本。

據此則主譯之工作，爲先以外國語誦讀胡本原文，再口譯爲漢言，由一弟子專責筆記其語。提婆善漢言，又有本可據，故能執經自轉漢語。其不解華音者，則勞傳譯之人，又無本可據者（註二），復置梵文之筆受，如祐錄卷一〇錄釋道安法師毗婆沙序略云：

會建元十九年，罽賓沙門僧伽跋澄，諷誦此經，來至長安，趙郎求令出焉。其國沙門曇無難提筆受爲梵文，弗圖羅剎譯傳，敏智筆受爲此秦言。

又卷一一錄道安比丘大戒序略云：

歲在鶉火，自襄陽至關右，見外國道人曇摩侍諷阿毗曇，於律特善。遂令涼州沙門竺佛念寫其梵文，道賢爲譯，慧常筆受。

皆其例證。又卷一〇錄釋道標舍利弗阿毗曇序略云：

會天竺沙門曇摩崛多、曇摩耶舍等義學來遊，秦王以弘始九年命書梵文。至十六年，經師漸閑秦語，令自宣譯。言意兼了，復向所盡，然後筆受。

據此，筆受似應在主譯宣釋經旨至「言意兼了」後，始行書記者矣。然大藏經瑜伽部下、頁一一三釋𧬊愷攝大乘論釋序略云：

> 有三藏法師，姓頗羅墮，名拘羅他那。此土翻譯，稱曰親依。於廣州制旨寺便就翻譯。法師妙解聲論，善識方言，詞有以而必彰，義無微而不暢。（慧）愷謹筆受，隨出隨書，一章一句，備盡研覈，釋義若竟，方乃著文。

是筆受之責，在「隨出隨書」，換言之，譯出每一單句，皆需錄記。親依卽眞諦（註三），湯錫予先生考定其譯攝大乘論在陳天嘉四年（公元五六三）三月（註四），去姚秦弘始九年（公元四〇七）凡一五七年。豈「言意兼了，復向所盡，然後筆受」乃早期之方式，而「隨出隨書」乃日後改良之辦法耶？祐錄卷八錄僧叡毘摩羅詰提經義疏序略云：

> 既蒙鳩摩羅什法師正玄文，摘幽旨，始悟前譯之傷本，繆文之乖趣耳。然領受之用易存，憶識之功難掌，故因紙墨以記其文外之言，借衆聽以集其成事之說。其指微而婉，其辭博而晦，自非筆受，胡可勝哉，是以卽於講次疏以爲記。

此雖義疏之序，所記則什公重譯本經之事也。序中有二語最堪注意，卽「因紙墨以記其文外之言」及「借衆聽以集其成事之說」也。蓋中西思想不同，若干深義非一言可盡。大藏經毗曇部四、頁一六一有慧愷阿毗達磨俱舍釋論序符，記眞諦於陳天嘉四年譯是經時略云：

> 法師遊方既久，精解此土音義，凡所翻譯，不須度語。但梵音所目，於義易彰，今既改變梵音；詞理難卒符

會。故於一句之中，循環辯釋，翻覆鄭重，乃得相應。慧愷謹卽領受，隨定隨書。

主譯反覆辯釋，無論其說出自個人研習之心得，抑屬西方師師相傳之家法，要之皆非佛經本文，是以稱「文外之言」。僧叡既因紙墨以記之，復「借衆聽以集其成事之說」，若聽衆不作筆記，叡公何以借而集之？是知非獨筆受之員隨出隨書，且聽衆亦然，其風氣後秦時已如是，非關陳代之改良也。更由上引諸經序，推知當時譯經之方式，爲主譯先詮釋經本每句梵文，經諮問辯難，至在場者均一無疑義，始由筆受寫定。寫定時則集合聽衆筆記參考綜覽，就諸筆記與自身錄記者，歸納主譯所述，然後利用訓詁學之知識，選擇最適當之華字以轉譯原文，是成爲譯本之本文，關於訓詁學之利用，仕邦前已爲文論及，茲不復贅。續高僧傳卷二彥琮傳載琮於隋世倡八備之說，八備者，沙門參預譯場之八條件也。中有云：

薄閱蒼雅，粗諳篆隸，不昧此文，其備八也。

亦足見字學對譯經之重要。至於聽衆個別之筆記，猶有一事見其價値者，祐錄卷一〇錄道安阿毗曇序略云：

以建元十九年，罽賓沙門僧迦禘婆，誦此經甚利，來詣長安，比丘釋法和請令出之。佛念譯傳，慧力、僧茂筆受，和理其指歸。其人檢校，譯人頗雜義辭，龍蛇同淵，金鍮共肆者，彬彬如也。和撫然恨之，余亦深謂不可。

道安法和皆不通梵文（註五），而能發現寫定之經文有不妥處，若僅憑個人聽講之筆記爲判，未免武斷。且道安嘗搜集舊譯諸經，爲其尋文比句，通其滯文（註六），是安公處事態度向甚客觀，則其發現新經不是，當自譯場徒衆個別記錄主譯之解經語中，歸納出經文本義，而知寫定者與原文不符也。如是集衆出經，不惟辯論幽旨，復有助譯本之寫定與校勘，「借衆聽以集其成事之說」其義愈明矣。潤孫師論儒釋兩家之講經與義疏（見新亞學報第四卷第二期，賓四師六十五歲祝壽論文集下册），謂筆受於譯時記主譯所言以爲疏，蓋譯本寫定後，筆受另行整理「文外之言」而成，謂經文與義疏同產生於譯場可也。

翻譯時既有宣講，復產生義疏，其情況同於講經，然講經時置都講之位，而仕邦就所見譯經史料，固未發現譯場有都講，此爲異於講場者。蓋湯錫予先生考都講之來源，謂緣 世尊講安般守意經時，無人能質，故化作兩身，一尊發問，一尊答之，以敷演其義，問者當中國佛家講經之都講，答者卽後世之法師云（註七）。當初 世尊既須化作二身，故後世講經時不能由法師自問自答，始有都講之設。儒家之都講，初非同於釋氏（如 潤孫師之考證），然亦不能由經師兼任，漢書卷八四翟方進傳，謂宿儒胡常心害方進之能，方進候伺常大都授時，遣門下諸生至常所問大義疑難，既有「大都授」一名稱，「講」、「授」二字行文時往往連類而及，豈「大都授」卽「大都講」歟？然顏師古注之曰：「都授，謂總集諸生大講授也。」則「都授」爲動詞非名詞，而講者爲胡常本人，非另立都講，固不可以字樣彷彿，遂認儒家都講源於此也。都講儒釋皆不能由經師自兼，而釋氏以二人分承 世尊所化二身，則講者與問者均需深明經義，如支道林講維摩經，許詢爲都講，必支、許皆深研維摩，始能「支通一義，四座莫不厭心，許送一難，衆人莫不抃舞」（註八），一通一難，至竟兩家不歇（註九）。但此爲已譯之漢本，至於未譯梵本，經義且有待主譯經師之宣釋；傳語之轉達，譯場中捨主譯本人之外，復有誰人能深明經旨，足與主譯相向設座，一通一難？故譯場實不能設都講也。

經本譯出後，當復經檢校始成定本，而勘讐時極認眞，祐錄卷九錄華嚴經記之出經後記，略云：

（晉）元熙二年（公元四二〇）六月十日（註六）出訖。凡再校胡本，至大宋永初二年（公元四二一）十二月二十八日校畢。

是經之校讎歷時一年又半，可謂愼矣。更有甚者，同卷錄僧叡關中出禪經序略云：

鳩摩羅法師以辛丑元年（弘始四）十二月二十日，自姑藏至常安，予即以其月二十六日從受禪法。出此經後至弘始九年閏月五日，重求檢校，懼初受之不審，差之一毫，將有千里之降。詳而定之，輒復多有所正。

是譯出之七年後，猶重求檢校也。大藏經毗曇部四、頁一六一慧愷阿毗達磨俱舍釋論序略云：

刺史仍請於城內講說，既得温故，頗識大宗，非唯闇弱，多有疑滯，又恐所翻不免謬失。至天嘉五年二月二日，與僧忍等更請法師重譯論文，再解義意。

慧愷等所以請眞諦「重譯論文，再解義意」者，蓋緣於持譯本講說時發現尚有環中之固，無法宣釋，而知已譯者未爲盡善。則鄭重校讎，自有其原因矣。

譯場所出，常不獨一經，是否一經已畢，再譯他經？祐錄一〇錄大智論記之出論後記略云：

究摩羅耆婆法師，以秦弘始三年至長安。四年夏於逍遙園中西明閣上，爲姚天王出釋論，七年十二月二十七日乃訖。其中兼出經本；禪經、戒律、百論、禪法要解向五十萬言，幷此釋論一百五十萬言。

大智論之譯出前後四年，而其間尙譯他經合二百萬言，則知譯場往往數經同時開譯，非一經畢，再譯新經也。

註一：漢字譯梵字，其用一字以上易彼一字者，亦往往有故，如梵語千字文將「摩利遮」譯作「胡椒」，唐梵消息將「多羅布娑」譯作「黃瓜」，梵語雜名將「畝羅」譯作「蘿蔔」，蓋兩地所產物類雖同，而華人向以二字名之者，天竺則僅一字也。又如唐梵消息將「鞿囀蘇佉」譯作「消息」，將「嚩怒儞也」譯作「學問」，蓋亦華人兩字連用者，而天竺則僅一字也。又梵語雜名將「翳吒迦」譯作「一邊」，但復稱：「又云偏也。」既已譯作「一邊」，又補充謂可作「偏」，是譯者儘量欲以一字易一字，以符訓詁之原則也。仕邦於天竺半滿之例向未諳習，僅略自前人著作中剔出一二條爲例，不敢謂所舉必當也。

註二：湯錫予先生曰：「西方傳來之經典，或憑口授，或依原本。印度佛教初起，因寫錄之困難，經典多由口授，故爲學程序，不曰讀思修，而曰聞思修。西行求經者，亦不必均携梵夾俱來，如沮渠京聲往西域，口誦梵本東歸，是也。至於西域來僧之所譯，亦或先由口誦。」（見所著佛教史上册頁二九四）

註三：續高僧傳卷一陳南海郡天竺沙門拘那羅陀傳略云：「拘那羅陀，陳言親依，或云波羅末陀，譯云眞諦，並梵文之名字也。」而攝大乘論釋序稱法師姓「頗羅墮」，卽「波羅末陀」之異譯，故知法師實姓眞諦，名親依也。

註四：見所著佛教史下册頁三二三。

註五：道安不通梵文，湯錫予先生已指出之，見佛教史上册頁二九七。雖未論及法和，而和與安公同學，高僧傳卷五本傳亦不言師通梵文。

註六：見湯錫予先生佛教史上册頁一九四至一五一。

註七：見所著佛教史上册頁八四、八五。

註八：見世說新語卷上之下文學篇。

註九：見高僧傳卷四支遁傳。

註一〇：宋書卷二武帝紀載晉恭帝於元熙二年六月禪位，其月丁卯宋武改元永初。丁卯據陳援菴先生廿二史朔閏表為十四日，故十日猶屬晉元熙也。

（三）隋唐以降譯經方式之轉變

晉永嘉後各地譯場動輒千數百人，及隋唐統一而後，地無南北之阻，聽講者勢必更衆矣。若以我國佛教史上翻譯二鉅子鳩摩羅什與玄奘作一比較，譯經近三百卷之什公有弟子三千為助，則譯經千卷之奘公當不知若干倍於此，而夷考其實則不然。慈恩傳卷六略云：

帝曰，師西方去後，朕奉為穆太后於西京造弘福寺，寺有禪院甚虛靜，法師可就翻譯。法師又奏曰：百姓無知，見玄奘從西方來，妄相觀看，遂成闤闠。非直違觸憲網，亦為妨廢法事，望得守門以防諸過。帝曰，當為處分。（貞觀十九年）夏六月，證義大德諳解大小乘經論為時輩所推者一十二人至，即京弘福寺沙門靈潤，沙門文備。羅漢寺沙門慧貴。實際寺沙門明琰。寶昌寺沙門法祥。靜法寺沙門普賢。法海寺沙門神昉。廓州法講寺沙門道深。汴州演覺寺沙門玄忠。蒲州普救寺沙門神泰。綿州振音寺沙門敬明。益州多寶寺沙門道因等。又有綴文大德九人至，即京師普光寺沙門栖玄，弘福寺沙門明璿，會昌寺沙門辯機，終南山豐德寺沙門道宣。簡州福聚寺沙門靜邁。蒲州普救寺沙門慧立。洛州天宮寺沙門玄則等。又有字學大德一人至，即京師大總持寺沙門玄應。又有證梵語梵文大德一人至，卽京師大興善寺沙門玄謩。自餘筆受書手，所司供料等並至。

據此奘公助手捨員數不知之「筆受書手」外，僅得二十三人。但可注意者有二，一爲譯經時不獨非公開宣講，且禁絕閒人接近。二爲參預沙門所屬寺院，計京師十三，蒲州（河東道）三，汴州；洛州（河南道）、綿州；益州；簡州（劍南道）、幽州（河北道）、鄜州（隴右道）各一。參預人數雖少，實爲全國精英所萃。斯二事皆與隋以前絕異，欲究其轉變之關鍵，當先討論集衆宣譯方式之利弊。

隋以前之方式，其優點爲「借衆聽以集其成事之說」，此由於華人通梵文者少，故需集大衆記疏以校讐譯本，若梵文隨譯業之進展而漸次普及，斯法遂失其重要性。況譯時在場人衆皆可發問，主譯均須爲其釋滯，而人之識見高下不等，未必所問者皆屬亟需研討之要旨，如主譯不諳華言，則既添傳語轉達之勞，復延宕譯業於無謂之爭論中。祐錄卷一三曇摩難提傳略云：

曇摩難提，闇誦增一、中阿含經，以符堅建元二十年，至于長安。佛念傳譯，慧嵩筆受。自夏迄春，綿歷二年方訖。具二阿含凡一百卷。

二含之譯「綿歷二年方訖」，雖謂卷帙浩繁，又態度愼重，然二含合計才百卷耳（註一）。唐時玄奘譯瑜伽師地論百卷，據大藏經瑜伽部上、頁二八三許敬宗後序，稱是論起訖爲貞觀二十一年五月十五日至二十二年五月十五日，前後一年，其譯出時間較二含減半。若非唐時方式已有改善，實無以釋之。

更有進者，譯場爲大衆之集會，來者雖皆號稱聽受之弟子，而難免不肖之徒混雜其間，既許諸問辯論，頗易啟人肆意譏惡。高僧傳卷九齊京師中興寺釋僧印傳略云：

宋大明中，徵君何默，招僧大集，請印爲法匠，聽者七百餘人。時壯氣之徒，問論中間，或厝以嘲謔，印神采夷然，曾無介意。

講經與譯經方式相同，今講場中有嘲謔經師之事，雖譯經史料中未見類似之記載，而續高僧傳卷二彥琮傳載琮公於隋世所倡參譯八備之說，中有云：

將踐覺場，先牢戒足，不染譏惡。襟抱平恕，器量虛融，不好專執。

琮公既書此爲後學沙門之戒，則隋以前譯場中，或頗不乏如僧印傳中之「壯氣之徒」也。譯業所受之滋擾大矣。是以此種近於今日演講討論會之譯經方式，遂漸趨淘汰。續高僧傳卷九魏鄴下沙門釋道寵傳略云：

魏宣武帝崇尙佛法，天竺梵僧菩提留支，初翻十地在紫極殿；勒那摩提在太極殿，各有禁衞，不許通言。校其所譯，恐有浮濫。始於永平元年，至四年方訖。

二僧隔絕於二殿而同譯一經，實啟不在大衆前譯經風氣之先河。大藏經般若部四、頁八三四釋智昕勝天王般若經序略云：

江洲刺史儀同黃法𣰰，以天嘉六年七月二十三日，勸請（月婆）首那於洲廳事略開題序。設無遮大會，四衆雲集五千餘人。匡山釋僧果法師及遠邇名德，各有碩難紛綸，靡不渙然冰釋。至其月二十九日，還興業伽藍，犍搥既響，僧徒咸萃，首那躬執梵文，譯爲陳語，揚州阿育王寺釋昕智耳聽筆疏。

此陳代事也，其時雖猶在五千大衆前宣講，而僅作七日之「略開題序」以介紹經本內容，俾衆諸問。至於梵文之宣譯，字義之釐訂，則在還興業伽藍後。陳天嘉六年（公元五六五）在魏永平元年（公元五〇八）五十八載後，譯經與宣講已正式開始劃分矣。

降至隋世，翻譯方式遂轉出一新局面。續高僧傳卷二隋西京大興善寺北天竺沙門那連提黎耶舍傳略云：

有隋御寓，重隆三寶，爰降璽書，請來弘譯。住大興善寺，勅昭玄統沙門曇延等三十餘人，令對翻傳。

又同卷隋西京大興善寺北賢豆沙門闍那崛多傳略云：

爾時（那連提黎）耶舍已亡，專當元匠。又置十大德沙門僧休、法粲、法經、慧藏、洪遵、慧遠、法纂、僧暉、明穆、曇遷等，監掌翻事，銓定宗旨。

其時之譯場，大致僅數十人參預。又同卷隋東都雒濱上林園翻館南賢豆沙門達摩笈多傳略云：

煬帝定鼎東都，乃下敕於洛水南濱上林園內，置翻經館。搜舉翹秀，永鎮傳法。

是參預之人，復經挑選也。然諸傳皆不見數十人職務之名稱，似時尚未嚴格分工。大藏經大集部、頁五三六釋法琳寶星陀羅尼經序略云：

有中天竺國三藏法師波頗，唐言光智，以貞觀元年景戌，洎于京輦。有詔所司搜揚碩德，兼娴三教，備舉十科者一十九人，於大興善寺，請波頗三藏，相對翻譯。沙門慧乘等證義，沙門玄謩等譯語，沙門慧明、法琳等執筆。起貞觀三年，訖四年四月。

序為續高僧傳卷三波頗傳史料之一，「證義」是轉變後新方式之特徵（詳證義章），而其名稱首見於此，故嚴格分工實始於唐世也。

譯場之助手，既經有司搜敭，其選拔之原則，據續高僧傳卷三唐京師清禪寺沙門釋慧賾傳略云：

及貞觀開譯，詔簡名僧，衆以文筆知名，兼又統詳論旨，乃任為翻論之筆。

賾為波頗譯經之筆受，其被推為翻論之筆者，蓋以「統詳論旨」。則當時之筆受，又不獨僅「文筆知名」始得為之。由是推知，預選沙門需通習經、律、論三藏之一，為必備之條件也。故參預人數雖寡，而皆為翹秀之大德。更以慈恩傳所載又僧史有傳之奘公助手為例；證義之靈潤入義解篇（續高僧傳卷一八），綴文之道宣即續高僧傳、大唐內典錄、廣弘明集等撰人（宋高僧傳卷一四），字學之玄應即一切經音義撰人（續高僧傳卷四〇智果傳附）。則諸大德更屬學術專才，譯場遂為專家之集會。

此種專家集會之譯經方式為何？其始唐時人亦感困惑。續高僧傳卷三唐京師勝光寺中天竺沙門波頗傳略云：

有人云，頗僥倖時譽，取馳於後，故聚名達，廢講經論，斯未是弘通者。時有沙門靈佳，對監護使具述事理云：昔符姚兩代，翻經學士，乃有三千，今大唐譯人，不過二十，意在明德同證，信非徒說。後代昭奉，無疑於今耳。識者僉議攸同，後遂不行。

此時人不明今昔參譯人數懸殊之故，亟欲恢復苻姚之方式，嗣經靈佳解釋，議始不行。而佳公稱譯人不過二十之意義為「明德同證，信非徒說」。大藏經中觀部，頁五一慧賾般若證論序，記波頗於貞觀四年翻是論時略云：

召義學沙門慧乘、慧賾等，傳譯沙門玄謩、崛多律師等，同作證明，對翻此論。其諸德僧夙興匪懈，研覈幽旨，去華存實。文雖定而覈詳，義乃明而重審。

所謂「明德同證」者，實為「研覈幽旨」，且反複審訂譯文。而攻擊波頗之口實為「廢講經論」，靈佳又稱「信非徒說」，是否新方式實行後不再講說？爲一重要之問題。宋高僧傳卷二唐洛京聖善寺善無畏傳略云：

（開元）五年，奉詔於菩提院翻經，畏奏請名僧，同參華梵，開題先譯虛空藏求聞持法一卷。

「開題」爲講經之儀式， 潤孫師已嘗論之，見論儒釋兩家之講經與義疏一文，似唐時譯經仍有講說。然前引勝天王般若經序，知月婆首那於陳代譯經時先對大衆「略開題序」，後歸寺宣譯，其善無畏亦僅於開題時講說耶？宋高僧傳同卷周西京廣福寺日照傳略云：

儀鳳四年五月（註二），表請翻度所齎經夾，仍準玄奘例，於大寺別院安置，并大德三五人同譯。

史言日照於唐高宗世「仍準玄奘例」譯經，而奘公遺規是否降至善無畏在玄宗時仍守之？若然，則行翻行講？抑僅開題時講？此問題仍須循奘公事蹟中探求之。慈恩傳卷七略云：

（貞觀）二十三年五月庚午，法師還慈恩寺。自此之後，專務翻譯，無棄寸陰。每日自立課程，若晝日有事不充，必兼夜以續之。遇乙之後，方乃停筆。攝經已，復禮佛行道，至三更暫眠，五更復起，讀誦梵本，朱點次第，擬明旦所翻。每日齋訖，黃昏二時，講新經論，及諸州聽學僧等，恆來決疑請義。

向來言奘公者，每好引此條以見法師譯業之勤，而對是節文字之蘊義，少有詮釋之者。傳稱奘公每日五更起爲梵文「朱點次第」，旦而就所編排者翻譯，至黃昏二時，復講新經論，似譯之與講，非同時舉行。宋高僧傳卷四唐京師西明寺圓測傳略云：

奘師爲慈恩基師講新翻唯識論，測賂守門者隱聽，歸則緝綴義章。將欲罷講，測於西明寺鳴鐘召衆，稱講唯識。奘講瑜伽，還同前盜聽受之。

既稱「講新翻唯識論」，是譯時不講矣，然同卷唐京兆大慈恩寺窺基傳略云：

> 所譯唯識論，初與（神）昉，（嘉）尚，（普）光四人，同受潤色，執筆檢文纂義，數朝之後，基求退焉。奘問之，對曰：某不願立功於參糅，若意成一本，受責則有所歸。奘遂許之，以理遣三賢，獨委於基，此乃量材授任也。無何西明寺測法師，於唯識論講場，得計於閽者，聽尋聯綴，亦疏通論旨。

奘公委窺基任翻譯唯識論之執筆，圓測賂閽者以進場竊聽，是基傳與測傳所述爲同一事，而講場應即是譯場矣。但慈恩傳既稱黃昏後講新經論，測公盜聽亦可在其時。據上引諸條，吾初亦無法判唐以後譯講同施與否。後讀佛祖統紀，其卷四三法運通塞志十七之十有載宋初譯場建築之型式，略云：

> 太平興國二年，詔於太平興國寺西，建譯經院。爲三堂，中爲譯經，東序爲潤文，西序爲證義。

譯經院既分三堂，而同卷太平興國七年條有記天息災言譯經儀式，略云：

> 第一譯主，正面坐外。第二證義，坐其左。第三證文，坐其右。第四書字梵學僧。第五筆受。第六綴文。第七參譯。第八刊定。第九潤文官，於僧衆南向設位。

主譯與助手坐位復有一定，其先明是聚集於中央之譯經堂。就所載助手職務之名稱，實與慈恩傳中佐譯大德職務有淵源（詳見筆受；證義兩章之考證），可見不特日照「準玄奘例」，其遺規至宋猶承襲不替，謂奘公譯場爲此新方式之定型可也。至是對轉變後之工作程序，恍然而有所悟，遂就統紀所言，配以慈恩傳與般若燈論序綜覽之，以見新方式之體貌如右：

一、宣譯時全體恭聆主譯宣釋經文蘊義，故譯經院中堂爲譯經，而燈論序稱義學沙門與傳譯沙門皆「同作證明」。

證義大德既如慈恩傳所稱「諳解大小乘經論」，當能各貢其學養與主譯討論梵文義理，以定應如何轉譯為華言，其他大德亦各抒己見，是謂之「研覈幽旨」。

二、梵文之每句蘊義既經宣出研討，先歸潤文整理，再交證義審查譯文能否表達原意，故潤文在東序，證義在西序。若譯文與梵本不符，證義為其修改（詳證義章）後再送東序潤色。燈論序稱「文雖定而覈詳，義乃明而重審」者，審訂蓋不止一次，此亦承東晉南北朝時鄭重校讎之舊規耳。

三、主譯每日黃昏後，集衆將已宣譯之經論再講，而證義潤文二序若對經義有疑難不決之處，於此時再請敎於主譯。慈恩傳稱「諸州聽學僧，恆來決疑請義」，奘公助手均自全國各路州府選拔，故謂之「諸州聽學僧」也。

唐宋以降譯經之方式，大致已刻畫其輪廓，則圓測盜聽唯識，可不必更考在日間抑夜後，蓋新方式之不廢講說，得於此見之也。猶可注意者，窺基傳稱譯唯識論時奘公獨委基受旨，及為圓測盜聽：

測於西明寺鳴椎集僧，稱講此論，基聞之，慚居其後。

是基本欲先向衆講唯識也。由是知唐世不特譯時講說不廢，卽隋以前譯場訓練助手成宣講之經師，其原則唐人仍能守而勿失也。

新方式實行後，諸大德分工合作，以定厥文，其間亦有辯難爭執，如宋高僧傳卷五周洛京佛授記寺法藏傳略云：

屬奘師譯經，始預其間，後因筆受、證義、潤文見識不同，而出譯場。

彼此既皆精研經論或外學，所爭辯者當屬經旨精要之處應如何譯出，主譯縱爲解滯，亦不必多勞口舌，時力均省，譯業遂遠較兩晉南北朝進步焉。

今存譯經史料，多記譯出起訖之年月，是否其間每日集會？唐以前無考，大藏經寶積部上、頁一唐睿宗大寶積經序略云：

神龍二年，（菩提流志）於崇福寺翻此經，凡有四十九會。以先天二年（註三）四月八日功畢。

神龍二至先天二（公元七〇六－七一三）凡八載，而僅四十九會。佛敎結集以一日至七日爲一會（註四），慈恩傳卷九略云：

遣使迎法師入，安置於凝陰殿院之西閣供養，仍彼翻譯，或經二旬至三旬，方乃一出。

奘公譯經既二旬三旬一出，是連接舉行二會或三會，始一休息耳。又奘公譯大般若經，共十六會，每一會畢，綴文大德玄則皆撰一序文介紹所譯內容，其初會序見大藏經般若部一、頁一，第二會序至第十六會序見般若部三、頁一，四二七，七六三，八六五，九二一，九六三，九七四，九七九，九八六，九九一，一〇一九，一〇四四，一〇四九，一〇五五，一〇六五，若非每會休息後，稍歇再集，玄則何暇抽閒撰序？是知寶積經序稱八年共四十九會，其非接連開譯又何知也。

註一：祐錄難提傳既稱「具二鋡凡一百卷」，而卷二銓名錄載增一阿含經三十三卷，中阿含經五十九卷，合計九十二卷。又謂增一阿含之卷數乃建元二十一年春訖定者，但卷九道安增一阿含序則謂是年春譯畢共四十一卷。同一書之記載歧異若是，蓋祐錄既成於衆手，高僧傳卷一三僧祐傳略云：「初祐集經藏，既成，使人抄撰要事爲三藏記。」且是書之體例，其卷二至四爲諸經目錄，卷六至十二爲抄錄他人所作之經序與祐公著作之序文，卷十三至十五爲鳩集史料寫成之譯人傳記，故彼此不能一致，要之傳稱二經合百卷乃舉成數耳。又手抄卷軸大小不一，固無需泥於卷數多寡也。

註二：據舊唐書卷五高宗本紀下：儀鳳四年六月辛亥改元調露，日照事在本年五月，故仍書儀鳳四，此寧公深明史法故也。

註三：據舊唐書卷七睿宗本紀，帝於延和元年（公元七一八）八月庚子傳位皇太子，是爲玄宗，改元先天。睿宗自稱太上皇，至開元四年（公元七一六）崩。序爲退居太上皇時作，故及見玄宗先天二年時事。又玄宗於是年十一月改元開元，而寶積經譯畢在四月，故序猶記先天年號也。

註四：十誦律卷六〇五百比丘結集三藏法品略云：「長老摩訶迦葉，僧中唱：大德僧聽，今集法非一日二日乃至七日可竟。」是法會以七日爲極限也。

（四）傳語與華梵語文之誦習

譯場之主譯，前已論其多屬番僧，而番僧每有「三藏」之稱，夫三藏者，據祐錄卷一一錄釋道安比丘大戒序略云：

世尊立教，法有三焉：一者戒律也，二者禪定也，三者智慧也。戒者斷三惡之干將也，禪者絕分散之利器也，慧者齊藥病之妙醫也。在家出家，莫不始戒，故如來舉爲三藏之首也。

所謂戒、定、慧三藏者，內在之修養也，如何能達成三藏之境界？贊寧於宋高僧傳卷二善無畏傳中有說明，其辭略云：

> 夫三藏之義者，則內為戒、定、慧，外為經、律、論，以陀羅尼總攝之也。

寧公蓋謂完成此三無漏學，乃由研誦經、律、論。換言之，沙門非兼具內在修養與學術修養之最高境界，不能稱三藏。而此種修養非每一西遊求法之華僧皆能獲得，故中夏沙門雖亦有當主譯，而其中堪稱三藏者玄奘、義淨外固無復有。蓋全部釋典蘊在天竺，非所有皆傳來東土，譯成漢言，生息禹域而誦習譯本之沙門，實無由遍觀三藏。譯經既需講出深義，故譯業遂多由域外三藏主之。磧砂藏第一三六冊場、合部金光明經卷首有唐中宗大唐中興三藏聖教序，略云：

> 三藏法師義淨者，范陽人也，俗姓張氏。所經三十餘國，凡歷二十餘載。古來翻譯之者，莫不先出梵文，後資漢譯。今茲法師不如是矣，既閑五天竺語，又詳二諦幽宗。譯義綴文，咸由已出。超漢代之摩騰，跨秦年之羅什。

序未免抹殺玄奘之成就，而過份推崇義淨矣。亦可見華人三藏兼明；學通空有者難得，故中宗自喜若是，無怪譯業幾全操番僧手也。然西僧通漢言者既少，前已論之，故譯場恆有傳語人之置，其人或為練梵語之華人，或為習華言之胡客，宋高僧傳卷三譯經篇論略云：

> 度語者，正云譯語也。傳度轉令生解，亦名傳語。

傳語之任務，僅屬妥為轉達主譯對經義之剖釋，其工作簡單而無變化，就本身言，固無足論者，然因翻譯需度語而引起華梵語文相互之誦習融會，則頗爲值得探討之問題。宋高僧傳卷一唐京兆大薦福寺義淨傳，系（註一）略云：

> 譯之言易也。如西域尼拘律陀樹，即東夏之楊柳。自漢至今皇宋，翻譯之人多矣。晉魏之際，唯西竺人來，止稱尼拘耳，此方參譯之士，因西僧指楊柳，始體言意。其後東僧往彼，識尼拘是東夏之柳，兩土方言一時洞了焉。唯東唯西，二類之人，未爲盡善。東僧往西，學盡梵書，解盡佛意，始可稱善傳譯。

贊寧以尼拘楊柳以喻譯業初期華僧梵言未練，所論固是，如祐錄卷一胡漢譯經音義同異記略云：

> 義之得失由乎譯人。或善胡義而不了漢旨，或明漢文而不曉胡意。雖有偏解，終難圓通，

即僧祐檢討梁以前譯經得失而發。故嘗西行求法之沙門，兩晉六朝時被視爲最理想之傳語人，如竺佛念在關中；釋寶雲在江左之備受推崇（註二），即可概其餘矣。

然此土道俗實不必親履佛國始知尼拘是楊柳也，祐錄卷一五法祖法師傳略云：

> 帛遠字法祖，本姓萬氏，河內人。晉惠之末，太宰河間王顒鎭關中，虛心敬重，待以師友之禮。祖既博涉多閑，善通胡漢之語，常譯惟逮、弟子、本五部僧等三部經。

是晉惠之世，已有此土沙門未遊域外，而能通胡言且主譯經本者矣。蓋踵隨譯經與求法二大運動之進展，華人學習梵文，有如下之途徑：

曰執梵文以就正於西遊之歸僧也。高僧傳卷七宋京師烏衣寺釋慧叡傳略云：

> 遊歷諸國，乃至南天竺界。音譯詁訓，殊方異義，無不必曉。後適京師，止於烏衣寺。陳郡謝靈運，篤好佛理，殊俗之音，多所達解，迺諮以經中諸字，幷衆音異旨。於是著十四音訓叙，條例梵漢，昭然可了，使

文字有據焉。

如謝靈運之諮問叡公，是其例也。

曰參預譯場有助梵文之進修也。續高僧傳卷二隋東都上林園翻經館沙門釋彥琮傳略云：

中天師表，梵旨爲本，琮乃專尋葉典，日誦萬言。故大品、法華、維摩、楞伽、攝論、十地等，皆親傳梵書，受持讀誦。琮久參傳譯、妙體梵文。

是其例。

曰譯場教授梵書并語，啟誘後進也。續古今譯經圖紀智通傳略云：

隋大業中出家，遂於洛京翻經館，學梵書并語，早通精奧。

宋高僧傳卷四唐京兆大慈恩寺窺基傳略云：

奉敕爲奘師弟子，始住廣福寺。尋奉別敕，選聰慧穎脫者入大慈恩寺，躬事奘師，學五竺語。

等皆是也。

曰求法沙門爲中華後學編撰梵文讀本也。大藏經事彙部下有義淨著梵語千字文一卷，其序文在頁一一九〇，略云：

爲欲向西國人，作學語樣，仍各註中梵音，下題漢字。其無字者，以音正之。並是當途要字，但學得此，則餘語皆通。若兼悉曇章讀本，一兩年間即堪翻譯矣。

淨公自言編撰之目的如此，蓋謀譯業後繼有人也。

曰西僧達此，傳授本國語文於漢地道人也。大藏經事彙部下有大唐山陰沙門智廣撰悉曇字記，序文在頁一一八六，略云：

會南天竺沙門般若菩提，齎陀羅尼梵挾，自南海而謁五臺，寓于山房，因從受焉。與唐書舊翻，兼詳中天音韻，不無差反。考覈源濫，所歸悉曇。梵僧自云，少字學於先師般若瞿沙，聲明文轍，將盡微致。因請其所出，研審翻註，俾學者不逾信宿而通梵音。

智廣自述承學天竺聲明之經過如此，卽其例也。

凡此種種，皆中國道俗通習梵天書語之機緣（註三），以史料有限，故略不整齊其時代。五竺言字旣得流傳中國，沙門而外，淸信士中不乏研習之人，譯場中至有居士爲傳語，續高僧傳卷二隋西京大興善寺北天竺沙門那連提黎耶舍傳略云：

遠投齊境，天保七年，屆於鄴京。文宣皇帝請爲翻經，沙門法智，居士萬天懿傳語，懿元鮮卑，姓萬俟氏，少出家師婆羅門，而聰慧有志力，善梵書語。更歷四年，有隋御寓，時又有同國沙門毗尼多流支，開皇二年，於大興善譯象頭精舍、大乘總持經二部，給事李道寶傳語。

又同卷隋西京大興善寺北賢豆沙門闍那崛多傳略云：

文帝巡幸洛陽，於彼奉謁，尋勑敷譯新至梵本，幷敕居士高天奴、高和仁兄弟等，同傳梵語。

萬天懿、李道寶、高氏昆仲之曉梵文，蓋誦習於中土（如萬俟氏師事婆羅門，卽其例），亦可見梵語流通於潛心經論之信士間矣。然此猶唐以前事，降至李氏御宇，誦習更形普遍，續高僧傳卷三一唐終南山龍田寺釋法琳傳略云：

武德四年，有太史令傅奕，先是黃巾，深忌佛法，上廢佛事者十有一條。所奏在司猶未施行，奕乃多寫表狀，遠近公然流布，京室閭里，咸傳禿丁之誚。於是達量道俗，動毫成論者非一，各陳佛理，具引梵文，委示業緣，曲垂邪正。

此爲佛道門諍之一役，其勝負何屬，今不欲論。而釋家抗辯諸文，均引梵文爲證。又宋高僧傳卷二唐五臺山佛陀波利傳，載波利於大歷中以法導沙門法照晤文殊菩薩之事，雖涉虛誕，而中有云：

（法照）忽見一僧，長七尺許，梵音朗暢，稱是佛陀波利，問曰：有何願樂？照對曰：願見文殊。

傳稱法照與波利以梵語交談，照固非譯場中人也。此種神話，必佛教徒間多誦習梵文後始能產生。大唐西域求法高僧傳卷上玄照傳略云：

沙門玄照法師者，太州仙掌人也。以貞觀年中，乃於大興善寺玄證師處，初學梵語。於是仗錫西邁，掛想祇園。

先學梵語始出國西遊，事本尋常，唐以前僧史，未嘗因此而筆之於書，豈大興善寺自隋開皇至唐貞觀間屢充譯場（註四），其教授梵文之成績特著，得受業者人皆以爲榮耶？凡此種種，皆唐以後梵語普遍之例也。現存大藏經事彙部中有關華梵對照之字書，前引數種外，復有全眞之唐梵文字，禮言之梵語雜名，寂圓之唐梵兩語雙對集等，均唐代因譯業而產生之工具書也。

然譯場中充傳言者，又非盡屬漢人也。若謂佛法初來，漢人未諳胡音，故賴曉漢言之番僧度語，如祐錄卷七錄未詳作者之般舟三昧經記略云：

光和二年十月八日，天竺菩薩竺佛朔於洛陽出。時傳言者月支菩薩支讖。

又同卷錄未詳作者之法句經序略云：

始者維祇難出自天竺，以黃武三年來適武昌，請其同道竺將炎爲譯。將炎雖善天竺，未備曉漢。等是也。若竺將炎之「未備曉漢」即用充傳語，實爲未得適當人選時不得已之舉。降至唐世，中土釋子已普遍習誦梵書矣，而譯場中仍有不少域外之傳語人，續古今譯經圖紀地婆訶羅傳略云：

沙門地婆訶羅，唐言日照，以天皇儀鳳初至天后垂拱末，於兩京東京太原寺及西京弘福寺，譯一十八部合三十四卷。沙門戰陀般若提婆譯語。

又婆羅門李無諂傳略云：

李無諂，北印度嵐波國人。識量聰敏，內外該通，唐梵二言，洞曉無滯。三藏阿儞眞那；菩提流志等翻譯衆經，並無諂度語。

又般剌蜜帝傳略云：

般剌蜜帝，唐云極量，以神龍元年，於灌頂部中誦出一品，烏萇國沙門彌迦釋迦譯語。

又跋曰羅菩唐傳略云：

跋曰羅菩唐，唐云金剛智，開元八年中，方届京邑。沙門一行請譯流通，以十一年癸亥於資聖寺爲譯。東印度婆羅門大首領直中書伊舍羅譯語。

若戰陀般若提婆，李無諂，彌迦釋迦，伊舍羅等，皆是其例。其人必備通漢言，始克斯任。此蓋緣於西方道俗，來華後亦頗有誦習漢學之傾向，祐錄卷八錄未詳作者之首楞嚴後記略云：

涼州刺史張天錫，在州出此首楞嚴經。于時有月支優婆塞支施崙，手執胡本，時譯者龜茲王世子帛延，善晉胡音，延博解羣籍，內外兼綜。

又卷九錄荊州隱士劉虬作無量義經序略云：

比丘慧表，以齊建元五年，於廣州朝亭寺，遇中天竺沙門曇摩伽陀耶舍，手能隸書，口解齊言。

又卷一四鳩摩羅什傳略云：

什嘗作頌贈沙門法和，云：心山育德薰，流芳萬由旬，哀鸞鳴孤桐，清響徹九天。凡為十偈，辭喻皆爾。

洛陽伽藍記卷四法雲寺條略云：

西域烏場國胡沙門僧摩羅所立也，摩羅聰慧利根，學窮釋氏，至中國卽曉魏言；隸書，凡聞見無不通解。

又同卷融覺寺條略云：

天竺國胡沙門菩提流支，解佛義，知名西土，曉魏言及隸書。

上引諸道俗皆非世居中土之胡客，而其人不特曉中國語文，且能誦此方羣籍及為詩頌，若究其緣由，則兩種文化之交流，必基於相互間之傾慕，中土緇素既欲深解如來眞旨而讀誦梵文，西方來客初亦以方便弘法而倣效漢言，進乃對漢人學術發生興趣而研習之，遂更有助於譯業，如鳩摩羅什之成就，蓋與其漢學有關也。此種趨勢雖未若漢人治梵書之明顯，實則隨譯業之進展而未嘗絕，如大藏經事彙部下有梵語雜名一卷，題云：

翻經大德兼翰林待詔，光定寺歸茲國沙門禮言集。

按「歸茲」卽「龜茲」，僧人不知「龜」本「龝」字，而誤書同音之「歸」。龜茲於唐代爲安西都護府治，禮言之華學豈由於唐人曾在此開庠設敎？然其人爲翻經大德，則編集是書實緣於譯業之影響。又宋高僧傳卷五唐京師西明寺慧琳傳略云：

釋慧琳，姓裴氏，疏勒國人也。始事不空三藏爲室灑，内持密藏，外究儒流，印度聲明，支那訓詁，靡不精奧。嘗謂翻梵成華，華皆典故，典故則西乾細語也。遂引用字林；字統；聲類；三蒼；切韻；玉篇；諸經襍史，參合佛意，詳察事非，撰成大藏音義一百卷。

百卷音義今存，爲小學中鉅著。琳本域外之人（註五），其能博通天竺聲明，中華訓詁者，實緣於追隨不空週旋譯場之中，受參譯道俗之啟廸，遂知譯經需要，而發憤著書。明乎上引二例，當知唐代譯場有胡人爲漢譯傳語之故矣。大藏經事彙部下、頁一二一六有全眞撰唐梵文字一卷，其序文略云：

夫欲辯識兩國言音者，須時師資相乘。或是西國人亦須曉解悉曇章梵漢之語者；或是博學君子欲得作學漢梵之語者，悉曇文字，五天音旨，不出此途。但有學唐梵語者，得此爲首，餘語皆通。梵漢兩本同學習者，細用其心，一二年間，卽堪翻譯。夫欲翻譯持念，習瑜伽行者，先令精練此文，梵漢雙譯。

是書之編集，其目的豈唯便漢人練梵，且欲利胡人習漢，譯經豈唯使佛法光流中夏，且間接促進中西學術之交流也。

註一：所謂「系」者，陳援菴先生中國佛教史籍概論卷二論宋高僧傳時有論及，略云：「此書每人傳末，亦時有論述，或申明作者之旨焉，名之曰系，其有問答，則謂之通。系者法張衡賦，通則法白虎通。」

註二：佛念、寶雲二公事蹟，拙著論河西佛敎之文嘗論及。

註三：佛經傳來者有胡本梵本之分，大藏經法華部、頁一三四有釋彥琮添品妙法蓮華經序，略云：「昔竺法護於晉武帝之世，譯正法華，後秦姚興，更請羅什譯妙法蓮華。考驗二譯，定非一本，護似多羅之葉，什似龜茲之文。余檢經藏，備見二本，多羅則與正法符會，龜茲則共妙法允同。」是其證也。宋高僧傳卷三譯經篇論略云：「如據宗本而談，以梵爲主，若從枝末而說，稱胡可存。何耶？自五天至嶺北，累累而譯也。」胡本既屬累譯之本，故梵本方爲正宗。其始中夏沙門胡梵兼習，如琮公者可爲其例，但後則漸趨向五天竺語文，故今僅論梵文之學習。

註四：隋之那連提黎耶舍、闍那崛多，唐之波頗、玄奘等皆於本寺譯經，見續高僧傳諸僧本傳。

註五：陳援菴先生以慧琳姓裴，而疏勒王亦裴姓，疑裴氏乃中國人而國於其地者，說見中國佛敎史籍概論卷四。然卽使琳爲唐時域外之華僑，疏勒非華風鼎盛若高昌者，大唐西域記卷一二佉沙國條，自注稱「舊謂疏勒」，記略云：「俗多詭詐，生子押頭匾㔸，容貌麤鄙，文身綠睛。而其文字取則印度，雖有刪譌，頗存體勢。語言詞調，異于諸國。」此爲宋子京新唐書疏勒傳所本。如是之風俗與敎化，則琳在疏勒之日，猶與匾頭胡語之番子爲伍也。

（五）筆受及其演進

譯經時專司執筆承旨者曰筆受，其任務甚重要，祐錄卷六至十一所收諸經序及後記，多有載本經翻譯時主譯沙門與筆受人之名字者。宋高僧傳卷一七唐江陵府法明傳略云：

中宗朝入長安，適遇詔僧道定奪化胡成佛經眞僞。出場擅美，問道流曰，老子化胡成佛，老子爲作漢語化？爲作胡語化？若漢語化胡，胡卽不解。若胡語化，此經到此土，便須翻譯。未審此經是何年月？何朝代？何人誦胡本？何人筆受？時道流絕救無對。

此爲僧家記載佛道鬥爭之一勝仗，化胡經爲晉王浮撰，非果有其事，已不待言。而法明假翻譯爲說，問道流以化胡經「何人誦胡本，何人筆受」，亦見當時一般人咸認爲無「筆受」卽不能成翻譯，故明公以此爲說，斯可知祐錄諸經序記筆受名字之故也。湯錫予先生嘗謂譯場之助手皆聽受義理之弟子（註一），筆受亦弟子之一耳，何以獨爲世所重，視爲不可或缺之員？祐錄卷一胡漢譯經音義同異記略云：

若夫度字傳義，則置言由筆。是以義之得失由乎譯人，辭之文質繫乎執筆。

據僧祐所言，筆受非但於主譯宣釋時作記錄，卽譯本辭句之聯綴；與全文之組織寫定亦出其手矣。然祐公之論果有據而發乎？卷九錄未詳作者之大涅槃經記略云：

（曇無）讖因出經，執筆者一承經師口所譯，不加華飾。

又卷一一錄釋道安比丘大戒序略云：

慧常筆受，經夏漸冬，其文乃訖。而慊其丁寧，文多反復，稱卽命慧常令斥重去複。常乃避席，謂大不宜爾，戒猶禮也，何至佛戒聖賢所貴，而可改之以從方言乎？願不刊削以從飾也。衆咸稱善，於是按梵文書，唯有言倒時從順耳。

就上引二例，一者曇無讖通習漢言，淸辯若流（註二），故筆受不需潤色其口所譯出之漢語。一者道安慊比丘大戒文多反復，令筆受之慧常刪削，而常公以戒律聖賢所貴，不允措手（此卽日本橫超慧日法師所謂「雅正嚴守」之說，見中國佛教の研究頁二三二—二三六），卒得保存質樸之本貌。自其反面觀之，皆見筆受對經文有潤色刋定之責，祐公「辭之文質繫乎執筆」之說殆本於此。如是何人爲筆受卽漢文譯本出其手筆，譯本能言符梵筴及章句流暢與否全視其人之文采。宋高僧傳卷三譯經篇論略云：

筆受者，西晉僞秦以來，立此員者，卽沙門道含、玄賾。

按玄賾爲唐初人，名見續高僧傳卷四玄奘傳，乃大乘對法論之筆受。則隋以前筆受之人，贊寧僅舉一道含而已。西晉以降高僧任筆受者多矣，何不舉僧史有傳之人，而舉一僅知名字之道含爲例？蓋含爲佛陀耶舍譯四分律之筆受，見祐錄卷九僧肇撰長阿含序，而贊寧夙治斯律，號爲律虎（註三），舉含爲例，正見六十卷四分律譯本皆含公綴文潤色，寧公飲水思源，既不能爲其人立傳，故於此伸思慕之意也。譯文出筆受之手，於此得一旁證矣。故雖稱主譯之弟子，其地位亦必超乎同儕。譯業之初期，頗有委其事於親爲剃度之弟子者（註四），後或非盡如是，而續高僧傳卷三唐京師紀國寺慧淨傳略云：

貞觀二年，新經既至，將事傳譯，下敕所司搜選名德，淨當斯集，筆受大莊嚴論，詞旨深妙，曲盡梵言。三藏法師（波頗），對僕射房玄齡；鴻臚唐儉；庶子杜正倫、于志寧，撫淨背而歎曰：此乃東方菩薩也。甚爲異域見欽如此。

慧淨遇搜選名德，始當斯集，前此未與主譯之波頗共事，更無師徒關係也。然淨公筆受是論，能「曲盡梵言」，主譯對客撫淨背嘉歎，就此點觀之，二人雖非師徒，而共事後頗具師徒之情感。則錫予先生稱譯場助手皆聽受義理之弟子者，匪特隋以前如此(註五)，卽唐初猶見其痕迹也。仕邦其始惑於主譯旣僅解說經旨，譯文悉歸筆受，何以現存經本獨題主譯之名字？繼思二者師徒之份已存，弟子代師任筆墨之勞，自不應强附已名以炫其功也。又筆受往往爲本經撰疏行世（註六），豈亦謀克肇師說之故耶？

僧祐復謂「若夫度字傳義，則置言由筆」，度字卽譯字，意謂筆受需通梵文。又宋高僧傳卷三譯經篇略云：

　筆受者必言通華梵，學綜有空，相問委知，然後下筆。

贊寧之說亦與祐公同，而二人爲釋門中卓越之史家，若以祐比班孟堅，則寧可比范蔚宗，其說皆如此，似通梵文爲筆受必備之條件矣。然譯經篇論續云：

　西晉僞秦已來，立此員者，卽沙門道含、玄賾，姚嵩、聶承遠父子。至於帝王，卽姚興、梁武、天后、中宗。

就所列舉之人物，則尚有可論者。道含、玄賾事蹟不詳，已見前說，姚嵩見祐錄卷八錄僧叡法華經後序，及僧肇維摩詰經序，爲譯經之檀越而非筆受。高僧傳卷一晉長安竺曇摩羅刹傳略云：

　（聶）承遠有子道眞，亦善梵學。

是僅聶氏父子果習梵學耳。而兩晉至唐，玆復可另舉通曉梵書之筆受，如毗婆沙經序稱北涼時西行獲是經之道泰「綜攬梵文」，高僧傳卷三宋河西浮陀跋摩傳略云：

請跋摩譯焉，泰即筆受。

又如大藏經密教部三、頁八三釋波崙千眼千臂觀世音菩薩陀羅尼經序，記唐貞觀中智通等譯是經時略云：

清信士李太一，其人博學梵書，玄儒亦究，紆令筆削，潤色成章。備盡梵音，身呪具足。

皆是其例。惟寧公舉例中復有君主，能謂諸帝皆通梵文乎？按姚興未嘗任此（註七），人君自爲筆受者又有魏宣武帝見諸載籍，今取僧史所記，以見至尊任筆受之眞相。續高僧傳卷一梁楊都正觀寺扶南國沙門僧伽婆羅傳略云：

武帝躬臨法座，筆受其文，然後乃付譯人，盡其經本。敕沙門寶唱、惠超等，相對疏出，華質有序，不墜譯宗。

又同卷魏南臺永寧寺北天竺沙門菩提流支傳略云：

宣武帝親對筆受，然後方付沙門僧辯等，訖盡論文。

宋高僧傳卷一唐京兆大薦福寺義淨傳略云：

（唐中宗神龍）三年（註八），詔入內，譯於大佛光殿。帝御法筵，手自筆受。

又卷二唐洛京大徧空寺實叉難陀傳略云：

天后自運仙毫，首題名品。後附沙門復禮、法藏等，於佛授記寺譯成。

梁武、魏宣武、唐武后之所謂「筆受」，實僅執筆聽講，至於譯文之整理潤色，仍歸沙門負責，唐中宗想亦如是。則諸帝之「筆受」，不能與沙門等量齊觀也。君主既非經文最後寫定之人，聽講時復有人專責譯語，其通習梵文與否，固無關宏旨。如是正式之筆受必誦梵文始得爲之耶？前論隋唐翻譯方式之轉變，嘗據續高僧傳卷三慧賾傳，知賾公得任「翻論之筆」，蓋以「文筆知名」與「統詳論旨」二端，而非練梵之故。又慧淨筆受大乘莊嚴經論，有「曲盡梵言」之效，其本傳略云：

釋慧淨，俗姓房氏，常山眞定人也。家世儒宗，淨卽隋國子博士徵遠之猶子也。年在弱歲，早習丘墳，便曉文頌，榮冠閭里。十四出家，每以一分之功，遊心文史。

傳亦獨言其外學修養緣於家世儒宗（註九），而不載其通梵文與否。至於慧淨出家後尚遊心文史者，續高僧傳卷二彥琮傳載琮公所倡參譯八備，其四爲：

旁涉墳史，工綴典詞，不過魯拙。

蓋墳史爲文章之總源，遊心於此，典詞自工，可資譯經之用，故淨公猶誦其家學於祝髮之後也。由是而知，筆受之選端視其人之文章，練梵與否猶在其次，但若其人深通此道，則聽受時了解更深，「相問委知」不需再勞傳語，筆下所出之經文必更符原旨，可斷言也。僧祐之說，蓋謂譯人（卽傳語）漢語轉達主譯對經文之解說後，由筆受執筆以華文紀錄；贊寧所論，蓋謂唐世筆受多通梵文耳，非筆受以練梵爲原則也。

筆受之任務與選用標準已明，進可論隋唐後是職之分工矣。蓋窮一人之精力，以綜理全部譯文之章句（按僧家記載未見隋以前之筆受有助手），未免過勞，釋辯機稱「一人之精，思繁文重」（註一〇），此之謂也。不若數人分司其事，成效更著。故漸而筆記單句與聯綴成文二者分工，更有專司潤色者，今先言綴文。佛祖統記卷四三法運通塞志十七之十略云：

綴文，回綴文字使成句義。（自注云）如筆受云照見五蘊，彼自性空見此。今云照見五蘊皆空。大率梵音多先能後所，如念佛爲佛念，打鐘爲鐘打，故須回綴字句以順此土之文。

此綴文之工作也。續高僧傳卷三唐京師勝光寺中天竺沙門波頗傳，記頗公譯經助手有：

沙門慧賾、慧淨、慧明、法琳等綴文。

之語，而賾淨二僧本傳，皆稱「筆受」，可見綴文與筆受初無明顯之界限，名稱可互用。至玄奘譯經時則不然，大藏經瑜伽部上、頁二八三許敬宗瑜伽師地論後序略云：

（貞觀）二十一年五月十五日，三藏法師玄奘敬執梵文，譯爲唐語。沙門靈會、靈雋、智開、智仁、玄度、道卓、道觀、明覺，承義筆受。

是論之譯，筆受已非一人，後序復載綴文之人，略云：

本地分（至）無伺地，凡十七卷，沙門道智受旨綴文（註一一）。三摩呬多地（至）修所成地，凡十卷，沙門行友受旨綴文。聲聞地初（至）第二瑜伽處，凡九卷，沙門玄賾受旨綴文。聲聞地第三（至）獨覺地，凡五卷，沙門玄思受旨綴文。菩薩地（至）無餘依地，凡六卷，沙門靖邁受旨綴文。攝決擇分，凡三十卷，沙門辯機受旨綴文。攝異門分；攝釋分，凡四卷，沙門處衡受旨綴文。攝事分十六卷，沙門明濬受旨綴文。

是奘公時筆受與綴文已不相混。波頗譯經始於貞觀元年（見寶星陀羅尼經序），斯論之翻在廿年後，宜乎分工方面有所改進矣。又諸綴文大德中，靖邁撰古今譯經圖紀，辯機筆受玄奘自述西遊見聞，成大唐西域記，二書流傳迄今，釋氏而外，究心目錄學與歷史地理之人皆讀之，蓋以文采優美，足以流傳後禩。則綴文之選，首重文章，宋高僧傳卷一七唐京兆大興善寺復禮傳略云：

遊心內典，兼博玄儒，尤工賦詠，善於著述。三藏地婆訶羅，實叉難陀等譯大莊嚴、華嚴等經，皆敕召禮令同翻譯，綴文裁義，實屬斯人。

可見後世猶循奘公遺規也。後序中綴文皆稱「受旨」，想迴綴單句成文後，需主譯披閱認可者也。

自奘公後，筆受綴文遂分職，僧史中屢見其例，捨有一二例外（註一二），大抵已成定制，可無多論。今更論所謂潤文者，許敬宗後序，固未言及潤文之人，宋高僧傳卷三譯經篇論略云：

潤文一位，員數不恆，令通內外學者充之。良以筆受在其油素，文言豈無俚俗，儻不失於佛意，何妨刋而正之。故義淨譯場，則李嶠等二十餘人，次文潤色也。

據贊寧所言，豈潤文降至義淨於中宗世譯經時始置？大藏經瑜伽部下、頁五九沈玄明成唯識論後序略云：

三藏法師玄奘，旋白馬於三秦，爰降綸旨，溥令翻譯。勑尚書左僕射于志寧，中書令許敬宗等潤色。肇自貞觀十九年，終於顯慶之末，部將六十，卷出一千。

貞觀十九年至顯慶之末正屬奘公始譯至絕筆之全部時期，讀慈恩傳可知，據沈氏所言，似潤文在三藏翻經之初已置，而慈恩傳卷八略云：

（顯慶元年，遣朝臣問翻譯儀式），法師報曰：貞觀初，波頗羅那譯經，敕房玄齡、李孝恭、杜正倫、蕭璟等監閱詳緝，今獨無此。（中略）敕曰：既新翻譯，文義須精，宜令尚書左僕射于志寧，中書令來濟，禮部尙書許敬宗，守黃門侍郎薛元超，中書侍郎李義府、杜正倫等，時為看閱，有不穩便處，卽隨事潤色。若須學士，任量追三兩人。

潤文之置，實在高宗顯慶初年，當瑜伽師地論翻譯工畢（貞觀廿二年）後二年，宜乎許氏後序不言潤文矣。據開元錄卷八，奘公之譯成唯識論在顯慶四年閏十月，此沈氏後序所以記潤文之人也。于、許諸公皆擅文學（註一三），故高宗敕爲潤文。許氏後序自稱「監閱」，是監護人初有審閱譯文之責，特未著筆刪潤耳。

考文臣點潤經文之事，東晉時前秦已有，祐錄卷一〇錄未詳作者之婆須蜜集序略云：

武威太守趙政文業者，學不厭士也，求令出之。余與法和對校修飾，武威少多潤色。

是也。而其漸成定制，則在奘公之後，續古今譯經圖紀義淨傳略云：

合從天后久視元年庚子，至睿宗景雲二年辛亥，都譯五十六部，總二百三十卷。修文館大學士李嶠，兵部尚書韋嗣立、趙彥昭、盧藏用、張說、李乂、蘇頲、徐堅等次文潤色。

此卽贊寧宋高僧傳義淨傳與譯經篇論「潤文」一節文字之所本。又大藏經寶積部下、頁一徐鍔大寶積經述；稱菩提流志於中宗神龍二年翻譯之助手中有：

潤文官盧粲，學士徐堅，中書舍人蘇瑨，給事中崔璩，中書門下三品陸象先，尙書郭元振，中書令張說，侍中魏知古，儒釋二家構成全美。

之語。又宋高僧傳卷三譯經篇論，言及北宋時法護、施護爲太宗譯經事，有：

禮部郎中張洎，光祿卿湯悅次文潤色。

之語。皆足見潤文職務之不廢。諸人既以奉勅行事而稱「潤文官」；其中亦有出於自願者，宋高僧傳卷四唐淄州慧沼傳略云：

及菩提流志於崇福寺譯大寶積經，沼預其選，充證義。新羅勝莊法師執筆，沙門大願、塵外，皆一時英秀，當代象龍。盧藏用，陸景初總預斯場。中書侍郎崔湜，因行香至翻經院，歎曰：淸流盡在此矣，豈應見隔，因奏請乞同潤色新經。

若崔湜之事，可爲其例。湜自動乞同潤色者，蓋參譯不獨得預斯功德，而譯場諸人皆道俗中之英秀象龍（註一四），於商議如何聯綴刊潤之際，得與諸人切磋談論，豈非對自身文章修養有所裨益？此湜所以熱心參與也。潤文之任，帝王既委之文臣，沙門亦恆自爲之。宋高僧傳卷三唐京兆慈恩寺寂默傳略云：

圓照筆受，鑒虛潤文。

又同卷唐北庭龍興寺戒法傳略云：

沙門大震筆受，法超潤文。

又同卷唐蓮華傳略云：

西明寺圓照筆受，智柔、智通綴文，成都府正覺寺道恆、鑒虛潤文。

又同卷唐京師大安國寺子鄰傳略云：

不空重譯仁王護國、密嚴等經，良賁潤文。

上引皆沙門自行潤文，不假手白衣之例。蓋唐代沙門之外學，實不亞於士夫，如不空譯仁王護國經時任潤文之良賁，據宋高僧傳卷五本傳略云：

賚識鑒淵曠，風表峻越，外通墳典，內善經論。永泰中，代宗詔興譯務，仍敕賚造疏通經。賚上表曰：學孤

先哲，叨接翻傳，謬膺筆受，賚勤勤筆削。

卽可概其餘矣。然子鄰傳稱賚爲潤文，自上表則言筆受，似相抵牾，而「勤勤筆削」正屬隋以前筆受之任務，至唐世始另歸潤文，良賚所言，正見是職源出筆受耳。

註一：見所著佛教史第十章。

註二：據高僧傳卷二晉河西曇無讖傳。

註三：贊寧事蹟，最早見於王禹偁小畜集卷一二通惠大師文集序，陳援菴先生中國佛教史籍概論卷二嘗引用之，次見於宗鑑撰釋門正統卷八護法外傳。王序稱寧公通南山律，南山律者，唐道宣著四分律刪繁補闕行事鈔，遂開律宗一派。宣嘗居終南山，故律宗既稱南山宗，行事鈔又稱南山鈔。故贊寧治南山律，卽宗四分律也。

註四：祐錄卷七錄聖法印經記之出經後記；磧砂藏第四二九冊樓、有修行道地經之出經後記，均言西晉竺法護譯經時，任弟子法首、法乘、法寶爲筆受。高僧傳卷四晉敦煌竺法乘傳略云：「幼而神悟超絕，依竺法護爲沙彌」，可見屬親爲剃度之弟子也。

註五：祐錄卷一〇錄釋道安鞞婆沙序略云：「罽賓沙門僧伽跋澄，諷誦此經，其國沙門曇無難提筆受爲梵文。」僧伽跋澄與摩曇難提皆前秦主譯之大德，若筆受爲弟子，豈難提乃跋澄之弟子耶？然是經無本可據，由跋澄口誦之，故難提助其筆記原文，使習梵之華僧得據本披閱耳。此爲一特殊事例，不可一概而論也。

註六：如僧叡筆受鳩摩羅詰提經，遂著是經義疏，前已引用其義疏之序文。又慧嵩筆受大涅槃經，魏書釋老志稱其

「作涅槃義記」，慧淨筆受大乘莊嚴經論，本傳亦稱「宗本既成，并纘文疏為三十卷，義冠古今。」皆其例也。此蓋主譯宣講之紀錄自始出其手，故特能整理筆記成疏焉。

註　七：祐錄卷一〇錄釋僧叡大智釋論序，記鳩摩羅什於弘始三年初達長安譯是經時略云：「鸞輿佇駕於洪涘，禁禦息警於林間。躬攬玄章，考正名於胡本，諮通律要；坦夷路於來踐。」贊寧稱姚興嘗為筆受，當據此而發，但此謂秦王親臨譯場聽講諮問耳，非筆受也。

註　八：唐中宗神龍三年九月庚子，改元景龍，僧傳仍書三年者，則所譯經本必在九月前完成也。

註　九：房徵遠隋書卷七五作暉遠，傳略云：「世傳儒學，治三禮、春秋三傳、詩、書、周易，兼善圖緯。恆以教授為務，遠方負笈而從者動以千計。及高祖受禪，遷太常博士。太常卿牛弘，每稱為五經庫。」暉遠博學名儒，有五經庫之美譽，則道宣稱慧淨「家世儒宗」實不為過。

註一〇：見大唐西域記卷一二之記贊。

註一一：大藏經所錄後序中「綴文」原皆作「證文」，磧砂藏第二三冊習、頁三所收之後序則作「綴文」，而大藏經附注稱日本宮內省圖書寮本作「綴文」。按「證文」不同「綴文」，佛祖統記卷四三法運通塞志述譯場組織有「第三證文，聽譯主高讀梵文，以驗差誤。第六綴文，回綴文字使成句義。」之語可證，且後序所謂「證文」八人中，行友、靖邁、辯機、明濬四人正是慈恩傳中綴文之大德，故視「綴文」為合，而逕改之如上。

註一二：如宋高僧傳卷二智慧傳稱「圓照筆受」，續古今譯經圖紀極量傳稱「房融筆受」，又金剛智傳稱「溫古筆受」等，皆別無綴文與潤文之人。又日照傳稱：「沙門思玄、復禮綴文筆受」，二職合稱，亦不分工之例也。

註一三：舊唐書卷七〇杜正倫傳略云：「隋代舉秀才止十餘人，正倫一家有三秀才。正倫善屬文，深明釋典。有集十卷。」又卷七三薛收傳附子元超傳略云：「好學善屬文，高宗即位，加弘文館學士，兼修國史。」又卷七八于志寧傳略云：「志寧雅愛賓客，接引忘倦，後進文筆之士，無不附影。前後預撰格式；律令；五經義疏及修禮；修史等功，賞賜不可勝計。有集二十五卷。」又卷八〇來濟傳略云：「篤志好學，有文詞，善談論。貞觀十八年，與令狐德棻等撰晉書，永徽二年，監修國史。有文集三十卷。」又卷八二許敬宗傳略云：「敬宗幼善屬文，累遷給事中，兼修國史，文集八十卷。」又同卷李義府傳略云：「預撰晉書，永徽二年，兼修國史。文集三十卷，傳於代。又著宦遊記二十卷，尋亡失。」諸公不特皆擅文章，且預撰晉書與修國史，宜乎被委以潤文之任也。

註一四：譯大寶積經時諸沙門之文采，今不可知，而諸潤文官則可考。舊唐書卷八八陸元方傳附子象先傳略云：「少有器量，景雲元年冬，同中書門下平章事監修國史。」又卷九八魏知古傳略云：「早有才名，弱冠舉進士，累授著作郎，兼修國史。文集七卷。」又卷九崔玄暐傳略云：「子璩，頗以文學知名。」又卷一〇〇蘇珦傳附子晉傳略云：「晉數歲能屬文，先天中，累遷中書舍人兼崇文館學士。」又卷一〇二徐堅傳略云：「少好學，徧覽經史。堅父子以詞學著聞，議者方之以漢世班氏。」又卷一八九下盧粲傳略云：「粲博覽經史，弱冠舉進士。」翻經院中學士濟濟如斯，無怪崔湜亟欲結納也。又卷七四崔仁師傳附孫湜傳略云：「湜少以文辭知名，舉進士，累轉左補闕，預修三教珠英。」湜之學養，亦足與諸人交遊而無愧也。

（六）證義之淵源及其演進

隋以後譯經放棄公開宣講之方式，至唐初正式凝成「明德同證」之新制度，前已論之矣。在此轉變之下，先有「證義」出現於譯場中，見寶星陀羅尼經序。「明德同證」既屬方法上一大進步，則需先知證義之來源及其任務，始明新方式之意義與價值也。

證義之任務有二說，其一見宋高僧傳卷三譯經篇論，略云：

證義，蓋證已譯之文所詮之義也。

其二見佛祖統紀卷四三法運通志塞志十七之十，略云：

太平興國七年六月，天息災述譯經儀式，第一譯主，宣傳梵文。第二證義，與主譯評量梵文。

二說牴牾甚大，若依贊寧之說，證義任務僅屬校讐譯文義理之得失，如據天息災所言，則證義實與主譯研究梵本之蘊義，以定應如何譯出也。贊寧與天息災於宋太平興國七年同在汴京（註一），且天息災譯經事宋高僧傳亦有述及（詳北宋譯業章），何以二人之說相悖若是。而天息災語見佛祖統紀，是書成於宋咸淳五年，後贊寧進書之年將三百載（註二），豈因年代久遠而傳聞失實，志磐據不可靠之史料著書乎？按慈恩傳卷六載奘公之證義大德共十二人，若諸證義皆爲奘公校讐，是以十二人審查一人所譯。未免譯者過勞而校者過愼，然此亦假近世翻譯情況設論耳，前已考知古時非如是也。若諸大德與奘公忖摩經旨，研討字義，庶或近之。然則贊寧之說反不實矣。

余就此問題，綜覽僧史與見存之經序，反覆研究，始知二說均無可推翻之理由，且就其表面上之矛盾，反能追溯證義建置之來源，與隋以後譯經方式精神之所在焉。今先言贊寧之說。

寧公謂證義爲「證已譯之文所詮之義」，是作譯本之檢校。舉凡翻譯，此爲不可省之手續，而魏晉譯經之初期已實行之，祐錄卷七錄未詳作者之放光經記略云：

以元康五年，衆賢者共集，議晉書正寫。時執胡本者于闐沙門無羅叉，優婆塞竺叔蘭口傳。經義深奧，又前後寫者參校不能善悉。至太安二年，沙門竺法寂求經本寫，時檢取現品五部并胡本，與竺叔蘭更共考校書寫。

又卷九錄未詳作者之如來大哀經記略云：

元康元年，燉煌菩薩支法護手執胡經，口授聶承遠、道眞正書晉言，護親自覆校。

上二事皆在晉惠帝世，可爲其證。然一者稱傳語人考校，一者稱主譯親覆，其責任本應屬誰？祐錄卷一一錄僧肇百論序略云：

鳩摩羅什先雖親譯，而方言未融，致令思尋者躊躇於謬文。大秦司隸校尉姚嵩，以弘始六年，集理味沙門，與什考校正本。陶練覆疏，務存論旨。

又前論隋以前譯經之方式，引卷一〇阿毗曇心序，中有記主譯僧伽提婆與筆受道慈「校正以爲定本」之語，知檢校責在主譯。竺叔蘭之事，蓋無羅叉不通華言，故貸責於傳語耳。然主譯番僧能貫達華言若護、什、提婆者固不多見，降至前秦道安時代（註三），檢校遂另歸專人。祐錄卷九錄道安增一阿含序略云：

有外國沙門曇摩難提，以秦建元二十年來詣長安，武威太守趙文業求令出焉。佛念譯傳，曇嵩筆受，余與法和共考正之，僧略、僧茂助校漏失。

是經之校勘，既非在主譯，復不歸傳語，而由道安法和主之，僧略僧茂為助。考其原因，蓋由於佛念與道安等意見相左也。祐錄卷一〇錄未詳作者之僧伽羅刹集經後記略云：

曇摩難提口誦增一阿含；幷幻網經，使佛念為譯人。念迺學通內外，才辯多奇，常疑西域言繁質，謂此土好華，每存瑩飾文句，滅其繁長。安公趙郎之所深疾，窮校考定，務存典質。既方俗不同，許其五失胡本，出此之外，毫不可差。

意見相左之原因，蓋在通梵文之佛念與不通梵文之道安、法和、趙政等對譯本有重文重質之爭，其事牽涉翻譯之理論，先達如梁任公先生，湯錫予先生與日本橫超慧日法師等，對此問題皆有詳盡之論述（註四），仕邦限於學養，未能更作深論。主持譯場之道安等（註五）既不信任傳語之佛念，遂親為「對檢定之」（註六），二僧雖未曉梵語，而均屬義學沙門（註七），深研佛門義理。安公從事譯經前，嘗發動校勘舊譯諸經（註八），遂利用昔日之經驗，參考譯場聽衆筆記，為之尋文比句，竟能找出譯本不妥處（見隋以前譯經章），於是其後校讎之任，漸乃歸之義解僧人，前引百論序稱集理味沙門與什公考校正本，「理味」卽義學也（註九）。又祐錄卷一〇錄釋道標舍利弗阿毗曇序略云：

天竺沙門曇摩崛多、曇摩耶舍等義學來遊。以秦弘始九年命書梵文，停至十六年，經師漸閑秦語，令自宣譯。文之者修飾，義之者綴潤幷校。

序稱「義之者綴潤幷校」，校讎果屬研習義理之沙門，上二事皆在後秦，能謂非受安和之影響乎？又卷八錄僧叡大品經序略云：

鳩摩羅什法師，與諸宿舊義業沙門釋慧恭、僧䂮、僧遷、寶度、慧精、法欽、道流、僧叡、道恢、道標、道恒、道悰等五百餘人，詳其義旨，審其文中，然後書之。

又卷九錄慧觀勝鬘經序略云：

求那跋陀羅手執正本，口宣梵音，釋寶雲譯爲宋語。德行諸僧慧嚴等一百餘人考音詳義，以定厥文。

又卷一〇錄道挻毗婆沙經序略云：

浮陀跋摩傳譯，理味沙門智嵩、道朗等三百餘人，考文詳義，務存本旨。

就上引諸序觀之，無論在關中；在江左；在河西，譯業皆漸專屬義學沙門矣。然數百人審文詳義，未免檢校時推求過甚，高僧傳卷六晉彭城郡釋道融傳略云：

什見而奇之，（姚）興引見歎重，勅入逍遙園，參正詳譯。

又卷七晉長安釋僧叡傳略云：

什所翻經，叡並參正。昔竺法護出正法華經，受決品云：天見人，人見天（註一〇）。什譯經至此，乃言曰：此語與西域義同，但在言過質。叡曰：將非天人交接，兩得相見？什喜曰：實然。其領悟標出，皆此類也。

融傳稱「參正詳譯」，是叡傳之「參正」即「詳譯」，而叡公與主譯研究經義應如何轉爲漢言，乃在翻譯中間，而非譯畢檢校之際，是知前所謂審文詳義，亦頗與辯難相同。諸僧既諳習義理，其討論之問題當在如何譯出始文字圓通，又不害經義，故謂之「考文詳義」焉。又千數百人雖概稱義學僧，實則非全體均對譯業能有眞正之貢獻，湯錫予先生謂什公有義學沙門三千爲助，而今知在長安之義學僧合計不過數十（註一一），此數十人或僧史有傳，或名字見存者，蓋數千人中唯有此少數人翻譯時有是正之功，故得流芳而不朽。大品經序稱義業沙門五百人詳義審文，而特爲標示慧恭、僧䂮、僧叡等十二人名字，他皆從略，豈非其例歟！義學沙門旣共主譯於翻譯中間論說經旨，則佛祖統紀稱證義「與主譯評量梵文」者，實即淵源於此。譯場中能有貢獻者常僅數十人，故日後專門甄選諳解大小乘經論之沙門同作證明，而減省附和之衆，遂有所謂「證義」之員也

茲更自隋唐後證義選拔之標準及其任務，探究是職與苻姚兩代義學僧之關係。續高僧傳卷一〇隋京師淨影寺釋惠遠傳略云：

每以經中大義問師，皆是玄隱。大小經論，普皆博涉。開皇十二年春，下敕令知翻譯，刋之辭義。

又卷一八唐京師宏福寺釋靈潤傳略云：

時未具戒，早飛聲彩，文義圓通，問難深微，稱傳元宰。大戒已後，初從關表，創預講筵，祖習異聞，遂奮奇論，一座驚異，側目嘉之。貞觀十八年，敕造宏福，復被徵召，即現翻譯，證義須明，衆所詳準，又當斯任。至於詞理有礙，格言正之。同倫糺位，斯人最上，京邑釋門，寔惟僧傑。

宋高僧傳卷三唐大聖千福寺飛錫傳略云：

代宗永泰元年，奉詔同義學沙門良賁等十六人，參譯仁王護國般若經，并密嚴經。先在多羅葉時，並是偈頌，今所譯者，多作散文，不空與錫等，及翰林學士柳抗，更重詳定，錫充證義正員，辭筆不愧斯職也。

又卷四唐淄州慧沼傳略云：

初沼證義於義淨譯場，多所刊正。譌言舛義，悉從指定，無敢踰制。

讀上引諸傳，證義之選先需博涉經論，文義圓通。而其任務，則屬刊正已譯文中之僞言舛義。又宋高僧傳卷二唐益州多寶寺道因傳略云：

落髮已來，揣摩義章，卽講涅槃。宿齒名流，咸所歎服。追赴京邑，止大慈恩寺，與玄奘法師翻譯，校定梵本，兼充證義。奘師偏獎賞之，每有難文，同加參酌。新翻弗墜，因有力焉。

則證義不獨檢校譯文，且遇梵經有疑難之文義，主譯且與之酌量研究。由是知隋唐後證義之工作範圍，固未踰苻姚關中譯場義學僧之遺規，贊寧與天息災所言既非互相矛盾，而就其淵源究之，證義當兼具「與主譯評量梵文」及「證已譯之文所詮之義」兩項任務也，特二公僅各言其一耳。

證義之來源及任務已明，進可論其分工，宋高僧傳卷三唐京師大安國寺子鄰傳略云：

永泰中，不空重譯仁王護國、密嚴等經，鄰與千福寺法崇，西明寺慧靜，保壽寺圓寂，分職證義。並良賁潤文。

傳言不空譯二經時，捨良賁爲潤文外，其他助手皆「分職證義」。按慈恩傳載證義大德十二人，又前引飛錫傳稱錫乃「證義正員」，豈證義中復有正員副員之分耶？而慈恩傳記證義十二，綴文九之名字外，更有字學及證梵之員各一，又統紀稱譯經院西序爲證義，則證義與有關人員應在此部份工作，是字學與證梵爲副員，由證義中最先分出者矣。斯二者吾疑其出於苻姚時之竺佛念。念乃關中最優秀之傳語人，仕邦前爲文論河西之佛事，其第五章幾全述念公之事蹟。祐錄卷一五本傳稱：

諷習衆經，粗涉外學。其倉雅詁訓，尤所明練。家世河西，洞曉方語，華梵音義，莫不兼解。

念公既精通小學，又曉梵文，本章前引放光經記，知主譯不通華言時，由傳語人考校譯文義理得失。念公具華梵兼解之條件，當屬最理想人選。然本章前已論佛念與道安法和有爭執，致二僧自爲勘讎，念似未當斯任。而爭執發生於建元二十年，十五年時念已傳譯於關中，如比丘尼大戒，阿毘曇等皆其度語，則當時兼作諸經檢校自有其可能性。更考奘公譯場中字學玄應與證梵玄謩之學養。續高僧傳卷四〇隋東都慧日道場釋智果傳附玄應傳略云：

京師沙門玄應者，亦以字學之富，皁素所推。通造經音，甚有科據矣。

傳中之玄應固屬「字學之富」，且「通造經音」矣，然既附於隋僧之傳記，是否卽奘公助手之玄應？今一切經音義卷首有終南太一山釋氏序，其人卽道宣（註一二），序略云：

說文在漢，字止九千，韻集出唐，言增三萬。代代繁廣，符六文而挺生，時時間發，寄八體而陳迹。有大慈恩寺玄應法師，博聞强記，通古今之互體，故能讎校源流，勘閱時代，可謂文字之鴻圖，言音之龜鏡者也。以貞觀末歷，勑召參傳，因譯尋閱，捃拾藏經，爲之音義註釋訓解。援引羣籍，證據卓明。

著音義之應公，亦博通古今文字之互體。是序與僧傳同出道宣手，若隋唐各有一治小學之玄應，宣公當分別爲之立傳，而今不然，是以知附見智果傳之玄應卽參譯之人，續高僧傳卷四〇爲襍科聲德篇，所傳多屬偏擅外學之沙門，智果精研字書，故宣公以類相從而附以玄應傳耳。又卷四玄奘傳稱「沙門玄應以定字僞」，是應公挾其學養；爲奘公是正譯文用字之得失也。證梵之玄謩僧史乏傳，大藏經瑜伽部下、頁五八九李百藥大乘莊嚴經論序略云：

玄謩法師，善達方言，又兼義解，至心譯語，一無紕繆。

序稱謩公「又兼義解」，其得充譯場證梵固非獨以「善達方言」之故也。吾前論隋唐譯經方式之轉變，嘗據續傳慧賾傳推知沙門非通習義理不能預譯場，今玄謩之事，更足證其爲確。又大集部寶星陀羅尼經序與中觀部般若燈論序皆稱玄謩爲波頗翻經之譯語人，是度語可轉充證義。就應、謩二僧之學養與經歷，斯二職之置非自竺佛念身上不能尋其淵源也。

字學之職後不常有，宋高僧傳卷三譯經篇論略云：

又置正字，字學玄應曾當是職，後或置或否。

玄應而後，精研小學者復有慧琳，其人著一切經音義百卷。據宋傳卷五本傳，僅稱爲不空三藏之弟子，既不言琳嘗參譯事，更不知是否曾作正字也。以史料缺乏，正字之職不可多考，反之證梵語梵文一職，奘公而後之譯場中，頗有與此相關之新名稱，茲分別言之：

（一）證文。大藏經律部三、頁一一○六靜邁菩薩戒本序略云：

有三藏法師，是稱玄奘，以大唐貞觀二十有三年，於大慈恩寺奉詔譯。其證義、證文、正字、筆受；義業沙門明琰等二十許人，各司其務，同資教旨。

是戒之譯在奘公興立譯事之五年後，先有所謂「證文」出現，吾初疑卽「綴文」之悞書，而佛祖統紀卷四三法運通塞志十七之十略云：

證文，聽譯主高讀梵文，以驗差誤。

則「證文」或卽「證梵語梵文」之簡稱。

（二）證梵本，宋高僧傳卷三譯經篇論略云：

證梵本者，求其量果，密能證知，能詮不差，所顯無謬矣，如居士伊舍羅證譯毗柰耶梵本是也。

寧公所舉之例屬義淨時事，續古今譯經圖紀義淨傳略云：

（中宗）景龍四年，於大薦福寺譯根本一切有部苾芻尼毗奈耶一部二十卷。罽賓沙門達摩難陀、居士東印度首領伊舍羅等證梵文，沙門曷利末底、烏帝提波，居士中印度李釋迦度頗多等讀梵本。

卽其事。據此，則梵本文字訛誤與否，有讀誦與聽審兩部份負責也。宋高僧傳卷三唐京兆慈恩寺寂默傳略云：

（德宗）貞元十九年，出守護國界主陀羅尼經十卷。般若譯，牟尼證梵本。

則是職後亦繼續設置也。

（三）證梵義，譯經篇論又云：

證梵義一員，乃明西義得失，貴令華語下不失梵義也。

證梵義之責，蓋在檢討梵經義理方面有無訛誤。寧公不舉何人嘗任斯職，續古今譯經圖紀義淨傳，記中宗景龍四年譯場中有證梵本之員，繼云：

北印印度沙門阿儞眞那、吐火羅沙門達磨末磨等證梵義。

則是職亦置於同年，奘公時「證梵語梵文」一職遂正式分家。又續古今譯經圖紀菩提流志傳略云：

睿宗嗣曆，復於北苑白蓮花亭及大內甘露殿，別開會首，亦親筆受，北印度沙門達摩、南印度沙門波若丘多等證梵義。

睿宗時既有證梵義之員，是義淨遺規得繼。

（四）證譯，是職宋傳統紀皆不載，續古今譯經圖紀義淨傳略云：

居士東印度瞿曇金剛、迦濕彌羅國王子阿順等證譯。

爲最早之記載。又菩提流志傳略云：

（天后）長壽二年，創達都邑，卽以其年於佛授記寺譯。沙門戰陀、婆羅門李無謟譯語，沙門慧智證譯語。

則「證譯語」爲檢討譯語之訛誤而置。其人必需參通二土方言，宋高僧傳卷二周洛京佛授記寺慧智傳略云：

釋慧智，其父印度人，婆羅門種。因使遊此方，而生智。本旣梵人，善閑天竺書語，生於唐國，復練此土言音。三藏地婆訶羅、提雲若那、寶思惟等所有翻譯，皆召智爲證，兼令度語。

是也。更證以懷廸之事，續古今譯經圖紀沙門般剌蜜帝傳略云：

唐云極量，中印度人也。以神龍元年，於灌頂部中誦出一品，循州羅浮山南樓寺沙門懷廸證譯。

宋高僧傳卷三唐羅浮山石樓寺懷廸傳略云：

釋懷廸，循州人也，先入法於南樓寺。數有梵僧，寓止於此，廸學其書語，自玆通利，菩提流志初譯寶積，召廸至京證義。

懷廸爲極量證譯者，蓋廸公旣擅雙方語文，又任證譯前，嘗充證義也。

奘公助手中玄蓍之職務，後漸擴展爲數科者，蓋佛經屬言義理之典籍，翻譯時最注意者乃譯文能否保存原文之精髓，若不達原意或曲解之，則不免有釋僧肇所謂「玄宗墜於譯人」（註一三）之失矣。故求令「華語下不失梵義」，先須「明西義得失」，是以對梵本之文字，檢校不能不精，對梵經之義理，研討不能不審，分科共司其事，當較窮一人之學識統理爲宜，進則度語傳言，亦置專員審聽以防錯誤，此皆譯業發達之必然結果也。

譯場對梵本之處理，既有如上述之愼重，至於原本譯本間之對校，猶不可省略。宋高僧傳卷三譯經篇論略云：

校勘，讎對已譯之文。隋則彥琮覆疏文義，蓋重愼之至也。

寧公雖舉隋僧爲例，而宋高僧傳卷三唐蓮華傳略云：

貞元十一年，詔於崇福寺翻譯，千福寺大通證義，澄觀、靈邃詳定。

傳稱「證義」外復有「詳定」，大抵專司校勘。又佛祖統紀卷四三法運通塞志十七之十略云：

參譯，參考兩土文字使無誤。刋定，刋削冗長，定取句義。

是檢校之職，不特唐時設置，至宋初猶有「參譯」與「刋定」分擔其任也。校勘既有專人負責，宜乎天息災言證義之職務僅屬「與譯主評量梵文」耳。

註一：據王禹偁小畜集卷二〇通惠大師文集序：贊寧本吳越之兩浙僧統，宋太平興國三年，忠懿王錢俶携版圖歸國，寧亦奉釋迦舍利入見，太宗召對滋福殿，賜紫方袍。八年，詔修大宋高僧傳，聽歸杭州舊寺。則太平興國七年時，寧公當仍在汴京。又佛祖統紀卷四三法運通塞志十七之十略云：「太平興國五年二月，北天竺迦濕彌羅國三藏天息災、烏塡曩國三藏施護來，召見賜紫衣。七年六月，譯經院成，詔天息災等居之。」則天息災於是年固亦在汴京也。

註　二：見北宋譯業章。

註　三：「道安時代」一名詞採湯錫予先生說，錫予先生著佛敎史第九章爲「道安時代之般若學」，而前秦譯業由安公發動，兼總理其事，成績斐然，固亦可視爲道安時代之譯業也。

註　四：梁任公先生說見佛學研究十八篇：翻譯文學與佛典、佛典之翻譯兩篇。湯錫予先生說見佛敎史第十二章傳譯求法與南北朝之佛敎。日本慧日法師之說見中國佛敎の研究、中國佛敎初期の翻譯論。

註　五：見湯錫予先生佛敎史八、九兩章。

註　六：祐錄卷一〇錄未詳作者之僧伽羅刹經序語。

註　七：道安與法和二傳高僧傳皆置於義解篇。

註　八：參見隋以前譯經章註五。

註　九：祐錄卷一〇錄釋道挻毘婆沙經序稱浮陀跋摩譯經有「理味沙門智嵩、道朗等三百餘人考文詳義」，高僧傳卷三浮陀跋摩傳則稱「慧嵩、道朗，與義學僧三百餘人考正文義」，故知「理味」卽「義學」。

註一〇：是句見正法華經卷五授五百弟子決品，原作「天上視世間，世間得見天上，天人世人往來交接。」慧皎嫌其冗長而省之。

註一一：見佛敎史上冊頁二一四、二一五，湯氏所鳩集之名字與事蹟從略。

註一二：見陳援菴先生中國佛敎史籍概論卷三玄應音義條。

註一三：見祐錄卷八錄僧肇維摩詰經序。

（七）檀越與監譯

舉凡宗教之勃興，其始必有世俗信徒之施助與支持，始能推動其教務而光大之。十誦律卷六〇五百比丘結集三藏法品略云：

長老大迦葉復思惟，今集一切修妒路（Sutra，卽經），一切毗尼（Vinaya，卽律），一切阿毗曇（Abhidharma，卽論），是非一日二日乃至七日可竟。何處國土安隱，有好精舍，四事供養，具足無乏，無諸寇賊。我等今當往到王舍城安居。如是思惟已，摩訶迦葉獨身先往治精舍。共五百比丘，王舍城安居。

結集三藏爲　釋尊寂滅後佛教史上第一大事，而先需有安晏之環境與生活之供養，其功始成。及釋教傳來吾國，其最重要之宣教活動爲譯經與宣講，斯二者皆有賴於資助，比丘尼傳卷四禪林寺淨秀尼傳略云：

欲請暉法師講十誦律，但有錢一千，憂事不辦，及至經營，有七十檀越，爭設妙供。

淨秀欲請僧講律，初有錢一千，猶憂事不辦，蓋延僧說法，主事人供養經師而外，復需兼及來聞法之聽衆。續高僧傳卷一七唐綿州隆寂寺釋靈睿傳略云：

（靈睿）常講大乘，以爲正業。貞觀元年，通州鸞禪師作檀越，盡形供給三百聽衆。

淨秀事在南北朝，鸞禪師事已在唐初，而二事可相發明，知講經耗貲非輕。至於譯經，前已論其與宣講之關係，譯場捨生活供應外，更有紙筆之費，故其創立需有檀越（註一）之施助。祐錄卷七錄未詳作者之道行經記略云：

光和二年，時傳言者月支菩薩支讖，勸助者孫和、周提立。

又同卷錄放光經記略云：

元康元年，衆賢者共集議，晉書正寫。時倉垣諸賢者等，大小皆勸助供養。

磧砂藏第四二九冊樓、修行道地經之出經後記略云：

賢者李應、榮承等三十餘人，咸共勸助，以太康五年二月二十三日始訖正。

道行經出於漢靈帝朝，修行道地經與放光經譯於晉武、惠之世，均屬早期譯業，而經記均已載世俗信士之施助。降至五胡亂後，以迄隋之統一，中國處長期衰落之情態下，社會上宗教思想特爲彌漫，其事 賓四師已予指出（註二），時王公大臣多有施助僧侶譯業之舉，仕邦就祐錄與大藏經收錄諸經序溜覽所及，知有王凝之、任固之、孟顗、褚叔度、何尙之、劉義宣、沮渠興國、姚旻、姚嵩、歐陽頠、黃法氍、袁敬、高澄、高仲密等（註三）。諸貴門所以發心供養譯場中人者，蓋佛家謂布施有財施與法施之分，而皆可獲善報。十住毘婆沙論卷七歸命相品略云：

在家之人當行財施，出家之人當行法施。何以故？在家之人多有財物，出家之人於諸經讀誦通達，爲人解說，非在家者所能及。

大丈夫論卷上法施品略云：

財施者人道中有，能得法施，唯大悲者。財施除衆生身苦，法施者除衆生心苦。

又卷下功德勝品略云：

有人等以財物施一福田，心不同故得報有種種。以愛心作福者受報時愚闇，悲心修福者受果時得於智慧，不敗壞菩提心爲饒益衆生作福者，當知此福爲福中最勝。

優婆塞戒經卷二發願品略云：

一者能大法施，二者能大財施，三者以此二施勸衆生行。

又卷五雜品之餘略云：

行布施者，報逐是人如犢隨母。若施畜生得百倍報，施破戒者得千倍報，施持戒者得十萬報，施外道離欲得百萬報，施向道者得千億報，施須陀洹得無量報。如以壽命、色、力、安、辯施於彼者，施主後得壽命、色、力、安樂、辯才，各各百倍。

就上引諸經論，可略明佛家布施與福田果報相應之說，諸王諸公樂爲檀越者亦緣於是。然施助譯業是否能獲善報？大藏經經集部四、頁八五八有釋曇林一切法高王經翻譯之記，略云：

魏大丞相渤海國王，子尙書令儀同高公，能知通法，資福中勝，翻譯之功，通法之最。敬集梵文，重崇茲業。感佛法力，遇斯妙典，令知法者翻爲魏言，大乘學人沙門曇林，婆羅門客瞿曇流支，在竇太尉定昌寺譯。與和四年創譯，八千四百四十九字。出此經，福非凡知量，書寫讀誦供養等者，生死暫居菩提不遠。其有智慧男子女人，若見聞知，願崇斯福。

是經譯於東魏孝靜帝興和四年，檀越爲北齊武帝高歡諸子（疑卽文宣帝高洋）之一（註四）。經記稱「翻譯之功，通法之最」者，蓋集衆講經屬沙門之法施，而宣講所據之本莫不經由翻譯。且講經時領受諸悟者僅與會之人，而譯經則不特譯場弟子得承高義，可充講師。經本譯出流布，天下僧侶皆得持本研誦；講說。法施之功，實過宣講千百倍而不止。其書寫讀誦供養等者已被視爲「生死暫居菩提不遠」，至如「能知通法」而資助譯經之高公，固應以出此經「福非凡知量」矣。由是知檀越獻貲佐沙門成法施最大之功，則其財施當可獲最大之福。此為最重要之理論，而保存於曇林撰經記中。續高僧傳卷一魏南臺永寧寺北天竺沙門菩提流支傳略云：

建武帝天和年，有摩勒國沙門達摩流支，周言法希，奉敕為大冢宰晉陽公宇文護，譯婆羅門天文二十卷。

達摩流支奉敕為晉陽公譯婆羅門天文，豈公好為占候之事耶？蓋宇文護權傾當代，周武帝亦護所擁立（註五），敕僧譯經，正帝示為護求福田，以作籠絡之手段耳。

施助譯經被認為能獲福田饒益，已如上述，故南北均有興立譯事之護法名王，著者如苻堅、姚興、沮渠父子、宋文帝、梁武帝、魏宣武帝等，其熱心聞法以至親為譯經之筆受；校讐，固與此不無關係，即唐代譯場由政府派員監護（詳後），亦緣於帝王布施以求福，是以對譯經沙門嚫施甚厚，祐錄卷一四佛陀耶舍傳略云：

耶舍先誦曇無德律（即四分律），以弘始十二年，譯出為四十卷。并出長阿含經，減百萬言。涼州沙門竺佛念譯為秦言，道含執筆。至十五年解坐，（姚）興嚫耶舍布絹萬疋，不受。佛念、道含布絹各千疋，名德沙門五百人皆重嚫施。

宋高僧傳卷四唐洛京佛授記寺德感傳略云：

天皇大帝（唐中宗）徵為翻經大德，與勝莊、大儀等同參義淨譯場。對敭受賜，言謝劉亮。帝悅，尋授封昌平縣開國公，累井田至三千戶。

上二事一在東晉，一在盛唐，秦主嚫施，遍及參譯沙門。德感見悅中宗，至封爵賜田。此皆由於祈福大，故酬報豐。帝王公卿為檀越而外，復有沙門，為一可注意之事，祐錄卷九錄禪要祕密治病經記之出經後記略云：

河西王從弟大沮渠安陽侯，以孝建二年九月八日，於竹園精舍書出此經，尼慧濬爲檀越。

此居士出經（註六），而尼爲檀越也，其事與前述淨秀尼、騫禪師同。近重讀　賓四師讀書偶記二則（見新亞書院學術年刊第一期），第一則讀寒山詩，嘗論及寒山之指謫沙門好擁貲財。寒山子所訶者，不特唐時沙門之現象（註一七），卽魏晉南北朝時亦然。如高僧傳卷九齊山陰法華山釋慧基傳略云：

基師慧義，旣德居物宗，道王京土。士庶歸依，利養紛集。及義之亡後，資生雜物近盈百萬，基法應獲半，悉捨以爲福，唯取麤故衣鉢。

讀此知沙門非但接受鉅量財施，且弟子得繼承遺產，故豐於財爲理所當然。而沙門每有如慧基之捨貲爲福，卽資助譯經之慧濬，比丘尼傳卷二本傳略云：

宋太宰江夏王義恭，雅相推重，常給衣藥，四時無爽。不畜私財，悉營寺舍，竹園成立，濬之功也。

竹園寺之成立功由慧濬，沙門能建寺造像者三僧傳皆入興福篇，比丘尼傳若分科，濬當入是篇。則其施助譯經，實亦興福耳。然沙門本不應作財施之舉，如十住毗婆沙論卷七歸命相品略云：

出家之人，若行財施，則妨餘善。必至聚落，與白衣從事多有言說，乃至貪著五欲，捨戒還俗。或能反戒，易起重罪。

是也。但此指沙門主動求財耳，至於捐白衣已施與之利養爲福，當不在其限。出家人資助譯經，實借財施之手段求達法施之目的耳。

譯經之有賴施助旣明，可進而論唐代盛行委官監譯之制度矣。唐自波頗於太宗貞觀元年開譯至般若於憲宗元和五年罷譯，列朝皆置譯場，而其始卽有官員監督，大藏經中觀部、頁五一慧賾般若燈論序及瑜伽部下、頁五八九李百藥大乘莊嚴經論序稱蕭璟任「監譯勅使」；「監掌修緝」爲最早之記載。然宋高僧傳卷三譯經篇論略云：

> 監護大使，後周平高公侯壽爲總監檢校。唐則房梁公爲奘師監護，相次許觀、楊愼交、杜行顗等充之。或用僧員，則隋以明穆、曇遷等十人，監掌翻譯事。

侯壽見長房錄卷一一，原作「柱國平高公侯伏侯壽」，其「總監檢校」爲闍那耶舍於北周武帝世譯經時事。明穆等之事見續高僧傳卷二闍那崛多傳。換言之，此一制度實唐前已有。大臣之任監護其始於侯壽乎？以余夷考之，事實啟乎趙政。政字文業，與道安同爲苻秦譯業之護持，梁任公、湯錫予二先生嘗論及之（註八），按帝王資助翻譯，肇自苻堅，堅雖受安公影響而崇禮佛法，但君主日理萬機，何暇兼顧譯場，當委一熱心聞法之親信爲安公助，而趙政曾任堅祕書郎；著作郎，屬文學侍臣。高僧傳卷一曇摩難提傳附趙正傳稱其人對秦王之譏諫「無所迴避」，後欲出家，「堅惜而未許，及堅死後，方遂其志」，亦見君臣間之情感，故政實爲護持譯場之理想人選。祐錄卷九錄釋道安增一阿含序略云：

> 曇摩難提以建元二十年來詣長安，趙文業求令出焉。此年有阿城之役，伐鼓近郊，而正專在斯業之中，全具二阿含。

又卷一〇錄未詳作者之僧伽羅剎經序略云：

> 建元二十年，僧伽跋澄賫此經本，來詣長安，趙文業請令出焉。正値慕容作難於近郊，然譯出不襄。

按建元二十年爲苻堅淝水敗績之次年，是年正月，東方有慕容垂起兵於列人。三月，慕容冲據平陽叛。同月，姚萇於西方爲隴右豪傑推作盟主，秦王堅正忙於調兵應付（註九），而譯業未受時局影響，非賴有專人負責而何？北周時侯伏侯壽爲譯場總監，實淵源於此。僧家史料言及唐以前監譯者僅上述二事，故是否唐前歷代皆有設置，今已不能詳考。然趙政與侯壽皆北朝人物，大抵此制度以北方較爲盛行，唐之置監譯蓋承北統之舊也。

監譯之任務爲何？大藏經大集部、頁五三六法琳寶星陀羅尼經序略云：

> 貞觀元年，有詔所司搜駁碩德，兼嫻三教；備舉十科者一十九人，於大興善寺請波頗三藏相對翻譯。

按波頗譯經之監譯爲蕭璟，則「所司」其指璟歟？慈恩傳卷六略云：

> （貞觀十九年）帝曰：諸有所須，一共玄齡平章。法師自洛陽還至長安，卽居弘福寺。將事翻譯，乃條疏所須證義，綴文，筆受書手等數，以申留守司空梁國公房玄齡，玄齡遣所司具狀發使定州啟奏，令旨所須供給務使周備。夏六月，（證義十二，綴文九，字學一，證梵語梵文一，及）筆受書手，所司供料等並至。

據此知譯場助手之搜駁與物資之供應，帝王皆付托監譯辦理。至於朝廷大臣之能選拔沙門者，蓋自後秦立僧正（見高僧傳卷六僧䂮傳）以來，歷代皆委其任於緇衣，其職則直屬政府，日本道端良秀氏唐代佛教史の研究一書論列甚備（註一〇），政府當可通過僧官以選拔沙門參譯。宋高僧傳卷二唐洛京智慧傳略云：

> 貞元八年六月八日，敕右街功德使王希遷等，送梵經出內。太子詹事羅好心上表云：今年四月十九日，敕令王希遷精選有道行僧，於西明寺翻譯。

據道端氏之考證，唐天寶二年後僧官事務直屬左右街功德使，王希遷於貞元世任右街功德使而奉敕選僧，正足說明其事也。

監譯之員常不獨一人，如續高僧傳卷四玄奘傳稱許敬宗爲潤色官人之一，大藏經瑜伽部上、頁二八三許敬宗瑜伽師地論後序則自稱「奉詔監閱」。按是論譯畢在貞觀二十二年五月十五日，房梁公卒於本年七月（舊唐書卷三太宗本紀），或敬宗在其卒前二月接任耳，而論集部部、頁一二釋明濬因明入正理論後序，稱玄奘譯畢是論在貞觀二十一年秋八月；「許敬宗奉詔監譯」，是前一年已同玄齡共監譯事也。又寶積部上、頁一徐鍔大寶積經述；記菩提流志於唐中宗神龍年間翻是經時先有潤文官盧粲、徐堅、蘇晉、崔璩等「分別二諦，潤而色之」，復有魏知古、郭元振、張說、陸象先等「護持四法，總而閱之」，皆是其例。監護本屬帝王施財求福之代理人，檀越仍是君主，故本文不多考何人嘗當斯任。而僅舉宋高僧卷三譯經篇論稱宋太宗世復興譯業時有「使臣劉素、高品、王文壽監護」之語爲例，以見此一制度沿襲至宋而已。

然譯業漸歸帝室之手，則產生經本所有權之問題，換言之，卽譯本屬檀越抑譯僧之問題。按魏晉譯業初興時，出經爲信士集資共襄之善舉，故譯本爲大衆所有。如前引之修行道地經後記，稱譯畢而「於是衆賢各各布置」是也。卽二秦時已由君主資助，而祐錄卷八錄僧叡大品經序略云：

鳩摩羅什法師，以弘始五年，於京城之北逍遙園中出此經，諸宿舊義業沙門五百餘人，詳其義旨。釋論既訖，爾乃文定。定之未已，已有寫而傳者，又有以意增損，私以般若波羅蜜爲題者，至使文言舛錯，前後不同。良由後生虛己懷薄，信我情篤故也。

叡公稱本經未校定時，譯場中熱心傳法之後生，已有「寫而傳者」或以己意增損經文之事，事雖不合，然可見其時譯本無所有權之問題，可任意公開者也。降至唐代，譯場屬政府派員監護之不公開集會，問題遂生，可以佛陀波利之遭遇為代表。大藏經密教部二、頁三四九釋志靜佛頂尊勝陀羅尼經序略云：

婆羅門僧佛陀波利，迴還西國，取佛頂尊勝陀羅尼經，至永淳二年迴至西京，大帝（高宗）遂將其本入內，請日照三藏法師，及勅司賓寺典客令杜顗行等共譯此經。勅施僧絹三十四，其經本禁在內不出。其僧悲泣奏曰：貧道捐軀委命，遠取經來，情望普濟羣生，救拔苦難。不以財寶為念，不以名利關懷。請還經本流行。帝遂留翻得之經，還僧梵本。其僧得梵本，將向西明寺，訪得解善梵語漢僧順貞，奏共翻譯，帝隨其請。僧遂對諸大德共順貞翻譯。今前後翻兩本並流行於代，小小語有不同者，幸而怪焉。

序為智昇續古今譯經圖紀及贊寧宋高僧傳兩佛陀波利傳之所本。據序文所言，西僧齎來梵本進譯場後，原本與譯本皆歸之大內，波利乞回梵本，仍須奏明帝王，始可在外覓人再翻，是經本所有權屬人君也。然是否唐以後譯本不再流通宇內？慈恩傳卷六略云：

（唐太宗詳覽瑜伽師地論後），因勅所司簡祕書省書手，寫新翻經論為九本，與雍、洛、兗、相、荊、楊、涼、益等九州，展轉流通。使率土之人，同稟未聞之義。

是譯本絕非完全深藏宮闕，不予宣布者。特視人君之意向，欲流通者則率土同聞，不欲流通者則自為省覽已。

註一：檀越據義淨南海寄歸內法傳卷一受齋軌則條，注略云：「梵云陀那鉢底，譯為施主。陀那是施，鉢底是主，而云檀越者，本非正譯，略去那字，取上陀音，轉名為檀，更加越字，意道由行檀捨，自可越度貧窮。妙釋雖然，終乖正本。」然隋以前檀越之稱已成習慣，迄今仍沿用之，不知陀那鉢底是何物矣。

註二：見國史大綱第十二章、宗教思想之瀰漫。

註三：諸檀越見祐錄者：王凝之、任固之在卷一〇阿毗曇心序，王凝之傳附見晉書卷八〇王羲之傳。孟顗、褚叔度在卷九華嚴經記，二公本傳見晉書卷九六，宋書卷五二。何尙之在同卷勝鬘經序，本傳見宋書六六。劉義宣在同卷八吉祥經記，本傳見宋書卷六八。沮渠興國在同卷優婆塞戒經記。姚旻見卷七王子法益壞目因緣經序、姚嵩見卷一一百論序。其見於梁以後之經序者。歐陽頠見大藏經瑜伽部下、頁一一三攝大乘論序。本傳見陳書卷九。黄法𣰋見般若部四、頁八三四勝天王般若經序，本傳見陳書卷一一。袁敬見毗曇部四、頁一六一阿毗達磨俱舍釋論序。高澄見律部三、頁六五九解脱戒經序，其人卽北齊文襄帝，見北齊書卷三。高仲密見毗曇部一、頁二七三寶髻經四法優婆提舍翻譯之記，瑜伽部下、頁七七七業成就論翻譯之記等。

註四：經記中之高公爲誰，吾初檢開元錄，其卷六叙瞿曇流支譯出諸經之歷史，亦僅據經記稱其人爲「高公」。惟經記既指其人爲魏丞相渤海國王之子，經譯於興和四年，是歲高歡正是東魏之丞相，見北齊書卷二神武本紀，故知屬歡諸子之一，又其時任尙書令儀同。北齊書卷四文宣帝本紀略云：「顯祖文宣皇帝諱洋，字子進，高祖第二子，天平二年授散騎常侍、驃騎大將軍、儀同三司。武定元年加侍中。」武定元爲興和四之次年，則洋加侍中前爲儀同三司。又卷三文襄帝本紀略云：「世宗文皇帝諱澄，字子惠，神武長子。元象元年，攝吏部尙書。興和二年，加大將軍領中書監，仍攝吏部尙書。」是澄自元象至興和，向攝吏部尙書。洋與澄分佔「高公」之「尙書令」與「儀同」銜各一，余所以疑其人爲洋而非澄者，蓋澄嘗爲翻譯之檀越，大藏經律部三、頁六五九釋僧昉解脱戒經序略云：「大魏武定癸亥之年，在鄴京都，侍中尙書令高澄請爲出焉。」序固直呼澄名，不爲之諱，而經記則稱高公而不名。澄與洋雖同入本紀，而澄爲追尊之帝，洋爲卽眞之主，豈經記初本誌高洋姓名，及既稱帝，後人欲爲迴改，以經記已冠東魏年號，自不便復書齊帝，遂從三國志魏武進爵爲王前稱公之例，改「洋」爲「公」歟？以無堅確之證據，故仍存疑而已。

註　五：周書卷一一晉蕩公護傳略云：「護立高祖，百官總已以聽於護，自太祖爲丞相，立左右十二軍總屬相府，太祖崩後，皆受護處分，凡所徵發，非護書不行。護第屯兵，禁衞盛於宮闕，事無巨細，皆先斷後聞。保定三年，詔曰：大冡宰晉國公智周萬物，道濟天下，自今詔誥及百司文書，並不得稱公名，以彰殊禮。」讀此可見宇文護權勢之盛，武帝拱手而已。高祖者，武帝廟號，見卷五本紀。

註　六：祐錄卷一四沮渠安陽侯傳略云：「晦志卑身，不交世務，常遊止塔寺，以居士自畢，居絕妻孥。」誡律身甚嚴之優婆塞也。

註　七：見日本道端良秀氏唐代佛敎史の研究、第五章佛敎寺院と經濟問題；第三節寺田と僧尼の私有財。

註　八：見梁任公先生佛學研究十八篇、翻譯文學與佛典；第二節佛典翻譯界之代表人物。又見湯錫予先生佛敎史、第八章釋道安。

註　九：參見晉書卷一一四苻堅；一一六姚萇；一二三慕容垂諸載記。

註一〇：見唐代佛敎史の研究、第一章唐朝の佛教對策；第四節、寺院僧尼の取締と沙汰。

（八）　北宋之譯業及其消沉

我國翻譯釋典之事業，至北宋仍熱烈進行，李思純先生譯經工序考嘗據佛祖統紀所載以論次之。然最早之記錄，實見於宋高僧傳卷三譯經篇論，略云：

朝廷罷譯，事自唐憲宗元和五年，至於周朝，相望可一百五十許歲，此道寂然。迨我皇帝，臨大寶之五載，有河中府傳顯密教沙門法進，請西域三藏法天譯經於蒲津。州府官表進，上覽大悅，各賜紫衣，因敕造譯經院於太平興國寺之西偏，續敕搜購天下梵夾。有梵僧法護；施護，同參其務。左街僧錄智照；大師慧温證義。又詔滄州三藏道圓證梵字。愼選兩街義解沙門志顯綴文。令遵、法定、清沼筆受。愼巒、道眞、知遜、法雲、慧超、慧達、可瓌、善祐、可支證義；論次；綴文。使臣劉素、高品、王文壽監護。禮部郎中張洎、光祿卿湯悅次文；潤色。進校量壽命經，善惡報應經，善見變化；金曜童子；甘露鼓等經。有命授三藏天息災，法天，施護師號；外試鴻臚少卿、賜廏馬等。筆受證義諸沙門各賜紫衣，幷帛有差。

按贊寧表上宋高僧傳在太宗端拱元年（公元九八八），見卷首進書表，志磐撰佛祖統紀，其刊板後記題度宗咸淳辛未（即七年，公元一二六九），二書相去二百八十四載。且贊寧身居汴京，親覩盛事，故所記之價值，實遠在統紀之上也。

然余鈔錄是條，非敢自憙於搜得最早之史料，實欲循此探究北宋譯業之興廢也。宋之譯業，自仁宗朝後不再見，李思純先生嘗言之，李氏謂受印度佛教式微之影響，而贊寧稱唐憲宗元和五年至後周末造凡一百五十年不譯經，亦可覩中印佛法彼此之波動。宋太宗雖復興其事，而終歸沉寂者，贊寧口中有一語至足注意，即「續敕搜購天下梵夾」是也。蓋佛經之傳入中夏，大致不出三途，其一爲番僧口誦梵本，來華後憑記憶述出。其二爲番僧携本東遊。其三爲華僧西行求得。其例僧史中觸目皆是，不待枚舉。隋唐佛法隆盛時，西僧携本東遊之目的，弘法濟世而外，亦頗欲爭取榮譽。宋高僧傳卷三唐羅浮山石樓寺懷廸傳附般若力、善部末摩傳略云：

乾元元年，有罽賓三藏般若力；中天竺波羅門三藏善部末摩，並慕化入朝。詔以力為太常少卿，末摩為鴻臚少卿，並員外置，放還本土。或云各齎經至，屬燕趙阻兵，不遑宣譯，故以官品榮之。

二僧挾經遠來，唐以世亂不能開譯，謝之以官品，可見西僧來華宣化，實望榮歸故里。故歷代弘法興福之帝王，皆僅資助沙門開譯，而無購經供僧之事。雖然，譯場之獲得梵本，亦有出上述三途之外者，續高僧傳卷二隋東都上林園翻經館沙門釋彥琮傳略云：

大業二年，新平林邑，所獲佛經，合五百六十四夾，一千三百五十餘部。並崐崙書，多梨樹葉。有敕送館，付琮披覽，幷使編叙目錄。以次漸翻，乃撰為五卷，分為七例，所謂經、律、贊、論、方字、襍、書七也。必用隋言以譯之，則成二千二百餘卷。

隋平林邑而獲存於其地之佛經，付翻經館整理。此為僅見者。其事屬無意中之弋獲，非如宋代之出資購買也。及天竺佛法已微，東來梵本絕跡，宋太宗欲重振譯業，遂唯有就國內搜購保存於民間之梵夾。自唐憲宗罷譯後，梵夾雖或尚有流入中夏，而既勞帝王出資採購，非民間熱烈貢獻，則時人對譯業之冷淡又可知也。至如唐元和後無譯經者，指官家之譯場耳，民間猶偶行其事，宋高僧傳卷三唐京師滿月傳略云：

釋滿月者，西域人也，爰來震旦，務在翻傳。開成中進梵夾，朝廷無復紀綱，不暇翻譯。時悟達國師知玄，好學聲明，禮月為師，因請翻諸禁呪，乃與菩提嚩日羅、金剛悉地等，重譯出陀羅尼集四卷。佛為毗戍陀天子說尊經一卷。詳覈三復，曲盡佛意。

開成爲唐文宗年號，後於憲宗元和五年約卅載。知玄請滿月譯經，卽民間開譯之例也。宋太宗亦以法進請法天譯經於蒲津，始啟其建譯經院之念，是宋初本有私人譯經之事，佛祖統紀卷四五法運通塞志十七之十二，謂自太宗世至仁宗景祐間共得梵本一千四百八十二，譯成五百六十四卷，則所得與所譯不在少數，何以私人譯經僅有法進一事？蓋自漢末至宋景祐間，譯業綿延近九百年，中土潛心經論之道俗，頗不乏梵漢兼解者(見傳語章)，語文隔膜寖疎，梵夾未必皆需轉爲漢言，始得持之研誦。譬諸今日吾人所見西方傳來之學術著作，亦非盡皆譯成中文，以通外文者厭讀譯本，不治學問者無此需要也。揆諸古代精研經論之高僧，亦嘗有主張讀誦原本；不勞翻譯之思想，續高僧傳卷二彥琮傳稱琮公著辯正論以垂翻譯之式，略云：

梵有可學之理，因何不學？服膺章簡，同鸚鵡之言。彼之梵法，大聖規謨，研若有功，解便無滯。向使纔去俗衣，尋教梵字，亦霑僧數，先披葉典，則五天正語，充布閻浮，三轉妙音，普流震旦。人人共解，省翻譯之勞，代代咸明，除疑網之失。

梁任公先生頗然彥琮之說，謂自晉迄唐數百年間，注意及此者惟琮公一人(註一)，然琮公之說尚可議，蓋中印文化截然有別，各具深長之傳統，若此土沙門以獻身宗教故，革服後卽須誦習梵文，固屬本份。而欲使經法普流震旦，則需有華人能持之研讀之本，明萬曆間嘉興藏之刻也，王世貞撰刻藏緣起，中有云：

以漢兒習梵語作梵字則甚難，而法不廣，以漢語度漢字傳佛印則甚易，而法亦流。

正道出翻譯之需要。琮公之說，蓋欲華人盡棄固有之語言文字，改從梵天書語，未免因熱心宗教故，不覺言之太過也。然旣有此思想，當時曾否見諸事實？前引彥琮傳稱隋平林邑獲佛經，道宣言「必用隋言譯之，則成二千二百餘卷」，依宣公語氣，是所獲經夾未盡譯作華言矣。再證以大藏經經集部三、頁八三七釋明則緣生初勝分法本經幷論序，略云：

大業二年十月，南賢豆國三藏法師達磨笈多，與故翻經法師彥琮，在上林園，依林邑所獲賢豆梵本，譯爲隋言。三年九月其功乃竟，經二卷，論一卷。

林邑據　荆和師之考證，知屬古印度Kalinga移民在今越南中圻所建之國度（註二），故當地猶誦賢豆（卽印度）梵本，而祖藉南賢豆之達磨笈多與貫練梵文之彥琮能執本宣譯。但原可譯作二千餘卷之梵夾，僅於其中選擇成三卷，想林邑弋獲之經論，其義理無甚高明，不必集衆宣釋，故留翻經院中，供練梵大德偶爾披閱耳。至於宋代所譯諸經，其價值之高下固不易判斷，而大藏經經集部三；有宋施護等譯佛說五大施經，共一百五十二字，五大施者：

一不殺生。二不偷盜。三不邪染。四不妄語。五不飮酒。

如是卽無憎無怨無害，天上人間皆得安隱之樂云。經所言之五施，前代所譯佛典有否言及？按律部二大典十誦律與四分律皆譯於東晉世之後秦（前者卑摩羅乂共鳩摩羅什譯，後者佛陀耶舍譯），二律開卷卽明四波羅夷法。四波羅夷者，婬、盜、殺、妄語，斯四者沙門早視爲大戒。飮酒雖非重罪，而高僧卷六晉廬山釋慧遠傳略云：

晉義熙十二年八月初動散，至六日困篤。大德耆年皆稽顙請飮豉酒，不許。又請飮米汁，不許。又請以蜜和水爲漿，乃命律師令披卷尋文，得飮與不。

飮蜜和水猶恐犯戒（註三），則酒更屬律禁也。或曰：五大施經訓誘之對象爲白衣，非緇林也。然東晉末年曇無讖於北涼出優婆塞戒經，其卷三受戒品略云：

人有五事，現在不能增長財命，何等爲五？一者樂殺。二者樂盜。三者邪淫。四者妄言。五者飲酒。一切衆生因殺生故，現在獲得惡色；惡力；惡名；短命。他人作罪，橫羅其殃。若人樂偷，現在獲得惡色；惡力；惡名；短命。他人失物，於己生疑，雖親附人，人不見信。若復有人樂於妄語，是人現得惡口惡色，所言雖實，人不愛信。衆皆憎惡，不喜見之。若復有人樂飲酒者，是人現世喜失財物，身心多病，常樂鬪爭，惡名遠聞，喪失智慧。若復有人樂爲邪婬，是人不能護自；他身，一切衆生見皆生疑，所有妻子心不戀慕，壽命短促。

於此五事，反覆向俗世信士辯釋叮嚀，遠較五大施經爲詳盡。五大施經所言者，前世其他譯本既有詳盡之論說，是否遲至宋代，仍需再行譯出以弘揚之？實頗存疑問。佛祖統紀卷四三法運通塞志十七之十略云：

時左街僧錄神曜等言：譯場久廢，傳譯至難。天息災等卽持梵文，先翻梵義，以華文證之，曜衆乃服。自是每歲誕節，必獻新經。

自神曜諸人之所言，僧人不熱心翻譯可知。又每歲必獻新經，則施護等出五大施者，實迫於功令耳。自太宗朝後，宋室力求維持譯場，眞宗咸平二年有禮部侍郎陳恕；仁宗慶曆元年有沙門惟淨要求罷譯之事（註四）。此蓋由於時移勢易，台禪二宗諍門漸萌，宗教目標已有轉移，故北宋譯業終不免消沉焉。

附論：元淸兩代之譯經

中國之譯場與譯業，雖漸消沉於北宋仁宗朝，然元淸二代，均有翻經之事，茲略分別言之。

大藏經密教部與論集部，有元沙囉巴，眞智，釋智，智慧等諸僧所譯共八部九卷，然明如惺撰明高僧傳，其譯經篇僅能爲沙囉巴一人立傳，蓋元人所記之元代譯經史事，唯有念常之佛祖通載卷二二譯師沙囉巴條，略云：

> 公積寧氏，諱沙囉巴，善吐番文字，頗得祕密之要。世祖皇帝嘗受教於帝師發思巴，詔師譯語，辭致明辨，詔賜大辨廣智法師，河西之人尊其道而不敢名，止稱其氏。帝師迦囉思巴斡卽哩，以公之能，薦之世祖，詔譯諸祕要，俾傳於世。仁宗皇帝詔公所譯，皆板行之。公幼而穎悟，諸國語言，皆不學而能。延祐元年十月五日歿。壽安山雲麓洪公作銘，有謂自季葉以來，譯場久廢，能者蓋寡，豈意人物凋殘之際，乃見公乎。

念常謂沙囉巴善吐番文字而譯經，豈所譯之原本爲吐番文而非梵文耶？及其歿後，雲麓洪公爲作塔銘，稱「譯場久廢，能者蓋寡」，元時譯經非由譯場，而屬個人執本自譯也明矣。

又密教部復有清工布查布，阿旺扎什，達喇嘛嘎卜楚薩木丹吉爾諸僧所譯共六部六卷。而僅工布查布譯藥師七佛供養儀軌如意王經卷首稱：

> 崇梵靜覺國師琢瑑珞瓚校對，傳賢首宗講經論沙門京都靜默寺住持僧海寬潤色。

有誌譯經助手名字外，未再見有關記載。若就是條而論，清之譯經固未能具譯場規模，一若魏晉以迄唐宋者也。又清人譯經，其原本皆來自西藏，密教部二、頁六二有喇嘛阿旺查什（卽扎什）重刻藥師七佛供養儀軌經序，略云：

> 昔我佛在廣嚴城，以梵音聲說藥師七佛本願功德經，傳至唐特，西藏國王頌藏剛布譯爲番文。迨至國朝，顧西番文字華人多以未諳，後見顯親王傳儀賓公工布查布所譯漢本，文字見當與經旨相符，惜其原板無存，今逢大檀越宗室祐容齋少宰，見刻此經。

密教部三、頁六〇一佛說慈氏菩薩誓願陀羅尼經，卷後有云：

按此經於漢藏未見，而番本亦無出，蓋初自梵文譯時，或于彌勒上生下生等經，節取切要者也。因特譯出漢文，便於信氏誦讀仰祈。

又頁四八四白救度佛母讚，卷末小注云：

此讚係西藏格隆羅卜藏薩木丹，祈請二輩達喇嘛佛，說於別蚌寺內落薩嶺堂中。

皆見所據原本悉為藏文之密宗典籍也。

綜言之，元清二代雖有譯經，然既未見譯場之痕迹，且依據者屬圖伯特文字之轉譯本，而非梵文原本。本文僅謀探討古代集衆出經之方式及其意義，一人自譯或數人對譯非所欲論，但二代譯事前未聞人言及，故摭錄所得資料略申明之，以證宋以後譯場絕迹耳。

註一：見佛學研究十八篇，佛典之翻譯。

註二：見學術季刊第五卷第二期，林邑建國之始祖人物：區憐、區連。

註三：大唐西域記卷四秣菟羅國條略云：「有獮猴持蜜奉佛，佛令和水普徧大衆。」是以蜜和水飲之，並不犯戒，或此故事東晉時中國人知之甚鮮，故遠公引以為懼耶？

註四：見佛祖統紀卷四四、四五。

結　語

宋高僧傳譯經篇論有云：「譯經是佛法之本，本立則道生，以此篇冠首，示不忘本也。」何則？漢梵言字殊隔，須有翻譯，華人始解最上法之所詮，釋教弘明東土，實由斯業啟之，故梁、續、宋三高僧傳皆始於譯經篇也。

譯經之由乎譯場，世已知之矣，而集體譯經必有其工作方式，宋高僧傳譯經篇論又云：「明則也，撰翻經儀式。」明則隋僧，生平附見續高僧傳卷一二靖玄傳，所撰翻經儀式今不存，若幸而流存，猶可據以考見隋世之譯場組織與乎其上承魏晉，下啟唐宋之脈絡。其文既佚，後人披讀僧傳，僅知譯場之存在而已，對其方式與工作程序固茫然未深解也。因鳩集藏經中散見之序文，合以僧家史傳與目錄，為之疏釋研尋，遂推知譯場翻經之方式，大致可以隋為界線，別之作二類，隋以前主譯在大眾前行翻行講，在場任何人皆可與主譯辯論經義，甚似近日之演講討論會，屬一種鬆懈之無形組織。然其法頗費時失事，隋以後遂改為集合專才，由主譯領導，閉戶研覈幽旨，分工合作，以定厥文，頗似近日之專家研究集會，屬一種緊密之有形組織。故譯業之完善，向非獨智之功。湯錫予先生謂譯場助手皆聽受義理之弟子，則譯業實師生合作之成績也。

譯場之工作程序，大致可分傳語、筆受、證義三步驟，隋唐後之細密分工，莫不據此衍演。而後一方式以譯文之義理，辭章，漢譯用字，梵文原義皆有專人負責處理及檢校，較之第一方式更見其効。吾嘗聞　賓四師言嚴又陵先生翻譯西方學術著作，每為一字之轉譯考慮經年，此獨智之勞也。昔玄奘三藏之譯經也，宣釋經旨後，義理之詮定則委之靈潤等，經文之綴潤則委之道宣等，漢字則商之玄應，梵文則諮之玄謩，奘公總裁而已，故一人而能有千卷之譯出。今日吾人處於中西文化交流之時代，竊以為第二方式，頗足供翻譯西方學術著作之參考，此亦拙文撰述動機之一也。

良以史料有限，本文對歷代譯場之活動，僅能探索至上八章所論列之程度。至於由譯經而影響及中國文化各方面者，如對文學之影響，梁任公先生嘗論之（見翻譯文學與佛典一文）。如義疏影響經學，　潤孫師嘗論之（見論儒釋兩家之講經與義疏一文。印度古雖有疏體，然中國之翻譯外國義疏，僅有陳代眞諦一事，見大乘唯識論後記」，故此土義疏實緣於譯場聽衆之筆記，而非受天竺直接之影響也）。然因譯經影響於沙門對外學誦習者，則有訓詁學與目錄學。

沙門之誦習訓詁，肇自東晉時涼僧竺佛念，佛念法師挾其外學，譯經於苻姚兩世，遂成關中譯人之宗。後之翻傳，莫不借訓詁以繩譯文用字之得失。是以經卷遺字行文，每符蒼雅之規，經中難字奧義，非通訓詁不能解。唐時景審之序慧琳一切經音義也（見大藏經事彙部下、頁三一一），略云：「後譯經論及先所未音者，至披讀講解，文謬誼乖，得失疑滯。寡聞孤陋，莫有微通，多見强識，罕能盡究。而自慠之輩，恥下問而不求，匿好之流，吝深知而不答。則聖言有阻，能無悲焉。」因此沙門頗習字學，以爲讀經之助，或供譯業之需，僧史中多有其例，茲不繁舉。因解經中難字而撰之字書，現存者有玄應一切經音義，慧苑華嚴經音義，慧琳一切經音義，希麟續一切經音義等。應、琳二公屬翻經大德，慧苑亦生譯業最盛之唐世，其通字學固關乎時代，而希麟遼僧，遼國向無譯經，大藏經事彙部下、頁九三四有麟公自序，略云：「見音義以未全，慮檢文而有闕，因貽華翰，見命菲才。然或有解字廣略，釋義深淺，唐梵對翻，古今同異，雖依憑據，更俟來英。」其發心撰述，豈非純出解經之需要耶！

自東漢桓靈以降，經來漸多，譯出既繁，乃有目錄之編撰。開元錄序略云：「夫目錄之興也，蓋所以別眞僞，明是非，記人代之古今，標卷部之多少，摭拾遺漏，刪夷駢贅。欲使正教綸理，金言有緒，提綱舉要，歷然可觀也。但以前後翻傳，年移代謝，屢經散滅，卷軸參差。復有異人，時增僞妄，致令混雜，難究蹤由，是以先德儒賢，製斯條錄。」昇公述釋典有眞僞，譯人，年代，卷軸參差諸問題，故現存目錄書中最早之出三藏記集，其經錄之部卽分歷代出經名目（依時代與譯人分），異出經，古異經，失譯經，律部，失譯雜經，抄經，疑經，注經等之別。後之作者，代有其人，大抵皆依祐公遺規而增損，至唐智昇撰開元錄，遂集諸家之成，補闕訂誤，其內容分總錄與別錄：總錄以譯人爲主，依朝代記之，更記所出經之見存與亡佚。別錄以經爲主，別之七類，（一）有譯有本，（二）有譯無本，（三）支派別行，（四）删略繁重，（五）拾遺補闕，（六）疑惑再詳，（七）僞妄亂眞。按錄互尋，一經本末眞僞立見，其體例大不同於儒書，姚名達先生著中國目錄學史，卽極稱釋家諸錄也。諸錄撰人，或屬譯僧，如道安之安錄，道宣之大唐內典錄，圓照之貞元新定釋教目錄等是也。或非譯僧，如僧祐之出三藏記集，明佺之大周刋定衆經目錄，智昇之開元釋教錄等是也。宋高僧傳卷二慧智傳附明佺傳略云：「天册萬歲元年，敕令刋定經目，更與翻經大德二十餘人，同共參正。」夫翻經大德皆習嫻經論，刋定目錄之事，何必專委非參譯之佺公？蓋釋氏目錄之學雖由譯經引發，而其學實與儒學有關，智昇稱「先德儒賢，製斯條錄」，頗有目錄本儒家產物之意，故屬專門學問，能翻經者未必兼洽斯外學也。近世目錄學家，或以開元錄僅收譯出諸經，不收此土撰述，引以爲失，然目錄之用本在詮序已譯諸經，僧祐稱：「爰自安公，始述名錄，詮品譯才，標列歲月，妙典可徵，實賴伊人。」（祐錄卷二），初無兼收此土撰述之意，而漢地弘明諸文；僧伽諸史，其體例復不在三藏之列，開元錄獨收譯經，他皆擯落，豈昇公能篤守道安初意耶！

自清考據學興，釋氏目錄與訓詁之著作，頗爲學人所利用，如朱竹垞著經義考，其體例取法出三藏記集。任大椿撰字林考逸，孫星衍之輯倉頡，陶方琦之補輯字林、倉頡，其資料卽採自玄應、慧苑、慧琳諸音義，陳援菴先生嘗論之矣（見中國佛教史籍概論卷一、三、四）。前者效僧祐之精神，後者取玄應等之物質，則譯經所生之副作用，亦惠澤綿遠矣。

近湯錫予先生彙其散篇文字爲「往日雜稿」一書，吾人遂得讀錫予先生對隋唐佛教之論說，誠屬幸事。然先生於唐時譯場人數寡少，歸之太宗無心提倡（見唐太宗與佛教一文），則先生蓋未深究譯場演進之迹，徒知三千之爲盛，不解二十之爲得也。

附記：

本文徵引内典，多假自中華佛教圖書館，蒙倓虛老法師暨誠祥、性空、樂渡諸法師惠予方便，感德無極，僅誌數言用申謝忱。

作者和南

民國五十二年四月十五日於新亞研究所

四遊記的明刻本

——倫敦所見中國小說書目提要之一

柳存仁

（一）倫敦所見中國小說書目提要前記

一九五七年的夏天，我曾在倫敦英國博物院的東方書籍及珍本部（Department of Oriental Books & Manuscripts, British Museum）看了兩個月的書。因爲時間不多，又因個人的興趣，所以把閱書的對象集中在舊刻本的中國小說方面。其間抽有餘暇，又曾去英國皇家亞洲學會（Royal Asiatic Society）閱看同樣性質的收藏，當時都作有提要性的劄記。這兩個圖書館的收藏東方圖書的歷史，都已有他人的記述，我這裏不用贅說；不過，對於介紹我去看書的西門教授(Prof. Walter Simon)及韋雷先生(Dr. Arthur Waley)和兩館給予我閱讀的便利，却應該鄭重致謝。

這裏依序發表的書目提要，便是把當年所作的劄記經過整理和考訂寫成的文字。我相信我所記錄的那些書籍，大概已經包括了兩館這種性質的藏書的全部了，近年的添置恐怕很少，而且，也許是不可能的。出乎我自己意料之外的是，在這大堆的書籍中，經過了對於它們的板本的考索和研究，我居然發現了若干種的孤本和珍本，這些本子，是以往到海外訪書的學者們或者未曾見過的，至少是未加紀錄的。近年我讀了劉修業女士著的「古典小說戲曲叢考」（一九五八年版），其中有七種書與我所見到的相同，我當然應該在文中把它們提出來，雖然我所說的對於那些書的考據方面的問題自然是我的意見。至於其他的書籍，凡是他人未見或未曾紀錄的，我都要在這部提要中作較詳細的說明。

近五十年來研究中國小說史的開始，始於已故的魯迅和胡適之先生，前者著中國小說史略，後者寫水滸，紅樓，西遊記等的考證，都可以說是華路藍縷的開創工作。民國二十一年（一九三二）孫子書先生先後印行中國通俗小說書目及日本東京所見中國小說書目，蔚爲大觀，以後全國及國外學者研究中國小說流變的人，更一天比一天多了。其間更有些別的人，像鄭西諦，向覺明先生等紀錄巴黎、牛津圖書館這一部分的書籍，我們對於由明代以還中國舊小說的板本知識，得了這些位先生的提倡，的確可以說又向前跨進了一步。

我這些提要的內容，除了記錄書籍、板刻之外，儘可能地想做一點前人所未曾開始的事情，就是：我們現在多少已有了小說演變的歷史知識了，也大體知道現存各種板本能夠在什麼地方什麼圖書館找到了，然而我們還缺乏對於各種板本較細密的考證，而過去紀錄這些板本，有時候可能因爲閱讀的人時間忽促的關係，似乎還缺乏比較深入的觀察。我以爲這也許就是我們今天應該做的事情。所以在我的提要之中，對於一部分的書籍有比較具體的意見的，都可能是我所願意提出來的今天我個人的看法和嘗試的結論。其中有一部分的見解和過去胡適之，孫子書兩先生所主張，到今天也仍舊在他們流行的著作裏維持的意見，有很大的歧異。我在唸書的時候曾聽過兩位先生的講書，對於中國小說史的興趣，也是受了他們的提倡指導而培養起來的。我祇能說，因爲我現在根據的材料可能比前人多些，我手頭有了前人已見的或未見的資料，又嘗讀過他們和許多別人的著作，因而有可能修正或改變他們的結論或意見罷了。沒有前人的業績，我這些提要就會變得黯然無光，而且，我所作的修正意見或新提的結論，是否恰當，也依然要聽候讀者們的嚴切批評。

這裏的提要一共有一百三十篇，包括一百三十四部書（因爲其中有兩部書兩館所藏板本相同，另四部書僅合撰二文，故祇寫了一百三十篇。）開始的三篇性質是相關的，也可以合題爲「四遊記的明刻本」這一個題目。明刻本西遊釋厄傳並不是倫敦的藏書，但是和這裏涉及的問題關係很大，所以又把我作的一篇跋文，附錄在這些文字的後面。

一九六二年十月，記於坎培拉。

（二） 全像華光天王南遊志傳（全像五顯靈官大帝華光天王傳）

這書封面題「全像華光天王南遊志傳」，十個大字分列左右兩行，中間夾一行細字「昌遠堂李鋪梓行」。卷內書題，以首卷爲例，爲：

刻全像五顯靈官大帝華光天王傳卷之一

三台館山人　仰止　余象斗編

書林昌遠堂　仕弘　李氏梓

每面上圖下文，圖的兩旁分注文字說明，例如第一圖的旁邊，便分注「玉皇升殿，衆神朝見」，餘仿此。半葉十行，每行十七字。板心上方，爲全像華光天王傳七字。

全書共四卷，已有文字標目如「玉帝起門寶通明會」之類，共十八則，但無次第。末葉有牌子，爲

辛未歲孟冬月
書林昌遠堂梓

末頁的圖，又有「劉次泉刻像」一行，劉次泉當是這部書的刻工。這部書是孫子書先生中國通俗小說書目所云「未見」的明本，我在一九五七年七月在英國博物院發現了它，同時也看到另一部明刻本的全像北遊記玄帝出身傳，覺得很高興，因爲一方面知道它們的發現可以解決四遊記這部書的底本的難題，另一方面也因個人的發現而興奮。

近日讀劉修業著古典小說戲曲叢考（一九五八年版），知道她早已先我而注意這兩書，在她的著作裏，南遊志傳注明是倫敦英國博物院圖書館藏本，北遊記雖未說明，想來和我所見的是同一部書。據劉女士序文她寫這些叢考的文字，有些早在他處發表過，有些則係「就舊所札記者，略加修改而成」。這兩種書她的題記都很簡短，沒有作什麼考據。南遊志傳封面書題她漏記「天王」二字，謹爲補出；又在南遊志傳的題記末，劉女士推測「此北遊，南遊（按：指新鍥全相南海觀世音菩薩出身修行傳，見書目提要另條。）及華光天王南遊三傳，所題熊仰台，楊春榮及此李仕弘，均與余文台有關，其刻書殆由余氏雙峯堂分出的。」

現在我祇把這兩個明本的發現對研究中國小說流變有什麼重要的發展，就我個人所看得到的，寫在下面：這些話姑就繫在這部全像五顯靈官大帝華光天王傳的下面，做爲這部書的解題。

這部書簡稱南遊記。孫子書先生中國通俗小說書目（一九五七年修訂版）卷五，明清小說部乙，說：「明本未見」。他舉所見的這部書較早的刻本有清道光十年四遊全傳本十七則，還有小蓬萊仙館四遊合傳本十八回，並云「明余象斗撰」，因爲卷三題有「三台館山人，仰山余象斗編」一行。

魯迅中國小說史略第十六篇明之神魔小說（上）提到包括本書和其他三種性質相似的小說成集刊行的四游記，那三種卽一曰上洞八仙傳，亦名八仙傳，亦名八仙出處東游記傳，二卷，五十六回，題「蘭江吳元泰著」；一爲北方眞武玄天上帝出身志傳，卽北游記，四卷，二十四回，題余象斗編，記眞武本身及成道降妖事；一爲西遊記傳，四卷，四十一回，題「齊雲楊志和編，天水趙景眞校」，叙孫悟空得道，唐太宗入冥，玄奘應詔求經，途中遇難，終達西土，得經東歸的故事；最後這一種據魯迅先生說，是吳承恩百回本西遊記的前身。（史略，一九五三年版，頁一六七；又頁一五九至一六四。）魯迅先生頗懷疑收集這些書的編定人，故云：「其書凡四種，著者三人，不知何人編定」；但對於他所見的這些書的板本，却說「觀刻本之狀，當在明代耳」，並不曾懷疑。

中國小說史略初版印於民國十三年（一九二四）。上段最後我所引的話，在原書初版（北京大學新潮社版，下册，頁一六五。）卽已有之，後來也不曾删動。這兩句平淡的話雖不曾引過什麼人特別的注意，在差不多四十年之後的今天說來，我們却不能不認爲它是極重要的見解。因爲在四十年前，研究中國小說史的學問剛才開始，粗略的演變史尙待紀錄，還談不上什麼小說板本的問題。可是到了史略初版印行之後不到十年（一九三一），孫子書先生輯錄的中國小說書目初步完成了；其間所記若干種在日本保存着的中國小說，是根據日本學者長澤規矩也先生的記載。孫先生恐怕遺漏，覺得還有親身前往日本一看的必要，所以在那一年九月，他便親赴東京，住了月餘，專看公私所藏佳本中國小說，其後遂有日本東京所見中國小說書目一書之作。孫先生的書目出版，研究中國小說史到了這個階段，可說是又進一步了，因爲大家已經不止注意到小說史上的演變，還進一步要求研究有關小說刻本的問題。自然，在早期的時候胡適之先生的水滸傳考證，水滸傳後考，紅樓夢考證（俱見文存，第一集，卷三），也已經開始提倡從版本上研究小說發展的歷史了，然而那還祇限於幾種著名的說部，而孫先生却是開始大規模地紀錄中國舊小說的版本歷史的第一人。孫先生的書，影響應該是重大的。在孫先生的日本東京所見中國小說書目中，只有新刋八仙出處東遊記二卷是明余文台刋本，原書藏日本內閣文庫，卷首有「余象斗引」，孫先生以爲「文理至拙，然實書賈本色」（一九五三年印本，頁一一四）。其他三種，他並沒有見到明刋。

魯迅先生所認爲是明本的四遊記因爲他沒有仔細說明，讀書的人也都忽略了。孫先生注意版本，依照他的紀錄只有東遊記是有明刋的，在日本；其他的明本未見。不過在他的想法中可能是相信其他三種也許有明本存在的，所以在中國通俗小說書目中孫先生於東遊記一書則識其明刋，於南遊華光傳，北遊記玄帝出身傳復兩記「明本未見」之語。這我以爲孫先生也許有待訪、待考的意思。孫先生又在中國通俗小說書目中記叙四遊記內的「西遊記四卷」一名西遊出身傳時，曾認爲那書是一種「節本」，與明萬曆間本朱鼎臣編的鼎鍥全像唐三藏西遊釋厄傳十卷「規模略同」，却「不詳其來歷」。（前引本，頁一六六。）

胡適論學近著卷三，收有跋四遊記本的西遊傳一文，最初稿是那一年寫的不得而知，刋出的却是民國二十年（一九三一）三月十五夜的改稿。這篇文字，成於孫先生東渡觀書之前幾個月，當然不會見到孫先生的紀錄。但是到了一九五三年出版遠東圖書公司新印本的胡適文集第四集時，這篇文字還依舊收在書內，並不曾修改。這也許是因爲作者疏忽，事忙，或其他的原因。因爲拋去魯迅先生的說法不提外，孫先生的東京所見中國小說書目，出版了已經多年，胡先生且曾替它作序。對於孫先生對中國小說板本的卓識，胡先生平常也是佩服和相信的，那麽，卽使其他三種不論，東遊記傳的有明刋本收存在日本，胡先生無由不知。然而胡先生這篇文字雖然不很長，却提出了兩個很積極的主張：

其一，胡先生以爲四遊記本的西遊記傳，必定在吳承恩西遊記之後，「是一個妄人硬刪吳承恩本縮成的節本，決不是吳本以前的古本」。他並且認爲「魯迅先生誤信此書爲吳本之前的祖本」，因而要「舉例來證明他（指魯迅）的錯誤」；

其次，他說「依我個人的推測，東、北、南三種遊記之名都出於吳承恩的西遊記之後」。而更重要的是，他認爲「四遊記中的西遊記傳是一個妄人刪割吳承恩的西遊記，勉強縮小篇幅，湊足四遊記之數的。西遊小說篇幅太大，故不能不硬加刪割。」（參看前引本文存，第四集，頁四〇八至四一一）。

何以胡先生那麼堅決地主張四遊記傳必出吳承恩西遊記之後呢？這是因爲基本地他以爲西遊記傳只是一個刪改吳著縮成的節本。他因爲看見西遊記傳第十八回有些地方「有尾無頭，不成文理」，以爲是「此本刪吳本的鐵證」。他舉的例證，是第十八回前面並未提及會見烏窠禪師一段，而後文却有「行者聞言冷笑，那禪師化作金光，徑上烏窠而去」，以爲必是刪節吳著詳本，却刪得欠妥當，可以露出了這破綻。另外一個例證，胡先生以爲吳著西遊四十至四十二回；五十九至六十一回敘牛魔王、鐵扇公主、紅孩兒等「幾萬字的熱鬧文字」，到了西遊記傳便把火焰山「三調芭蕉扇」的大文章刪成一百三十個字。不過這一百三十個字大概還沒有情節錯亂的毛病：胡先生所謂「火焰山大戰只剩了兩行半」，不過是情節太簡罷了。

我們姑且把四遊記的板本問題拖在下面再說。撇開了板本，單就胡先生所提供的兩個「鐵證」來說，前者看似堅强有據，客觀的其他證據使我們覺得恐怕還不能單用這一條來定讞，而後者則直是牽强。我以爲胡先生沒有怎麼讀這些在正式的長篇小說（像三國，水滸，西遊，封神等）寫定和梓行之前的，介於講唱話本和長篇之間的作品（例如三國志演義之有三國志傳，西遊記之有今佚舊本見永樂大典一萬三千一百三十九卷送字韻所引，及西遊釋厄傳，封神演義之有列國志傳卷一），因而不會看出這些作品文句之窳陋，情節之簡單，實在大有可能，並非十分出人意外；也無從印證後來的三國志演義，吳著西遊記，封神等書的洋洋灑灑都成爲一百回左右的巨著，實在都是那些作品的著者也可以說是最後的編纂者把這些原始性的或中介性的材料的加工。胡先生以爲從幾十萬字的巨著中縮小篇幅刪割成簡單的節本是很容易的事，而「書坊雜湊牟利」，在所必爲。却不知道像四遊記所收的這四部小書，不惟如他所說故事傳說來源甚早，其刻書實在也遠在吳承恩西遊記之前。胡先生的原文中本有一段很像是接近事實的話，他說：

華光小說起於民間，吳昌齡西遊記雜劇中已有華光了，可見此種傳說來源很早。眞武與八仙兩故事來源很早，是大家知道的。此三書的原本大概各有專名，如上洞八仙傳，五顯靈官華光天王傳，眞武玄天上帝出身志傳之類；其文字或爲宣卷體，或爲散文小說，都不可知。到了萬曆中期以後，西遊記小說已風行了，始有余象斗的華光和眞武小說出現。（前引本，頁四〇八。）

胡先生在這裏推測除西遊記傳之外，四遊記其中其他三書以前早有專名，這是並非「都不可知」而且實際上是不錯的，不過他以爲後來才有余象斗的華光和眞武小說，這可能是他爲成見所蔽了。其實孫子書先生在日本所見的明本余文台刊本八仙出處東遊記，原有「余象斗引」，固然與余氏有關，而把四種書合集在一起梓行的四遊記內容，實際上也與未合刊以前各有專名的原本無大出入，胡先生硬要猜它爲兩個時期且內容不同的本子，實在大可不必。

胡先生雖然替日本東京所見中國小說書目作序，却不曾注意到明本的東遊記，大概也沒有留意孫子書先生早已考據了出來余文台和余象斗實在就是一個人，福建建陽余氏是由宋迄明世代相傳的書商（見日本東京所見中國小說書目，前引本，頁一三四），所以有這種懷疑尙不要緊。然而，不談其他三書，單就四遊記中的西遊記傳來說，胡先生沒有任何其他的根據，他自己所有的本子只是淸嘉慶十六年的刻本，因而說「四遊記中的西遊記傳是一個妄人删割吳承恩的西遊記，勉强縮小篇幅，湊足四遊記之數」，「四遊記乃是嘉慶時書坊雜湊牟利的書」，這在研究小說的板本和流變方面來說，便不止是一個很大膽的，而且還是一個很危險的假定了。它的危險是：

1. 忽略了四遊記的西遊記傳的文字，可能也有較早的，像「上洞八仙傳，五顯靈官華光天王傳，眞武玄天上帝出身志傳之類」的單行本；

2. 這單行本與收在較晚出現的四遊記本內容也許並無太大的不同；

3. 如用逐一比對原文的功夫，把四遊記中的西遊記傳和吳承恩西遊記對勘的結果，可能會證明前者雖然文字粗劣，或且不近情理，實因時代較早，而絕非有什麼妄人删割吳著，「爲篇幅所限，他只好橫起心腸，胡亂删削，吳本的後八十五回被他縮成二十六回，所以竟不可讀了」（胡先生文，前引本，頁四〇九）。

4. 至於除了前面述及的魯迅先生關於四遊記的約略的記叙和孫子書先生記載的明本東遊記之外，假如更有人發現西遊記傳及其他兩種的明刻本，則四遊記中的各書，雖然在什麼年月才開始有人把它們合集印在一起我們尙難確定，我們却大體上可以推斷它未必是淸「嘉慶時書坊雜湊牟利的書」，而且就板本方面的證據看來，更不免傾向於相信魯迅先生曾見有明刻四遊記之說。

前幾年我發現明刋本的列國志傳卷一實在是元至治刻本武王伐紂平話和長篇小說封神演義中間的媒介物，曾寫成文字指出這一類文句鄙陋，情節淺簡，看似「節本」的東西，假如經過詳細的文字對勘，把後來蔚成大觀的長篇巨製和它們逐一比較原文，是會發現有若干證據，支持我的主張它們是中介性的作品這一種看法的。（參看香港新亞學報第四卷第一期，拙著元至治本武王伐紂平話明刋本列國志傳卷一與封神演義之關係一文，或英文本拙著佛道教影響中國小說考 Buddhist and Taoist Influences on Chinese Novels, Vol. 1, The Authorship of the Feng Shen Yen I, pp. 76-103, Otto Harrassowitz, 1962 ）。一部小說如此，會不會另外一部巨製像吳承恩的西遊記和四遊記中的西遊記傳也有類似的關係呢？我的這種想法，使我對於上文胡先生的所謂鐵證，覺得很可懷疑。

胡先生所藏的四遊記，是清嘉慶十六年（一八一一）本，內有明軒主人的總序。胡先生說：「我所見的本子沒有比這本子更古的」。我不敢說胡先生見的四遊記刻本不多，因爲四遊記四種分刋，固然早已部分地有板本上的證明，把它們合印在一起，我還說不定它是晚明抑或清代書賈做的把戲。胡先生藏的本子是嘉慶十六年本，此本我未親見，不能妄揣，但是從胡先生文中知道它是分回數的，則與小蓬萊仙館四遊合傳本西遊記共四十一回的大約相同。但是道光十年的致和堂梓四遊全傳本，孫先生曾認爲「似覆明本」的，便不標回數。又如，以東遊記來說，小蓬萊仙館四遊合傳本作四十五回，而道光十年四遊全傳本則分上下兩卷，上卷二十九回，下卷二十七則；孫子書先生在日本所見內閣文庫藏明余文台刋本，亦不標回數。依照小說板本的演變的常例看來，小說不標回數的，其出現時代可能要早於同書標有回數的，在標回目的板本之中，不稱回而分則的，可能又要稍早於稱回的。這大約可以認爲是一個通則。那麼就拿合印的四遊記來說，胡先生所藏的嘉慶十六年本，自然要稍早於道光初年的四遊全傳本，無可懷疑，然而它們是否同根據於一個共同的早期刻本，毫無改變，抑或所據的底本本有異同，所以才一個分回目，一個不分，我們現在還無從確定。假定它們所根據的底本，稍有不同，因而有分回之異，那麼，兩種可能的底本究竟誰前誰後，它們在文字上是否還有出入，更是一個應該追尋的問題。

胡先生因爲只藏有一種四遊記的刻本，可能不曾留心到這些繁瑣的細節。我現在且把胡先生批駁這個「刪本」的重要論證的原文引證在下面供讀者們研究，胡先生說：

魯迅先生誤信此書爲吳本之前的祖本，我試舉一例來證明他的錯誤。此本第十八回（收豬八戒）收了八戒之後，

唐僧上馬加鞭，師徒上山頂而去。話分兩頭，又聽下回分解。

這下面緊接一詩：

道路已難行，巔崖見險谷。……野豬挑擔子，水怪前頭遇。多年老石猴，那裏懷嗔怒。你問那相識，他知西去路。

下面緊接云：

行者聞言冷笑，那禪師化作金光，徑上烏窠而去。

這裏最可看出此本乃刪節吳承恩的詳本，而誤把前面會見烏窠禪師的一段全刪去了，所以有尾無頭，不成文理。這是此本刪吳本的鐵證。（前引，頁四〇九－四一〇）

胡先生心目中的詳本，自然指吳著西遊記第十九回。其中烏窠禪師吳著作烏窠禪師，詩句則吳著共二十二句，四遊

記的西遊記傳僅有十句，最後六句兩本悉同。這在西遊記傳，本是烏窠禪師口中作歌唸出的話，其開始兩句原作「道路已難行，巔崖見險谷」，而吳著則作「道路不難行，試聽我吩咐」，二者文義語氣並不相同。假如西遊記傳只是刪割吳著原文而來，似乎不須費那麼大的氣力。又胡先生引文，「險谷」一句下有省略號，讀者或者以爲省掉許多文字，其實僅略去「前面黑松林，虎豹皆咆哮」十字，而此十字在吳著中則作「仔細黑松林，狐狸多截路」，何者爲較古樸，何者爲字面稍新樣，見仁見智，也許比較難說。然而吳著這十字的下句在全詩中是押韻的，而「咆哮」之「哮」則爲肴韻，和吳著全詩押遇韻的不同，這一點應該很可以注意。

胡先生的懷疑的最大根據是「有尾無頭」，那禪師突如其來。我手邊既沒有胡先生藏的嘉慶十六年本，不能對證，姑且認爲胡先生的引文毫無問題。然而令我們奇怪的是——我們姑不提有無更早的刊本，卽以其他的清代刊本甚至今天坊間流行的四遊記來說，四遊記中的西遊記這一段文字和胡先生的引文，竟是很有出入的。我在上文所以略略指出四遊記的幾個刻本也許並非毫無異同的緣故也在這裏。普通的刻本這一段文字是：

……三人（指唐僧，孫行者，八戒）在途，曉行夜宿，過一山又一山，行一里又一里，不覺紅輪西墜，心急馬行遲。又只是前面有一高山，其山甚是高岩峻嶺。忽見山半空中，立着一個老僧，扶着杖，口中作歌道：

道路已難行，巔崖見險谷，前面黑松林，虎豹皆咆哮。野豬挑擔子，水怪前頭遇，多年老石猴，那裏懷嗔怒。你問那相識，他知西去路。

行者聞言冷笑，那禪師化作金光，逕上烏窠而去。

「烏」「鳥」二字誰是誰非，因爲木刻漫漶的關係，頗難肯定。這並不是重要的焦點。重要的是，我們看了上文，不用細讀，也會看得出他本這一段和胡先生的引文在內容和字數詳略都不相同，而尤其重要的是烏窠或烏窠禪師一節在有些本子竟是有上文的，並非「有尾無頭」。所以，卽以四遊記合刋本子而論，我以爲胡先生這一條鐵證的主張，也不如且慢定讞了。

我這裏雖然提出了異文的證據，然而，我必須承認合刻的四遊記胡先生收藏的嘉慶十六年的本子是現存比較早的一種，我引的異文，自然還不足推翻胡先生的主張。卽使我提出這種異文的祖本可能與嘉慶十六年刻本四遊記傳的祖本同時或甚至更早，然而我也還拿不出眞實的證據。所以我在上面的推論，只不過說胡先生的鐵證不一定就是對於這個問題最後的判決罷了：假如我們眞正願意虛心地跟着證據走，而並不囿於自己的成見，說不定我們還可以有從其他方面的觀察。

我要感謝胡先生引的嘉慶本四遊記中的西遊記傳第十八回結尾的原文，尤其是那種結尾文字的形式，卽「話分兩頭，又聽下回分解」的下面緊接一詩的寫法。這在胡先生方面認爲是「不成文理」，不通的證據，我却從謹愼些的想法，以爲這種半宣卷體半散文體的早期文字，旣可有分回與不分回之異，又可有分回或分則的不同，其所謂「下回分解」的後面，是否一定不許可有多餘的贅疣文字，也許不似後代作品那麼嚴格。早期話本中，因爲從佛教頌偈體轉變出來的關係，需要唱念的機會是很多的，每一面或一節的末尾必附一詩，也許正足以說明它有更古更舊的淵源。

四遊記中四種著作，並非每一種回目結尾的體裁都是一樣的，這也足以說明其收集編纂的人膽子不太大，倒可能是儘可能地保存原有單行本的本來樣子，並不曾怎樣「橫起心腸，胡亂删削」的。四種著作的回目結尾，東遊記因分段甚短，所以連「下回分解」的字也省去了，只有五回結尾用「不題」「餘話不題」字樣，另有兩回結尾是引的一首詩。北遊記是慣用「不知後來如何，且聽下回分解」的套語的，除最後二回外，回回相同。南遊記每回結尾變化較多，有時作「……不題，且聽下回分解」；有時是「不知後來如何，且聽下回分解」；也有時作「話分兩頭，且聽下回分解」；但最後並沒有詩。祇有第六回，它的末尾沒有那些套語，却有「後仰止余先生看到此處，有詩一首，單道公主。詩曰……」云云，這是唯一的例外。可是，南北兩遊記書中他處也偶然有類似的話，夾雜在字裏行間，例如南遊記第一回，北遊記第四回之類，這個余仰止實際上也是余象斗的字，同時他也正是南北兩遊記的編輯者，他在書中穿插些俗詩，大約不會有什麼深刻的含義。綜合上面的情形，東南北三遊記的回目結尾，都和上面引的胡先生藏清嘉慶刻本四遊記中的西遊志傳第十八回結尾的格式不同。

我不知道胡先生可曾留意他所藏的西遊記傳本子其他各回結尾形式，不過，我想胡先生恐怕也忽略了這一點，否則他不會不發現的。我因爲懷疑這可能是西遊記傳一書的特殊體裁，所以曾把通行本四遊記中的西遊記每回的結尾仔細看了一遍，果然發現了一個特別的現象：

1.全書除第一，第七兩回外，四十一回中有三十九回結尾必用詩句；

2.在上述的三十九回用詩句結尾的回目中，有三十一回之多是先說「且聽下回分解」，下面緊接一詩的，其情形與胡先生所引他的藏本第十八回相彷彿。

3.其他結尾用詩而減去「且聽下回分解」字樣的，爲次第比較銜接的第二、三、四、五、六、八、十等回。

從上面的統計，我祇能抽出一個小小的結論來，就是這是西遊記傳(姑不管它是什麼刻本)各回共同有的現象。

更拿上面引證過的第十八回來說，嘉慶本結尾的全文，我已引證胡先生鈔錄出來的文字如前述了，普通坊本這回末尾「那禪師化作金光，逕上烏窠而去」之後，續云：

長老往上拜謝。行者不喜他說個野豬挑擔子，是豬八戒；多年老石猴，就是老孫。舉棒望上亂搗。八戒道：「師兄息怒，這禪師也曉得過去未來之事，但看他那歌前頭這幾句話，不知驗否。待往前去罷！」行者見蓮花護住巢門，只得請師父先行。不知後事如何，且看下回分解。詩曰：

豬妖受戒拜三藏，從今改過已從良；路逢禪師指去路，三人同程往西方。

兩相對照，除非胡先生的引文偶有疏誤，我相信誰都可以看得出胡先生引的本子，文字比這個要質樸許多。它不只要較吳承恩西遊記用的文字爲拙劣，其實比我上面引的其他坊刻本西遊記傳，也要粗糙。我和胡先生意見分歧之處，並不是胡先生否認他藏的本子文字的拙樸，而在對於這種拙樸性的解釋，胡先生以爲那一定是由於有「一個妄人刪割吳承恩的西遊記」，所以弄得「有頭無尾，不成文理」，我却猜想這種不成文理之處只是因爲本子較古的關係。

因爲我相信四遊記這類著作是比較吳承恩西遊記爲早的粗拙的作品，所以我不能接受胡先生所謂「刪割」「節本」之說；又因爲我相信胡先生的推理或者會有疏忽，他的引文大概不會有錯誤，所以我又因懷疑而偶然發現了他的藏本與其他的刻本文字竟然會有若干小地方的出入。大家都是西遊志傳，大家都是收在四遊記刻本裏，而且，充其量來說胡先生的藏本雖然稍早，至多不過是一八一一年的清嘉慶本，普通的坊間本雖然比它稍遲，也不失爲道、咸左右的板子。何以它們之間的字句竟會有多少的不同呢？這種不同之處，假如不是經過仔細的互勘，普通的讀者是往往會忽略的。因爲它的不同，並不在情節方面有什麼出入，祇是文字方面，某本子較另一本子稍有潤飾而已。

以前我曾經說過：明板舒載陽刻本的封神演義（日本內閣文庫）有若干地方字句和其他的清代坊刻本子是稍有不同

的，最顯明的證據在第九十九回，在前引的英文拙著中我曾用影寫照相作證據指出這一層，因爲那影響到封神演義的眞正著者的問題很大的緣故（前引書，pp. 286-289, Plate XV）；然而在我個人收藏的封神小說中，竟也有一種很遲的，光緖年間的刻本，其字句居然和日本內閣文庫的藏本相同，而與其他的坊間本稍異的，不過要發現它的特點需要較細心的觀察罷了。以彼例此，可能我們今天所見的各種清代的四遊記刻本，文字間稍有出入的至少有兩種，其較質樸的一種，便和胡先生所藏的相同，不過，我雖然察覺了這一點的不同，却不以爲胡先生的藏本是「嘉慶時書坊雜湊牟利的書」，相反地，我却疑心它是出於某一種較早的明刻的底本。

正像胡先生前所喜歡說的話，要拿證據來。可惜明刻本的西遊記傳迄今仍沒有發現，現在我們所知道的較早的西遊記的本子，我以爲應該是北平圖書館和日本日光晃山慈眼堂都藏有的鼎鍥全象唐三藏西遊傳十卷，一名新鍥全像唐三藏西遊釋厄傳，這是明萬曆間羊城朱鼎臣編輯，書林劉蓮台明刊本。（見孫著中國通俗小說書目，卷五，前引本，頁一六五－一六六；日本東京所見中國小說書目，前引本，頁一一一－一一四。）我不知道孫先生是不是受了胡先生的影響，他竟認爲那書是「略本」。他在日本東京所見中國書目一書裏說：

村口〔書店〕主人初得此書，頗惹中日學者之注意。長澤規矩也氏首發表於斯文雜誌，疑爲西遊祖本。胡適之疑爲略本，擬購之，未果。余到東京，訪村口書店，主人出是書相示。乃以半小時之力悅讀一過。既歎爲祕籍，而個人所感，則亦趨向於略本之一說。如上所云，朱鼎臣當爲萬曆時人，則其編次此書，至少在吳承恩書之後。（前引本，頁一一三。）

這眞是孫先生武斷的話！一部十卷的著作，「半小時之力悅讀一過」恐怕是不夠的，若要研究幾個板本的異同和比較它們的內容，就是幾天的時間也未必不嫌忽促。我以爲對於西遊釋厄傳這部書，從發現到現在已經虛度了三十多年的光陰，我們對它確已到了應該另眼看待的時候了。我現在姑且按下它本身的價值不提（其詳可另見本文附錄的跋唐三藏西遊釋厄傳一篇），單且看一看它和四遊記的西遊記傳之間，有無蛛絲馬迹的脈絡可尋。

這一點我倒是幸運的。因爲我猜想那理想中較早的一種西遊記傳的祖本，可能和西遊釋厄傳有較密的關係，卽另一種稍遲的，文字和前者略有出入的西遊記傳，亦未必不是同出於一個根原。

吳承恩的西遊記第一回開首，卽有一詩。詩曰：

混沌未分天地亂，茫茫渺渺無人見。自從盤古破鴻濛，開闢從玆清濁辨。

覆載羣生仰至仁，發明萬物皆成善。欲知造化會元功，須看西遊釋厄傳。

這開場一詩，已明言西遊釋厄傳的書名了。同樣這一首詩，又見於各刻本四遊記的西遊記傳的首回之前。我們還能不重視釋厄傳這一部書的存在麼？然而在過去，普通的讀者們祇讀吳著的西遊記，不會留意到流傳稍希而文筆幼稚的四遊記；專門研究的學者像胡先生和孫先生們，爲了一時大膽的假設，又斷定釋厄傳和四遊記的西遊記傳都是吳著以後的「節本」「略本」。孫先生不但說「余疑此朱鼎臣本爲簡本，且自吳承恩之百回本出」，且說「如余所疑不誤，則後之四遊傳中之西遊記亦此系統之書，同爲節本，且其淵源甚舊，遠在萬曆之時矣。」（日本東京所見中國小說書目，前引本，頁一一四。）這些話都容易使一般後學的人相信釋厄傳這個罕見的本子是不需要我們再去推敲什麼的。胡先生旣根本忽略這些和西遊記直接有關的材料，孫先生又不止同意「略本之一說」，而且以爲他的論據「亦未必果爲大膽之論」，加以釋厄傳既是一個「祕籍」，卽使是專門研究小說史的人，除非親往藏書的地方細檢，或是攝得書影比較，根本就不容易看到它的文字內容，像我所說的因胡先生的跋四遊記本的西遊記傳一文所引起的懷疑，也永遠不過是懷疑罷了。

西遊釋厄傳一書原在北平圖書館的藏本現存美國國會圖書館，近年製有顯微書影問世。我想我許久的懷疑也許可以有一個實證的機會了。

這部書的目次雖非分回，但它却清楚條列每則的標題，每則之末有「又聽下回分解」之語，後繫一詩，恰如我上文分析四遊記中的西遊記傳每回結尾的格式那樣。這不像是巧合了。姑找它和西遊記傳第十八回相應的一段來看，是收在卷八，三藏收伏八戒一則內，有關的全文從第八葉（b）面末行起，至第九葉（b）面，我現在都抄錄在下面，供讀者們一個字一個字的對照：

三人吃了齋飯，就拜辭老者，敬投西天進發。三人在途，曉行夜宿，過一山又一山，行一里又一里，不覺紅輪西墜，心急馬行遲。只見前面一座高山，其山甚是高岩，險峻層層，甚是巍峨。唐僧拍馬加鞭，師徒上山頂而去。話分兩頭，又聽下回分解。

道路已難行，巔崖見險谷。前面黑松林，虎豹多住宿。野豬挑擔子，水怪前頭遇。多年老石猴，那里懷嗔怒。你問那相識，他知西去路。

行者聞言冷笑，那禪師化作金光，徑上烏窠而去。長老往上拜謝，行者不喜他說個野豬挑擔子是罵八戒，多年老石猴是罵老孫，舉棒往上直搗。八戒道：「師兄息怒，這禪師也曉得過去未來之事。但看他水怪前頭遇之句，不知驗否，饒了他罷。」行者見蓮花祥霧近那窠邊，只得請師父上馬，望西而去。

豬妖受界拜三藏，從今改惡悉從良。
路逢禪師指去路，三人同程往西方。

這段西遊釋厄傳上面的文字，和胡適之先生所藏的清嘉慶十六年辛未刻本四遊記中的西遊記傳內有關的一段文字對勘的結果，令人驚異的是，嘉慶本西遊記傳的文字完全和它相同，竟到了一字不易的程度。現存釋厄傳的刻本是明萬曆間本，清嘉慶本西遊記傳文字和它一樣，這證明嘉慶本或者直接遠襲釋厄傳，或是它另有一個祖本，而那個祖本是直襲釋厄傳的，這些自然都還待於我們的鑽研（參看附錄，跋唐三藏西遊釋厄傳拙文），然而無論如何，胡先生說四遊記是「嘉慶時書坊雜湊牟利的書」，其中的「西遊記傳是一個妄人刪割吳承恩的西遊記，勉強縮小篇幅，湊足四遊記之數的」的話，恐怕不能夠成立了。

話雖如此，靠了胡先生的文章中幾行字的極忠實的引證，引起了我的懷疑，這種蘊藏多年的懷疑又終於靠了顯微書影的流傳而獲得文字上面的支持，自然還是很可喜的事情。胡先生藏的嘉慶本四遊記，在研究這些著作的演變過程來說，也是一重要的史料，假如用它來和釋厄傳詳細對勘，恐怕還可以發現更多的關係。卽用普通坊間本四遊記來校對這一段，釋厄傳的「敬投」已改爲「竟往」，「受界」改爲「受戒」，「一座高山」爲「有一高山」，「險峻層層……」以下迄「又聽下回分解」止三十一字修改較多，因爲要嵌入「忽見山半空中，立着一個老僧，扶着杖，口中作歌」幾句話，引文已見前。足見這個系統的坊間本文字卽使上承釋厄傳，中間也已經有人刪潤了；雖然修改的地方不多，可是我們現在的確知道這種刪潤的痕迹，並且了解他們這樣做的目的，是希望把它弄得更加通順更加完整些。刪修的時代，我們現在還不能夠證明。如果是在明代，那麼清代坊間刻的各本四遊記中的西遊記傳便該不止有一個祖本，至少有兩個，也許還不止兩個，不過今天我們至少已發現有兩種不同的本子了，雖然其差異的地方很微細；如果是在清代，雖然仍有可能早於嘉慶，但因現存坊間其他刻本的時代多比嘉慶本略晚的關係，也許竟如胡先生推測的是後來書坊之所爲。不過，這些清代坊間刻本四遊記中的西遊記傳和其他三遊記所根據的最早本子絕不是淸刻，這是我們仍可以相信的。

胡先生在他的文章中說到吳著西遊記中衍牛魔王，鐵扇公主，紅孩兒「幾萬字的熱鬧文字」，西遊記傳爲了篇幅關係「實在收不下了，遂把火焰山『三調芭蕉扇』的大文章刪成了一百三十個字！火焰山的大戰只剩了兩行半」，並且引下面的原文：

魔王抵家，聞得行者拐了扇子，星忙趕到中途，多得天神地祇助功，得了扇子，搧開火焰山，徑至祭賽國。

因而說：「明眼的讀者，這是陽本（卽西遊記傳，楊志和編，胡藏本作陽至和）硬刪吳本呢？還是吳本從「多得天神地祇助功」一句子造出幾萬字的妙文呢？如果還有人信後一說，我要請問，陽本前面（三十二回）已明說紅孩兒是牛魔王的兒子，何以到了後文仇人相見，又不寫牛魔王要報兒子的仇恨哩？」（前引本，頁四一一。）

這是胡先生認爲西遊記傳係由刪割吳著而成的另一個證據。我們雖然靠了西遊釋厄傳文字的發明，已經知道西遊記傳的文字較古，並非由於什麼妄人胡亂刪割；並且，靠了把西遊釋厄傳，坊間本四遊記中的西遊記傳及吳著百回本西遊記三種合並比勘的結果（見本文附錄，跋唐三藏西遊釋厄傳），我們又深信釋厄傳的產生必定在吳承恩西遊記之前，且爲吳著之所根據，胡先生孫先生們所說的釋厄傳是吳著的「略本」的看法不但是忽略，並且從文字方面的證據來說簡直是臆斷；我依然願意在這裏從最普通的邏輯方面指出上段文字引的胡先生的話論據的牽强。胡先生、孫先生的根本錯誤以爲西遊記傳的內容和吳著幾乎全同，只是篇幅縮小，故他們的推理終必出於刪割之一途。其實兩書的次第雖然差不多相同，但這祇限於吳著所有而西遊記傳也有的情節材料而言，至於吳著裏有更多的情節原爲西遊記傳所無，有更多若干倍的文字更是釋厄傳或西遊記傳的作者或編纂者所不曾夢想到的，那無可懷疑地正是吳承恩個人的創作及加工。簡單的東西產生於前，複雜的，承襲而修飾的龐大的作品出現在後，這原是文學史流變的一般原則。胡先生、孫先生們因爲有了一個「略本」的成見，所以把許多材料的時代弄成先後倒置，幸而我們靠了板本文字的證明，現在才可以稍稍作一點修正。然而我這裏不得不指出：板本文字的反證，不過是考據材料的幸運罷了，邏輯推理的不夠精密，觀察材料的不夠細心，應該是我們研求這些問題的最大的危險。

胡先生振振有詞地說：「陽本前面（三十二回）已明說紅孩兒是牛魔王的兒子，何以到了後文仇人相見，又不寫牛魔王要報兒子的仇恨哩？」這似乎也是邏輯上想法稍欠周密的地方。因爲一個說故事的人的說話或一個作者的寫作方法，他們的佈局門筍，是不能夠由我們作歷史考據的後人去專斷地要他非這樣非那樣不可的。我手邊沒有胡先生藏的嘉慶本四遊記，姑引坊間本的四遊記西遊記傳第三十五回一節，文字我相信和嘉慶本不會有太大差異的：

道人聽得怒云：「你這廝無理！我乃牛魔王哥子，你前日趕逐我姪兒紅孩兒，正要尋你報仇，還要討什麼泉水？」言罷挺槍來戰。

這不是寫了要替紅孩兒報仇了麼？假如胡先生會見了這一段，他似乎可以不用強要「陽本」一定要在第三十七回重覆使用前兩回說過的意思了，假如胡先生不曾留心到這幾十個字，那就不免是觀察材料的疏忽。

我並不曾忽略到我這一段文字是要說明：全像五顯靈官大帝華光天王傳這一部書的，這是今天海內所藏的，唯一的一部明刻孤本。靠了它和另一部孤本：北方眞武祖師玄天上帝出身志傳，又名全像北遊記玄帝出身傳在英國博物院的發現，四遊記有沒有明刻本的這個問題幾乎可以解決了。因爲八仙出處東遊記的明本藏在日本，是大家早已知道的，然而假如南遊記和北遊記的明刻本還不曾發現，學者們像胡適之先生等的懷疑，還不能免，而且也不易折服他。因爲他不止懷疑西遊記傳的時代，甚至說「依我個人的推測，東、北、南三遊記之名都出於吳承恩西遊記之後」(前引本，頁四〇八)，這樣，跟着便會有「四遊記乃是嘉慶時書坊雜湊牟利的書」的想法，順理成章了。

我看到明本華光天王南遊志傳和北遊記玄帝出身傳是在一九五七年的七月，知道四遊記中的三種明本都有了着落了，這是在我以前的胡先生，孫先生他們所不曾知道的。然而，西遊記傳的明刻祖本我還不曾找到，不能把四遊記裏的四種書作一次綜合的考察。最近，我讀了西遊釋厄傳的大部分顯微書影，並寫了本文附錄的跋唐三藏西遊釋厄傳一文，我現在相信根據客觀的材料，單就四遊記有關的問題至少有下列的幾個結論好下了：

(一)四遊記中除了西遊記傳之外，其他三書都已發現有單行本的明本。它們的板式，紙質，行款，刻工，都很質樸，並且全書上圖下文，更是很早的刻本形式。

這些作品，雖然今天發現的板本大多爲萬曆年間所刻，其實，極可能還有萬曆以前的本子。例如南遊記第六回，「後仰止余先生看到此處，有詩一首」，北遊記第四回，「後來余先生觀到此處，有詩歎曰」之類，我們都不能不推想更早的板本的存在可能。然而，這並不是像胡先生文中所說的「其文字或爲宣卷體，或爲散文小說，都不可知」的意思。

其實，在日本內閣文庫藏的明本八仙出處東遊記卷首的「余象斗引」裏面，已經說明華光天王南遊志傳等書必然全都有明刻本的，文中開始就說「不俗斗自刊華光等傳，皆出予心胸之編集」。今日的發現不過是這種紀錄的證實。

（二）只有西遊記傳的明刻單行本，現在還沒有見到。不過我們據已發現的其他三書和上引余象斗的話來推斷，大約可以假定它的必有。

我已發現西遊釋厄傳的文字與今日坊間本四遊記的西遊記傳有很密切的關係。西遊記傳有許多地方和釋厄傳幾乎全同，有些地方敘得却比釋厄傳還要簡略。我猜測明本的西遊記傳的內容，必定和釋厄傳更加接近，有些地方或竟一成不變，像前面引過的胡先生藏嘉慶本四遊記傳第十八回的文字，雖與其他坊間本稍異，竟然和釋厄傳的文字完全相同。

我們要研究吳承恩西遊記的寫作歷史，這一部唐三藏西遊釋厄傳實在應該重加研究，「歎爲祕籍」，視作瓌寶，不應該輕易地把它打到節本、略本的冷宮裏面。

（三）不過，卽使四遊記中各書已經全部都找出了有明刻本，這個事實依然不能夠令我們確切知道它們是在什麼時候才被合集在一起稱爲四遊記的。這仍有待於其他的，較早的四遊記刻本的發見。這種刻本，最早的可能自然還是明末，在萬曆年間或稍遲；不過目前所見到的合刊的四遊記，都是清刻本。

話雖如此，四遊記合刊本的晚出並不是說它所包含的內容必須要恰和合刊它的時間同樣地遲，這一點常識似乎不用饒舌了。

說明了上面這一大堆話，大約可以幇忙讀者從幾個角度看出這一部明刻本華光天王傳和另一部北遊記玄帝出身傳在今天研究中國小說史上的價值。

【附記一】這一部全像五顯靈官大帝華光天王傳書尾的牌子，有「辛未歲孟冬」的字樣。這辛未可能是隆慶五年（一五七一），和萬曆初祇差兩年。萬曆迄泰昌、天啟都沒有辛未，如遲須到崇禎四年（一六三一），姑誌於此以俟更多的證據的發現。

【附記二】鄭西諦先生曾讀北平圖書館藏本西遊釋厄傳，且著「西遊記的演化」一文（收中國文學研究，第二卷，頁二六三－二九九。我手邊有的是香港古文書局一九六一年印本），文中也提到胡先生所舉的嘉慶本刪去會見烏窠禪師的那一個例，却以爲「那些『鐵證』，乃是嘉慶翻刻本所造成的。余氏〔象斗〕的原刊本，流傳下來時偶然缺失了半頁或一二頁，翻刻本以無他本可補，便把上下文聯結起來刻了。這還不夠明白麼？前幾年在上海受古書店曾見一部舊鈔本的楊致和本西遊記傳，此兩段文字俱在，並未『失落』。（不是『刪去』！）惜以價昂未收，今不知何在」（頁二七六），其立論與拙見及下面附錄的跋唐三藏西遊釋厄傳亦不相同，希望讀者們彙集各文比而觀之，當可對這些問題作一客觀的合理的判斷。

（三）　新刻八仙出處東遊記

這部四遊記之一的東遊記，一名全像東遊記上洞八仙傳，通常刻本皆出清代，和其他三種合刊在一起，計有道光十年刊的大型本，稱四遊全傳，致和堂梓，上卷二十九回，下卷二十七則；又有小蓬萊仙館刊的小型本，則題四遊合傳，共四十五回；還有嘉慶十六年的刋本，據孫子書先生中國通俗小說書目的記載（前引本，卷八，附錄二，頁二二二；參看同書卷五，頁一七〇），與小蓬萊館刊本同。

日本內閣文庫藏有這部書的明刻二卷單行本。孫子書先生紀錄這個明本，曾說它是：

> 明余文台刊本，中型。封面題「全像東遊記上洞八仙傳」，分兩行大書，中題「書林余文台梓」。上圖下文，今坊間通行之粗劣本子，正從此出。題「蘭江吳元泰著」，「社友凌雲龍校」。（二卷作書林余氏梓）上下二卷各二十八則，（下卷附補遺事）又降戰詩文聯一卷附於後。卷首有余象斗引。文理至拙，然實書賈本色。姑為錄出，以見當時書賈之編書情狀有如是也。（日本東京所見中國小說書目，前引本，頁一一五。）

這一篇署「三台山人仰止余象斗」的八仙傳引，我也移錄如次：

> 不俗斗自刋華光等傳，皆出予心胸之編集，其勞鞅掌矣！其費弘鉅矣！乃多為射利者刋，甚諸傳照本堂樣式，踐人轍迹而逐人塵後也。今本坊亦有自立者，固多，而亦有逐利之無恥，與異方之浪棍，遷徙之逃奴，專欲翻人已成之刻者。襲人唾餘，得無垂首而汗顏，無恥之甚乎？故說。
>
> 三台山人仰止余象斗言〔按，下面還有「仰止象斗」圖章。〕

這大概是關於這部明刻本中文方面最詳細的記載了。我在英國博物院，又發現了一個明刻本的殘本，是以前的人未嘗談過，也可能未曾見過的。和我已紀述過的南遊記，及下面將要談的北遊記明本合在一起，四遊記中有三種明刋本都收藏在該院，這似乎是留意中國小說史的板刻流變的人，不能不知道的一件事情。不過因為這是一個殘本，而明刻本東遊記除了這本子之外至少東京已有一部是大家都知道的，所以我在寫南遊記的書目提要時談到東遊記的明本沒有特別提它，免得讀者眼光撩亂，治絲益棼。

然而，這本子雖是殘本，若以板本的價值來說，我認爲它不但是明本，往遠處說，它的出現不會比余氏刋本過遲，往近處說，它也不失爲四遊全傳（道光十年刋）內所收的東遊記的祖本。

這書是兩卷本，但「卷之上」第一葉至二十葉已失去，今藏本從第二十一葉起，至第二十九回三至岳陽飛渡，開始「洞賓在牡丹處」六字戛然而止，下面就殘缺了。下卷的情形較好，自第一葉至第三十八葉，下面便又殘缺。每葉上欄是圖，繪工奇劣，我所見萬曆間其他刻本大都比它精細，而萬曆或明末以後的刻本又不會有這種型式。所以它仍舊是明本，這是不須懷疑的。下欄是文字，每面十一行，行二十字，字體正楷。

卷內書題這裏祇能用下卷說明，是：

新刻八仙出處東遊記卷之下

蘭江　吳元泰著

書林　氏梓

刻書者的姓氏似乎在板子上面業已剜削，無從考證。我們祇能從板口，字體，刻工，紙質，文字各節去鑑別它。這書板心上方有八仙出身傳五個字。

這個刻本的上卷，是稱回目的，共有二十九回，下卷却不稱回而標題猶在，共二十七則。統計全書，連同上卷開首的二十葉，及下卷最後一葉（第三十八葉，這一葉b面末行爲「……得其平，無有不聽。觀音問玉板何在？龍王曰」等十七個字）後面殘缺的地方，大約共缺去二十三四葉左右。文字與今日坊間本大體相同，缺漏的地方俱可覆按。

道光十年刊的大型本四遊全傳用的東遊記，亦是上卷分回，下卷不稱回而分則的，依照的可能就是這一個明本，或和這個明本同系統的祖本。因爲在日本內閣文庫藏的余文台刊本是上下兩卷各二十八則，沒有標立回目的次第。至於同樣的一部書，何以一半分回，另外一半有標題而沒有列出回目次序，這一點我們所見的例證不多，只能出之揣測。不過既然已有一半稱回，書中文字雖然還不曾有「又聽下回分解」一類的結尾考語，但是「不題」「餘話不題」卻已不少，而第三十五則末句云「未知宋兵何如迎敵？」第五十一則末句云「且看勝負何如？」這都是傾向於分回的先聲。但是書中的文字，像「老君道教源流」（第二面）本非小說，而是道教的通俗性宣傳材料，像「〔藍〕采和持拍踏歌」（第十九回）主要的乃歌詩十二首，這些都還不像是章回小說的內容；而且書中每則字數長短不同，短的不過三百字左右，分則是沒有關係的，一變成回目，便需要「未知……何如……」那一類的賣關子性質的結尾，在有些回也未能符合這種要求。可見這部書正可做爲研究小說分章回的起源這一類問題的重要資料。假如沒有這個板本的發現，單用道光刻本的四遊全傳去衡量這些問題，就失去了板本的承襲的根據了。

這個明刻殘本開始第二十一葉A面第一行是詩句，句云：

安老憑一擊，千古說雄名。

乍看這兩句，還以爲「安老」必定是什麼高明的典實，等到檢查坊間刻本，「安老」已作「安危」，似較通，但「雄名」二字坊本已改爲「難分」了，見第十二回。其他的地方，坊間後來的刻本也未必沒有一二字的增竄，幸而於大體無損。其實，就是回目，分則的標題，這個刻本與今通行本也稍有出入。現在把它們之間相異之處，記在下面，以供研究小說板本的學者們的印證：

葉數	面數（正面作A，背面作B）	明刻殘本原文	通行本文
上卷			
二十一	b	十三回　鐘离大破番陣	鍾離
二十三	a	十四回　番王刼敗漢營	王作兵，營作軍。
二十五	a	十五回　鐘离敗逃山谷	鍾離
二十六	a	十六回　東華傳道鐘离	鍾離
二十七	b	十七回　飛釰山嵎斬虎	釰字顯誤，今本作劍。
二十九	a	十八回　點今濟衆成仙	今字顯誤，今本作金。
三十五	a	二十一回　果老欽董（？）辨鹿	欽董（？）二字，今本作殿中。
四十一	a	二十五回　鐘呂鶴頌傳道	鐘字今本作鍾，頌當係嶺的俗寫，今本作嶺。看四十一葉B上欄插圖的文字，此字又書作領。
四十三	a	二十六回　洞賓斬龍昷鶴	昷字顯誤，今本作晝，昷字或係畫的誤刻。斬龍二字今本作酒樓，這當係後來坊間書賈所妄改，因爲這回裏本有斬蛟的故事。
下卷			
三	b	鍾呂奕棋門氣	門氣今本作推氣。這則所寫是鍾離和呂

五	a	洞賓私遣椿	洞賓兩師徒鬥氣的根由，但文中也有推算氣數之事。今本椿字下有一精字，作椿精，是對的。正文有「碧羅山下有萬年椿，今已成精」。
十四	b	鍾离令破白虎陣	今本离作離。令字今本作合，其實還是明刻本的令字好些。
十五	b	鍾离令破玉皇陣	同上條。
十七	a	鍾呂對陣歸仙	今本仙作天。這則敘述呂洞賓見鍾離發現他的行徑，助遼攻宋，覺得不好意思，兩人騰雲而去，則歸仙似乎比歸天要恰當些。
二十	b	八仙求文老乎	乎字顯誤，今本作子。這一則敘八仙去賀王母壽誕，求太上老君代撰壽文；改本作老子是對的。
二十六	a	洞賓二敗子	今本作洞賓二敗太子，太子指東海龍王

的太子摩揭。

二十九 a　載王去投肩（？）海　這則明刻殘本錯誤甚大，今本作龍王投奔南海。

細校上表，明刻殘本的錯誤雖然頗多，但是也有幾條舊刻勝於後來坊賈妄改的地方。有了這個殘本的發現，討論東遊記的舊刊本便不止日本所藏的一部，總可多一重比較，而一般學者對於四遊記的內容及其刊刻的時代，也可以比前人作更正確的估計。

（四）　全像北遊記玄帝出身傳（北方眞武祖師玄天上帝出身志傳）

這書封面題「全像北遊記玄帝出身傳」，和前叙的南遊記一樣，也是十個大字分列左右兩行，中間夾刻「書林熊仰台梓」一行。

卷內書題，仍以首卷爲例，爲：

刋北方眞武祖師玄天上帝出身志傳一卷
三台山人　仰止　余象斗編
建邑書林　余氏　雙峯堂梓

但第二卷的書題下署，余字缺，雙峯堂的堂名亦缺，不知何故。每面上圖下文，半葉十行，行十七字，俱與前記的南遊記相同。

全書共四卷，已用文字標目如第一則「玉帝設宴會羣臣」，共二十四則，但是還沒有章回次第。末卷最後有牌子，爲：

> 壬寅歲季春月
> 書林熊仰台梓

這個壬寅歲，上推當爲明世宗嘉靖二十一年（一五四二），我們姑且稍持謹愼，則至遲爲神宗萬曆三十年（一六〇二）的刻本。英國博物院書目中所載云此係一七五〇年（清乾隆十五年庚午）的板本，是根本錯誤的。

這是孫子書先生中國通俗小說書目（前引本，卷五，頁一七〇至一七一）所云「未見」的明本。我在一九五七年初見這部書時，劉修業著古典小說戲曲叢考尙未刊布，不知道她已見此書。她的題記現已刊在古典小說戲曲叢考（一九五八年版，頁八十七），我在上文所記叙的幾點，除了指出第二卷書題的漏字及對於這個板子的刊刻時代的推測是我個人的見解之外，大都已見於她的題記。她所記的卷內書題，漏了第一個「刋」字。

這部書的最終一則，末云永樂三年黃毛韃子叛反，「我主」親征，眞武曾顯靈救了皇帝的性命，這才着隆平侯在武當山建立金殿。這神「名揚兩京一十三省」，「今至二百餘載，香火如初」；從永樂三年（一四〇五）到萬曆三十年，剛祇有一百九十七年，這個「二百餘載」不過是說故事的或編纂的人舉的大數，我們不可過分地拘泥。四遊記的四種著作，很有可能全都經過余象斗的編輯刪潤。象斗的時代照孫子書先生彙合若干已知刻本的考據，當在萬曆年間，而福建建陽余氏，本是由宋迄明幾百年間的書商，象斗之前還有嘉靖末至萬曆間的余邵魚，爲象斗的族叔，也曾任許多「編集」的工作，所以，這些刻本的本身，雖在萬曆，當然還可能有更早的底子。這個本子「永樂三年」那句比通常本多兩字，爲「永樂爺爺三年」，這也可見它是明刻。

書林熊仰台梓，可能是就余氏的木板重印或逕自翻雙峯堂的本子，那麼，余象斗活躍的時代，更可能在萬曆壬寅之前。

這個本子最後附有對眞武的崇拜儀軌，包括設供，忌食，聖養之要，御諱，聖降之辰，玄帝聖號勸文多段，後來的刻本多已刪削。其實，保存這些東西，也可以幫助研究民俗，宗教及社會學的人們多得一點材料。其御諱一節，看來不甚明白，也許有誤，仍抄錄如次：

乞　安于　仲芳

賊　睹　言　乘暗諱四字

牛葶聖祖諱　端受聖宗諱　告聖父諱

眞武諸經本來也收在道藏，然而通俗小說中而遍記這一類的崇拜，也足見十六世紀末民間盛行的一種信仰的痕迹。

附錄：跋唐三藏西遊釋厄傳

鼎鍥全相唐三藏西遊釋厄傳，明萬曆間刋本。正文每面十行，行十七字。每面文字的上面俱有圖，繪工並不很粗糙，夾圖兩邊各有四個字說明。書分十卷，以甲、乙、丙……迄癸集爲止，故事俱用文字標目，但無回數，每卷包含的則數多寡亦不等。題「羊城冲懷朱鼎臣編輯，書林蓮台劉求茂繡梓」，並不是每一卷都有的，而每卷卷首刻書名亦不一律：或作「新鍥全象唐三藏西遊傳」，或易新鍥爲鼎鍥，或在西遊下加釋厄二字，絕不統一。第九卷卷首及第十卷最末一行「鼎鋟唐三藏西遊釋尼傳大尾卷之十終」(原句如此)應有的釋厄兩字兩處皆誤刻作「釋尼」。卷十末頁(第十八頁b)有牌子爲「書林劉蓮台梓」。

這部書並不是英國博物院的收藏。據孫子書先生中國通俗小說書目的紀載，它是北平圖書館及日本日光晃山慈眼堂的藏書，此外他處更無著錄。在三十多年前初發現這個本子的時候，有一部分人(像日本長澤規矩也先生)已認爲是吳承恩西遊記的祖本，而我國學者如胡適之，孫子書先生都傾向於把它當做是把吳著由繁刪簡的略本。我現在看了美國國會圖書館近年製的這部書的顯微書影，覺得胡、孫兩先生的略本一說，恐怕有重新考慮的必要。

孫先生雖然懷疑這部書是吳著的略本，但是他曾經指出它和四遊記內的西遊記傳可能有些關係。他曾說：「如余所疑不誤，則後之四遊傳(按，指四遊全傳本)中之西遊記亦此系統之書，同爲節本，且其淵源甚舊，遠在萬曆之時矣。」(日本東京所見中國小說書目，一九五三年版，頁一一四。)這段話的一半至少是對的：四遊記內的西遊記傳確然和它有關係，因而，西遊記傳的時代也可能甚舊。不過，它們兩書是否吳著的節本，却是大可懷疑。

首先我就可以指出：通行本四遊記內的西遊記傳，幾乎大部分的回目字句，與釋厄傳相同。嚴格地說，假如沒有釋厄傳，這一部四遊記內的西遊記傳是否會曾經產生過，也許都有問題。因爲西遊記傳承襲釋厄傳的地方太多了，文字相襲的地方，容後再述，單就回目說，我就西遊記傳的回目和這十卷釋厄傳的故事標目對勘，有大部分西遊記傳的回目同樣地會在釋厄傳中發現。最明顯的例，如釋厄傳第九卷，共收十則，我把這十則條列如下，把四遊記內的西遊記傳回目文字相同的回數注在下邊：

新鍥全像唐三藏西遊釋尼(應作厄)傳九卷　壬集

孫行者收妖救師（西遊記傳第二十回同）
唐僧收伏沙悟淨（同前，第二十一回同）
豬八戒思淫被難（同前，第二十二回同）
孫行者五庄觀内偷菓（同前，第二十三回，孫行者五莊觀偷菓）
唐三藏逐去孫行者（同前，第二十四回同）
唐三藏師徒被難（同前，第二十五回同）
豬八戒請行者救師（同前，第二十六回同）
孫悟空收妖救師（同前，第二十七回同）
唐三藏師徒被妖捉（同前，第二十八回同）
孫行者收伏妖魔（同前，第二十九回同）

其他諸卷，這種情形也是很普遍的。不過因爲釋厄傳的分節更短，也有時候釋厄傳分列了幾則標目的，西遊志傳祇採取它最前及最後的一則做回目，而略去其中間的幾則。例如釋厄傳卷六最後一則，雙叉嶺伯欽留僧，在西遊記傳爲第十四回唐三藏被難得救，內容多同而回目文字改變了，到了下面釋厄傳卷七，連經過了五行山心猿歸正，孫悟空滅除六賊，觀音顯聖賜緊箍三則，到了第四則三藏授法降行者，才和西遊記傳的第十五回唐三藏收伏孫行者字面相應，其實釋厄傳的幾則內容，也已經包在西遊記傳這兩回之內。從這些回目上來研究，我們也可以看得出釋厄傳的文字比較質樸，凡是西遊記傳與它不同的地方，往往是後者的添字改字，例如八戒改爲豬八戒，降伏火龍改爲收伏龍馬……之類，改的地方多數並不怎麼嚴重。

單看回目，是不會有太多的發明的，我們且稍研究一下兩本子的內容。

西遊記傳的文字，有絕大部分和釋厄傳相同，有許多地方幾於一字不易，我在上文五顯靈官大帝華光天王傳一書提要中已經略微提到了，然而，也有若干稍形差異的地方。這些差異的地方，假如我們細心用互勘的方法來推敲，也許會看得出一點它們之間蛻變的痕迹。

例如，釋厄傳卷六，己集，還受生唐王遵善果一則，在回目上是與西遊記傳第十二回劉全進瓜還魂相當的。那文字可不盡同了。開始數句是相同的，然釋厄傳多出一詩（七言八句），爲西遊記傳所無。到了崔判官向唐太宗解釋什麼是六道輪迴時，西遊記傳祇作：

判官言曰：「此處喚做六道輪迴：一仙道，一貴道，一福道，一人道，一富道，一鬼道。依照陽世所爲，令其各進一道。」唐王聽說，遂歎曰：「看他道路各別，莫言無感應，鬼神有安排。」判官送唐王來至超生貴道，崔判官呼陛下曰：「此有出頭之處，小判回告。但陛下到陽間，千萬做個水陸大會，超度無主寃魂。」着朱太尉再送一程，太尉急請唐王快上馬，到了渭水河邊，唐王貪看雙頭魚戲，太尉望那渭河推下河去，却就脫了陰司境，回到陽世城。

釋厄傳卷六（第一頁B面起）則爲：

判官道：「陛下見性明心，是必記了，傳與陽間人知，這喚做六道輪迴。行善的昇化仙道，進〔按，當作盡〕忠的超生貴道，

行孝的超生福道，公平的還生人道，
積德的轉生富道，惡毒的沉淪鬼道。」

唐王聽說點頭，歎曰：

「善哉眞善哉！作善果無災。善心常切切，善道大門開。莫教興惡念，是必少刁乖。休言不報應，神鬼有安排。」

判官送唐王直至那超生貴道門，拜呼唐王道：「陛下呵！此間乃出頭之處，小判告回，着朱太尉再送一程。」唐王謝道：「有勞先生遠跋。」判官道：「陛下到陽間，千萬做個水陸大會，超度那無主的寃魂。若是陰司裏無報怨之聲，陽間方享得太平之慶。普諭世人爲善，管教你後代綿長，江山永固。」唐主一一准奏，辭了催〔按，應作崔。此卷第一葉a面，上欄繪圖的兩旁說明，也作判官催珏附送太宗，催字錯誤同；附字疑當作護。〕判官，隨着朱太尉闖入門來，那太尉見門裏有一匹海騮馬，鞍轡齊備，急請唐王上馬，早到渭水河邊，只見那水面上有一對金色鯉魚，唐王兜馬貪看不舍，被太尉撮着脚，高呼道：「還不走，等甚？」樸〔按，當作撲。〕的一聲，望那渭河推下馬去，却就脫了陰司，徑回陽世。

我們把釋厄傳這一段與前引的西遊記傳一比，便看得出兩者之間文字完全相同之處，這裏還是有的，但凡是它不同的地方，意思却無大出入，只是釋厄較詳細，記傳嫌簡略罷了。這些地方，我以爲我們可以下一個斷語說，是西遊記傳刪削釋厄傳的。

我以前曾經反對過胡適之、孫子書兩位先生認爲釋厄傳是吳著西遊的略本的說法，爲什麼現在在相類的情形之下，又出爾反爾地，認爲四遊記的西遊記傳是由刪削釋厄傳而來的呢？這我不能不稍詳地說明一下理由。

胡、孫兩先生他們懷疑釋厄傳是從吳著西遊記刪割下來的略本，大體上可以用孫先生的兩段話來包括。孫先生說：

……朱鼎臣當爲萬曆時人，……其編次此書，至少在吳承恩書之後。……唯統觀全書，與明諸百回本（吳著）比，除陳光蕊事此有彼無外，餘僅繁簡之異，西行諸難，前後節次，以及精怪名錄，故事關目，無一不同。倘是祖本，焉能若是！（前引本，頁一一三。）

陳光蕊事指的是今通行本西遊記第九回，這一大段情節除了釋厄傳外，其他的幾個明刻百回本西遊記都沒有的，到了清初汪憺漪（象旭）評古本西遊證道書（日本內閣文庫藏）才根據釋厄傳把它補入，以後的本子便沿襲下去，明刻的百回本這一部分的不同反而少人知道了。這一點與孫先生在這裏的論據無關，暫且擱下，下文我再補說。

孫先生又說：

由十卷西遊記之僅存崖略，語意不完者，擴大充實而爲百回之西遊記，乃其關目情節以及名稱無一不同，寧非異事！夫唯刪繁就簡可無變更；由簡入繁乃欲絲毫不變原本，在理爲不必要，在事爲不可能。故余疑此朱鼎臣本爲簡本，且自吳承恩之百回本出。……況其節目及插附詞話亦往往與吳書同，則謂從吳書出，成此節本，亦未必果爲大膽之論也。（前引本，頁一一四。）

綜合上面兩點主張釋厄傳是百回西遊記的略本的理由，其實祇有最基本的一點，就是說如果吳著出現在釋厄傳之後，何以吳承恩對於釋厄傳故事的前後節次，關目情節，以及精怪名稱，毫無改變呢？這樣一句空洞的話，看似有理，其實，恐怕是經不起常識的推理和文字對勘的實證來衡量它的。關於文字的比較，我們留在後面。從常情的推理來說，任何一位讀者假如把百回本的吳著和釋厄傳詳加比較，都會發現吳著在詳細內容的發展和文字的充實方面，都不知道比釋厄傳進步了豐富了多少倍。原始的情節關目的利用，精怪名稱的相同，僅是後來集大成的編纂者使用的材料的一部分罷了，至於其他細節的琢磨，文字的辭藻，釋厄傳不論怎麼說也遠非吳著可比，而吳著除了利用釋厄傳的素材而外，又何嘗「絲毫不變原本」呢？正像沙士比亞會利用比他早的義大利的作品素材去寫他的戲劇，我們能夠說那些義大利的素材是刪割威尼斯商人的略本麼？然而，胡適之先生看見釋厄傳，便「疑爲略本」，看見四遊記內的西遊記傳（大部分文字與釋厄傳相同）的火焰山三調芭蕉扇祇有一百幾十字，便疑心它是刪割吳著好幾回熱鬧文章的剩餘，孫先生對於釋厄傳也傾向於同樣的看法，這是先入爲主的蔽病。明明吳著西遊記除了與釋厄傳相同的部分之外，還有絕大數量的文字是他個人的創造和對於他以前的可供利用的作品的融會和加工，可是，爲了略本的成見，便硬說它「絲毫不變原本」，咄咄稱異了！這是我們連從常理方面，都可以看得出兩先生這種看法的疏忽的。胡先生在替孫先生的日本東京所見中國小說書目提要作的序裏原也說過：

……沒有這些古本小說的詳細記載，我們決無從了解一部小說的歷史。必須先知道了古今小說，三言，二拍的內容，然後可以知道今古奇觀可收的各篇都是從這幾部短篇小說叢書裏選出來的。必須先知道褚人穫以前的隋、唐故事舊本，然後可以了解褚本隋唐演義的眞正歷史地位。水滸、西遊、三國、封神、說岳、英烈傳、平妖傳等書的歷史的考證，必須從新建築在孫先生現在開始建立的小說目錄學的新基礎之上。（胡適文存，一九五三年遠東圖書公司印本，第四集，卷三，頁四一六。）

那麼，像西遊釋厄傳這一類的書，正該是值得我們歡迎的「舊本」了。至於實證方面，等我在下文其他的地方再從文字上證明釋厄傳絕不是吳著西遊記的略本，反而是吳著一部分的根據這一個觀點。

然而，四遊記內的西遊記傳可和吳著不同了。像我在前面所指出的，它的內容有絕大部分的文字，都和釋厄傳相同，其不同的部分，情節方面也沒有多大的差異，可是文字簡略，不及釋厄傳的周密。這倒眞地是可以借用胡、孫兩先生的套語，不妨說「疑爲略本」，不妨說「除陳光蕊事此有彼無外，餘僅繁簡之異，西行諸難，前後節次，以及精怪名稱，故事關目，無一不同」了。關於這一點，孫先生倒眞地不會忽略的，他曾告訴我們假如用「今通行四遊傳中西遊記」去校釋厄傳：

> 其文字之詳略輕重處，亦幾於全同。唯今四遊傳中之西遊無陳光蕊赴任及玄奘報仇節目，唯記太宗設道場訖，轉入玄奘，追述其平生。文百餘字，與汪憺漪本西遊記所記大同小異。（前引本，頁一一二。）

這正是爲了篇幅的關係，犧牲掉釋厄傳中陳光蕊及第成婚，劉洪謀死陳光蕊，小龍王救醒陳光蕊，江流和尙思報本四則節目。我們正好借用胡先生在其他地方說過的話：「勉強縮小篇幅，湊足四遊記之數」，可能是最初編纂西遊記傳的人的行爲。

我再從書影方面舉一個西遊記傳刪短釋厄傳的文字的例證罷。釋厄傳卷九的最後一則孫行者收伏妖魔，「且聽下回分解」之後，緊接二首詩爲：

> 老君回宮兜率院，逍遙直上九重天。唐僧四衆往西去，幾時取得寶經旋。
>
> 妖轉玉臺山上去，寶蓮座下聽談經。雖是妖怪將人害，老君收回諸天兵。

第二首詩眞是太拙樸了一點，到了西遊記傳第二十九回（回目文字悉同已見前引），老實不客氣衹剩下頭一首了。這也不免是刪書人的成績

＊　＊　＊　＊

現在，我們不妨進一步研究，到底吳承恩著的百回本西遊記和釋厄傳及四遊記內的西遊記傳兩者的關係怎樣了。從文字對勘的結果，我相信我的結論大約是不錯的，卽不只是西遊記傳刪割釋厄傳而襲取其大部分的文字，百回本西遊記對釋厄傳及西遊記實際上也都有所承襲，而皆出它們之後。

我所產生的結論並不完全是我個人的推想，一言以蔽之，只是跟着證據走而已。百回本西遊記裏面有許多地方本來是和釋厄傳相同的，孫先生也認爲兩書的「節目及插附詞話」往往相同，不過他本着同樣的然而衹是部分的素材而下的結論却是「則謂「釋厄傳」從吳書出，成此節本，亦未必果爲大膽之論」（前引本，頁一一四），却未免是一相情願的想法了。造成他的錯誤的顯著的原因，除了可能有了先入爲主的見解之外，大概是閱讀釋厄傳的時間太嫌忽促的關係。

我這篇跋文前面曾引釋厄傳卷六與西遊記傳第十二回的比較，發現西遊記傳在這裏並不曾全抄釋厄傳的全文，而是儘量地加以刪削，雖然內容並無變改，而並未刪去的，完全相同的句子也有好幾句。現在我姑把百回本西遊記第十一回有關這一段文字錄在下面，以便讀者們把三方面的文字互作推敲和參證：

前進多時，却來到六道輪迴之所，又見那騰雲的，身披霞帔；受籙的，腰掛金魚；僧尼道俗，走獸飛禽，魑

魅魍魎，滔滔都奔走那輪迴之下，各進其道。唐王問曰：「此意何如？」判官道：「陛下明心見性，是必記了，傳與陽間人知。這喚做六道輪迴：那行善的，昇化仙道；盡忠的，超生貴道；行孝的，再生福道；公平的，還生人道；積德的，轉生富道；惡毒的，沉淪鬼道。」唐王聽說點頭，歎曰：

「善哉眞善哉！作善果無災。善心常切切，善道大門開。莫教興惡念，是必少刁乖。休言不報應，鬼神有安排。」

判官送唐王直至那超生貴道門，拜呼唐王道：「陛下呵！此間乃出頭之處，小判告回，着朱太尉再送一程。」唐王謝道：「有勞先生遠踄。」判官道：陛「下到陽間，千萬做個水陸大會，超度那無主的寃魂，切勿忘了。若是陰司裏無報怨之聲，陽世間方得享太平之慶。凡百不善之處，俱可一一改過。普諭世人爲善，管教你後代綿長，江山永固。」唐王一一准奏，辭了崔判官，隨着朱太尉，同入門來。那太尉見門裏有一匹海騮馬，鞍韂齊備，急請唐王上馬，太尉左右扶持。馬行如箭，早到了渭水河邊，只見那水面上有一對金色鯉魚在河裏翻波跳鬬。唐王見了心喜，兜馬貪看不舍。太尉道：「陛下，趲動些，趁早趕時辰進城去也。」那唐王只管貪看，不肯前行，被太尉撮着脚，高呼道：「還不走，等甚！」撲的一聲，望那渭河推下馬去，却就脫了陰司，徑回陽世。

這裏，我們不但看得出百回本西遊記和釋厄傳相同的地方，並且看見百回本增加了的描寫固然較多，刪削釋厄傳之處也不是沒有。

百回本西遊記必定是釋厄傳和西遊記傳以後的產物，這是無可置疑的。而且它也有刪削釋厄傳，揚棄釋厄傳的材料的地方，所以說釋厄傳是它的略本之說，到這裏就只好碰壁了。例如，釋厄傳卷六，劉全捨死進瓜果這一則，最後一段末尾「將〔李〕翠蓮的魂靈推入玉英〔公主〕身內，鬼使回轉陰司，不題。話分兩頭，又聽下回分解。」

善人看見善人親，果酒相邀接善人，
你害別人人害你，輪迴禍福不饒人。

雖然百回本西遊記汲取了釋厄傳無數的詩句和詞話，這一首詩便不會要得。

釋厄傳同卷，度孤魂蕭瑀正空門一則，有傅奕上疏請止浮圖的表文，百回本西遊第十二回和它完全相同，只是少了最後「誠惶誠恐，冒死見奏」八個字。這又是吳著把它刪動的地方。

釋厄傳這一則末尾，「為九月初三日開啟七七四十九日水陸大會，太宗及文武國戚皇親俱至期赴會，拈香聽講」，下接一詩：

善惡二字最難量，奉勸世人最審詳。
忠孝廣行方便路，何愁地獄有閻王。

這首詩百回本也沒有採用，改作的一首看來大約是吳承恩的手筆：

龍集貞觀正十三，王宣大衆把經談。道場開演無量法，雲霧先乘大願龕。
御勅垂恩修上刹，金蟬脫殼化西涵。普施善果超沉疫，秉教宣揚前後三。

下一則釋厄傳的標目是玄奘秉誠建大會，其中有玄奘法師獻上濟孤榜文，文字與百回本西遊同。在這則的末尾釋厄傳又有一詩，文字仍是拙劣的，却充分地說明釋厄傳本身的地位和價值：

三乘妙法請展開，諸佛菩薩降臨來。

積善之人宣一卷，三災八難免熬煎。

這種「宣一卷」的文字，正好說明在百回本西遊以前「舊本」的通俗性。它果然還是介於講唱文學和長篇作品之間的產物。然而，如果把它照樣抄入吳承恩這部大著裏未免拙劣得有些寒蠢了，於是吳著把它刪落一旁，另撰「一爐永壽香，幾卷超生籙……」一首，畢竟堂皇得多了。

百回本西遊記十二回，觀音菩薩贊歎他的九環錫杖，曾吟詩一首，這詩全襲釋厄傳卷六，觀音顯象化金蟬一則。原文有句爲「摩呵立祖遊天闕，羅卜尋娘破地關」，在吳著被改爲「摩訶五祖遊天闕，羅蔔尋娘破地關」。原句「摩呵立祖」本不成文義，刋刻顯然有誤，吳氏改得很好，不過把羅卜改爲羅蔔，却覺似可不必。羅卜在民間文學裏，是常常使用的。他是目連在俗未出家前的名字，敦煌變文中的大目乾連冥間救母變文卽有此名，而到今天在華南流行的木魚書，仍有羅卜挑經救母四卷行世，不可謂非源遠流長。現在靠了羅卜一名的出現，也可以告訴我們釋厄傳本是民間的舊本，它和文士修飾擴大和加工過的百回本西遊記，究竟有別的。

這一則釋厄傳，還有觀音在唐太宗面前，回答他準備出賣的袈裟有什麼好處。原句云：

這袈裟，龍披一縷，免大鵬吞噬之災；鶴掛一絲，得超化入聖之妙。但坐處有萬神朝禮，凡舉動有七佛隨身。仙娥織就，神女織成，開時新疊，千層包裹透紅霓；遇聖纔穿，驚動諸天神鬼怕。

「七佛隨身」一句以後，百回本另外作了二十餘句，都是數句相連，嵌入舊有的文句裏。他又改「開時新疊」爲「開時折疊」（按，也許這裏本當作「開時折疊」，玩上文文義自明，開、新二字是木板漫漶的結果。），又改「紅霓」爲「虹霓」，這都是改本勝過舊本的地方。吳著更在「驚動諸天神鬼怕」一句後，又加撰了二十多句，敘述袈裟上面有許多珍寶。這都是後來的集大成的著者加工之處，與釋厄傳相較，文字誰精誰粗，那個是有修養的文士的洗鍊，那個是「宣一卷」的舊本，幾乎可以一望而知了。

就在這同樣的一則（葉二十a），釋厄傳原來有一闋詞，句云：

日落煙迷草樹，帝都鍾鼓初鳴。
叮叮三响斷人煙，前後街前寂靜。
上刹暉煌燈大〔按，當作火〕，孤村冷落無聲。
禪僧入定理殘經，正好煉心養性。

這也是話本式的辭藻。到了吳承恩手裏，在百回本第十二回中，這詞雖保存，末句「心」字易爲「魔」字，却又用同樣的意境另撰一詩。「時天色將晚，各官俱退。怎見得好晚？你看那：

萬里長空淡落暉，歸鴉數點下棲遲。滿城燈火人煙靜，正是禪僧入定時。」

這該是百回本西遊記把釋厄傳的八句詞「略」成一首絕詩的手法了。以釋厄傳爲百回本的略本的胡先生孫先生，假如看了這一條反證，不知道是否還要堅持他們的原議呢？

我在五顯靈官大帝華光天王傳的提要裏，提到胡適之先生藏的清嘉慶本四遊記內的西遊記傳，有一段胡先生引證的例子是「又聽下回分解」之後緊接一詩，詩後更有其他文字，胡先生曾認爲是「不成文理」。其實，嘉慶本的西遊記傳不過是全襲的西遊釋厄傳罷了，這種情形，在釋厄傳幾於則則如此。但是，用釋厄傳來和百回本的西遊比較，在類似這種情形的地方，我們說不定會有其他的意外的收穫。釋厄傳卷六，三藏起程陷虎穴一則，太白金星來解救三藏之後：

化作一陣淸風，跨一隻硃頂白鶴騰空而去，只見風飄飄遺下一張簡帖，書上四句揭言爲證，畢竟看後事如何，又聽下回分解：

吾乃西天太白星，特來搭救汝生靈，
前行自有神徒助，莫爲艱難報怨經。

三藏看了，對天禮拜道：「多謝金星，度脫此難。」拜畢，牽了馬疋，獨自孤孤悽悽，往前苦進。這嶺上眞個是

寒颼颼雨林風，霧紛紛澗下水。
香馥馥野花開，密叢叢亂石磊。
鬧嚷嚷鹿與猿，一隊隊獐和麂。
喧雜雜鳥聲多，靜悄悄人事靡。
那長老戰兢兢心不寧，這馬兒力怯怯蹄難舉。

我們試翻看百回本十三回這一段，雖然文字大體相同，但是寫到天空飄下簡帖的時候一回文字未完，它又沒有釋厄傳那種「又聽下回分解」之後還可以詩文並茂的體例，莫奈何迫得只有把原有的「書上四句揭言爲證」改爲「書上四句頌子，頌子云……」這樣才接得下去。至於文字方面，通常的百回本已改釋厄傳的「霧紛紛」爲「響潺潺」，

噇雜雜的「噇」作「喧」字，戰競競作「戰兢兢」，原來雙行夾字的那長老，這馬兒兩處已改爲單行。我又比較了明萬曆間世德堂本的新刻出像官板大字百回本西遊記的書影，則其他的修改都和普通本相同，惟雙行夾字的兩處仍維持釋厄傳的原狀。我幾乎想套用胡適之先生的話說這是百回本西遊必定出於釋厄傳之後的鐵證了！

釋厄傳卷九，孫行者五庄觀內偷菓一則（十五葉b，十六葉a），回末有一詩，七言十句，是百回本所沒有的。但是，在百回本第二十六回的開端，仍接上回續述五莊觀的未了情節，這裏忽有七言八句一首，其中「剛强更有剛强輩」這一句是從釋厄詩那首七言詩刪剩下來的文字。

釋厄傳同卷，下一則三藏逐去孫行者（二十一頁a）的結尾處又有一詩，描寫行者忍氣別了師父的心情，詩云：

　涶泪叩頭辭長老，含悲留意囑沙僧，一頭拭迸坡前草，兩脚蹬翻地上藤。

　上天下地如輪轉，跨海飛山第一能。頃刻之間不見影，須更回至水洞邊。

查坊間本四遊記，西遊記傳亦於第二十四回「且聽下回分解」之後錄此詩，涶泪已作「垂淚」，一頭拭迸坡前草作「一夫拭淚墳前草」，兩脚蹬翻地上藤作「兩脚登翻地上騰」，而最後一句，則改爲「須臾來到水簾邊」。這是很要緊的一條證據，足以說明現有的西遊記傳不論那一個板本，縱使不是全襲釋厄傳的地方，字句之間對後者的依賴性依然是很大的。坊刻百回本和明世德堂本官板大守西遊記第二十七回也有這詩，首句第一字「涶」作「噙」，其他全依釋厄傳原文，惟最後一句全句改動爲「霎時疾返舊途程」，這大約是爲了押韻的關係。祇有文人學士的刪改文章，才會着眼於這些地方的，像西遊記傳把「水洞邊」改爲「水簾邊」之類，究竟不過是幾個俗本之間掉來掉去的變化，絕不及吳著所作更動的重要。然則西遊記傳大抵只抄襲並且刪改釋厄傳而並不曾見過百回本的文字，它的成書的時代應該在百回本之前，這裏我們又可多一項證明了。

* * * *

以上我提到的百回本的西遊記，除了引證過一兩次明本官板大字西遊記的地方曾經特別說明之外，其餘的文字用的都是極普通的坊刻本。然而爲了說明西遊釋厄傳這一部舊本對於百回本的實質上的貢獻，我不能不在下面把現存的百回西遊記各種早期的板本，略微說一說。

到今天爲止，藏在著名圖書館裏的早期刊本百回本西遊記，不外是三個系統的本子。

兩個系統是明刻本。第一個系統現在有三個刻本，它們都題「華陽洞天主人校」本，都有秣陵陳元之撰的序文，都分做二十回。撰序的年份，世德堂刊本新刻出像官板大字西遊記作「壬辰夏端四日」，爲萬曆二十年；淸白堂楊閩齋梓本鼎鍥京本全像西遊記作「時癸卯夏念一日」，當爲萬曆三十一年；另一個明本（藏日本帝國圖書館）書有殘缺，不過署題回目與淸白堂本世德堂本全同，每卷首行題「唐僧西遊記」，末有長方木記云「全像唐三藏西遊記卷終」，大概也是萬曆間刻本。

另一個系統的明本是有袁于令署「幔亭過客」的序文，「李卓吾先生批評」本。卷首附圖百葉，有一圖中有細字爲「劉君裕刻」。孫子書先生考出這本子大約是泰昌、天啟間的刻書，比前一個系統的刻本稍遲。

以上兩個系統的本子，回目文字大體相同。〔孫先生說過用袁幔亭序李卓吾評本校淸白堂楊閩齋本，楊本文字有刪略處，見前引書，頁一〇一，但未道其詳。〕它們與我們今天看的通行刻本最大的不同，就是通行本第九回「

陳光蕊赴任逢災，江流僧復讐報本」這一回，上述各刻本都沒有。

我們試將通行本第十回起，十二回止的文字，和這兩個系統本子的第九回起至十二回止的敘述比較一下，便知道其間不同的地方很少，假如有，也不過是文字的截搭歸併罷了。這是因爲明刻本既沒有通行本第九回的文字，所以它們的第九回，便是今通行的第十回的大部分，在開始的地方並多了幾十個字描述長安做冒起。剩餘的部分又和通行本第十一回的前半結合而爲第十回，通行本第十一回後半和第十二回前面一部分結合爲舊本的第十一回，餘下的仍是第十二回。不過，明刻本這四回的回目，却和我們常見的字句多有不同。那些回目是：

第九回　袁守誠妙算無私曲　老龍王拙計犯天條

第十回　二將軍龍宮鎭鬼　唐太宗地府還魂

第十一回　還受生唐王遵善果　度孤魂蕭瑀正空門

第十二回　玄奘秉誠建大會　觀音顯象化金蟬

這些回目，除了第九回的下半及第十二回之外，都是普通讀者不熟悉的，然而，出我們意料的是它們的來源，竟又是出於西遊釋厄傳。例如「還受生唐王遵善果，度孤魂蕭瑀正空門」，今通行本已沒有這兩行回目了，而釋厄傳卷六，却有這兩則標目，不過中間隔着劉全捨死進瓜果，劉全夫婦回陽世兩則，並不毗連了。這樣說來，編纂明刻百回本西遊記的人或吳承恩，無疑地已經利用過釋厄傳這一部分的素材了，除非他所根據的是其他的東西，若說他不知道在同樣的一部釋厄傳裏還有陳光蕊及第成婚，劉洪謀死陳光蕊，小龍王救醒陳光蕊，江流和尚思報本這樣四則故事，我想那是不甚可能的。

不論什麼刻本的百回西遊記，第九十九回開頭紀錄唐僧自幼到取經所經歷的苦難，敘的有「金蟬遭貶第一難，出胎幾殺第二難，滿月拋江第三難，尋親報冤第四難，」這四難大約相當於今通行本第九回「陳光蕊赴任逢災，江流僧復讎報本」所記敘的內容。假如像我所推想的吳承恩利用了釋厄傳一部分內容，而不曾採用釋厄傳中陳光蕊這一部分的材料，那麼，他在後面何必還要開列遭貶，出胎，拋江，報冤這四難的關目呢？我的答覆是，他雖然不曾全部襲用釋厄傳這部分的文字，但是爲了文字上的剪裁，「師其意不師其辭」的地方却仍然是有的。我的證據是：

通行本第十二回「唐王秉誠修大會，觀音顯聖化金蟬，僅「修」「聖」二字與明刻本不同。」，當選出玄奘這一名「有德行的高僧」之後，有一段詞話描寫，共有二十四句：「你道他是誰人？

靈通本諱號金蟬：只爲無心聽佛講，轉托塵凡苦受磨，降生世俗遭羅網。投胎落地就逢兇，未出之前臨惡黨。父是海州陳狀元，外公總管當朝長。出身命犯落江星，順水隨波逐浪泱。海島金山有大緣，遷安和尚將他養。年方十八認親娘，特赴京都求外長。總管開山「殷開山，小說中玄奘的外公。」調大軍，洪州剿寇誅兇黨。狀元光蕊脫天羅，子父相逢堪賀獎。復謁當今受主恩，凌煙閣上賢名響。恩官不受願爲僧，洪福「寺名」沙門將道訪。小字江流古佛兒，法名喚做陳玄奘。

這一段詞話，並不是百回本的創作，却是從釋厄傳卷六沿襲而來的。把它和釋厄傳卷六（十二葉b至十三葉b）對照，祇有幾個字眼不同。第二句聽佛講，釋厄傳原作「講佛經」三字。第三句「磨」字原作「摩」，自係錯字。第八句當朝長原作「輔朝佐」，自不及改本的協韻。第九句落江星「江」字原作「紅」字，亦係誤字。第十句「泱」

字原作何字不清楚。第十一句海島金山原作「托孤金山」，十二句遷安和尚原作「法明和尚」，以下各句兩本完全相同，直到第二十一句恩官不受願爲僧，原作「恩官不受拜爲僧」，其上欄繪圖文字說明亦爲「江流和尚拜受官職」八個字，雖然實際上的情節說的仍舊是他不願受官願爲僧的話；而最後的一個異同是第二十三句，古佛兒原作「三藏兒」。一般地說，除了法明和尚變了遷安一層不容易揣測它的原因之外，大體上都是百回本子後來居上。我以爲吳承恩或者就打算用保存這段稍長的詞話的方式介紹玄奘的身世，那麼，九十九回所叙的第一到第四難，尚不算毫無着落了。關於釋厄傳陳光蕊被害的四則故事，取舍之際，百回本的編纂者倒的確費了一番剪裁。

今通行本第九回的「陳光蕊赴任逢災，江流僧復仇報本」的故事，最早始見於清初汪憺漪（象旭）評古本西遊證道書，原刻本較難得（藏日本內閣文庫），但後來多種的坊刻本，以及今日通常大家看看的百回本西遊，實在就是從這個本子出來的。我姑且稱它爲第三個系統的本子。

自從西遊證道書這一個系統的傳本爲坊間大量傳刻和流通之後，它有兩個特出的貢獻深入社會人心，幾乎牢不可破了。第一個特點是在這個刻本以前的明刻本西遊，不但不著作者姓名，老實說，也並不知道作者是誰；（讀陳元之序可見，說並見後。）但是這一個汪象旭黃太鴻（笑蒼）的合評本，却自我作古地捧出了一篇虞集撰的序和長春眞君傳來，硬把它和長春眞人西遊記混爲一談，直到後來丁晏、阮葵生等人才把這個錯誤推翻，近代小說史的研究展開之後吳承恩之名才大著，然而證道書的貽誤已經不小了。第二個特點便是他們讀了釋厄傳，覺得陳光蕊這四則故事很有意思，硬要把它壓縮了放在百回本西遊裏面，成爲新的第九回，於是明刻本向有的第九至十二回的回目因而被削改了，至於這四回的文字雖然不曾删掉，因爲硬擠進了一回新材料，不得不把有些段落截長補短，前後移植，如果不是前兩個系統的明刻本還有若干種保存，我們幾乎沒有人懷疑這一回的文字未必是著者的原意的。

在這個本子的第九回汪憺漪評，曾說是因爲獲得了大略堂釋厄傳古本，才根據了它，補刻這記叙陳光蕊赴官遇難始末一回的。我想這說的是很眞實的話。現在我們雖然無法看到大略堂刻本的釋厄傳，可是，我想它的內容，不至於和這部劉蓮台梓本西遊釋厄傳有太大的不同的。然而旣稱「補刻」，實卽另撰，也未必全抄釋厄傳而絲毫不加改變。孫子書先生曾指出這裏第九回有若干地方和全書其他的情節在細節上未能融合無間，細讀便容易看出漏罅來，以爲「決非吳氏之文」（參看日本東京所見中國小說書目，前引本，頁一〇八至一一〇），這種懷疑，大體上是對的。但是孫先生說：

如第十二回所附七言詞話，謂收養玄奘之僧爲遷安。（諸明本十一回亦作遷安）第九回作法明。詞話又云：「恩官不受願爲僧，洪福沙門將道訪」，似玄奘報父仇後，尙有面君授官之事，今第九回亦無之。（前引本，頁一〇八。）

就有些疑得過分了。這裏所指的詞話，卽我上文所引，其實不祗是見於「諸明本十一回」，而實際上是釋厄傳的原裝貨。「面君授官之事」不過見於釋厄傳的插圖說明，原文和情節却並無此意；至於收養玄奘的僧人在釋厄傳中本來是法明而非如明刻本第十一回詞話中所說的遷安，上文亦已提及，汪憺漪他們「補刻」第九回，用法明的名字也是忠於釋厄傳「古本」的。

無論如何，這一部補刻第九回及多少改變了一點十至十二回的內容的百回本西遊證道書總算打出了以後幾百年坊刻本的天下。什麼西遊眞詮，西遊正旨……以及通俗的石印本，無不奉它所增的這一回做圭臬，沒有人懷疑它的眞實面貌了。

* * * *

寫完了這篇長跋，又曾把明世德堂本的西遊記前面刻的陳元之序，重溫一遍。假如此序確是萬曆二十年所作，去吳承恩之死不過約十年左右。我覺得這序文有三點很可注意，而這三點，恰是以前見過這序文的人（如孫先生）所未曾提出來過的，現在姑且把它寫在這裏，希望孫先生和其他研究小說史的人們指教。

第一點，我以爲作序的人的觀點，看似陳腐，其實很新鮮。他說：

彼以爲濁世不可以莊語也，故委蛇以浮世。委蛇不可以爲敎也，故微言以中道理。道之言不可以入俗也，故浪謔笑虐以恣肆。笑謔不可以見世也，故流連比類以明意。於是其言始參差而俶詭可觀；謬悠荒唐，無端崖涘，而譚言微中，有作者之心，傲世之意，夫不可沒也。

這正像魯迅先生中國小說史略說過的「作者稟性，『復善諧劇』，故雖述變幻恍忽之事，亦每雜解頤之言，使神魔皆有人情，精魅亦通世故，而玩世不恭之意寓焉」（一九五三年版，頁一七三），也等於胡先生西遊記考證上說的「詼諧的裏面含有尖刻的玩世主義」（前引本文存，第二集，卷三，頁三八九）。在和著者同時代的人有這種看法，可以說是有眼光的。

第二點比較重要些了，是這序中提及原有的一篇舊序文：

陳元之一則說：「舊有叙，余讀一過，亦不著其姓氏作者之名。豈嫌其丘里之言與？」再則說：「其叙以爲孫，猻也；以爲心之神。馬，馬也；以爲意之馳。八戒，其所八戒也；以爲肝氣之木。沙，流沙；以爲腎氣之水。三藏，藏神藏聲藏氣之藏；以爲郛郭之主。魔，魔；以爲口耳鼻舌身意恐怖顚倒幻想之障。故魔以心生，亦以心攝。是故攝心以攝魔，攝魔以還理。還理以歸之太初，卽心無可攝。……」

這篇舊序不知是誰人撰的，看他的想法，簡直開清初悟一子（陳士斌）西遊眞詮那一派評本的先河；大概不見得是作者自己的筆墨。

第三點，我以爲可能是這篇序文最有貢獻的一處是：

……西遊一書，不知其何人所爲。或曰：「出天潢何侯王之國」；或曰：「出八公之徒」；或曰：「出王自製」。余覽其近意𧦝跐滑稽之雄，卮言漫衍之爲也。

我要指出原刻本這一節文字，「天潢」的「天」及「王自製」的「王」字都是頂格抬頭，這當然不會是沒有意思的。近人已經考據出吳承恩的晚年曾補荆王府紀善，並可能代荆王撰過些文字，不過正確的年代却不易知道。我很疑心這裏所說的「天潢何侯王之國」及「出王自製」都暗示指的荆王，或者西遊記的稿本先由荆王看過了，才由王府流布出來，都未可知。不過這一點關係吳著西遊記的成書年代，希望將來材料更多些時，可以別有考證的機會。

孫先生的書抄錄這篇序文最早（前引本，頁一〇三—一〇四），但排印本一〇四頁第四行及十四行頗有錯亂。原本是「唐光祿既購是書，奇之，……」這樣才讀得通。

金史語解正誤初稿

李學智

前言

明代士大夫論遼禍之書甚繁，今猶可知見者約二百餘種，其書持論或過於偏激，文中每稱清人爲夷虜，斥其祖爲奴酋，胡氛腥羶之語，夷虜醜奴之文，觸目皆是，爲清人所最忌者也。然遼禍之時間綿長，歷經神、光、熹、毅四帝，此類書籍流傳於民間者，旣廣且泛。加以清人入關以後，人懷故君，於其時抗敵復國義烈史實，亦每多記載。書中於清人之殘暴，明人之忠勇，亦未稍諱飾。清人惡之，固不下於言遼事者，搜毀禁絕均不遺餘力，雖屢興文字之獄，誅戮多人，而實未達其片紙不存之目的。降至高宗臨朝，對搜求違礙書籍之方法，一再翻新。初以好古之名，搜求遺籍，以達其禁燬違礙書籍之實。嗣以編纂四庫全書之名，誘取人民信任，且明白宣諭藏書之家曰：

彼時有司等，因遺編中或有違背忌諱字面，而藏書家窺其意旨，一切祕而不宣。因復明切宣諭，即或字義觸礙，乃前人偏見，與近時無涉，不必過於畏首畏尾。朕斷不肯因訪求遺籍，于書中尋摘瑕疵，罪及收藏之人。若仍前疑畏，不肯盡出所藏，將來或別露違礙之書，則是有意收存，其取戾轉大。所降諭旨甚明，並寄諭江浙督撫；以書中或有忌諱誕妄字句，不應存留，以貽惑後學者，進到時，亦不過將書燬棄，轉諭其家不必收存，與藏書之人並無干涉。至督撫等經手彙進，更無關礙……（文見禁書總錄附錄）

經此次甘言誘取，由各省督撫彙送京師之違礙書籍，加以禁燬者，據「軍機處奏准全燬書目」中，約有七百五十餘種之多，爲吾國書籍繼秦始皇後之一大厄運也。

清帝得此勝利，並不以爲滿足，更擴大及於遼金元各族。四庫館辦理違礙書籍條款云：

凡宋人之於遼金元，明人之於元，其書籍紀載事蹟，有用敵國之詞，語句乖戾者，俱酌量改正。如有議論偏謬尤甚者，仍行簽出擬銷。（見禁書總錄：四庫館辦理違礙書籍條款第六款）

是清帝之物傷其類也，宋人之斥遼金元，明人之斥蒙古者，竟亦在禁燬之列矣。經此次劫運後，將吾國宋明各代有關邊疆民族之眞實史蹟記載，抹煞迨盡，直至今日尚爲中外史家所遺憾。卽幸存於今者，亦早經清帝改頭換面，刪削零亂，顚倒是非之蹟，滿篇皆是，更爲今之研史者所痛心。在其刪削遼金元諸史中，尤以妄改契丹、女眞等族原有語言之漢字對音，以及改釋其義者，最爲史家所譏，且更表現其自卑之心理。蓋宋之與遼金，史籍中有關人名、地名、物名等，譯爲漢字，雖多用不雅之字，然亦多兼顧彼族當時語言之發音，決非任意附會者可比。淸高宗强不知以爲知，任意附會改纂，致使舊有契丹、女眞語言，幾等於不存，無一可識矣。例如舊有之契丹語言文字，早已無法窺其端倪，卽在蒙古初興之時，原籍契丹之遺族，如耶律楚材等，皆已不諳契丹舊有語文，必待隨成吉思汗西征，路經西遼，始又重習契丹言字。據王國維先生「耶律文正公年譜餘記」云：（觀堂集林）

契丹有大小字，與女直同。其文字借漢字偏旁參互錯綜以表契丹語，與西夏、女直文字體製相同。金史完顏希尹傳謂：希尹依仿漢人楷字，因契丹字制度，合本國語製女直字。可知女直文字卽仿契丹。金制：貴冑凡女直、契丹、漢字會學其一，卽許承襲。是契丹雖亡，其文字仍與女直、漢字並行。然中葉以後，通者漸少。耶律文獻素善契丹大小字，因此辟爲國史院書寫，世宗詔以小字譯唐史，則別以女直字傳之，文獻在選中獨主其事。又張景仁謂：文獻藏匿遼史；此遼史必契丹國書國史也。是文獻於契丹文字殆屬專門，金源之末，此學遂絕。文正辭義歌序云：遼朝寺公大師辭義歌，昔先人文獻公嘗譯之，先人早逝，予恨不得一見，及大朝西征，遇西遼前郡王李世昌於西域，予學遼字於李公，期歲頗習，不揆狂斐乃譯是歌（文集八）。是中原契丹文字已少傳習，故文正於西域習之，然則文正殆可謂通契丹文字最後之一人也。

可知舊有之契丹語文，至蒙古初期已罕有知之者，何清高宗有超人之智，能於數百年後，評論契丹語文譯音之是非？清帝尙不如吾人之有眼福，今世熱河省出土之契丹國書碑銘，清帝未之睹也。清帝所欽定之「遼史國語解」一書，祇用其當時所知之蒙古語，滿洲語，任意改纂舊有之音義，實屬狂妄。且其所依據之史籍，不以遼史爲主，反以當時通行之索倫語、滿洲語、蒙古語等相似之語音，加以附會之，對許多契丹語義無法瞭解者，輒依「八旗姓氏通譜」之字面，加以妄改。考「八旗姓氏通譜」一書，爲清高宗所欽定，可知其纂改遼史語解之所據，亦同出於一人之手，其中是非惟依帝王一言決之，豈可使後世從信。且不言數百年前之契丹語，卽清代初年之滿洲語，高宗亦尙未完全承襲也。根據乾隆時李延基之「清文彙書」及乾隆五十一年宜興之「清文補彙」等書，核校「清文鑑」，則知卽清代之滿文，實至乾隆末年始漸定形也。至於乾隆以前的舊滿文、滿語，卽未入關前之老滿文，清高宗尙不能辨識也。罔論契丹、女眞語矣。

有關契丹語文，雖於民國十餘年間，在熱河省內會有遼代慶陵之被發掘，並有契丹國書之「哀冊」石刻出土，但因遼語之亡迭已久，故出土數十年來，能通其文字者，至今尙無一人。所以對於乾隆帝欽定「遼、金、元三史國語解」一書中之「遼史國語解」部份，因例證過少，無法以糾其全篇之謬。而其中之「元史國語解」部份，又因滿人與蒙古之往來頗密，且滿文尚係據蒙文所製，故其謬誤之處尚鮮。惟有欽定三史國語解中之「金史國語解」部份，因女眞語言文字留傳於今者尙夥，如：明初火原傑編修之「華夷譯語」、「女眞譯語」以及女眞小字之碑刻等，亦多傳世。加以宋、明各朝史籍之記載中，有關金代女眞語言之紀錄亦多。此等散見之史料，雖不能將金代女眞文字語言復活，但用以糾正清高宗「欽定金史國語解」一書之謬誤者，頗有幫助也。且考滿人之與金，從民族之觀點上證之，原屬同種，在原則上語言亦應相同。雖然女眞文字與滿洲文字，外形上差別諸多，但證以明代紀錄，在清太祖未興以前，東北女眞與明朝所上表文，尙仍沿用金代之女眞小字，由此當可知金代之女眞語，與清代之滿語，在實質上應無若何差異。惟因金之與清，在時間上相隔幾達六世紀之久，其間金代之遺胤，更經蒙古之統制百有餘年，故而其語言，既受漢語之孳乳，復經蒙古語之混合，其間語言之略有差異，實爲難免之事實。但清高宗不明此種民族文化相互交流之因，一味擴大其民族之自尊心理，挾其帝王之權勢，捨本而求末，且譏前人之非是，誤責史籍之不實，對其祖先原有之女眞語言，妄加誹謗，並强以似是而非之蒙古語，任意附會。然金代之興於前，而蒙古之起在後，兩者相去百有餘年，且按之史籍，金代全盛之時，蒙古民族尙在矇昧之間，故吾人實不能相信，文化水準頗高之女眞人，會襲用當時幾無文化可言之蒙古語言以成文者。更除非女眞之與蒙古二民族，爲同種同系，否則清高宗在「欽定金史國語解」中，將百分之三十以上之金代女眞語言，附會爲後之蒙古語一舉，實無法使人信而不疑。倘使女眞與蒙古原屬同種同系，則站在女眞後裔之滿洲人立場上言，實不應將女眞民族、蒙古民族之間，有所劃分也。淸高宗在其「欽定金史國語解」之卷首，亦謂：「按金以滿洲語爲本，語內但釋解義，概不復注滿洲語」云云；若與其內容詳註百分之三十以上爲蒙古語較之，似有蛇添足之感，何況此類所謂蒙古語言之註多爲附會者歟？由其將許多原有之金代女眞語，誤釋爲蒙古語證之，清高宗恐已對其祖先之語言與文字，早已視同陌生之客矣。

清高宗「欽定金史語解」一書，作僞與謬誤之確證，雖已被吾人揭發，且罪證確鑿，當無疑問（詳見下列本文）但清高宗在存心造作篡改此書時，實亦曾費煞一番苦心。據現存之史料尋求其篡改之過程，絕非如想像中之容易者。蓋元脫脫初成之金史，在卷末原附有「金國語解」一部份。其中雖僅收有「官稱、人事、物象、物類、姓氏」等五門，共計單語一百二十五條（內官稱十七、人事四十七、物象二十一、物類九、姓氏三十一），但對已佚數百年之女眞語而言，實爲最接近其原有語形之記載，而清高宗雖對此一最原始之女眞語言，並不諳熟，所以在乾隆四年初次校刊金史時，對此一難決之問題，或頗傷腦筋，故而一百三十五卷金史之校刊雖成於乾隆四年，但不及金史僅一卷之「金國語解」，直至乾隆十二年始校刊完成，由此當可知其中之甘苦也。此初校刊之「金國語解」，卽今日武英殿本金史所附者。清高宗對此微細之一百二十五條金語，雖經八年之長期考慮，但徵諸武英殿本所附金國語解之內容，却係完全依據元脫脫金史之舊，祇是逐條核校，並注以當時滿語之發音，層次分明。雖間有一二舊有女眞語，清高宗已不知其源，並以相似之蒙古語及索倫（契丹）語，加以附會，然此類附會之女眞語，祇不過其中之少數，在全部五門一百二十五條中，認係蒙古語者僅七條而已。此或因時代之不同，語言之變遷，偶有異同，其情尙有可原之處。但自此以後，清高宗始終並未忘情篡改金國語解之舉。直至乾隆四十三年「欽定滿洲源流考」書成，始又對乾隆十二年校刊之「金國語解」，重予校改。按滿洲源流考將元脫脫之金國語解五門一百二十五條，劃裂爲三部。金國語解中之官稱門，被滿洲源流考列入卷十八國俗之官制一卷中，而將金國語解之姓氏一門，列入卷七部族卷尾。又將其他：人事、物象、物類三門，列入卷十八國俗之語言門中。僅就語言門中所收之「人事、物象、物類」三門，加以統計校之：人事門原爲四十七條，而源流考祇收四十五條：物象門與原有之二十二條相同，而釋義又不相符。物類門雖亦與原有之九條相同，而釋義亦殊。在此種重新考慮之後；始又簒改之金國語解中，在此三門內，附會爲蒙古語者卽有十四條之多，較之乾隆十二年初次校刊之金國語解全部所附會者，更多出七條（原五門中祇有七條），已超出初次校刊之半。且將原認係索倫（契丹）語者，人事門中之四條，物象門中之兩條，反又認係蒙古語。而又將原認係蒙古語者一條（物類）索倫語者一條（人事）却又附會爲滿洲語。如此前後矛盾之蹟，已顯然矣。降至乾隆四十六年「欽定三史（遼金元）語解」簒成，在舊有之女眞語中，幾已完全被附會爲蒙古語矣。此尙係表面所知淸高宗改編金國語解之過程也，若更詳細追尋，據「建炎以來繫年要錄」一書，所附乾隆三十八年（一七七三）十一月校後記云：

其書中所載金人地名等，音譯均多舛誤，謹依欽定金史國語解之例，詳加訂正，別爲考證，附載篇末，用以訂訛傳信；云云。

然據乾隆十二年校刊之「欽定金史國語解」中，所用滿語對音簒改之金代地名、人名，亦與乾隆三十八年之「建炎以來繫年要錄」所云者，不甚相符。如要錄云：

尼瑪哈Ni-ma-ha原註云：原書作黏罕，改見卷一。然乾隆十二年初次校刊之「金史國語解」却云：

尼雅馬因Niya-man原註云：粘罕心也，粘罕卽尼雅馬因。

按黏罕卽粘罕，但乾隆十二年認係滿語之Niya-man而三十八年又認係Ni-ma-ha（按滿語Ni-ma-ha者，魚也，Niya-man者，心也）。由於此譯釋之不同觀之，建炎以來繫年要錄所據之「金史國語解」，絕非乾隆十二年初次校刊之「金史國語解」，但徵諸「欽定三史語解」中之「金史語解」，則成書於乾隆四十六年，已在三十八年「建炎以來繫年要錄」成書以後。而現存之金史語解，又僅有乾隆十二年武英殿本金史所附之「金國語解」與乾隆四十六年「三史語解」中之「金史語解」二種。是乾隆三十八年纂改「建炎以來繫年要錄」中金人地名，所據之「金史國語解」，必爲另外一種金史國語解。且按之乾隆四十六年「三史語解」中之「金史語解」又將「粘罕」一名譯「尼堪」Ni-kan如云：

尼堪Ni-kan原註云：漢人也（金史卷三十一作粘哥，又作粘罕，倂改）

當可知乾隆三十八年纂改「建炎以來繫年要錄」所據之「金史語解」一書，既非乾隆十二年初次校刊之「金國語解」亦非乾隆四十六年「三史語解」之「金史中語解」。更證諸乾隆四十三年「滿洲源流考」卷十八國俗語言門云：

至於語言則無不相同，雖各書之譯對多訛，而音義具可尋究，欽定遼金元三史語解，詳加釐正，曠若發蒙。第篇帙既繁，未能盡載，今就史傳中，原有舊解者，正其音譯，覈其當否，以次繫之，而金史所有舊國語解，音義近似者尙多，並爲考正，以附諸後，庶可得其大略云。

可知滿洲源流考所據之欽定三史國語解，亦非乾隆四十六年之三史語解也。其必有另外一種三史語解者明矣。蓋滿洲源流考一書，乾隆四十三年奉敕撰，而現存之三史語解，又係乾隆四十六年奉敕撰。但四十三年撰修滿洲源流考時，已參以三史國語解。可知滿洲源流考所參考者，非四十六年之三史語解者，當無可疑。所以在乾隆十二年初次校刊「金國語解」起，直至乾隆四十六年最後定本之「三史語解」止。當中淸高宗不知幾次篡改矣，故其中之甘苦，恐獨帝自知之也。基於帝幾次篡改舊有金代女眞語之矛盾，故吾人可根據史實及現存之舊有女眞語，如元脫脫金史中之殘留部份，以及明代火原傑之「女眞譯語」等，相互詳勘乾隆四十六年最後定本之「三史語解」中「金史語解」之謬誤。此稿爲筆者數年來研究之初稿，其中訛誤遺漏之處，恐尙難免，當俟他日續予補正。謹先以此求敎於中外各先進焉。

「金史語解」正誤

舒嚕Su-ru珊瑚也，卷一（按指金史之卷數，下同。）作石魯，又作實魯，又作世魯。併改，昭祖（金）名。

按明代火原傑所編之「女眞譯語」（係據羅福成本，更參以東洋文庫本及德人 Grube, W. 本，下同。）珍寶門云：「珊瑚」其音讀作：「San-hu」。是女眞語之珊瑚源於漢語，極爲明顯。淸高宗何反稱金史卷一之石魯，應爲滿語「珊瑚」Su-ru?.考Su-ru一語，爲蒙古語珊瑚，（見日本陸軍部蒙古語大辭典昭和八年本，下同。）滿人轉學之蒙古，高宗不明底蘊，實有附會之嫌。

都古嚕訥du-gu-ru-ne蒙古語盈滿也，卷一作迪古乃，卷五十九作敵古迺。併改，海陵名。

按蒙古語「盈滿」曰 du-gu-reng 或 du-gu-ren（蒙語辭典）爲形容辭。明代郭造卿之「盧龍塞略」通用門云：

「滿」謂：「都兀郎 du-u-rang」今之滿語「盈滿」曰：「ja-lu 或 ja-lumbi」（清文彙書卷之九 ja字頭）「女眞譯語」「盈」曰「扎魯哈 ja-lu-ha」。元脫脫金史所附「金國語解」人事門云：「迪古乃」者，其釋義謂「來也」；卽乾隆十二年之「金國語解」（武英殿本金史卷尾所附，下同此）亦云：「迪古乃，來也。迪古乃卽：濟赫喀伊 ji-he-kai」而乾隆四十三年之「滿洲源流考」卷十八國俗附「金史舊國語考」則云：「阿庫納，滿洲語令周到也。原文（按指元脫脫金國語解）作迪古乃，解云：來也。並誤，今改正。」姑無論元脫脫之云「迪古乃，來也」之說，是否正確。僅就同爲清帝所欽定之三種記載相互歧異觀之。卽可知清帝以及當時之滿人，恐早已忘却其祖先之原語，莫明其究竟矣。否則，何以十二年時認爲女眞語之「迪古乃」爲滿語之「濟赫喀伊 ji-he-kai」而四十三年又認爲「迪古乃」爲「阿庫納」；四十六年又認爲「迪古乃」爲蒙古語之「都古嚕訥 du-gu-ru-ne」？更證以「女眞譯語」通用門云：「來」曰「的温 Ti-Un」雖發音與金史之「迪古乃 Ti-gu-nai」略有不同，而尙不失其原語形。由此可證，所謂清帝欽定之書，實缺乏根據也。

阿蘭 A-lan 皮也，卷六十作阿懶，海陵妃。

按元脫脫金國語解物象門云：「阿懶」者，「坡陀」也。乾隆十二年之「語解」亦云：「陂陀曰阿懶，阿懶卽阿拉 A-la」。又四十三年之「滿洲源流考」亦云：「坡陀曰阿拉，滿洲語山岡也，原文作阿懶，今改正。」考今之滿語「A-la」一語之釋義：「山崗，矮平山，大阜。令樺樺皮。令告訴。」（見清文彙書卷一 A字頭）是A-la一語，共有：山崗或矮平山以及大阜等義。而令樺樺皮與令告訴，應爲使役動辭。但高宗將視同金史中之「阿懶」一語，一則釋爲「樺皮」一則釋爲「山岡」，不知有何根據？又係以何爲準？考滿語「樺皮」

曰Tol-hon，亦非A-la，可知清帝欽定「阿懶」爲「樺皮」之說，或係出於附會者也。

棟摩dong-mo茶桶也，卷二作鬬母，世祖子。

按元脫脫金國語解云：「釜曰鬬母」。乾隆十二年之「語解」亦云：「釜曰鬬母，鬬母卽西穆圖 Sim-Tu」。又四十三年之「滿洲源流考」亦云：「釜曰實木圖，滿洲語大鐵鍋也。舊作鬬母今改正。」是乾隆十二年及四十三年，均尙認金史中之「鬬母」亦卽滿語中之「西穆圖 Sim-Tu」或「實木圖 Šim-Tu」且並未否定其義爲釜之說，何以乾隆四十六年又否定自身所欽定之金國語解及滿洲源流考所證者，而認爲金史中之鬬母，係滿語曰茶稲之「棟摩 dong-mo」?出爾反爾，究以何爲準?此種矛盾之處，適增吾人對清帝之不信任而已。

烏肯撤U-ken-ce 蒙古語柔弱也，卷五十九作烏骨出，昭祖子。

按金史卷五十九宗室表；昭祖子作烏骨出。而卷六十五始祖以下諸子列傳，又作烏古出。應同爲金景祖烏古迺之弟。是一名之兩譯，一作烏骨出，一作烏古出，此爲欽定三史語解之漏，未曾檢出。但據元脫脫金國語解云：「烏古出，方言曰再休，猶言再不復也。」乾隆十二年之「語解」却云：「烏古出，方言曰再休，猶言再不復也。烏古出卽武墨濟由U-me-jio」考滿語U-me一字，義爲：勿、休要、不要、莫、毋等意者，據清文彙書卷二U字頭云：「凡用此句（按卽U-me）尾必以ra, re, ro煞尾應之。」是U-me一字，在滿語中爲一特殊之否定詞。蓋考滿語中之普通否定詞爲A-ku故而在滿語文法上，若用U-me時，必須以ra, re, ro三字煞尾應之而爲要件。然以上乾隆十二年之「語解」不但未以ra, re, ro以應，且在字尾接一jio字，按jio字單獨用時，義爲命令詞（或使役）之「來」（見清文彙書卷九jio字頭，考此字頭惟此jio字）其釋云：「叫人來，召人來」故而滿語之 U-me-jio 一語，義謂：「不要來，勿令來、莫使來」者，似於元脫脫之「烏古出，再休，猶言再不復也」之義，並不完全符合。蓋金代女眞語之意義中，含有一重複詞之「再」字，若釋烏古出一語之全義，應爲加强其否定詞之語氣，故而冠以「再」字。且整個烏古出一語中，絕無絲毫之「來」字義存在。而在乾隆四十三年之「滿洲源流考」却又云：「烏肯徹，蒙古語柔弱也。舊作烏古出，解云：方言曰再休，猶言再不復也。意近似而未當，今改正。」云云。吾人實不能知「柔弱」與「再休，再不復也」之意何處接近？是否以人之柔弱多病，不能復原强壯身體之義，因而附會者？若然！實爲强辭奪理，蓋人之身體柔弱，若釋以「再休，再不復也」，則在辭義上似均說不通。且「再休，再不復也」之義，實應係再不要如此之謂也。

芬徹 Fun-ce 有餘也，卷二作蒲察，穆宗子。

按現行之滿語「有餘」曰 Fun-cen 而非 Fun-ce（清文彙書卷十二 Fu 字頭）。又據「欽定金史語解」卷七姓氏門中，有「富察 Fu-Ca」其下小註云：「卷一作蒲察，今從八旗姓氏通譜改正，部名。」是同爲一書，又爲清高宗一人所欽定，且又同爲金史中之蒲察，而前者作「芬徹 Fun-ce」後者又作「富察 Fu-Ca」不知清高宗何以知前者之蒲察爲芬徹 Fun-ce 而後一蒲察爲富察 Fu-Ca？

阿里罕 A-li-han 衣貼襯也。卷一作阿离合懣，景祖子。

按元脫脫金國語解云：「阿离合懣，臂鷹鶻者。」乾隆十二年之「語解」亦云：「阿离合懣，臂鷹鶻者。阿离合懣卽阿禮哈 A-li-ha」四十三年之「滿洲源流考」却又云：「阿里哈尼雅勒瑪，臂鷹鴿者，滿洲語架鷹人也。舊作阿离合濊，蓋音急而訛，今改正，舊解相合。」考清文彙書卷一A字頭云：A-li-ha一語，義其謂：「單衣貼裆」，同一字頭中，又有A-li一語，義謂：「令人手駕鷹，令承當，令擔當，令抵，令盛。」等義。從以上各種滿語釋之，滿洲源流考所釋，或較近似。不過從此亦可概見清高宗之玩固矣。蓋滿語中之A-li-han，雖義謂「衣貼襯」但與金史「臂鷹鶻者」之義，相差過甚。且滿語之A-li一語，已含有「令人手駕鷹」之義，清高宗豈能不知此語。

摩囉歡 Mo-ro-hon 眼圓睜也，卷三十一作謀良虎，康宗子。

按元脫脫金國語解云：「謀良虎，無賴之名，皆不美之稱也。」乾隆十二年之「語解」亦云：「謀良虎，無賴之名，皆不美之稱也。謀良虎卽穆喇枯Mu-ra-ku」又四十三年之「滿洲源流考」却又云：「穆哩庫，無賴之名，滿洲語穆哩庫。執謬人也，舊解未當，原作謀良虎，今改正。」考滿語穆喇枯Mu-ra-ku義謂：「哨鹿吹的哨子，其聲與鹿聲同」（見清文彙書卷八Mu字頭）而穆哩庫Mu-ri-ku共有三解，一爲「軸子」一爲「執繆人」一爲「馬倔僵」（見清文彙書及清文鑑等）是滿語中之穆喇枯Mu-ra-ku與女眞語之謀良虎，在釋義上幾南轅而北轍，實無詳證之必要。至於穆哩庫Mu-ri-ku一語，雖其義之執謬人，似乎近於女眞語無賴之稱之謀良虎。但細究之亦覺未當。按所謂執謬人者，卽俗稱之執㨾忸理之人也。執㨾忸理之人，祇能算固執、倔强，而絕不能認爲執㨾忸理之人卽爲無賴。故而吾人認謂：滿語之穆哩庫Mu-ri-ku亦非女眞語之謀良虎。從元脫脫所釋「無賴之名，不美之稱」觀之，謀良虎一語，實近於滿語中之Mu-ru-aku，按滿語之aku係否定詞，均接於每一詞尾，不過在應用此否定詞時，有一慣例，卽每一詞末尾之音若爲母音之A時，則A-ku

一詞之頭音A，便可省略。如滿語之「不承認」曰da-bu-raku，實際上應爲da-bu-ra-aku，因da-bu-ra一詞之尾音ra，最後爲一母音之A，故而A-ku一詞之頭音A，便被省略。所以習慣上讀與寫，均祇用da-bu-raku卽可。相反如曰 不相干」謂：dal-ji-aku，按dal-ji一詞，義爲相干，加一否定詞之A-ku卽爲不相干。又因相干之dal-ji最後尾音之字母爲i ，而非A，所以否定詞A-ku之A字，不能省略。此否定詞格既明，更看滿語之Mu-ru-aku一語，義謂：「無道理胡行之人」而Mu-ru一詞，係云「人之形，或樣子」若加上否定詞之A-ku則謂「無道理，胡亂行爲之人」。似與女眞語「無賴」之稱之「謀良虎」釋義頗近，而發音亦似。所以吾人頗疑清高宗追改前後數譯之音義均非是也。

斡里雅布Wa-li-ya-bu令棄也，卷三十一作斡里不，太祖子。

按金史卷三十一爲禮志：所云太祖子之「斡里不」，係在「功臣配享」禮中。斡里不卽太祖第二子，又名宗望。禮志云：「天德二年（金帝亮年號西元一一五〇）二月，太廟祫享，有司擬上配享功臣，詔以：撒改、辭不失，斜也、杲，斡魯，阿思魁（卽完顏忠，本名廸古乃，字阿思魁）忠，東向配太祖位，以粘哥、宗翰，斡里不、宗望、闍母、婁室、銀朮可西向配太祖位。……其後次序屢有更易……明昌四年（金章宗年號西元一一九三）次序始定，東廊；皇叔祖遼智烈王斜也－杲，皇伯太師遼忠烈王宗幹－斡魯，皇伯太師右副元帥宋桓肅王訛魯補－宗望……。」又金史卷七十四宗望傳(下注云：本名斡離不)云：「宗望本名斡魯補，又作斡離不，太祖第二子也……。」是宗望之本名「斡里不」或譯稱「訛魯補」「斡魯補」「斡離不」等，是斡里不、訛魯補、斡魯補、斡離不等名，均係一名之數譯，此雖爲金史之粗疎，但却被清高宗曲解並加以利用。考「金史語解」卷九人名：亦有：「鄂勒博 al-bo」一條，清高宗加注云：「馬褂也，卷五作斡盧保，卷三十一作訛魯補，卷四十八作歐里白，卷九十一作斡魯保，卷一百二十七作斡魯補，併改。」清高宗之釋，認為金史中之：斡魯保、訛魯補、歐里白、斡魯保、斡魯補等名，均係同名之異譯，且釋其義為滿語之「馬褂」。至於卷五海陵本紀正隆六年（西元一一六一）八月癸亥，被海陵所殺之「斡盧保」與卷四十八食貨志所載：「兵部侍郎徒單歐里白」以及卷九十一蕭懷忠傳之「斡魯保」卷一百二十七孝友傳之「溫迪罕斡魯補」是否為同名之異譯，可暫不論。惟所引卷三十一禮志：「功臣配享」之「訛魯補」，分明係宗望本名「斡里不」之同人同名異譯（見前引禮志）。而清高宗故作不知，將斡里不譯為滿語之「斡里雅布 Wa-li-ya-bu」釋其義謂：「令棄也」而將同為斡里不同名異譯之「訛魯補」却又譯為滿語之「鄂勒博 Ol-bo」並釋其義謂：「馬褂也」，誠漫無準則也。更將卷四十八食貨志大定二十年之「斡魯補」，在卷十一人名中釋謂：「鄂勒巴」Ol-ba」小註云：「蒙古語已得也，卷四十八作斡魯補」云云，始知清高宗之狂簡矣。

沃哩布We-ri-bu令留也，卷五十九作吾里補，睿宗子。

按元脫脫金國語解云：「吾里補，畜積之名。」乾隆十二年之「金國語解」云：「吾里補，畜積之名。吾里補卽武禮布 U-li-bu」四十三年「滿洲源流考」云：「沃哩布，蓄積之名，滿洲語存留也。舊解近似，原文作吾里補，今改正。」是高宗尚未弄清楚金史之吾里補，究係滿語之武禮布 U-li-bu 抑為滿語之沃哩布 We-ri-bu？以吾人之愚見，清高宗之兩種解釋均似不甚相符；蓋存留於今之滿語字書：如清文鑑、清文彙書等，均未見有U-li-bu（卽武禮布）一語，而滿語之We-ri-bu(沃哩布)實應為 We-rim-bi 或 We-ri-bum-bi，蓋前者始爲存留之義，而後者義謂使存留。若淸高宗所謂：We-ri-bu卽We-rim-bi或 We-ri-bum-bi之假定爲是?實與「蓄積」之義亦有出入。因所謂「蓄積」者，習慣上應係指「財貨」而言。所謂「存留」者，實泛指一切事物而言也，兩者之義並不盡同。故吾人認爲金史之「吾里補」一語，或當係滿語之「U-lim-ba-yan」之對音。蓋滿語U-lin爲「貨財」之義，而ba yan爲「富有」二字合譯，應爲「有積蓄」之「富有者」，似乎與金史之吾里補一語相近似。如是，不但淸高宗前後附會均爲訛誤，卽其釋義恐亦有勉强之嫌也。

蘇尼 Su-ni 蒙古語夜也，卷五十作熟輦，世宗子。

按元脫脫金國語解云：「熟輦，蓮也。」乾隆十二年之「語解」亦云：「熟輦，蓮也。熟輦卽舒伊勒哈 Šu-il-ha」，四十三年之「滿洲源流考」亦云「舒伊勒哈，蓮也。滿洲語蓮花也，義相合，原文作熟輦，蓋語急而訛，今改正。」考滿語之 Šu 共有數義焉，其一謂「文章之文」，其二謂「讀書通了書之人」，其三謂「天文」，其四謂「硝」（淸文彙書及補編）。但考之女眞語，漢語之「文」則曰「必忒黑」卽滿語曰「書」 bit-he之對音。然滿洲語却將「文」與「書」分而爲二。究係何時將漢語之「文」與「書」分爲二語，已不明其源，惟據明代之「女眞譯語」，尙沿金代之舊，故曰「文官」謂：「必忒黑背勒」。按「背勒」一語，金人與滿人在應用上亦各異。金代用「背勒（勃極烈）」爲「官」稱。而淸代用「bei-le」爲一種「爵位」之稱，此種爵位又祇授與滿洲及蒙古人，漢人莫與焉。淸人却又泛稱「官」曰ha-fan而將貝勒bei-le易爲對滿洲皇室支庶子姪之專稱。不過 ha-fan 一語，金代女眞人亦有，却用爲「衙門」之稱，而滿語之「衙門」却又用漢字之對音而曰：ya-mun。此乃女眞語與滿洲語言應用之差異也。然細按滿語「蓮花」之 Šu-il-ha 一名，其首音之Šu在滿語中單獨並不釋爲「蓮」，故必須與「花」之il-ha連讀、連寫，始可曰「蓮花」，若祇曰「蓮」亦謂：Šu-il-ha，絕不能單曰Šu。Il-ha則爲「花」之通稱，無論何種花，皆曰Il-ha。不過從滿語蓮花頭音之Šu與女眞語漢字對音之「熟」Su加以比較，並非不相近也。若更將「熟輦」Su-men二字加以詳析之，實更相近。祇從其釋義謂「蓮」證之，清高宗實無任何理由將女眞語之「熟輦」，附會爲蒙古語之「蘇尼Su-ni」。或果眞如四庫全書總目，欽定三史國語解一條中，清朝諸大臣奉承清高宗爲「聖明天縱，邁古涵今」之語，具有超人之聰，能在五六百年以後，又重替金代之女眞，造出一套新女眞字乎？

薩嘮勒Sa-raol蒙古語有月光也。卷五十九作斜魯，世宗子。

按元脫脫金國語解云：「大而峻曰：斜魯」。乾隆十二年之「語解」亦云：「大而峻曰：斜魯。斜魯卽碩嗙因So-rong，索倫（契丹）語謂山之高峻爲碩嗙英」。四十三年「滿洲源流考」又云：「山大而峻者曰：實納，蒙古語山梁也，原文作斜魯，今改正」。前後三書同爲清高宗所欽定，何以十二年時謂金史中之「斜魯」爲索倫語「山之高峻」之「碩嗙英So-rong」，而四十三年又謂金史之「斜魯」爲「蒙古語山梁」之「實納」。四十六年又謂金史中之「斜魯」爲「蒙古語有月光」之「薩嘮勒Sa-raol」？吾人不知清高宗將同爲金代女眞語之「斜魯」而作三種不同之解釋，究竟根據何種標準？如此前後矛盾，任意附會，實非正史實之誤，而確係有意竄亂史實者也。（又有「薩魯，鬚也」一條，清高宗亦附會爲金史之斜魯。見後釋）。

德里de-li盤石也，卷五十九作忒鄰，章宗子。

按元脫脫金國語解云：「忒鄰，海也」乾隆十二年之「語解」亦云：「忒鄰，海也。忒鄰卽特禮因Te-lin，索倫（契丹）語謂淀湖爲特禮因」。四十三年「滿洲源流考」云：「達賚，海也。蒙古語義相合，舊作忒鄰，今改正」。是清高宗直至四十三年，尚未否認金史之忒鄰爲海之義，祇不過初認忒鄰爲索倫語，謂淀湖之特禮因 Te-lin，而後似乎又嫌釋義不符，反認金史之忒鄰，應爲蒙古語之達賚而已。但至四十六年却又反對前說，認爲金史中之忒鄰，係滿洲語「盤石」之「德里 de-li」。此種矛盾，恰好證明清高宗既非有超人之智慧，且又不諳女眞語，其所謂欽定者，祇不過是淆亂史實，以遂其心理上自卑感之慰藉耳。考女眞譯語曰：「海」謂「脈忒厄林」其發音應爲Me-te-e-lin，而滿語謂「海」則曰 Me-de-ri，由此當可知女眞語之 Me-te-e-lin卽滿語Me-de-ri之對音，而金史之「忒鄰」te-lin 或te-rin者，實因女眞語Me-te-lin或 Me-te-rin 一語最首音之Me，在發音時過於輕微，而被讀謂M音，致被譯者所省略，故祇譯後二音 te-lin 或 te-rin 爲「忒鄰」，此爲金史顯然之誤，清高宗不加補證，而任意附會，實覺遺憾也。又有「特烈」一語，被釋爲「忒鄰」，請參閱後證。

準布 jom-bu令提醒也，卷六作阻轐，部名。

按阻轐一名，前史未之聞。王國維先生曾在「韃靼考」一文中云：「唐宋間之韃靼，在遼爲阻卜，在金爲阻轐，在蒙古之初爲塔塔兒。」文精論博，載於「觀堂集林」史林第六，文煩不贅。是金代阻轐二字之眞實性，尚有最大之疑問，而清高宗反據韃靼兩字之訛誤阻轐，更附會其爲滿語「令提醒」之「準布 jom-bu」，徒使人見笑耳！

烏都温 U-du-wen 公貎也，卷七作吾都椀，卷九十八作烏都椀，併改部名。又地理門亦有：烏都温 U-du-wen 公貎也，卷二十四作斡獨椀，地名。

按金史之「吾都椀、烏都椀、斡獨椀」是否係同名之異譯，不得而知？考「斡獨椀」一語之發音，似與遼史營衞志所云之「窩篤盌斡魯朵」一名之發音相近。按斡獨椀之發音爲We-du-wan而窩篤盌之發音爲 We-du-wan，是二語之發音應完全相同。據遼史卷三十一營衞志云：「窩篤盌斡魯朵，興宗置，是爲延慶宮。孳息曰：窩篤盌。」乾隆四十六年之「遼史語解」却又云：「阿敦鄂爾多 A-dun-or-do 滿洲語阿敦牧羣也，鄂爾多亭也，卷三十一（按指遼史）作窩篤盌斡魯朵。」按金史中許多地名、人名、部族名、官稱等，均沿契丹之舊，故元脫脫金國語解云：「詳穩、移里堇本遼語，金人因之而稍異同焉。」蓋爲至確之史實。考之金史引用遼史之舊名者頗多，繁至無法一一枚舉，僅就遼史營衞志一卷之各斡魯朵證之：則有遼史之「蒲速盌」，金史卷六十三作「蒲速斡」又作「蒲速椀」。他如遼史之「耶魯盌」金史卷二十四作「耶魯椀」。可知遼史之「盌」字，金史均譯爲「椀」，而漢字之發音，則盌、椀又完全相同。金史之「斡獨椀」殆卽遼史之「窩篤盌」無疑。若然，則金史「斡獨椀」一語之源，實係遼代之契丹語，並非滿洲語也。其語義原係「孳息」，既非欽定遼史語解所釋「滿洲語牧羣之阿敦 A-dun」，亦非欽定金史語解所釋「滿洲語公貔之 U-du-wen」。考滿語「孳生」謂：Fu-Seng（淸文彙書卷十二F字頭）但淸高宗却在「金史國語解」中云謂：Fu-seng-ge，更在同一書中又云謂：Fu-se-ke，且將 Fu-seng-ge 附會爲金史中之「蒲速椀」，更將 Fu-se-ke 附會爲金史卷六世宗紀大定四年（西元一一六四）伏誅之叛黨「蒲速越」。並釋滿語之 Fu-seng-ge與Fu-se-ke均爲「孳生」。實則金史所附元脫脫之金國語解所云：「烏魯古U-ru-gu牧圉之官」之U-ru-gu應卽遼史窩篤盌 We-du-wen 一語之對音。蓋在阿爾泰語系中，如蒙古語曰「孳生」謂U-ru-gu實又係金代 U-ru-gu之對音也。不過遼史係譯其義爲「孳息」而金史根據盌息之義，引伸爲「牧圉之官」（卽宋史之羣牧監之義也）而蒙古又釋「孳生」。其實皆一義也。恐滿語「孳生」之Fu-sen或亦係We-du-wen或 U-ru-gu 與 U-ru-gu所演變也。所以清高宗將之附會爲「公貔」之U-du-wen實係不明究竟而任意解釋，並不足以爲據也。

孟古Mung-gu蒙古語銀也，卷七十六作女固，部名。

按女眞語「銀」亦曰：蒙古溫 Mung-gun（見女眞譯語珍寶門）故而清高宗所謂：蒙古語銀之孟古 Mung-gu應卽女眞語銀蒙古溫Mung-gun之同名異譯。是清高宗首卽不明此語之來源，此其一誤也。考女固一名，本源於契丹。據遼史卷六十九部族表有：「道宗清寧二年（西元一〇五六）詔二女古部與世預宰相節度使之選者，免皮室庫（本紀作軍）役」而卷四十六百官志諸部官，又有「二女古部」，他如營衞志又有「女古石烈」等等。此契丹之「女古」，實卽金史之「女固」也。然據元脫脫遼史語解云：「女古，金也」似又與清高宗所附會「女固」卽「孟古」其義爲銀之說，大相逕庭。此其釋義之誤者二也。更考女固之女字，漢字之發音，原有二讀，一讀爲Nü而又可讀謂Rü，是女固一名，卽可讀Nü-gu更可讀Rü-gu，但均不能轉讀爲Mung-gu。吾人不明清高宗根據何種法則與標準，將女固Nü-gu或Rü-gu改讀爲 Mung-gu者，此其附會音讀之誤三也。何況卽契丹語金之「女古」，是否正確，實尙有商榷之餘地也（可參閱拙著「釋女眞」一文，載於大陸雜誌第十六卷二至四期）。

博勒和 bel-ho 潔淨也，卷八十四作婆盧火，卷一百二十作婆盧木，倂改，部名。又地理門亦有：博勒和，潔淨也，卷六十五作琵里郭，卷七十三作部羅火，又作婆盧火，卷八十七作拔盧古，併改，水名又地名。

按元脱脱金國語解云：「婆盧火者槌也」。乾隆十二年之「金史語解」云：「婆盧火者槌也，婆盧火卽佛哩 Fo-ri」四十三年之「滿洲源流考」又云：「佛勒和者槌也，滿洲語義相合，原文作婆盧火，今改正。」考滿語 Fo-ri 義爲「打、擊、槌」。佛勒和 Fol-ho 之義，爲「小鐵槌子，乃打鐵釘，打銀，一邊粗，一邊細者。比此槌子略大些，打小刀子等鐵者，乃Fdab-tara也」（見清文彙書，按此字應有誤，蓋滿語中並無F音單用爲字頭者，滿語之例，F之下必加一母音之A、E、I、O、U等音後，始成單字。據清文鑑卷二十二「鎚」曰 dab-tara-Fol-ho，可知清文彙書在此字之字頭，誤多一F音也）由以上所引證，似乎金代女眞語之「婆盧火」，應與滿語之 Fol-ho 相近。考婆盧火之發音，應爲 po-lu-ho，祗是滿語將重唇之P音，改讀爲輕聲之F音，更將原有之lu而讀爲l。此種語言之變例，幾無族無之。卽以清初之滿語與乾嘉後之滿語爲例：如乾嘉後之滿語曰「唱戲」謂 ju-cu-le-mbi，而舊清語則曰：U-cu-le-mbi，是舊日輕音之U，乾嘉後又讀謂重音之ju。他如滿語舊曰「兩物相碰之聲」謂：Kiya-lang而乾嘉以後，則改讀曰 Ka-lang（以上均見清文彙補），蓋爲顯然之例也。考滿語鐵鎚之Fol-ho與女眞語槌之「婆盧火」又均爲名詞。而滿語之Fu-ri 槌也者，實應爲動詞「槌打、槌擊」之義也。似與名詞之「婆盧火」一語，不甚符合。但無論如何，乾隆四十六年，又將女眞語「槌」之「婆盧火」改譯爲滿語潔淨之 bel-ho，其全屬無稽之附會者也。

占楚琿 jan-cu-hun 卷九十三作山只昆，今從八旗姓氏通譜改正，部名。

此爲清高宗根據其自製之史料標準，加以更改女眞音讀，而又無義可釋之一例證。然按元脱脱金國語解云：

「山只昆，舍人也」。並非字義已佚之女眞語，但清高宗却捨可靠之證據不用，反而任意强釋，此有意作僞之鐵證也。又何況清高宗釋此語以前，在乾隆十二年之「金國語解」尙作：「山只昆，舍人也。山只昆卽沙因齊因庫因 Šan-cin-kun 索倫（契丹）語謂：守寨人爲沙因齊因庫因。」之解釋，並未否定女眞語「山只昆、舍人也」之記載也。然而何以四十六年又將「山只昆」更改爲無義解之「占楚琿 jan-cu-hun」，豈不自相矛盾乎？而更可怪者，爲四十三年「滿洲源流考」所云：「沙律昆，舍人也。按蒙古語：沙律，敎也，昆，人也。舊作山只昆，今改正。」豈不滑天下之大稽？吾人無以名清高宗，蓋此種前後矛盾自昧，實在過於顯然，自纂改史實之手法言，清高宗實甚爲笨拙，不知誰欺也。

按春 An-cun 耳墜也，卷一作安出虎，卷四作按出滸，卷二十四作阿朮滸，卷六十七作安朮虎，併改。又同書皇子門亦云：安春：耳墜也，卷五十九作按出，衞紹王子。

按元脱脱金國語解云：「金曰按春」。女眞譯語亦曰：「金曰安春温」。且金史卷二十四地理志云：「上京路，卽海古之地，金之舊土也。國言金曰按出虎，以按出虎水源於此，故名金源，建國之號，蓋取諸此。」又三朝北盟會編卷三云：「國號大金，以水名阿祿阻爲國號。阿祿阻，女眞語金也。」由以上各史記載證之；則知女眞語金之按春 An-cun 安春 An-cun 按出虎 An-cu-hu 阿祿阻 A-lu-ju 應均係同名之異譯者，似無若何疑問。且元脱脱之「金國語解」，又分明載曰「金曰按春」，不知清高宗何以不加參考，遽而釋女眞語之按春爲「耳墜」，實使讀史者眞正墜入五里霧中矣。但徵之清初史籍，清高宗並非不知女眞語金謂「按春」也。據乾隆十二年之「金國語解」云：「金曰按春。按春卽阿伊西因 Ai-sin 」是可證清高宗自始非不知女眞語金謂

「按春」也，祇不過認爲金代之「按春」亦卽滿語之「阿伊西因 Ai-sin」而已。又據清太祖武皇帝實錄云：我乃天女佛庫倫所生，姓愛新（其下小註云：華言金也）覺羅（小註云：姓也）名布庫理雍順」（按卽清人自認其族之始祖）此所謂：「華言金也」之「愛新 Ai-sin」應卽乾隆十二年所云「按春卽阿伊西因 Ai-sin」之「阿伊西因」之對音。如是則女眞語金之「按春、安春、按出虎」等，亦卽滿語曰金之「愛新 Ai-san阿伊西因 Ai-sin」之同名異譯者明矣。但細考乾隆四十六年之「金史語解」一書中，共有如下之八條不同之紀錄：

1：卷一皇子門云：「安春，耳墜也。卷五十九作按出，衞紹王子。」

2：卷三地理門云：「按春，耳墜也。卷一作安出虎。卷四作按出滸。卷二十四作阿朮滸。卷六十七作安朮虎。併改水名。」

3：卷五地理門云：「安春必爾罕，安春，耳墜也。必爾罕，小河也。卷一百三作按出灰必剌罕。地名。」

4：卷七姓氏門云：「愛新，金也。卷五十五作愛申。」

5：卷十人名門云：「安春，耳墜也。卷十四作按春。卷九十九作按出。併改。」

6：卷十一人名門云：「愛新，金也。卷十七作愛申。卷五十九作阿辛。併改。」

7：卷十二人名門云：「愛新鄂約，愛新，金也。鄂約，氈廬頂也。卷七十六作阿沙兀野。」

8：卷十二物名門云：「愛新，金也。卷二十四作按出虎。」

從以上清高宗所欽定各條所云：祇有卷十二物名門一條，似稍與金史所云符合。其他各條，除將金史曰金之安出虎、按春等，均釋作「耳墜」外，並將金史中並非曰金之「愛申、阿辛、阿沙」等，均附會爲滿語曰金之「愛新 Ai-sin」。此誠高宗大錯特錯之處也。考前引之第二條：金史卷一世紀中所云：「獻祖（綏可）乃徙居海古水，耕墾樹藝，始築室有棟宇之制……自此遂定居於安出虎之側矣。」此安出虎清高宗釋爲滿語「耳墜」之按春。然在前引第八條物名門中，却又云「愛新，金也，卷二十四作按出虎。」考金史卷二十四地理志上京云：「上京路卽海古之地，金之舊土也。國言（女眞）金曰按出虎，以按出虎水源於此，故名金源，建國之號蓋取諸此。」此所謂海古者，卽金史卷一獻祖綏可徙居之海古水，而此處之按出虎，卽獻祖綏可定居於安出虎水側之「安出虎」。祇是一作安讀爲上聲，一作按讀爲去聲之不同而已，從史料上證之，兩名實爲一地名之異譯。然而却被清高宗將之附會爲二。一釋爲滿語耳墜之按春，一釋爲滿語曰金之愛新，此殆清高宗釋義之誤者一也。又前引第一條云：滿語耳墜之語應爲「安春」。但在第二條又云爲「按春」。然在第五條中，又否認滿語耳墜爲「按春」而復認爲「安春」始合。如是則前後矛盾，不知清高宗究竟有何根據？假若無强有力之史據，清高宗實難辭「吹毛求疵」之嫌也。此其前後讀音之矛盾者二也。他如前引乾隆十二年之「金國語解」已明言：「按春曰金。按春卽阿伊西因 Ai-san」而武皇帝實錄亦明言「愛新，華言金也。」是金代女眞語之「按春」應與滿語「愛新」爲同名之異譯。但清高宗却自作聰明，將「按春」釋爲滿語之「耳墜」，將「愛新」釋爲「金」。更奇怪者：卽乾隆四十三年之「滿洲源流考」所云：「金曰愛紳，滿洲語義相合，原文作按春，則滿洲語耳墜之稱。雖耳墜以金爲之，致誤亦有由，而義自各殊，並爲訂正。」此說表面上觀之，尙不無理由，但細究之不但毫無道理，且可確實證明清高宗有意作僞之蹟。蓋女眞語金曰按春，早在乾隆十二年已被清高宗所承認。豈容四十三年再加否認？但觀滿洲源流考之文，似乎在於承認與不承認之間。承認乎？與清高宗自創之滿洲字「愛新曰金」者，相互衝突。不承認乎？金史又言之鑿鑿。故而遂作承認與不承認含混之詞。先曰「金曰愛紳，滿洲語義相合，原文作按春。」是下文應予斷然曰是或否矣，然而清高宗不但不斷然曰是，或否，乃又云：「則滿洲語耳壂之稱。」是上面一句承認金史所云「按春曰金」一語，與滿洲語義相合，祇不過滿洲語讀按春爲愛紳而已。然在其下句則又否認之曰「按春滿洲語耳壂之稱」。是金史所云「金曰按春」者爲非是矣。而又不能堅持，接續而言曰「雖耳壂以金爲之，致誤亦有由」。則又故爲曲說以爲矛盾之解釋，以示其說解由推考而出。綜合以上所論，清高宗之原義，簡括言之，金史中「金曰按春」之說，應完全爲誤矣。但史實仍爲史實，絕非清高宗所可僞造。如是前後參差，祇顯露其矛盾無理，此又係清高宗顧此失彼之誤者三也。再考金代之「按出虎水」卽今日之「阿什河」，清人又名謂「阿勒（一作爾）楚喀」。按前引金史卷二十四地理志已言之鑿鑿，且經乾隆四十六年「金史國語解」（前引之第八條）加以承認爲「愛新，金也。金史卷二十四作按出虎」，然而何以不名按出虎水爲愛新水？而名按出虎水爲「阿勒楚喀」？且清人自認其姓氏之愛新覺羅之「愛新」爲金，但何以不曰其姓謂「阿勒楚喀覺羅」？反而更釋「阿勒楚喀」者爲「耳壂」？如此之不統一讀音與釋義，究作何用意耶？進而證以清代之「吉林通志」卷十一沿革志轉引金史地理志之文曰：「上京路卽海古勒之地，金之舊土也。國言金曰愛新，以按春水源於此（其下小註云：舊作按出虎）故名金源。」又同書卷二十二輿地志山川門云：「阿什河，卽阿勒楚喀河也。金曰按出虎，北盟會編曰阿觸胡，又曰阿朮火。字異音同，實一地也。」是清人不但承認金史所云：「金曰按春」之說。且更承認按春卽按出虎，阿觸胡，阿朮火之同一地名之異譯。並承認金史之「按春」亦卽滿洲語之「愛新」，更承認金史之按春，按出虎，亦卽今日之阿什河（阿勒楚喀）。而何以清高宗却將金史之「按春、安出虎」以及滿洲語之「阿勒楚喀」均釋爲耳墜，而不釋其義爲金？此問題頗繁雜。蓋清人之祖先，在清太祖以前見於史籍者，均姓佟或童。而所謂「愛新覺羅」者，並非其原有之姓氏，而係清太宗或更晚時所改之姓氏。但愛新覺羅在滿語中爲何義，實已不能確知，惟可斷言「愛新」一語，並非「金」義。考之史籍，清人自稱其姓爲「愛新覺羅」，是愛新覺羅應爲一完整之姓氏，非如清太祖武皇帝實錄所釋「愛新：華言金也。覺羅姓也」之義也。雖然此種無據乏理之解釋，清人始終尊而不疑，但又始終對「覺羅」姓也一語應如何解釋，舉不出絲毫之史據。如若釋爲姓氏之姓？但滿語曰姓爲「哈拉 ha-la」並非覺羅 gio-ro，故可知清人强將「愛新覺羅」一完整語，分釋爲「愛新華言金也，覺羅姓也」之說，原卽難以自圓。又何況清高宗强奪「金曰按春」之女眞語，作其姓氏上一半「愛新」之替身，但又分明滿語之「愛新」原非曰金者，故不得不將女眞原語之「按春」移作他釋，以掩其篡改之蹟。假若清高宗祇將滿語之「愛新」，附會爲女眞語「按春、按出虎」之對音，則吾人恐尙難發覺其係作僞也。然而清高宗分明知道滿語之「愛新」，並非女眞語之「按春」，故而祇有强將女眞語之「按春」釋爲非「愛新」之對音，勉强以「耳墜」之義代之矣。假若滿語之「愛新」果爲金義，則清高宗實無必要否認金代女眞語曰金之按春，改釋其爲耳墜也。且既承認金史中之「阿辛、阿沙」爲滿語「愛新」之同名矣，從發音上究之，亦無否認舊史「按春、按出虎」爲「愛新」之必要也。其所以如此者，實因其姓「愛新覺羅」之

「愛新」原非金義之故也。鳩旣佔用鵲窠，豈可更認鵲爲鳩？其理同此。其又爲清高宗作僞心虛，自露其隙者四也。前引清高宗「欽定金史語解」之第六條云：「愛新，金也，卷十七作愛申，卷五十九作阿辛，併改。」愛申是否愛新？吾人無可證明。按金史卷五十九宗室表：阿辛爲鄭王永蹈子。鄭王共有二子，長名「按春」，次名「阿辛」。而按春者爲女眞語「金」者，前已引證，即乾隆十二年之「金國語解」亦承認之，似無可惑疑。但清高宗又將鄭王永蹈次子之「阿辛」，亦釋爲「金」義之「愛新」，豈不是鄭王二子同名乎？當無此理。一言以蔽之，高宗旣將非金義之「愛新」以替代女眞語金之「按春」，遂不得不故意找尋幾個相似之女眞語，以作掩飾。此其致誤之原因者五也。綜觀以上各節所證，則知滿語之愛新，並非金也。而女眞語之按春亦非耳墜也。至於滿人之姓氏「愛新覺羅」究係何義，已不得而知，可參閱拙著「清朝姓氏考」一文，文載大陸雜誌第十卷第十二期，但亦祇是筆者從「愛新覺羅」爲完整之一姓氏原則上，加以推測者也。

佛頁 Fe-ye 巢穴也。卷一作僕鷰，水名。

按金史卷一世紀云：「僕鷰水，漢語惡瘡也。」似與清高宗所釋不符。據乾隆四十三年之「滿洲源流考」云：「佛葉，滿洲語傷痕也，舊訛僕鷰今改正，漢語惡瘡也。」是同於金史卷一之所說，又同爲清高宗所欽定。但一釋金史之僕鷰爲「巢穴」，而一又釋其爲「傷痕」，實啟人疑。清高宗所謂「欽定」者，實並無統一標準，而自有其成見，謂金史所譯，完全非是，必盡改而後快。此清高宗挾帝王之勢，以一己之好惡，任意改篡歷史之罪證也。蓋考今之滿語 Fe-ye 者：義爲「傷、刃傷痕、鳥雀雞畜之窩巢，瘡口，下針的針眼」

等釋（見淸文彙書卷十二F字頭）是可知旣滿語之 Fe-ye 亦有「傷、瘡口、傷痕」之義，雖不一定符合金史所釋，或因語言之變遷，而其義亦殊。但滿語傷痕、瘡口之釋，頗近於金史。且乾隆四十三年之「滿洲源流考」，尙採用「傷痕」之釋，何以至四十六年，而又獨採「巢穴」，反捨義近之「瘡口、傷痕、傷」等，不加一述。可見前後之見旣非專一，故祇有任彼帝王之好惡而取捨矣。

博齊赫 bo-ci-he 醜也。卷一作北琴海，地名。

按明代之「女眞譯語」云：「醜」曰「厄舞」。似與後來之滿語曰「醜」爲「博齊赫」者不符。如以民族興起先後爲序以觀之，後來滿語曰醜爲博齊赫，不但無以否定舊有女眞語之曰醜爲厄舞，更不能確定滿語之曰醜爲博齊赫者，實卽金代之女眞語也。反而由於明初所紀錄之女眞語曰醜爲厄舞，確可證明滿洲語之曰醜爲博齊赫者，實非女眞語，或係後來滿洲人接觸其他民族後，學自其他民族者，此其一也。進而更考金史卷一所云之「北琴海」，原係一湖水之名。其本名祇有「北琴」二字，而所謂「海」者，亦卽漢語湖水之湖也。北方民族每稱「湖」爲「腦兒」Nagür（蒙古語）或「斡莫」We-mo（女眞語）O-mo（滿洲語）「納兀兒」Naur（韃靼語）但在譯爲漢字時，每將之譯爲「海子」「海」「濼」「淀」「池」等。然而此所謂「海」或「海子」旣非吾人腦中想像之大海之海，亦非其他別有用義者。如元祕史卷一所云：「捕魚兒，納浯兒，濶漣納浯兒，豁牙兒，札兀剌……」而漢語之譯義曰「捕魚兒（水名）納浯兒（海子）濶漣（水名）納吾兒（海子名）豁牙兒（兩）札兀剌（間）。」總其義曰：「捕魚兒海子，濶漣海，兩個海子之間。」據丁謙元祕史考證云：「捕魚兒海子，一作布雨爾池，卽今貝爾湖。濶漣海子，金幼孜北征錄作濶濼海子，卽今呼

景印本・第五卷・第二期

倫湖。」是所謂「海」「海子」者，並非大海之海，實卽湖也。又如今之貝加爾湖，吾國古代均稱「北海」，蓋卽其例也。故而金史卷一之「北琴海」，並非一完整之女眞語名辭，而係一女眞語挾漢語之名詞。雖然女眞語「北琴」二字，當有其原義，吾人已不得而知，但絕非如清高宗更將湖水之漢譯「海」字，亦一並附會入「北琴」一語之內，而爲「博齊赫」者，或無疑問也。此其二；有此二誤，清高宗所云金史之北琴海，卽滿語之博齊赫者，豈非無稽之談者爲何？

哈達拉 ha-da-la 轡也。卷二作合達剌，山名。

按女眞譯語器用門云：「轡曰塔答」。似又與清高宗所云不符矣。但據明郭造卿著之「盧龍塞略」卷十九譯語云：「轡曰哈當阿兒」。又至元譯語云：「轡頭曰匣答兒」從以上各語之發音證之，顯然滿語之「哈達拉 ha-da-la」，亦卽蒙古語「哈當阿兒 ha-dang-Ar」之對音者。故而清高宗自身受蒙古文化之影響而不知，反據蒙古語以誤女眞語爲非，眞所謂「滿人皆操蒙古語，反指女眞爲胡人」矣。

塔木色 Tam-se 罐也。卷十一作坦舌，地名。

按元脫脫金國語解云：「罐曰活女」。乾隆十二年之「金國語解」亦云：「罐曰活女，活女卽祜尼由 hu-nio」又乾隆四十三年之「滿洲源流考」亦云：「罐曰呼紐，滿洲語水桶也，舊解未當。原文作活女，今改正。」考古代東北民族，稀用陶器，盛水盛物，類皆用木，此殆民族文化最顯著之分野。蓋農耕民族，安土重遷，生活較爲固定，故用俱多以陶土爲之。而漁獵遊牧民族，生活方式多流動性，瓦器、陶器，不便携帶，因其易破也，故類皆以木爲之，至今猶然。然而金代之女眞人，已深染漢俗，日常生活已漸習農耕，所以日常用具已多用陶製。或因女眞舊習，語盛水之物曰「活女」。後雖已隨漢俗，盛水之物全改用陶罐，但仍稱其名爲「活女」，此殆民族進化之常也。其後滿人又沿用漢語名取水之物爲「水桶」稱「呼紐」，更又名陶罐曰：Tam-se；其實 Tam-se 一語，原爲漢語「罈子」ton-tzŭ 之對音也。雖然在漢語中，罈與罐顯有不同，卽滿語亦然，祇不過滿人先受蒙古語之影響，故而其「罈子」一名，早已沿用蒙古語之 bu-tung 而曰 bu-dun（見清文鑑卷二十五器皿類），但其釋義，却祇云「比酒瓶略大」而已，似乎並不能盡「罈子」之原義。後雖知漢語罈子之原義，但已日久成習，反之將漢語之罈子，釋義爲「罐」，並將舊有女眞語曰罐之「活女」，改名爲水桶。此卽滿語變遷之大勢也。而清高宗自作聰明，不加詳考，任意附會，實屬無稽之甚也。更何況其在同一書之人名門中，反將元脫脫所云「罐」之「活女」，又盲指爲「蒙古語曰羊之和尼 ho-ni」，其妄改女眞語言，竄亂史實之罪過，實無分毫之可恕也。

密齊顯 Mi-ci-hiyan 淺也。卷二十四作梅堅，河名。

按明代之「女眞譯語」云：「淺曰：一兒哈洪」其發音應爲 Ir-ha-hung 似乎又與清高宗所欽定者不符。自以上各節所證，雖然滿人稱淺爲 mi-ci-hiyan，但確不能證明金代女眞之「梅堅」定必爲滿語之 mi-ci-hiyan，故自清高宗愛惡自出心裁之性情觀之，恐以女眞語之「梅堅」視作爲滿語曰「淺」之 mi-ci-hiyan 一說，附會之成份或居多也。

鄂爾多 Or-do 亭也。卷二十四作訛里都，地名。

按鄂爾多 Or-do 一語，本爲契丹「斡魯朵」之對音。據遼史營衛志云：「宮爲斡魯朵（We-ru-do）」又云：

「居有宮衞，謂之斡魯朵，出有行營，謂之捺鉢。」又元脫脫金國語解亦云：「斡里多，官府治事之所。」彭大雅黑韃事略亦云：「凡韃主獵帳所在，皆曰窩裏陀」元史卷一百六后妃表云：「然其居則曰斡耳朵之分」由以上所引各史所載；則知遼之斡魯朵We-ru-do金之斡里多We-ri-do元之斡耳朵Wer-do以及清代滿語之鄂爾多Or-do實皆一語之數譯而已。假若不認古代之「契丹」與「蒙古」「滿洲」「女眞」爲同種同族（實則清高宗卽不承認），則此語之來源，以時代前後觀之，實應肇源於契丹。更以欽定金史語解之例：應在此語下註以「索倫語」（按清人稱索倫族爲契丹之裔）而不應作滿洲語或女眞語。此卽清高宗不明此語之源者一也。考契丹語之「斡魯朵」，其義爲「宮」，至金代之女眞時，又演變其義爲「官府治事之所」。後至元代又將大汗所居之宮帳，稱謂「斡耳朵」。但至清代滿語又將之釋爲「亭」義，此卽契丹斡魯朵一語釋義之變遷也。清高宗不究以往之史實，强以滿語之義而釋女眞語，以非爲是，妄加評論，不但早失此語原有之義，且徒增史家之考索耳。

紐斡哩 Nio-wa-ri 綠色也。卷二十四作留斡嶺，地名。

按明代之「女眞譯語」曰「綠」爲「綠」，可知女眞語「綠」卽漢語之lu。但女眞曰「青」則爲「嫩江」Nen-ging 亦卽清代「腦温江」一名之異譯。按「嫩」字，在中國北部，共有二讀，一讀Nen，一讀lun，似是漢語「綠」字lu之對音。蓋綠色與青色原卽大同小異，所以女眞語「綠」「青」二色，均讀Nen。至於女眞語之「江」ging字，實卽顏色之「色」字也。證以滿洲語「綠色」則讀爲Nio-wang-giyan, Nio-wang者，綠也。而giyan者，顏色之色也。而此顏色之色giyan實卽女眞語「江」ging之對音也。由以上所證，知滿語曰綠之Nio-wa-ri或Nio-wang-giyan並非原有之女眞語，蓋滿語謂「銅綠」（按卽銅銹）則曰 Tung-lu，完全係漢字「銅綠」二字之對音，是滿洲原亦稱「綠」爲 lu，祇是受別族語言之影響後，改讀「綠」lu 爲 Nio-wa-ri 或 Nio-wang-giyan。但滿洲語之Nio-wa-ri或Nio-Wang-giyan 又學自何族？按蒙古語曰「綠」或「青」均曰 No-gogan(見蒙和大辭典 Nio 字頭)，明代郭造卿之「盧龍塞略」則曰：那豁安 Na-huo-an，由蒙古語證之，滿語之 Nio-wa-ri、Nio-wang-giyan者，實卽蒙語 No-go-gan 或Na-huo-an之對音也。故可知滿語深受蒙古語之影響後，多放棄深染漢化之舊有女眞語。雖舊有女眞語之「留斡嶺」究有何義，今已不得而知，但淸高宗捨本求末，遂以蒙古語附會作舊有女眞語矣。

額訥格爾 E-ne-ger 蒙古語猶言此室也。卷六十六作納葛里，村名。

考金史卷一世紀云：「納葛里者，漢語居室也。」從金史之納葛里，與蒙古語之額訥格爾二語之語義較之，似頗相近。但二語之發音，似又不甚相同。姑無論二語是否同源，祇證以金史世紀之載此一語，繫於金獻祖綏可之世，縱係後人追述，亦應在金代初年。按金太祖建元收國稱帝之年，爲西元一一一五年。而蒙古之興，已晚至西元一二〇六年，亦卽元太祖稱帝之元年，二者相去已有百年之久。從現有之歷史記載觀之，金代初興時，蒙古尙在部落遊牧，文化矇昧之時。故而絕對不能倒因爲果，而云金初之語言，係學自蒙古。雖然從民族學上，吾人亦認爲女眞、蒙古，原應同種同族，但亦不能解釋爲某些女眞語言，係學自蒙古者也。故而淸高宗以金代女眞語之「納葛里」附會爲蒙古之「額訥格爾」一說，實屬無稽之談者，明矣。

穆陵Mu-ren蒙古語江也。卷六十七作暮稜，水名。

按明代郭造卿之盧龍塞略云：「河曰木連」又曰「母沓，大河也。」又曰：「江曰五剌」。明代武備志亦云：「江曰五剌，河曰母倫。」似均與清高宗欽定之「金史語解」所云者不符。按：木連、母倫者，蒙古語曰 Mü-ren 義爲河也。然考 Mü-ren 一語，亦非蒙古語，實爲契丹語，據葉隆禮「遼志」云：「契丹之始，中國簡册有所不載，遠夷草昧，復無書可考，其年代不可得而詳也。本其風物，地有二水，曰：地乜里沒里，復名陶猥思沒里者，是其一也。其源出自中京西馬盂山東北流，華言所謂土河是也。曰：裊羅箇沒里，復名女古沒里者，又其一也。源出饒州西南平地松林直東流，華言所謂潢河是也。」歐陽修五代史卷七十二四夷附錄亦云：「契丹自後魏以來名見中國，或曰與庫莫奚同類而異種。其居曰裊羅箇沒里。沒里者河也……。」以上二書所載之「沒里」者，卽蒙古古語木倫Mü-ren之同名異譯也。然由此當可知Mü-ren一語，實非始用於蒙古，而係始用於契丹。所以清高宗欽定其爲蒙古語者，實不明此歷史之源流也。更考金史之暮稜水，實係指今日合江省稜穆縣之穆稜河也。據吉林通志卷二十二云：「大穆稜河，一曰莫力河，源出穆稜窩集，三源奇發東北流。」是穆稜河又可讀莫力河。又據明實錄永樂三年十二月云：「毛憐等處野人頭目把兒遜等，六十四人來朝，命設毛憐衞。」此明初所設之毛憐衞，卽約在今日穆稜河源以南不遠處，而所謂：毛憐者，亦卽穆稜、莫力之同名異譯也。但考毛憐一語，滿洲語謂「馬」曰Mo-rin蒙古語曰 Mo-ri或Mo-rin。盧龍塞略云：「馬自喜峯關入者，曰抹鄰。自山海關入者，曰莫林。而北虜曰抹力，譯字異而音稍轉也。」又女眞譯語云：「馬曰：母林」。此所謂抹鄰，莫林、抹力、母林、毛憐、莫力、穆稜者，實均 Mo-rin 一語之數譯也。如吾上所引者不差，是可知女眞語「暮稜」者，義爲「馬」也。並非契丹語曰河之木倫也。故淸高宗不但誤契丹語爲蒙古語，且更誤女眞語曰馬之暮稜，爲今日蒙古語曰江之穆稜 Mü-en，實屬附會已極矣。

哈屯ha-tun 蒙古語王妃之稱，卷七十二作可敦，館名。

按可敦 Koh-tun 一語，源於突厥，據周書卷五〇突厥傳云：「土門遂自號伊利可汗，猶古之單于也。號其妻爲可賀敦，亦猶古之閼氏也。」又北史卷九九突厥傳所云亦同。是金代之可敦，實卽可賀敦一語之急讀也。按可 Koh 字尾收h音，故緩讀者爲可賀敦，但若急讀則爲可敦耳。又因蒙古語中，原無K音，輕讀爲h，重讀則爲g，所以蒙古語讀可敦 koh-tun 爲哈屯 ha-tun，然考滿洲語中，K、h、g三音俱備，何以清高宗不溯其源，而復其本音之 Koh-tun，反指金史之可敦爲非，是清高宗既顚倒是非，更簒亂史實，其謬誤之深，實無可恕也。

歡托和hun-to-ho一半也，卷二十四作曷董館，地名。又云：和勒端hol-don菓松也，卷六十八作曷董，城名。

按金史卷二十四地理志西京云：「雲內州下開遠軍節度使，天會七年徙奚第一、第三部來戍……縣二……雲川，本曷董館，後陞爲裕民縣，皇統元年復廢爲曷董館。大定二十九年復陞，更今名。」考金之雲內州本承遼置，金史地理志漏而未書。據遼史卷四十一地理志西京路云：「雲內州開遠軍下節度，本中受降城地。遼初置代北雲朔招討司，改雲內州，清寧初升。有威塞軍，古可敦城……。」是金之曷董館卽遼之可敦城。又據金史卷七十二婁室傳云：「夏人屯兵於可敦館，宗翰遣婁室戍朔州，築城於霸德山西南二十里，遂破朔州……。」此可敦館卽地理志之曷董館，亦卽遼史地理志之可敦城。祇是金史疏漏，致將一名兩譯，一作可敦 Koh-ton 一作曷董 hoh-ton 而已。至於曷董館之館字，與曷董城之城字，分明係指館舍、城市而言者，並無連同「曷董」一起詮釋之必要。然據金史卷六十八歡都傳云：「歡都至濟州，實黃龍府使人馳驛要遮阿注阿黨屬，惟縱其親人使去，遂殺三濱幷其母，報具於遼，乞還阿注阿，遼人流之曷董城。」此遼之曷董城，是否卽雲內州之可敦城，不得而知。據清代李愼儒遼史地理志考云：「鎭州建安軍節度使，本古哈屯（原註：原作可敦）城，統和（聖宗年號）二十二年，皇太妃奏置。選諸部族二萬餘騎充屯軍，捍禦室韋、伊濟（原註：原作羽厥）等國，凡有征討不得抽移。渤海、女眞、漢人配流之家七百餘戶，分居鎭防維二州，東南至上京三千餘里。」邱長春西遊記：「又四程西北渡河，乃平野，其旁山川皆秀麗，且豐美。東西有故城，其地若新，街衢巷陌可辨，制作類中州，歲月無碑刻可考，或云契丹所建。既而地中得古瓦，上有契丹字。蓋遼亡士馬不降者，西行所建城邑也。」沈君垚釋曰：「案張參議紀行云：過河而西一驛，有契丹所築故城，城方三里，背山面水，自是水北流矣。經一叉驛過大驛泊，泊之正西有小故城，亦契丹所築也。」案過兗兒河而西，又行一驛，然後至契丹故城，則城當在喀魯哈河之西，土謝圖汗（原註：外蒙古西喀爾喀之一）本旗之東北。所過河，當是鄂爾昆河。云：山川秀麗，故城中得古瓦有契丹字，則已在和林近側。而不言和林者，此時實未建都，故無和林之名也。又曰：契丹故城，疑是遼鎭州諸城。案遼史蕭撻凜傳：撻凜以阻卜叛服不常，上表乞建三城以絕邊患，從之。聖宗紀統和十二年秋八月，詔皇太妃領西北路烏古等部兵及永興宮分軍撫定西邊，以蕭撻凜督其軍事。二十二年以可惇城爲鎭州，軍曰建安。開泰二年正月達旦國兵圍鎭州，州軍堅守。三月耶律化哥以西北經略平，留兵戍鎭州，赴行在。地理志：鎭州本可惇（按遼史作敦）城，東南至上京三千餘里。又河董城，本回鶻可惇（敦）城，語譌爲河董城，東南至上京一千七百里。靜邊城東南至上京一千五百里。皮被河城，地控北邊，南至上京一千五百里。皮被河出回紇北，東南經羽厥入臚朐河，沿河董城北流，合沱漉河。案地理志敘鎮州以下諸城，自西而東，鎮州東南至上京三千餘里。以道里校之，實與紀所指故城相合。蕭撻凜傳不言三城之名，可惇（敦）當即其一，後改爲鎮州耳。契丹西故城，其卽鎮州所在乎？耶律撻不也傳；鎮州西南有沙磧，或其地尙在記所指西故城之西？疑未能定矣。天祚紀：大石林牙不自安，遂殺蕭乙薛、坡里括自立爲王，率鐵騎二百宵遁。北行三日過黑水，見白達達詳穩牀古兒。牀古兒獻馬四百、駝二十、西至可惇（敦）城。是大石西行駐軍於可惇(敦)城，故記以契丹城爲遼亡士馬不降者，西行所建城邑。亦可見是城當卽鎮州也。記言東西皆有故城，東故城卽記行過河而西一驛之契丹故城。西故城卽記行腦兒正西之小故城。蓋東西之言所兼頗廣，山川秀麗云云：實兼指今鄂爾坤河東西兩岸矣……。」從以上所引證之，遼代之鎮州亦名可敦城，故而金史卷六十八歡都傳所云之曷董城，或卽遼史地理志鎮州所轄之「本爲回鶻城之河董城也。」如是則可知，可敦城一名，遼時已有河董之異稱。故而河敦城一名之異譯，計有：河董城，曷董城等名。而清高宗既疏於考證，又昧於成見，且不明地理歷史之沿革，復不諳民族語言變遷之大勢。所以初誤可敦爲哈敦，卽而又誤曷董館爲滿語「一半」之歡托和。終又將曷董城誤爲滿語「菓松」之和勒端。至將可敦一語之幾種異譯，欲治愈棼，幾已面貌全非，卽此前後三條，已深覩清高宗之欽定諸書，實屬徒勞，無補於史學也。

薩巴Ša-ba蒙古語器皿也。卷一百二十作撒巴，山名。又云：烏蘇薩巴U-Šu-Sa-ba蒙古語烏蘇水也，薩巴器皿也，卷十作烏十撒八，地名。

按所謂「撒巴」「撒八」是否爲同名之異譯，已不得而知。惟所云「撒八」一語，據元脫脫金國語解云：「撒八，迅速之義，」卽乾隆十二年之「語解」亦云：「撒八，迅速之義，撒八卽薩布湖 Sa-bu-hū」考滿語 Sa-bu-hu 祇能釋爲「忙忙」。且在滿文字書中，稀有著錄，僅清文鑑卷十五急忙類中，有 E-bu-hu-Sa-bu-hu 義爲「急急忙忙」，雖其義頗近女眞語「迅速」之「撒八」，但總覺有未是處。按滿語中尙有：Kiyab-seme 一語，義爲「迅速」或「來去甚快」。而 Se-me 一語，爲滿語中之「語助詞」。故而吾人推斷女眞語「撒八」實爲滿語 Ki-yab 之對音也。如吾以上之推論不差，則知清高宗之將女眞語「撒八」初則釋爲滿語之 Sa-bu-hu，尙可勉强附會，而後又將之釋爲蒙古語「器皿」之「薩巴 Sa-ba」，可謂完全無稽矣。

特哩袞 te-ri-gun 蒙古語頭目也。卷一作惕隱。

按惕隱一名，本源契丹，據遼史卷四十五百官志云：「惕隱治宗族」。又云：「大惕隱司，太祖置，掌皇族之政敎」。又遼史國語解云：「惕隱，典族屬官，卽宗政職也。」是惕隱一語應爲契丹語，依清高宗眼光中之種族分類，應云惕隱爲索倫語，而不應是蒙古語。且考蒙古語頭目或首領爲 te-ri-gün 而非 te-ri-gun 故可知清高宗不但審音未確，且更未明此語之來源，故始有此誤也。

富埒琿 Fu-le-hun 惠也。卷二作蒲里衍

考金史卷四十四兵志云：「金之初年諸部之民無它徭役，壯者皆兵，平則居聽以佃漁射獵，習以爲勞事，有驚則下令部內及遣使詣諸孛堇徵兵……其部長曰孛堇，行兵則稱猛安、謀克，從其多寡以爲號焉。猛安者千夫長也，謀克者百夫長也，謀克之副曰蒲里衍，士卒之副曰阿里喜。」又同卷云：「收國二年（西元一一一

六）九月，始製金牌，後又有銀牌、木牌之制，蓋金牌以授萬戶，銀牌以授猛安，木牌則謀克、蒲輦所佩者也。」三朝北盟會編卷三亦云：「忒母卽萬戶，萌眼卽千戶，毛毛可百人長，蒲里偃牌子頭……。」又張棣金虜圖經亦云：「每一萬戶所轄十千戶，一千戶轄十謀克（註云：謀克謂百戶也）一謀克轄兩蒲輦（註云：蒲輦五十戶也）。」又正隆(金帝亮之年號)事跡亦云：「遂以五十戶爲蒲里演，百戶爲謀克，千戶爲猛安，萬戶爲都統。」從以上各書所云，則知蒲里衍、蒲輦、蒲里偃、蒲里演等名，實均係一名之數譯。且考其義實應爲女眞兵制中之一官稱，既可稱「五十夫長」又可稱爲「副謀克」。或因金代兵制最小之單位爲蒲里衍，始有「木牌」，故又可稱爲牌子頭。但無論如何與清高宗所附會者，均不符合。卽蒲里衍 pu-li-yan與富埒琿 Fn-le-hun二名，在發音上亦相去甚遠，不知清高宗之將「蒲里衍」附會爲「富埒琿」究竟有何根據？

額爾奇木 Er-kin 蒙古語尊貴也。卷五十七作移里堇。

按移里堇一名，其原於契丹之官稱。據遼史卷三十三營衞志云：「五院部，其先曰益古，凡六營。阻午可汗時，與弟撒里本領之，曰迭刺部。傳至太祖，以移离堇卽位。天贊（太祖年號）元年以疆大難制，析五石烈爲五院，六爪爲六院，各置移离堇。會同(太宗年號)元年，更移离堇爲大王……。」又元脫脫遼史國語解亦云：「夷离堇，統軍馬大官，會同初改爲大王。」契丹國志亦云：「其惕隱宗正寺也，夷离畢參知政事也，林牙翰林學士也，夷离巾刺史也。」而元脫脫金國語解言之更詳，如云：「諸移里堇部落墟砦之首領，詳穩、移里堇本遼語，金人因之而稍異同焉。」是可知遼之夷离堇、夷离巾與金之移里堇，均係一名之數譯，且元脫脫在金史語解中，且已詳言「係沿遼代之舊」，語源分明。而脫脫爲蒙古人，假若移里堇一語爲蒙古語之「額爾奇木」，脫脫不應不知，更不應不加詳註，何勞滿洲人之清高宗越俎而代庖。而猶可異者，乾隆十二年之「金國語解」却又云：「移里菫卽伊哷格因Ir-gen」考滿語Ir-gen者，爲人民或百姓之義，似又與乾隆四十六年所釋「移里菫爲蒙古語尊貴之額爾奇木」一說，幾已差之千里，謬誤已極。蓋同爲清高宗所欽定之書，又同爲一語，則朝云爲滿語，而暮又云爲蒙古語。吾人不信清高宗未覩金國語解所云「移里菫本遼語，金人因之而稍異同焉」之說。故可判斷清高宗實有意作僞也。

圖哩tu-ri 豆也，卷七作禿里。

按元脫脫金國語解云：「禿里，掌部落詞訟察非違者。」乾隆十二年「語解」亦云：「禿里，掌部落詞訟察非違者。禿里卽圖嚕 tu-ru 」考滿語 tu-ru 共有二義焉，一謂「聖賢所傳心法」。（說見清文補彙）一謂「帶刀的皮條，或帶刀的帶子。」（說見清文彙書）而 tu-ri 一語，亦有二義焉。一謂「黃豆」，一謂「令租」（說見清文彙書）但以上滿語之 tn-ru與tn-ri二語之釋義，不但與元脫脫金國語解不符，卽與乾隆十二年「語解」所釋亦各異焉。據元脫脫遼史語解云：「吐里，官名，與奚六部禿里同，吐、禿字訛。」是禿里者，卽吐里也。但此語原爲契丹之官名。由脫脫遼史語解所釋：「吐里，官名，與奚六部禿里同。」則可知金國語解所云：「掌部落詞訟，察非違者」之說，完全可信。但無論如何，清高宗將之附會爲「豆」之說，實無絲毫可信之處也。

伊勒希Il-hi 副也，卷六作阿里喜。

按金史卷四十四兵志云：「其部長曰孛菫，行兵則稱猛安，謀克，從其多寡以爲號焉。猛安者千夫長也，謀克者百夫長也，謀克之副曰蒲里衍，士卒之副曰阿里喜。」此金史所云「士卒之副曰阿里喜」一說，義近滿語之伊勒希 **Il-hi**，但據元脫脫金國語解云：「阿里喜，圍獵也」。是金史中共有二「阿里喜」焉；且漢字對音之字面，又完全相同，祇是一釋爲「士卒之副」，一釋爲「圍獵」，吾人將不知何從，此當係金史粗疎所致。然而據乾隆十二年「語解」却又云：「阿里喜，圍獵也。阿里喜卽阿巴拉齊 **A-ba-la-ci**。」按滿語 **A-ba** 漢語之義爲「打圍、田獵、何在、那裏。」但此 **A-ba** 原爲一字根，義爲名詞之「獵」或「打獵」，若加上 **la-ci** 之語尾，則卽爲動詞之「打獵」矣。由以上所證，清高宗之將金史中二阿里語，一釋爲滿語曰「副」之 **Il-hi** 一釋爲滿語「圍獵」之 **A-ba-la-ci** 似乎並無不是之處。祇是金史粗略草率，似此種矛盾之處，必應有一處爲非，雖然清高宗之二種解釋，頗符合金史所云，但吾人惑疑清高宗究竟依據何種記載，而作此種同名之異釋，假若金史中有一爲非，豈不立證清高宗兩名不同之釋爲附會者乎。

烏爾古 U-r-gu 蒙古語孳生也、卷五十五作烏魯國，卷五十七作烏魯古，併改。

按元脫脫金國語解云：「烏魯古，牧圉之官。」又乾隆十二年「語解」却云：「烏魯古，牧圉之官，烏魯古卽蘇嚕克 **Su-ruk**」是同爲金史中烏魯古一語，又同爲清高宗所欽定之書，却一云烏魯古爲滿語之蘇嚕克 **Su-ruk** 而另一又云係蒙古語之烏爾古 **U-r-gu**。考蒙古語 **U-r-gu** 義爲生長之「生」，而蘇嚕克 Sü-rük 義爲「羣、黨、隊、團、會」等。卽乾隆四十六年「語解」卷六職官門中，亦云：「蘇嚕克 **Su-ruk** 蒙古語牧羣也，卷五十七作失魯。」是清高宗在十二年時，不但附會金史中之烏爾古爲蘇嚕克，並且冒認蘇嚕克爲滿洲語。但至四十六年時，不但否認金史烏魯古爲蘇嚕克，並又重釋金史烏魯古爲蒙古語之烏爾古，更而認蘇嚕克爲蒙古語，且又附會金史卷五十七百官志中之「失魯」一名，爲蒙古語之蘇嚕克。且猶可異者，乾隆四十三年之「滿洲源流考」却又將金史卷五十七百官志之「失魯」釋爲滿洲語「珊瑚」之「舒魯」。朝天暮地，反雲覆雨，使之讀史者究竟何從？故而姑無論其釋義之各條，究以何者爲是？是否其中有一爲是？僅就其前後同名而釋義、釋音、釋源之各異觀之，可以謂幾乎無一能使吾人相信者也。所以金史遭此篡改後，幾已不能稱其爲史矣！

塔馬 ta-ma，行圍收合也，卷五十七作撻馬。

按金史卷五十七百官志諸乣詳穩條云：「習尼昆，掌本乣差役等事。撻馬，隨從也。」似與清高宗所釋不符。考滿語 ta-ma 共有數義；一謂「令盛飯等物在器内」二謂「令將撒的物收于一處」三謂「令收兵一處走」（見清文彙書）。總括言之：ta-ma 者，收拾之義也，似均與金史「撻馬，隨從也」之義不甚相符。按滿語中尙有：dam-bi 一語，義爲「管人事之管」（同見上書）究其釋義「管人事之管」，似與金史「隨從之撻馬」一語之音義均近。但細究此語之源，實肇始於契丹，據遼史卷三十三部族志云：「突呂不室韋部，本名大小二黃室韋戶。太祖爲達馬狘沙里以計降之……。」又遼史卷一太祖紀云：「太祖……阿保機……爲撻馬狘沙里時，小黃室韋不附，太祖以計降之。」而元脱脱遼史語解云：「撻馬狘沙里，撻馬人從也，沙里郎君也。管率衆人之官，後有止稱撻馬者。」同書又云：「撻馬，扈從之官。」是遼史之達馬、撻馬，與金史之撻馬，其讀音與釋義均完全相同。且金承遼制始有此官稱，此爲歷史上之明證，迨無可否認者也。更考此撻馬一語，亦非始於契丹，實係源於突厥者。據近人岑仲勉氏「西突厥史料補闕及考證」轉引「大慈恩寺法師傳」云：「至素葉城，逢突厥葉護可汗，方事畋遊，戎馬甚盛。可汗身着綠綾袍，露髮，以丈許帛練裹額後垂。達官二百餘人，皆錦袍編髮，圍繞左右。自餘軍衆，皆裘毼毳毛。槊纛端弓，駝馬之騎，極目不知其表。既與相見，可汗歡喜云：暫一處行二三日當還，師且向衙所。令達官答摩支引送至衙安置。」據岑氏考證云：「本條之答摩支，原語當爲tamačï，在蒙古時代，指一種特別騎兵隊伍，亦卽遼史一一六扈從官曰撻馬之撻馬。」果若岑氏所證，則遼史之「撻馬狘」實卽突厥語「答摩支」之對音也。按「狘」字，普通字書未見，康熙字典犬部云：「狘，許月切」是狘字之發音應爲hsue實卽突厥語支ći 字之對音也。由以上所證，則知清高宗初認此語爲遼語，繼而又認此語爲滿洲語，最後更誤此語爲蒙古語，此其不明撻馬一語之語源者一也。元脱脱在遼史語解，以及金國語解中均已詳載「撻馬，扈從之官也」，而清高宗不加採用，反而固執成見，强釋其爲蒙古語之「塔瑪噶印也」，吾人不信蒙古人之脱脱，不知蒙古語，反勞數百年後滿洲人之清高宗來加以更正，有此理乎？此清高宗偏見之誤者二也。有此二誤，加以清高宗前後釋義附會之紛歧，其故意以非爲是者明矣。

博和哩 bo-ho-ri 豌豆也，卷一作保活里。

按元脱脱金國語解云：「保活里，侏儒」。乾隆十二年之「語解」亦云：「保活里，侏儒。保活里卽播和尼bo-ho-ni 蒙古語謂矮小爲播和尼 bo-ho-ni」（乾隆四十三年滿洲源流考作博果尼 bo-go-ni）清高宗之說：可百分之百斷其爲訛誤者。蓋清帝初釋金史之保活里爲蒙古語之播和尼。繼而又譯作博果尼。終而又釋其爲滿洲語之博和哩。吾人從其釋義觀之，或可斷言其釋金史之保活里卽滿洲語豌豆之博和哩一說，當係訛誤者審矣。設若金史之保活里，果亦卽蒙古語矮小之播和尼。此語不應是蒙古語，最低限度不應釋作女眞學自蒙古，此爲時代先後之明證，實無容多辯也。

蘇頁 Su-ye 蒙古語萌芽也。卷一作謝野，卷一百十六作速也，倂改。

按金史卷一世紀云：「遼咸雍八年（道宗年號西元一〇七二）五國沒撚部謝野孛菫叛遼，鷹路不通，景祖（金）伐之。」此謝野卽語解所稱金史卷一之謝野。原名爲女眞語（？）究屬何義已不得而知。清高宗將之釋爲蒙古語「萌芽」之蘇頁 Su-ye 似乎並不一定準確。蓋據乾隆四十三年滿洲源流考引以上金史之文云：「遼咸雍八年，五國穆延（註云：舊作沒撚今從八旗姓氏通譜改）部，舍音（註云：滿洲語白色也，舊作謝野，今改）貝勒叛遼……」是清高宗又將金史卷一之謝野，改譯爲滿洲語白色之舍音。其與乾隆四十三年所譯「謝野，蒙古語萌芽也」一語，豈不南轅北轍乎？

烏木罕 Um-gan 髓也，卷一作窩謀罕，卷六十六作訛謨罕，倂改。

按元脫脫金國語解云：「窩謀罕，鳥卵也。」乾隆十二年之「語解」亦云：「窩謀罕，鳥卵也。窩謀罕卽武穆噶因 Um-gan」考滿語 Um-gan 義爲骨髓也，是否卽金史中之窩謀罕？頗有疑問。蓋據清文彙書中，尙有另一滿語單字 Um-han 者，其義爲蛋，實應卽金史中窩謀罕之同字。但清高宗爲何不採用滿語之 Um-han，以釋金史之窩謀罕，偏採滿語之 Um-gan，實頗令人費解？清高宗之所以到處訛誤者，亦卽在於其自作聰明，强以不知爲知耳！

希卜蘇Hib-Su蜂蜜也，卷一作辟不失，卷五十四作辟不習，卷六十五作習不失，卷六十八作轄拔速，卷八十二作習不主，卷一百四作斜不失，併改。

姑無論以上所云之「辟不失、辟不習、習不失、轄拔速、習不主、斜不失」是否爲同名之異讀，謹就帝以「辟不失」一語之釋義爲滿語「蜂蜜」之「希卜蘇 Hib-Su」一說證之，又屬清高宗在故弄玄虛矣。蓋元脫脫金國語解云：「辟不失，酒醒也。」乾隆十二年之「語解」亦云：「辟不失，酒醒也。」辟不失卽蘇布赫 Su-hu-he」卽乾隆四十三年之「滿洲源流考」亦云：「蘇布赫，酒醒也。滿洲語義相合，原文作辟不失，今改正。」何以至乾隆四十六年，又反而將其已改定之說，加以否定？重以似是而非之「希卜蘇Hib-Su」附會爲金史之辟不失，反雲覆雨，實屬徒勞！

和掄Ho-ron威也。卷一作活羅。

按金史卷一世紀云：「景祖(烏古迺)爲人寬恕能容物。平生不見喜慍，推財與人，分食解衣，無所吝惜，人或忤之，亦不念。先時有叛去者，遣人諭誘之。叛者曰：汝主活羅也，活羅吾能獲之，吾豈能爲活羅屈哉！活羅漢語慈烏也，北方有之，狀如大雞，善啄物，見牛馬橐駝脊間有瘡，啄其脊間食之，馬牛輒死。若飢不得食，雖砂石亦食之。」考此所謂「活羅」之慈烏，卽北方通稱之「烏鴉」。蓋烏鴉反哺，人稱其孝，故文選束皙補亡詩云：「嗷嗷林烏，受哺於子」。卽乾隆四十三年之「滿洲源流考」亦云：「和倫：滿洲語慈鴉也，舊作活羅今改正，漢語慈烏。」又清文補彙卷七有 Jlari-gaha 一字，下註云：「鷙鴉 holon-gaha慈鴉別名。」又卷八有：hiyooruri-gaha 一字，下註云：「孝烏，與鷙鴉Jlari-gaha 慈烏 Kero 同，俱 holongaha慈烏別名。」由是可知金史慈烏之「活羅」，實卽滿語 holon-gaha 之省稱。按滿語 ho-lon 義爲慈解，而ga-ha義爲烏鴉。故非滿語無「慈烏」之稱，而爲淸高宗所誤譯者也。但淸高宗捨慈烏之 ho-lon而不採，故意自作聰明而附會滿語曰「威」之 ho-ron，此非淸高宗有意淆亂史實之明證爲何？

和爾和 hoor-ho 櫃也，卷二作活臘胡，卷十七作合里合，卷一百十三作剌合，併改。

按元脫脫金國語解云：「活臘胡，色之赤者也。」又乾隆十二年「語解」亦云：「活臘胡，色之赤者也。活臘胡卽富拉胡因 Fu-la-hun」按滿語 Fu-la-hun 之義爲「丙丁之丁」。一身赤無一絲。一身脫的精光。地毫無剩下殘餘之草。淡紅。精光。光淨。一無所有之說。」等，分明義近金史之活臘胡。然而淸高宗棄而不採，反將滿語「櫃子」之hoor-ho用以附會，實訛誤之甚也。

實古納 Si-gu-na 蒙古語審問也。卷二作習古迺，又作石古迺，卷七作石古乃，卷九十四作什古迺，併改。

按元脫脫金國語解云：「什古乃，瘠人。」乾隆十二年之「語解」亦云：「什古乃，瘠人。什古乃卽西固納Si-gu-ne 索倫語謂：瘦長爲西沽納。」是淸高宗初認金史之什古乃，爲瘠人之說，並非訛誤，祗是此語爲索倫（契丹）語而已。但後又否認之，且又附會其爲蒙古語審問之實古納，如此豈不前後矛盾乎？

托卜嘉 Tob-kiya 膝也，卷二作撻不野，卷十四作塔不野，卷七十二作撻僕野，卷一百三十四作答不也，併改。（按淸文鑑、淸文彙書均作 Tob-giya）

按元脫脫金國語解云：「答不也，耕田者。」乾隆十二年「語解」亦云「答不也，耘田者。答不也卽達胡哩da-hu-ri 索倫語謂：耕種者爲達胡哩。」又乾隆四十三年之「滿洲源流考」卻又云：「塔哩雅，耘田者。蒙古語塔理雅，糧也。舊作答不也，今改正。解云耘田者誤。」以上三種語解，同為清高宗所欽定，但十二年時釋金史之答不也，為溹倫(契丹)語之「達胡哩」。至四十三年時，又否認之。認為屬蒙古語之「塔哩雅」。最後於四十六年時，又將以上二說完全加以否認，却又認為係滿語「膝」義之「托卜嘉」，此種並無準則之附會，不知誰欺也。

額圖琿 E-tu-hun 強壯也，卷二作阿徒罕，卷七十二作阿土罕，併改。

按元脫脫金國語解云：「阿徒罕，採薪之子。」乾隆十二年之「語解」亦云：「阿徒罕，採薪之子。阿徒罕卽阿哈因圖 A-han-tu」又乾隆四十三年之「滿洲源流考」則云：「阿實罕，採薪之子。滿洲語阿實罕年少也。舊作阿從(徒字之誤)罕，今改正。解云：採薪之子，誤。」按以上清高宗三次所欽定金史中「阿徒罕」一語，卽有三種不同之附會，且三種釋義，又有兩種不符，而其它一種 A-han-tu，在現存之滿文字書中，又無法查到，故又不知 A-han-tu 究為何義。似此紛歧，實無法取信吾人也。

和尼 Ho-ni 蒙古語羊也，卷三作活女。

按元脫脫金國語解云：「鑵曰活女」。乾隆十二年之「語解」亦云：「鑵曰活女。活女卽祜尼由 Hu-nio」按滿語 hu-nio 義為水桶，而滿語之鑵則曰 Tam-se。且滿語之 Tam-se 實係漢語「鐔子」之對音，前已詳證，惟清高宗又將金史中曰「鑵」之活女，附會為曰「羊」之和尼，實屬無稽。且和尼一語，亦非獨蒙古有之。考諸金史卷二十四地理志撫州云：「羊城，國言(女眞)曰：火唵。」是女眞語曰「羊」謂：火唵 ho-an，分明卽和尼 ho-ni 對音，祇是因時代之先後，而發音各異耳。由以上所證，則知和尼曰羊之語，並非一定為蒙古語，金代之女眞語中亦有之。此其一也。淸高宗斷女眞語之活女爲蒙古語曰羊之和尼一說，其爲附會者無疑。

色哩Se-ri稀也，卷三作賽里，又作塞里，併改。

按元脫脫金國語解云：「賽里，安樂」。乾隆十二年之「語解」亦云：「賽里，安樂。賽里卽塞拉穆畢 Se-la-mbi」又乾隆四十三年之「滿洲源流考」亦云：「色拉哈，安樂。滿洲語色拉哈，暢快也，舊解近是。原文作賽里，今改正。」考滿語Se-la-mbi 義爲「暢快」而「色拉哈 Se-la-ha 之義爲「暢快的狠」。似此兩種釋義，均近於元脫脫之說。但淸高宗最後反而將此二解，均摒棄而不用。獨採似是而非之「色哩 Se-ri」一語相附會。吾人實不知其用意何在也。

烏達U-da蒙古語欠數也，卷五作烏帶，卷六作兀帶，卷五十九作烏特，卷七十一作吾撻，卷九十一作兀迭，卷一百十六作兀底，併改。

按元脫脫金國語解云：「凡市物已得曰兀帶。取以名子者，猶言貨取如物然也。」考滿語有：U-da一語，其義爲「買」。據淸文彙書中U字頭有：U-da-mbi 義爲「買」或沽名釣譽之「沽」，U-da-bu-mbi 義爲「使買」，U-da-na-mbi 義爲「去買」，U-da-ji-mbi 義爲「來買」，U-da-nu-mbi 義爲「各自齊買」，U-da-na-bu-mbi 義爲「使人買去」等字。均係 U-da 一字所演變。與元脫脫之「市物已得……猶言貨取如物」之說，完全相同。蓋市物者買賣也，而言得者，謂買進也，是其義卽爲漢語之買。而其發音爲U-dai，而滿語爲 U-da 分明是一語之異讀，而淸高宗知而不採，反以蒙古語「欠數」之烏達相附會。而棄蒙古人脫脫之顯明釋義而不顧，豈非明知故違而何？而猶可異者，在乾隆四十六年之同書中，另有：「烏達 U-da 買也，卷五十九作烏特，卷六十五作吾都補，併改。世祖子。」一條，更可證明清高宗有意作僞矣；蓋既可附會金史之「烏特、吾都補」爲滿語「買也」之烏達U-da，何以對元脫脫所云：「凡市物已得曰兀帶」之兀帶不加一顧？故可知清高宗以假亂眞者，意在淆亂史實也。

阿古岱 A-gu-dai 蒙古語寬處也。卷五作阿虎迭，卷十七作阿虎帶，卷八十一作阿胡迭，卷一百十一作阿忽帶，併改。

按元脫脫金國語解云：「阿胡迭，長子」又乾隆十二年之「語解」亦云：「阿胡迭，長子。阿胡迭卽阿胡英噶 A-hug-ge」考滿語中有：A-hung-ge 一語，滿文之釋義謂：Amba（大）haha（男）jui（孩子）卽「大孩子」之義，亦卽「長子」也。祇是語尾之變化與女眞語不同而已。按女眞語之「阿胡迭」其讀音應爲 A-hung-da蓋da 字之義爲「頭或長」而 A-hung 者，卽阿哥（孩子）之義也。但此語實源於古突厥，後之畏兀兒語亦尚云A-hung，然其義爲兄，故滿語云A-hung 爲阿哥，而 A-hung-da 者，滿語之義應爲「大阿哥」或「阿哥之最大者」，是義近元脫脫之說。但清高宗不加參考，反以蒙古語寬處之阿古岱附會之，實屬牽強也。

薩喇勒 Sa-ral 蒙古語貉皮馬也。卷六作實剌魯，卷九十三作石魯剌，併改。

據同書又有：「薩爾拉 Sar-la」一條。註釋云：「貉皮馬也。卷六作沙里剌，卷六十三作莎魯剌，併改。」考清高宗欽定金史語解之例言云：「按金以滿洲語爲本，語解內但釋義，槪不複注滿洲語。」是清高宗認爲前一薩喇勒Sa-ral 爲蒙古語，後一薩爾拉 Sar-la 爲滿洲語矣；其實僅從兩種語言 Sa-ral（蒙古語）與 Sar-la

（滿洲語）之發音，以及同義（貉皮馬）觀之，其必同一語源者，不言而喻。所以無論其附會金史中之實魯剌、石魯剌、沙里剌、莎魯剌，是否正確，祇從其將一語釋爲兩種民族之語言證之，可知清高宗確實不太明瞭當時滿人所用語言之來源也。

博勒準 bol-jon 浪也。卷七作孛論出。

按元脫脫金國語解云：「孛論出，胚胎之名」。乾隆十二年之「語解」亦云：「孛論出，胚胎之名。孛論出卽播英國 bong-go」而乾隆四十三年之「滿洲源流考」則云：「勃端察爾，胚胎之名。按蒙古語始祖爲勃端察爾。此云胚胎之名，義未當。第以漢語稱鼻祖例之，意尙可通。爾雅亦以胎字、祖字，皆訓爲始也。原文作孛論出，今從蒙古源流改正。」考滿語「播英國」bong go 義爲「頭一個」，是否卽女眞語之「孛論出」，已不得而知。但以上三書均爲清高宗所欽定，而前後釋義各殊，且無一義完全符合金國語解之說，所釋音義之矛盾，清高宗恐亦無法自圓其說也。

特烈 Te-li-ye 燕也。卷十四作忒鄰。

按元脫脫金國語解云：「忒鄰，海也」。又乾隆十二年之「語解」云：「忒鄰，海也。忒鄰卽特禮因 Te-lin 索倫（契丹）語謂：淀湖，爲特禮因。」又乾隆四十三年之「滿洲源流考」則又云：「達賚海也，蒙古語義相合。舊作忒鄰今改正。」考明代「女眞譯語」云：「海，曰：脈忒厄林」。而今之滿洲語謂海曰：Me-de-ri是女眞語之「脈忒厄林 me-te-olin 」卽滿語 me-de-ri 之對音。而元脫脫曰海爲「忒鄰」之讀音，應爲 Te-lin分明是省略（或係誤略）me-te-olin頭音之me 後，而爲忒鄰 Te-lin 者。清高宗不加詳察，而自亂其釋，反複異辭。徒增糾紛耳。請參閱前金史之「忒鄰」誤譯爲滿語磐石之「德里」一條。

恩徹亨 En-Če-hen 力量也，卷十五作訛出虎。

按元脫脫金國語解云：「訛出虎，寬容之名也。」又乾隆十二年之「語解」云：「訛出虎，寬容之名也。訛出虎卽鄂因綽柯因 On-Co-kon」而乾隆四十三年之「滿洲源流考」却云：「温綽寬，寬容之名也。滿洲語義相合，舊作訛出虎今改正。」考滿語On-Co 義爲「寬窄之寬」(清文彙書)，但此語適用於任何事物。而清文鑑人部二性情類中，又將On-Co釋爲「寬宏」。然而On-co-kon者，義爲「寬寬的」(清文彙書)，此語應卽金史「訛出虎」之同名異讀。蓋滿語中常常將女眞語之H音，讀爲K音。如金史之粘罕，滿語卽讀 Ni-kan，是女眞語之han 滿語則讀 kan 。故女眞語之訛出虎 O-Cu-hu 實卽滿語 On-Co-ken 之對音。而滿洲源流考之「温綽寬 Un-co-ken」實又係 On-Co-ken 一語之誤寫。蓋滿語之O書作ᡆ，而U書作ᡠ，祗是一點之差，故而忽略旁邊之一點，則讀音卽發生差異，是以Un-Co-ken者，卽On-Co-ken 之誤寫也。由以上所證，可知清朝乾隆初年之滿語，尙頗近於金代之女眞語，而至乾隆末期，滿語之語形已定，故與早期之滿語頗有出入也。淸高宗數典忘祖，每喜以當時通行之滿語以附會數百年前金代之女眞語，其不訛誤者鮮矣。

實倫 Si-luu 猞猁猻也。卷十五作石倫。

按元脫脫金國語解云：「凡事之先者曰石倫。」而乾隆十二年之「語解」則云：「凡事之先者曰后倫。后倫卽赫勒因 He-len」。不但 he-len 一語之發音，與女眞語之「石倫」Si-lun 完全不符。卽釋義亦相去千里。考滿語 he-len 義爲「擒獲之活口」(見清文彙補)，且本屬舊有淸語，乾隆以後之淸語已無此字。不知乾隆十二年所考訂者，究係根據何說？但考「猞猁猻」一名，前史未見，據清一統志奉天府志條云：「失利孫，俗作猞猁，亦作失利，一名土豹，烏拉諸山皆有。」盛京通志卷二十七物產條云：「猞猁孫，類野狸而大，耳有長毫，白花色小者曰烏倫。明一統志謂之土豹。今出索倫者佳，歲入貢。」又西清黑龍外紀卷八云：「舍猁猻，國（滿）語曰西倫，轉爲舒倫。虞者諱言其名，稱曰：威呼肯孤爾孤。威呼肯譯言輕也。孤爾孤譯言獸也……舍利猻能升木，謹防之，否則溺下，著衣肌膚立潰，此其毒於虎豹也。」由以所引證，則知猞猁猻一名，始見於清代，且本卽胡語，漢語稱之曰土豹。猞猁猻者，胡語之對音也。如吾人以上所斷不差，則知清高宗殆又誤矣。蓋女眞語「石倫」者，義謂「凡事之先者」也。與猞猁猻野獸名，實不知何以相同？但考滿語中有：Se-re-mbi 一語，義謂「先知」「先覺」「預先明白通曉」（見清文彙書）此所謂：「先知」之 Se-re-mbi 實應卽金史「石倫」也。蓋石倫 Se-run 之義謂「凡事之先者」實卽「先知」之義也。且石倫 Se-run與滿語之Se-re-mbi發音又極相同。故吾人推測女眞語之「石倫」，實卽滿語之 Se-re-mbi 之異讀也。若吾人所證爲合，則知乾隆十二年之「語解」所釋「石倫」爲「后倫」者誤也。而四十六年又釋爲「猞猁猻」之「實倫 Si-lun 」者，亦係附會者也。

布哈 bu-ha 蒙古語牤牛也，卷十六作蒲阿。

按元脫脫金國語解云：「蒲阿，山雞」。又乾隆十二年之「語解」亦云：「蒲阿，山雞。蒲阿卽法武勒胡馬 Fa-ul-hu-ma」。乾隆四十三年之「滿洲源流考」云：「烏勒呼瑪，山雞。滿洲語義相合，原文作蒲阿，今改正。」吾人不知清高宗究作何種想法，竟於四十六年時，更將金史之「蒲阿」釋爲蒙古語「牤牛」之 bu-ha?

而「牡牛」爲何種牛，不得而知，字書中亦未見牡字。考盧龍塞略中有所謂「泥牛」者，曰「不花」，「龐牛」者，曰「補哈」。此泥牛、龐牛，亦不知爲何牛？惟考蒙古語中有：bu-ha 一語，義爲「牡牛」。按今日黃河兩岸中原一帶，每稱「牡牛」爲 Mang-nio，是否卽清高宗所云之「牡牛」已不得知。惟證以蒙古語曰牡牛謂 bu-ha，釋義與發音，均近清高宗所定者，姑誌於此以待確證。由以上所論，可知金史中之「蒲阿」絕非蒙古語之 bu-ha 者，當無疑問也。

納新 Na-Sin 馬熊也。卷十七作訥申，又作奴申，併改。

按元脫脫金國語解云：「奴申，和睦之義。」乾隆十二年之「語解」亦云：「奴申，和睦之義。奴申卽訥蘇克因 Ne-Su-ken」，乾隆四十三年之「滿洲源流考」亦云：「訥蘇肯，和睦之義。滿洲語温和也，舊解誤。原文作奴申，今改正。」考滿語 Ne-Su-ken 之義爲「温」，似與「和睦」之義亦不符。而滿語「和」「睦」又均曰 hu-wa-li-ya-sun 或 hu-wang-ge（見清文鑑），是可知「温」與「和、睦」。在滿語中亦有分別。蓋所謂「温」者，任何事物均可用之，如藥性温和，天氣温和等。但「和睦」確祇限於人與人之間之相處，故「和、睦」滿語均列入「人部親和類」，蓋卽其分別也。不過清高宗初將女眞語和睦之奴申，附會爲温和之 ne-su-ken，雖尚有未是處。但尚勉强可用。但至乾隆四十六年，却又將女眞語之「奴申」一變而釋爲「馬熊」之 na-sin，實不知其謬之甚也。

薩魯 Sa-lu 鬚也。卷五十九作斜魯。

按元脫脫金國語解云：「大而峻曰斜魯」，乾隆十二年之「語解」亦云：「大而峻曰斜魯。斜魯卽碩嘯因

So-rong，索倫(契丹)語謂山之高峻爲碩嘯英。」乾隆四十三年之「滿洲源流考」則云：「山大而峻曰實納。蒙古語山梁也，原文作斜魯，今改正。」考滿語中未見實納其字，而蒙古語山脊則曰 Si-na或 Si-na-ga，似卽滿洲源流考所云之實納。但其義爲山脊，且爲凡山脊均曰 Si-na，並非祇稱大而峻之山脊也。故而滿洲源流考所云「山大而峻曰實納」之說，義頗含混。或者實納非山脊之 Si-na 乎？然而考諸滿語中，曰「危峯」爲 Se-ha-ri-ha-da，按ha-da 者爲峯也。此處之危峯在含義上，應近於金國語解之「大而峻」義也。而其 Se-he-ri 似又近於金史之「斜魯」之發音。蓋 Se-he 二字之母音，均爲E音，在說話時，往往省略當中子音之H，且將E音長讀，而S音之本身，卽含有Si音，故其眞正之讀音，實應爲 Sie，故譯爲漢字時可作「斜」。至於滿語之Ri音，在金代時女眞人或讀爲 Ru，且二音頗近，亦可能爲聽者所誤譯。若然，則清高宗又係附會明矣。況清高宗前曾將金史之「斜魯」附會爲蒙古語「月光」之 Sa-raol歟。（見前證）

額爾古訥 Er-gu-ne 蒙古語舉也。卷五十九作訛古乃。

按元脫脫金國語解云「訛古乃，犬之有文者。」乾隆十二年之「語解」云：「訛古乃，犬之有文者。訛古乃卽額哷納伊 E-re-nai，蒙古語謂有花文者爲額哷納伊。」乾隆四十三年之「滿洲源流考」則云：「額聶亨庫哩，犬之有文者。滿洲語額聶亨母狗也，庫哩花色也。原文作訛古乃，今改正。」考滿語 E-ni-hen 義爲「母狗」，而 Ku-ri 義爲「如虎班文」之「黎色狗」或「雜色」（見清文彙書），但是否卽金史之「訛古乃」？頗難斷定。清帝前後三種不同之說，或均係附會也。

扎克轍 jak-san 霞也，卷六十四作張僧。

按明代女眞譯語云：「霞曰：卜楚禿吉」，其發音應爲 bu-cu-tu-gi。考女眞語謂「色」曰「卜楚該」，雲曰「禿吉」，二詞連接，義謂「彩色之雲」。卽今之滿語曰「雲」亦爲 tu-gi，而曰「色」爲 bo-co，「彩色」則曰 bo-co-go「彩色之雲」則曰 bo-co-go-tu 與女眞語「霞曰：卜楚禿吉」應完全相同。然今日滿語曰霞之「扎克織 jak-san」又出處何在？考明代之盧龍塞略云：「霞曰：扯的干」此爲明代之蒙古語。今之蒙古語「霞」曰 jab-sarun-E-gülen 此語又可釋作「紫雲」（見日本陸軍部蒙古語大辭典），似與女眞語「彩色之雲」爲「霞」之說，在觀點上稍異。然而滿語曰「霞」之「扎克織」，似卽由蒙古語所演變者，因滿語中在 jak 字頭下，尙有：jaksakaeldenggeasari 一語，義爲「紫光閣」jaksanggagurung 義爲「紫宮」jaksanggailha 義爲「紫薇花」等，均係 jaksa 或是 jaksang 爲語根，但其釋義爲「紫」，故可知滿語曰霞之「札克織 Jak-san」，實卽「紫色之雲」義也。由其語言構成之原則，似同於蒙古語，且發音上亦極相似，故可知淸高宗所釋金史「張僧」爲滿語「扎克織」一說，恐又出於附會矣。

薩塔 Sa-ta 松針也。卷六十八作撒達，卷一百二十作散答，併改。

按元脫脫金國語解云：「撒答，老人之稱也。」乾隆十二年之「語解」云：「撒答，老人之稱也。撒答卽薩克達 Sak-da。」按淸帝所云金史卷六十八「撒達」實係治訶傳中所云：「冶軻子散答」之散答。而宗室表則作「撒答」。是散答卽撒答。如是則高宗在十二年時，尙認「撒答，老人之稱也」卽滿語之薩克達 Sak-da。何以至四十六年又將之釋爲滿語「松針」之「薩塔 Sa-ta」，故吾人不能信其「撒答」爲「松針，薩塔 Sa-ta」之說也。

新亞學報第一卷至五卷篇目

一、總目

（一）第一卷第一期

發刊詞
中國思想史中之鬼神觀　錢穆
論中國哲學思想史中理之六義　唐君毅
易事理學序論　劉百閔
王弼郭象注易老莊用理字條錄　錢穆
西漢節義考　饒宗頤
唐代天可汗制度考　羅香林
唐代降胡安置考　章羣
兩宋學風之地理分佈　何佑森
春秋時代之母系遺俗公羊證義　牟潤孫

（二）第一卷第二期

中國古代北方農作物考　錢穆
孟墨莊荀之言心申義　唐君毅
漢書補注辨正　施之勉
東漢政權之建立與士族大姓之關係　余英時
論唐開元前的政治集團　章羣
元代學術之地理分佈　何佑森
容閎與中國新文化運動之啟發　羅香林

（三）第二卷第一期

本論語論孔學　錢穆
釋道家精神義　錢穆
漢書補注辨正（二）　施之勉
舊唐書本紀拾誤　嚴耕望
唐書宰相表初校　孫國棟
元代書院之地理分佈　何佑森

（四）第二卷第二期

（五）第三卷第一期

（六）第三卷第二期

（七）第四卷第一期

（八）　第四卷第二期

二、索引

五畫

六畫

七畫

新亞學報第五卷第二期

八　畫

九　畫

十　畫

十一畫

十三畫

十五畫

十六畫

十七畫

十九畫

二十畫

二十一畫

"Colophon to the *Hsi-yu Shih-o Chuan*" appended to this article, the author gives also textual evidence to prove that both the *Shih-o Chuan* and the *Hsi Yu-chi* in the "Four Travels" were prototypes of the *Hsi Yu-chi* in hundred chapters (the *Monkey* as translated by Dr. A. Waley) written by Wu Ch'êng-ên. Thus he refutes an earlier hypothesis, believed both by Dr. Hu Shih and Prof. Sun K'ai-ti, that the *Hsi-yu Shih-o Chuan* was merely an abridged work based upon Wu's masterpiece.

This article is a part of Dr. Liu's 130 *Bibliographical Notes* (in Chinese) to be appended to his book *Chinese Popular Fiction in London Libraries* (in English) which will be published by the Australian National University.

Preliminary Emendations of the "Vernacular Guide to the Dynastic History of the Chin" Edited by the Emperor Ch'ien-lung

「金史語解」正誤初稿

By Li Hsüeh-chih (李學智)

In the course of his studies in recent years of the histories and languages of the border peoples of China, the author has discovered many mistakes in the 'Vernacular Guide to the Dynastic History of the Chin' (欽定金史國語解) edited by the Emperor Ch'ien-lung. In fact the Emperor's interpretations were in some case far-fetched and in others only superficially plausible. For scores of years in the past this work has often been quoted without reservation, and one has to be wary lest these quotations lead to misinterpretation of the annals of the Chin dynasty.

The author made a thorough check of this book, edited as it was by an emperor, not only against the "Vernacular Guide"(金史語解) in the official "Dynastic History of the Chin"(金史) written by T'o T'o(脱脱) of the Yüan dynasty, and against the "Jurchen Documents with Chinese Translations" (華夷譯語女眞館來文) made at the "Institute of the Four Barbarian Tribes" (四夷館) of the early Ming, but also against material in the Manchu language of the early Ch'ing. In this article the author mades preliminary corrections of whatever he regards as doubtful. He hopes that in breaking new ground his work will prompt more competent scholars to offer their valuable opinions.

translation centres existed, no treatise has ever been written on the methods of translation and the allocation of work among the translators.

The author has made studies of this subject from the prefaces of extant Sutras in Chinese, monks' biographies written by fellow-monks, and bibliographies of Buddhist literature. As a result the author has found that before the Sui dynasty the so-called translation centre was actually a Buddhist congress which was often attended by as many as three thousand people and that there was no strict division of labour in the work of translation.

Translation centres after Sui-T'ang times, however, were seminars which consisted of chosen expert translators, usually no more than about twenty. Not only was the work finely divided, but the standard of efficiency was also very high.

Although the translation of Tibetan Sutras during the Yüan and the Ch'ing Dynasties was not done at any translation centre, the subject is nevertheless discussed in this article.

The *Ming* Editions of the "Four Travels"
(四遊記的明刻本—倫敦所見中國書目提要之一)

By Liu Ts'un-yan (柳存仁)

The "Four Travels" (*Ssu Yu-chi*) or *The Four Romances of Wandering Saints* is one of the early collections of Chinese folk legends tinged with Buddhist and Taoist influences. It consists of four separate novelettes written by three men. They are, namely, the *Tung Yu-chi* (*The Voyage to the East* or *The Eight Saints*), the *Nan Yu-chi* (*The Voyage to the South* or *Prince Hua-kuang*), the *Pei Yu-chi* (*The Voyage to the North* or *The Dark God Chên-wu*) and the *Hsi Yu-chi* (*Prilgrimage to the West*).

Scholars of the history of Chinese literature during the early thirties, including Lu Hsün, believed generally that this collection was probably published in the Ming dynasty. However, Dr. Hu Shih in his "Colophon to the *Hsi Yu-chi* in the 'Four Travels'" (cf. *Hu Shih Lun-hsüeh Chin-chu* or the new edition of the *Hu Shih Wên-ts'un,* vol. IV, pp. 408-411, Taipei) alleged that the work was a forgery made by book-sellers in the early nineteenth century.

In 1932, Prof. Sun K'ai-ti found a Ming edition of the *Tung Yu-chi* in the Japanese Cabinet Library. Now in the present article Dr. Liu, basing his deduction on his discoveries in 1957 of two more Ming editions of the *Nan Yu-chi* and the *Pei Yu-chi,* and another Ming edition of the *Tung Yu-chi* at the British Museum, is able to give conclusive opinions on the dating of the "Four Travels." In his

Armed Resistance by the People to the Invaders during the Transitional Period between the Northern and the Southern Sung Dynasty

（兩宋之際民衆抗敵史研究）

By Shang Chung-lien （尙重濂）

In the spring of the second year of the Ching-k'ang（靖康）reign (1127) the Emperors Hui-tsung（徽宗）and Ch'in-tsung（欽宗）were taken prisoner by the Chin（金）Tartars. The Emperor Kao-tsung（高宗）fled in panic to the south of the Yangtze. Thus, for thousands of square miles the vast territory north of the Huai（淮）and Yangtze Rivers was overrun by the enemy while soldiers, scattered in defeat, and robber bands infested the countryside. The people therefore formed themselves into armed groups for self-defence, and the land to the north and south of the Yellow River was honeycombed with palisades and moats. These militiamen were able to inflict heavy losses on the barbarian invaders and the puppet regime of Liu Yü(劉豫). The fact that, the Chin, although they conquered the Khitans and put an end to the Northern Sung, were unable to subjugate all China, and that the Southern Sung lasted for over a hundred years, was due very much to these groups of armed civilians.

How did they organize themselves? Of what significance were they in the history of national resistance to invasion? These are the matters discussed in this article.

Methods and Procedures Used in Translating Buddhist Sutras at Translation Centres in China during the Dynasties from Han to Sung

（論中國佛教譯場之譯經方式與程序）

By Tso Sze-bong （曹仕邦）

For almost nine hundred years, from the end of the Han to that of the Northern Sung, every dynasty had its *i-ch'ang* (譯場) or translation centre which was composed of Buddhist monks and lay devotees and where Buddhist Sutras in Sanskrit from India were translated into Chinese. Although students of Buddhism all know that these

A Study on the Ancient Prose Movement of the Sung Dynasty
(宋代古文運動之發展研究)

By Chin Chung-shu (金中樞)

The so-called "revival of ancient prose" was a literary movement in opposition to *p'ien-wên*(駢文)or "parallel prose" and in favour of a natural and straightforward style. The movement commenced in the T'ang and came to an end during the Sung dynasty. The ancient prose movement of the T'ang dynasty was launched by Han Yü(韓愈)(768-824) and Liu Tsung-yüan(柳宗元)(773-819). It is a topic on which Dr Ch'ien Mu (錢穆) has written authoritatively.

The development of this movement during the Sung dynasty may be divided into five phases. (1) The movement was initiated by Liu K'ai(柳開)and others during the early Sung when "parallel prose" was still the literary style in which scholars were officially examined, a system which was taken over from the Five Dynasties(五代). (2) The ancient prose movement was championed by Mu Hsiu(穆修) and others, subsequent to the Ching-tê(景德)reign (1004-1007) of the Emperor Chên-tsung(真宗), when contemporary prose known as the *Hsi-k'un*(西崑) style was the yard-stick for the State Examinations. (3) Shih Chieh(石介) (1005-1045) and the "reformed style" of ancient prose after the Ching-yu(景祐)reign (1034-1037) of the Emperor Jên-tsung(仁宗). (4) Ou-Yang Hsiu(歐陽修) (1007-1072) and the ancient prose movement after the Ch'ing-li(慶曆)reign (1041-1048) of the Emperor Jên-tsung. (5) Remaining discussions.

The object of the present article is to show that the literary campaign for the "revival of ancient prose" during the Sung dynasty was first advocated by Liu K'ai, then promoted by Mu Hsiu and Shih Chieh, and was finally brought to maturity by Ou-Yang Hsiu. Towards the end of the Chia-yu(嘉祐)reign (1056-1063) there were many scholars, such as Wang An-shih(王安石)(1021-1086), Tsêng Kung(曾鞏) (1019-1083) and Su Shih(蘇軾), better known as Su Tung-p'o(蘇東坡)(1036-1101), as well as his father Su Hsün(蘇洵)(1009-1066) and younger brother Su Ch'ê(蘇轍) (1039-1112), who were all great prose masters of the age. Meanwhile the Neo-Confucianists, Chang Tsai(張載), Ch'êng Hao(程顥)(1032-1085) and Ch'êng I(程頤) (1033-1107), who appeared on the philosophical scene, also supported this literary movement. Thus, not only was prose style firmly restored to the ancient pattern but the doctrines of Confucius and Mencius were also once again revived.

Hsuntze's Theory on Rectification of Names and Three Theories of Names in Pre-Ch'in Philosophy

（荀子正名與先秦名學三宗—荀子以「以名亂名」「以實亂名」「以名亂實」解義）

By T'ang Chun-I （唐君毅）

This article is intended as a new exposition of Hsuntze's theory of "names" compared with the three theories of "names" in the other philosophical schools of the pre-Ch'in period. The contents are: 1. Introductory preface. 2. Hsuntze's ideas on the reason for having names, empirical difference and identity, and the principles of establishment of names. 3. The origin of "the three fallacies." 4. Mohism on "names" and the fallacies in the usage of names to confuse names. 5. Hui-shih and Taoists on "names" and the fallacies in the usage of actualities to confuse names. 6. Kung-Sun Lung and his school of names and the fallacies in the usage of names to confuse actualities. 7. The intrinsic value of names and conclusion.

The Bearings of Family Background on Culture and Learning in the Historical Period of Wei, Chin, and the Southern and Northern Dynasties

（畧論魏晉南北朝學術文化與當時門第之關係）

By Ch'ien Mu （錢 穆）

Although governments were corrupt and wars and usurpations were frequent during the historical period of the Wei(魏), the Chin(晉), and the Southern and Northern Dynasties(南北朝), much creative work was accomplished in the field of learning and more books were written than during any single period either before or after. There were great achievements in Confucian Classics, history, philosophy, literature, and translation of Buddhist Sutras. The learning of this period emphasized not only the philosophy of Huang Ti and Laotze（黄老）and Buddhism, but also the Confucian Classics, together with history and literature. Thus the development of learning was very intricate.

This article presents an integrated picture of these complexities of intellectual activity against the social background of the time. Particular cultural characteristics are expounded not only in the light of the ideals, moral conduct and attitude towards life on the part of the then social *élite,* but also in the light of their family upbringing, family learning and family tradition.

Acknowledgement

The Institute of Advanced Chinese Studies and Research of New Asia College, Hong Kong, wishes to acknowledge with gratitude the generous contribution of the Harvard-Yenching Institute towards the cost of publication of this Journal.

一九六三年八月一日初版

新亞學報第五卷・第弍期

定價 港幣十元 美金二元

編輯者 新亞研究所 九龍新亞書院

發行者 新亞書院圖書館 九龍土瓜灣農圃道

承印者 鄧鏡波學校 九龍天光道十六號

THE NEW ASIA JOURNAL

Volume 5 *August 1963* *Number 2*

THE NEW ASIA INSTITUTE OF ADVANCED CHINESE STUDIES AND RESEARCH